Stiftungen und Sparkassen

Bochumer Studien zum Stiftungswesen

Herausgegeben von Karlheinz Muscheler

Band 16

Zur Qualitätssicherung und Peer Review der vorliegenden Publikation

Die Qualität der in dieser Reihe erscheinenden Arbeiten wird vor der Publikation durch externe, von der Herausgeberschaft benannte Gutachter geprüft.

Notes on the quality assurance and peer review of this publication

Prior to publication, the quality of the work published in this series is reviewed by external referees appointed by the editorship.

Christiane Viktoria Krumme

Stiftungen und Sparkassen

PETER LANG

Bibliografische Information der Deutschen Nationalbibliothek
Die Deutsche Nationalbibliothek verzeichnet diese Publikation in der Deutschen Nationalbibliografie; detaillierte bibliografische Daten sind im Internet über http://dnb.d-nb.de abrufbar.

Zugl.: Bochum, Univ., Diss., 2021

Gedruckt auf alterungsbeständigem, säurefreiem Papier.
Druck und Bindung: CPI books GmbH, Leck

D 294
ISSN 1864-936X
ISBN 978-3-631-85134-0 (Print)
E-ISBN 978-3-631-85961-2 (E-PDF)
E-ISBN 978-3-631-85962-9 (EPUB)
DOI 10.3726/b18597

PL Academic Research ist ein Imprint der Peter Lang GmbH.

Peter Lang – Frankfurt am Main · Bern · Bruxelles · New York · Oxford · Warszawa · Wien

Diese Publikation wurde begutachtet.

www.peterlang.com

Für meine Familie

Vorwort

Die vorliegende Arbeit wurde von der Juristischen Fakultät der Ruhr-Universität Bochum im Sommersemester 2020 als Dissertation angenommen. Gesetzgebung, Rechtsprechung und Literatur wurden bis einschließlich Februar 2021 berücksichtigt.

Mein besonderer Dank gebührt meinem Doktorvater, Professor Dr. Bernd Andrick, für seine hervorragende kontinuierliche Unterstützung und sein persönliches Engagement bei der Betreuung dieser Arbeit. Hervorheben möchte ich seine vielfältigen bereichernden Anregungen, konstruktiven Korrekturanmerkungen sowie die herausfordernden Diskussionen, welche entscheidend zum Gelingen dieser Arbeit beigetragen und mich sowohl auf fachlicher als auch auf persönlicher Ebene gefördert haben. Ebenfalls herzlich bedanken möchte ich mich bei Herrn Professor Dr. Karlheinz Muscheler für die umgehende Erstellung des Zweitgutachtens.

Mein Dank gebührt zudem all denjenigen, die die Anfertigung der Arbeit durch die sorgfältige Durchsicht des Manuskripts unterstützt haben. Schließlich möchte ich mich besonders bei meinen Eltern und meiner Schwester für ihre umfangreiche Unterstützung und vielfältige Förderung auf meinem bisherigen Lebensweg sowie ihren Rat und ihre motivierenden Worte bedanken.

Christiane Viktoria Krumme
Düsseldorf, im Februar 2021

Inhaltsverzeichnis

Einleitung

A. Problemstellung

Das Stiftungswesen der Sparkassen in Deutschland hat eine lange Tradition.[1] Seine Anfänge finden sich in den Tätigkeiten der Sparkassen in der Rechtsform der Stiftung Ende des 18. Jahrhunderts.[2] In Norddeutschland wurde bei privaten Gründungen von Sparkassen vielerorts die Rechtsform der Stiftung gewählt.[3] Die Zahl der privaten Sparkassen, die in der Rechtsform der Stiftung betrieben wurden, verringerte sich im Laufe der Zeit jedoch erheblich. Von sechs Sparkassen im Jahr 1960 existierten im Jahr 2003 nur noch die Sparkasse zu Lübeck und die Sparkasse zu Bredstedt.[4] Diese gliederten ihren Bankbetrieb zum 1. Januar 2004 in eine Aktiengesellschaft aus.[5] Seitdem gibt es keine Sparkassen in Deutschland mehr, die originär als Stiftung tätig sind.[6] Wenn die Sparkassen auch nicht mehr in der Rechtsform der Stiftung existieren, ist deren Wechselbeziehung gleichwohl geblieben. Neben dem Betrieb des Bankgeschäfts in der Rechtsform der Stiftung war das Verhältnis von Stiftungen und Sparkassen durch das Engagement der Sparkassen für das Gemeinwohl durch Stiftungen geprägt. Bereits im 19. Jahrhundert errichteten die ersten Sparkassen Stiftungen.[7] So wurde 1869 die Sparkassen-Stiftung der Sparkasse Flensburg gegründet. Sie hatte die Aufgabe, unverheiratete und in Not geratene Töchter Flensburger Bürger zu unterstützen.[8] Das Engagement der Sparkassen in Stiftungen ist in den letzten drei Jahrzehnten gewachsen.[9] Jede achtundzwanzigste Stiftung in Deutschland geht

---

1 *Deutscher Sparkassen- und Giroverband (DSGV)*, Sparkassen und Stiftungen, S. 7.

2 Zu dem Betrieb einer Sparkasse in der Rechtsform einer Stiftung *Blisse*, ZStV 2016, 1, 2. Ein Beispiel für eine Sparkasse in der Form einer Stiftung stellt die 'Ersparungscasse' der Allgemeinen Versorgungsanstalt in Hamburg dar, vgl. dazu *Ashauer*, Von der Ersparungscasse zur Sparkassen-Finanzgruppe, S. 51; *Trende*, Geschichte der Sparkassen, S. 29 ff.

3 *Blisse*, ZStV 2016, 1, 2.

4 *Blisse*, ZStV 2016, 1, 2.

5 Der Bankbetrieb wurde fortan nicht mehr durch die Stiftung betrieben, die Stiftung hält jedoch noch die Aktienmehrheit an der Sparkasse, vgl. *Blisse*, ZStV 2016, 1, 2.

6 *Blisse*, ZStV 2016, 1, 2.

7 *DSGV*, Sparkassen und Stiftungen, S. 16 f.

8 *DSGV*, Sparkassen und Stiftungen, S. 17.

9 *DSGV*, Sparkassen und Stiftungen, S. 7.

derzeit auf die Initiative der Sparkassen-Finanzgruppe zurück.[10] Insgesamt gibt es in Deutschland um die 750 Sparkassen-Stiftungen.[11] Diese verfügten zum Jahresende 2019 über ein Gesamtkapital von 2,74 Milliarden Euro.[12] Von den Sparkassen-Stiftungen werden dabei jährlich rund 74 Millionen Euro für gemeinnützige Zwecke ausgeschüttet.[13] Hieraus wird erkennbar, dass den Sparkassen als Stiftern in Deutschland eine wichtige Funktion zukommt.

Die Sparkassen als öffentlich-rechtliche Anstalten stellen eine besondere Art Stifter dar. Sie sind Teil der öffentlichen Hand und unterliegen bei ihren Tätigkeiten den besonderen Bindungen des Verwaltungsprivatrechts.[14] Dieser Besonderheit Rechnung tragend widmet sich die folgende Untersuchung der Beziehung von Stiftungen und Sparkassen im Hinblick auf die rechtliche Zulässigkeit der Errichtung von Stiftungen durch die Sparkassen und die Möglichkeiten der Ausgestaltung des Verhältnisses in der Praxis. Hierzu werden zunächst die Besonderheiten der Stiftungen aufgrund der Errichtung durch die Sparkassen als öffentlich-rechtliche Anstalten dargelegt. Neben der Errichtung ist die Verwaltung der Stiftungen zu betrachten. Trotz des vielfältigen Engagements der Sparkassen in Stiftungen fehlt es bisher an einer umfassenden rechtlichen Analyse ihrer Stiftungstätigkeit. Weiterhin bietet die besondere Rolle des Stifters als juristische Person des öffentlichen Rechts über ihren originären Wirkungskreis als rechtsfähige Anstalt des öffentlichen Rechts hinaus Möglichkeiten der Gestaltung im Interesse des Gemeinwohls. Die Sparkassen haben deshalb wie jeder Stifter ein Interesse an der Ausgestaltung und der Entwicklung der Stiftung.[15]

---

10 *DSGV*, Zahlen und Fakten, https://www.sparkassenstiftungen.de/sparkassenstiftungen/zahlen-fakten/ (06.02.2021).

11 *DSGV*, Zahlen und Fakten, https://www.sparkassenstiftungen.de/sparkassenstiftungen/zahlen-fakten/ (06.02.2021).

12 *DSGV*, Zahlen und Fakten, https://www.sparkassenstiftungen.de/sparkassenstiftungen/zahlen-fakten/ (06.02.2021).

13 *DSGV*, Zahlen und Fakten, https://www.sparkassenstiftungen.de/sparkassenstiftungen/zahlen-fakten/ (06.02.2021).

14 *Brzoska*, Die öffentlich-rechtlichen Sparkassen zwischen Staat und Kommunen, S. 16; *Stern/Nierhaus*, Das Regionalprinzip im öffentlich-rechtlichen Sparkassenwesen, S. 152 f.

15 Zum Interesse des Stifters an der weiteren Tätigkeit der Stiftung auch *Schulte*, Rechtsbeziehungen zwischen Stifter und Stiftung, S. 18.

Teil 1: Stiftungen und Sparkassen – gleichartig oder verschieden?

Eingangs werden die den beiden Rechtssubjekten Stiftungen und Sparkassen zugrundeliegenden Ideen sowie ihre Rechtsformen und Aufgabenwahrnehmungen betrachtet. Dies erfolgt im Hinblick auf die Frage, ob die Interessen und Tätigkeiten der Sparkassen mit der Rechtsform der von ihnen initiierten selbstständigen Stiftung des bürgerlichen Rechts vereinbar sind.

B. Gang der Untersuchung

Im ersten Teil werden Stiftungen und Sparkassen in ihren wesentlichen rechtlichen Ausprägungen vorgestellt. Dabei sollen die Rechtsformen, die ihnen zugrundeliegenden charakteristischen Merkmale sowie Gemeinsamkeiten und Unterschiede herausgestellt werden. Im zweiten Teil wird die Errichtung der Sparkassen-Stiftungen dargestellt. Es werden die Voraussetzungen und die Besonderheiten der Errichtung einer Stiftung durch die Sparkassen aufgezeigt. Sodann werden im dritten Teil die Förderung des Stiftungszwecks, die laufende Vermögensverwaltung sowie Haftungsfragen untersucht. Schließlich widmet sich der vierte Teil zwei aktuellen Rechtsfragen: Vor dem Hintergrund von Fusionen von Sparkassen und kommunalen Gebietsreformen sollen Gestaltungsmöglichkeiten für die Sparkassen-Stiftungen analysiert werden. Weiterhin ist in den Blick zu nehmen, welcher Transparenz die Sparkassen als Stifter und ihre Stiftungen unterliegen. Vor diesem Hintergrund werden Auskunftsrechte von Privatpersonen sowie von Gemeinderatsmitgliedern gegenüber den Sparkassen und gegenüber den Sparkassen-Stiftungen betrachtet.

A. Stiftungen

Der Begriff der Stiftung ist bisher nicht im Gesetz legaldefiniert. Er stammt aus dem Hochmittelalter vom althochdeutschen Wort ‚stiftungha' und bezeichnet eine Tätigkeit des Bauens, Gründens, Schaffens, Erlassens, Anstiftens sowie Schenkens.[16] Die Idee einer Stiftung hat es zu allen Zeiten und in den

---

16 *Grimm/Grimm*, Deutsches Wörterbuch, Sp. 2876.

unterschiedlichsten Kulturen gegeben.[17] Ihr liegt die Überlegung zugrunde, dauerhaft Vermögensmassen für einen bestimmten Zweck zu widmen.[18] Stiftungen haben sich den jeweiligen Bedürfnissen und Rahmenbedingungen angepasst. Sie haben sich über die Jahrhunderte immer wieder neu erfunden und zu ihrer heutigen Rechtsform entwickelt.[19] Es soll daher zunächst ein Blick auf die historische Entwicklung des Rechtsmodells geworfen werden, um im Anschluss die heutigen charakteristischen Eigenschaften einer Stiftung darzustellen.

I. Historische Entwicklung des Rechtsmodells

Die heute in Deutschland verbreiteten Stiftungen haben ihre Anfänge im Zeitalter der Aufklärung.[20] Zunächst gab es seit dem 5./6. nachchristlichen Jahrhundert die Stiftung zur Verfolgung von piae causae.[21] Bei piae causae handelte es sich um kirchlich-religiöse und soziale Zuwendungen für Seelenmessen, für Christus und die Heiligen, für Kirchen und kirchliche Anstalten, für die Armen sowie für das öffentliche Wohl.[22] Die Kirche lehrte, dass jeder Christ für sein Seelenheil einen Teil seines Vermögens durch Schenkung oder Zuwendung von Todes wegen für diese Zwecke zur Verfügung stellen sollte.[23] Im Zeitalter der Aufklärung kam die Förderung des Gemeinwohls (utilitas publica) als Stiftungszweck hinzu.[24] In dessen Folge verlor das Stiftungsrecht seine sakralen und metaphysischen Bezüge.[25] Dieser Wandel führte zu einer ersten Kodifikation des modernen Stiftungsrechts im Allgemeinen Preußischen Landrecht von 1794 (ALR). Das ALR sorgte für eine Zusammenführung aller Staatsgewalt beim König, wobei der Staatsgewalt insgesamt ein wesentlicher Einfluss auf das

---

17 *Lingelbach*, in: Werner/Saenger/Fischer, Die Stiftung, § 1 Rn. 49; *Schlüter/Stolte*, Stiftungsrecht, 1. Kap. Rn. 4.

18 *v. Campenhausen*, in: Bertelsmann Stiftung, Handbuch Stiftungen, S. 19, 21.

19 *Borgolte*, in: Liermann, Geschichte des Stiftungsrechts, S. 13.

20 *Andrick/Suerbaum*, Stiftung und Aufsicht, § 1 Rn. 1.

21 *Lingelbach*, in: Werner/Saenger/Fischer, Die Stiftung, § 1 Rn. 52.

22 *Schauhoff*, in: Schauhoff, Handbuch der Gemeinnützigkeit, Grundlegung Rn. 15.

23 *Borgolte*, in: Liermann, Geschichte des Stiftungsrechts, S. 19; *v. Campenhausen*, in: Bertelsmann Stiftung, Handbuch Stiftungen, S. 19, 21; *Lingelbach*, in: Werner/Saenger/Fischer, Die Stiftung, § 1 Rn. 52.

24 *Schauhoff*, in: Schauhoff, Handbuch der Gemeinnützigkeit, Grundlegung Rn. 16; *Schulze*, Stiftungsrecht, in: Erler/Kaufmann/Werkmüller, Handwörterbuch zur deutschen Rechtsgeschichte, Sp. 1985; *Liermann*, Geschichte des Stiftungsrechts, S. 230.

25 *Schulze*, Stiftungsrecht, in: Erler/Kaufmann/Werkmüller, Handwörterbuch zur deutschen Rechtsgeschichte, Sp. 1987; *Schlüter/Stolte*, Stiftungsrecht, 1. Kap. Rn. 6.

Stiftungsrecht zugesichert wurde.[26] Nützliche Stiftungen, nach damaligem Verständnis ein Zusammenspiel aus Fürsorge, Kultus und Wohltätigkeit, wurden gefördert und ihre Verwaltung sowie ihr Schicksal wurden dem Staat auferlegt.[27]

Nach den Anfängen der Verrechtlichung des Stiftungswesens in der Epoche der Aufklärung stellte das 19. Jahrhundert ein weiteres wichtiges Zeitalter für Stiftungen in Deutschland dar. In dieser Zeit bildeten sich zwei wesentliche Merkmale der Stiftung heraus. Zum einen entstand die Stiftung als selbstständige Rechtspersönlichkeit.[28] Dies geht auf die Lehre der selbstständigen Rechtspersönlichkeit zurück, die vor allem von Friedrich Carl von Savigny (1779–1861) geprägt wurde.[29] Savigny sah in seiner Fiktionstheorie die juristische Person als ein von der Rechtsordnung für juristische Konstruktionen geschaffenes fiktives Gedankengebilde an.[30] Ausgehend vom Bild der natürlichen Person übertrug er ihre Handlungsmöglichkeiten auf den Personenverband sowie die Vermögensgesamtheit und verlieh diesen Gebilden damit eine künstliche Vermögensfähigkeit.[31] Mit der Anerkennung der eigenen Rechtspersönlichkeit der Stiftung ging die Frage nach der Genehmigungsbedürftigkeit eines solchen Rechtsgebildes einher.[32] Die Genehmigung einer Stiftung durch den Staat sah Savigny als zentrales Merkmal an.[33] Bei der Stiftung handele es sich um eine juristische Person. Deren künstliche Rechtsfähigkeit könne nur durch den Willen der

---

26 *v. Campenhausen*, in: Richter, Stiftungsrecht, § 3 Rn. 30; *Andrick/Suerbaum*, Stiftung und Aufsicht, § 1 Rn. 5; *Mestmäcker/Reuter*, in: Neuhoff/Pavel, Stiftungen in Europa, S. 109, 123; *Liermann*, Geschichte des Stiftungsrechts, S. 185.

27 *Andrick*, Stiftungsrecht und Staatsaufsicht unter besonderer Berücksichtigung der nordrhein-westfälischen Verhältnisse, S. 24; *Andrick/Suerbaum*, Stiftung und Aufsicht, § 1 Rn. 7; *Liermann*, Geschichte des Stiftungsrechts, S. 186; *Schlüter/Stolte*, Stiftungsrecht, 1. Kap. Rn. 6.

28 *Weitemeyer*, in: MüKo BGB, § 80 Rn. 15; *v. Campenhausen*, in: Bertelsmann Stiftung, Handbuch Stiftungen, S. 19, 35 f.; *Schulze*, in: BDS, Deutsches Stiftungswesen 1977–1988, S. 29, 32 ff.

29 *Jakob/Uhl*, in: BeckOGK BGB, § 80 Rn. 4; näheres zur Rolle Savignys für die Entwicklung der Dogmatik des Stiftungsrechts auch *Liermann*, Geschichte des Stiftungsrechts, S. 237 ff. Otto Gierke (1841–1921) entwickelte diese Lehre Savignys weiter, indem er davon ausging, dass es sich nicht um fiktive Gestalten handele, sondern dass diese fiktiven juristischen Personen durch die hinter ihnen stehenden natürlichen Personen mit Leben gefüllt würden, vgl. *Gierke*, Das deutsche Genossenschaftsrecht, S. 769.

30 *v. Savigny*, System des heutigen römischen Rechts, S. 278.

31 *Lingelbach*, in: Werner/Saenger/Fischer, Die Stiftung, § 1 Rn. 70 f.

32 *Andrick/Suerbaum*, Staat und Aufsicht, § 1 Rn. 11.

33 *Lingelbach*, in: Werner/Saenger/Fischer, Die Stiftung, § 1 Rn. 75.

höchsten Gewalt, also der des Staates existieren.[34] Dabei kam es Savigny neben der Bekanntmachung der Entstehung einer juristischen Person vor allem darauf an, eine staatliche Kontrolle zu gewährleisten.[35] Mit dem Inkrafttreten des BGB wurden Regelungen zum Stiftungsgeschäft gesetzlich verankert und die Länder bekamen den Auftrag, Ausführungsgesetze zu erlassen, die die Genehmigungsbedürftigkeit regeln sollten.[36]

Im Jahr 2002 kam es zu einer wichtige Neuausrichtung des Stiftungsrechts.[37] Das Gesetz zur Modernisierung des Stiftungsrechts hat den Zweck verfolgt, das materielle Stiftungsrecht zu modernisieren und zur Förderung des Stiftungswesens beizutragen.[38] Dies führte zu einer Unitarisierung des Stiftungsrechts.[39] Wesentliche Änderungen waren der Rechtsanspruch auf Anerkennung der Stiftung und eine bundeseinheitliche Bestimmung der materiell-rechtlichen Voraussetzungen für das Entstehen einer Stiftung.[40]

II. Rechtsmodell in seiner heutigen Form

Die selbstständige Stiftung des bürgerlichen Rechts ist eine juristische Person.[41] Es handelt sich bei ihr um eine mit einem bestimmten Vermögen ausgestattete, rechtsfähige, nicht verbandsmäßig organisierte Institution, die zu einem bestimmten Zweck geschaffen wurde und diesem dauerhaft gewidmet ist.[42] Ihre

---

34 *Lingelbach*, in: Werner/Saenger/Fischer, Die Stiftung, § 1 Rn. 75; *v. Savigny*, System des heutigen römischen Rechts, S. 277.

35 *v. Savigny*, System des heutigen römischen Rechts, S. 277 ff. Als gefährlich sah Savigny z. B. die Verbreitung von irreligiösen oder sittenlosen Lehren durch reiche Stiftungen an.

36 *Andrick/Suerbaum*, Stiftung und Aufsicht, § 1 Rn. 15; *Liermann*, Geschichte des Stiftungsrechts, S. 247.

37 *Weitemeyer*, in: MüKo BGB, § 80 Rn. 19 ff.; *Stumpf*, in: Stumpf/Suerbaum/Schulte/Pauli, Stiftungsrecht, A Rn. 9.

38 Begründung des Gesetzesentwurfs der Fraktion SPD und Bündnis 90/Die Grünen, BT-Drucks. 14/8277, S. 5; *Andrick*, in: Werner/Saenger/Fischer, Die Stiftung, § 2 Rn. 15.

39 *Andrick*, in: Werner/Saenger/Fischer, Die Stiftung, § 2 Rn. 16; *Saenger*, in: FS Kollhosser, S. 591, 593.

40 *Andrick*, in: Werner/Saenger/Fischer, Die Stiftung, § 2 Rn. 15.

41 *Hüttemann/Rawert*, in: Staudinger, Vor §§ 80 ff. Rn. 2; *Ebersbach*, Handbuch des Stiftungsrechts, S. 72 f.

42 OLG Bayern, Beschl. v. 25.10.1972 – BReg 2 Z 56/72, NJW 1973, 249; *Ellenberger*, in: Palandt, BGB, Vor § 80 Rn. 5; *Hüttemann/Rawert*, in: Staudinger, Vor §§ 80 ff. Rn. 1; *Weitemeyer*, in: MüKo BGB, § 80 Rn. 1; *Werner*, in: Werner/Saenger/Fischer, Die Stiftung, § 1 Rn. 14; in der Sache übereinstimmend BT-Drucks. 14/8765, S. 9 f.

charakteristischen Strukturmerkmale sind das Stiftungsvermögen, der Stiftungszweck und die Stiftungsorganisation.[43] Die Regelungen zur Stiftung bürgerlichen Rechts finden sich de lege lata im Bürgerlichen Gesetzbuch (BGB) sowie in den Landesstiftungsgesetzen. Seit geraumer Zeit wird die Neuregelung des Stiftungsrechts im BGB angestrebt.[44] Im Rahmen der Neuregelung ist beabsichtigt, die Stiftung im BGB im Rahmen der dem Bund zustehenden Gesetzeskompetenz möglichst umfassend zu regeln.[45] Viele der geplanten bundesrechtlichen Regelungen sollen an schon bestehendes Landesrecht angelehnt werden.[46]

1. Stiftungszweck

Der Stiftungszweck ist das wichtigste Strukturmerkmal der Stiftung und wird wegen seiner weitreichenden Wirkung als die ‚Seele' der Stiftung bezeichnet.[47] Er prägt die Identität der Stiftung.[48] Zugleich gibt er das Programm für die Funktion

---

43 *Ellenberger*, in: Palandt, BGB, Vor § 80 Rn. 5 ff.; *Weitemeyer*, in: MüKo BGB, § 80 Rn. 2 ff.; *Stumpf*, in: Stumpf/Suerbaum/Schulte/Pauli, Stiftungsrecht, B 1. Kap. Vorb. Rn. 7; *Ebersbach*, Handbuch des Stiftungsrechts, S. 15; *Rawert*, in: Hopt/Reuter, Stiftungsrecht in Europa, S. 109.

44 Im Hinblick auf diese Neuregelung liegt ein Gesetzesentwurf der Bundesregierung für ein Gesetz zur Vereinheitlichung des Stiftungsrechts in der Fassung vom 03.02.2021 vor. Die Reform des Stiftungsrechts ist getragen von demselben Verständnis, welches auch bisher die §§ 80 ff. BGB und die Landesstiftungsgesetze prägt, siehe vertiefend den Gesetzesentwurf der Bundesregierung für ein Gesetz zur Vereinheitlichung des Stiftungsrechts in der Fassung vom 03.02.2021, S. 1, 29.

45 Es sollen unter anderem bundesrechtliche Vorschriften zu einem Namenszusatz für die Stiftung, zum Vermögen der Stiftung, zur Änderung der Stiftungssatzung sowie zu Zusammenschlüssen von Stiftungen geschaffen werden. Weiterhin besteht die Absicht, die Vorschriften über die Pflichten der Organe zu erweitern, siehe vertiefend den Gesetzesentwurf der Bundesregierung für ein Gesetz zur Vereinheitlichung des Stiftungsrechts in der Fassung vom 03.02.2021, S. 1, 28 ff.

46 Vgl. Gesetzesentwurf der Bundesregierung für ein Gesetz zur Vereinheitlichung des Stiftungsrechts in der Fassung vom 03.02.2021, S. 1, 28 ff.

47 *Backert*, in: Bamberger/Roth/Hau/Poseck BGB, § 80 Rn. 4; *Hüttemann/Rawert*, in: Staudinger, Vor §§ 80 ff. Rn. 5; *Jakob/Uhl*, in: BeckOGK BGB, § 80 Rn. 110; v. *Campenhausen/Stumpf*, in: Richter, Stiftungsrecht, § 1 Rn. 9, § 5 Rn. 1; *Fischer/Nissel*, in: Werner/Saenger/Fischer, Die Stiftung, § 7 Rn. 2; *Hüttemann*, in: FS Reuter, S. 121; *Stickrodt*, Stiftungsrecht, S. 26.

48 OVG Nordrhein-Westfalen, Beschl. v. 14.06.1994 – 25 E 492/94, NWVBl 1994, 393; *Ebersbach*, Handbuch des Stiftungsrechts, S. 16; *Schlüter/Stolte*, Stiftungsrecht, 2. Kap. Rn. 47.

der Stiftung vor.[49] Zwar sind das Stiftungsvermögen und die Stiftungsorganisation ebenfalls unverzichtbare Elemente, jedoch kommt ihnen im Verhältnis zum Stiftungszweck eine untergeordnete Rolle zu.[50] Er ist nach der Anerkennung der Stiftung im Grundsatz der Disposition des Stifters sowie der Stiftungsorgane entzogen. Nur unter bestimmten engen Voraussetzungen, die nach derzeitigem Recht vornehmlich in den Stiftungsgesetzen der Länder bezeichnet sind (z. B. § 10 StiftG NRW), ist eine Zweckänderung möglich.[51]

Der Stifter kann den Stiftungszweck wählen.[52] Es finden sich weder im BGB noch in den Landesstiftungsgesetzen positive Anforderungen an den Stiftungszweck.[53] Die Vorschriften der §§ 80 ff. BGB legen trotz der großen Freiheit des Stifters bei der Wahl des Zwecks drei wesentliche Merkmale fest, die der Stifter zu beachten hat: Das sind erstens die fehlende Gemeinwohlgefährdung, zweitens die Fremdnützigkeit und drittens das Erfordernis der dauerhaften und nachhaltigen Erfüllung des Stiftungszwecks.[54]

---

49 *Dutta,* in: Richter, Stiftungsrecht, § 5 Rn. 1.

50 OVG Nordrhein-Westfalen, Beschl. v. 14.06.1994 – 25 E 492/94, NWVBl 1994, 393; *Hüttemann/Rawert,* in: Staudinger, Vor §§ 80 ff. Rn. 5; *Jakob/Uhl,* in: BeckOGK BGB, § 80 Rn. 111; *Neuhoff,* in: Soergel BGB, Vor § 80 Rn. 19, 13; *Ebersbach,* Handbuch des Stiftungsrechts, S. 16; kritisch *Kronke,* Stiftungstypus und Unternehmensträgerstiftung, S. 57; *Burgard,* Gestaltungsfreiheit im Stiftungsrecht, S. 115 f.

51 *Hüttemann/Rawert,* in: Staudinger, BGB, Vor §§ 80 ff. Rn. 1. Nach dem Gesetzesentwurf der Bundesregierung für ein Gesetz zur Vereinheitlichung des Stiftungsrechts soll die Änderung des Stiftungszwecks durch Stiftungsorgane in Zukunft im BGB geregelt werden. Danach soll unter engen Vorgaben unter anderem bei einer dauernden und nachhaltigen Unmöglichkeit zur Erfüllung des Stiftungszwecks sowie einer Gemeinwohlgefährdung des Stiftungszwecks eine Zweckänderung möglich sein (§ 85 I, IV BGB neu). Siehe vertiefend den Gesetzesentwurf der Bundesregierung für ein Gesetz zur Vereinheitlichung des Stiftungsrechts in der Fassung vom 03.02.2021, S. 9, 71 ff.

52 *Hüttemann/Rawert,* in: Staudinger, BGB, § 81 Rn. 45; *Neuhoff,* in: Soergel BGB, § 80 Rn. 5; *Weitemeyer,* in: MüKo BGB, § 81 Rn. 33; *Fischer/Nissel,* in: Werner/Saenger/Fischer, Die Stiftung, § 7 Rn. 7; *Dutta,* in: Richter, Stiftungsrecht, § 5 Rn. 2.

53 *Andrick/Suerbaum,* Stiftung und Aufsicht, § 2 Rn. 8.

54 *Backert,* in: Bamberger/Roth/Hau/Poseck BGB, § 80 Rn. 4 ff.; *Jakob/Uhl,* in: BeckOGK BGB, § 80 Rn. 110 ff.; *Weitemeyer,* in: MüKo BGB, § 80 Rn. 116 ff.; *Dutta,* in: Richter, Stiftungsrecht, § 5 Rn. 5 ff.; *Hüttemann/Rawert,* in: Staudinger, BGB, Vor §§ 80 ff. Rn. 5 ff. ohne Erwähnung der dauerhaften Zweckverfolgung. Nach dem Gesetzesentwurf der Bundesregierung für ein Gesetz zur Vereinheitlichung des Stiftungsrechts sollen diese drei wesentlichen Merkmale des Stiftungszwecks auch im Rahmen der Neuregelung des BGB beibehalten werden (§ 82 BGB neu). Siehe dazu

Die Stiftung ist zweckneutral und kann sowohl für privatnützige als auch gemeinnützige Zwecke errichtet werden.[55] Einzige Einschränkung ist, dass der Stiftungszweck nach § 80 II 1 BGB das Gemeinwohl nicht gefährden darf. Insofern hat sich der Begriff der gemeinwohlkonformen Allzweckstiftung etabliert.[56] In Anlehnung an das Republikaner-Urteil des OVG Nordrhein-Westfalen und des BVerwG ist eine Gemeinwohlgefährdung anzunehmen, wenn es hinreichend wahrscheinlich ist, dass die Genehmigung der Stiftung und damit die Verfolgung des Stiftungszwecks zu einer Beeinträchtigung von Rechten und Rechtsgütern führen, die unter dem Schutz und auf dem Boden der Rechtsordnung stehen. Das bedeutet, dass schon die hinreichende Gefahr des Umschlagens in rechtswidriges Handeln ausreichend ist.[57]

---

vertiefend den Gesetzesentwurf der Bundesregierung für ein Gesetz zur Vereinheitlichung des Stiftungsrechts in der Fassung vom 03.02.2021, S. 6, 56 ff.

55 BT-Drucks. 14/8765, S. 9; *Jakob/Uhl*, in: BeckOGK BGB, § 80 Rn. 110; *Saenger*, in: FS Kollhosser, S. 591, 597; *Stumpf*, in: Stumpf/Suerbaum/Schulte/Pauli, Stiftungsrecht, B 1. Kap. Vorb. Rn. 8.

56 *Hüttemann/Rawert*, in: Staudinger, BGB, Vor §§ 80 ff. Rn. 7; *Mecking*, in: MünchHdbGesR V, § 87 Rn. 9; *Dutta*, in: Richter, Stiftungsrecht, § 5 Rn. 5; *Burgard*, Gestaltungsfreiheit im Stiftungsrecht, S. 117 ff.; *Saenger*, in: FS Kollhosser, S. 591, 593; *Andrick/Suerbaum*, Stiftung und Aufsicht, § 2 Rn. 9 verwenden den präziseren Begriff der ‚nicht gemeinwohlgefährdenden' Allgemeinzweckstiftung.

57 BT Drucks 14/8765, S. 9; BVerwG, Urt. v. 12.02.1998 – 3 C 55/96, BVerwGE 106, 177, 180; OVG Nordrhein-Westfalen, Urt. v. 08.12.1995 – 25 A 2431/94, NVwZ 1996, 913 ff.; VGH Hessen, Beschl. v. 27.1.2020 – 7 A 2164, Rn. 38 ff. (zit. nach juris); *Andrick/Suerbaum*, Stiftung und Aufsicht, § 6 Rn. 37. Als Begründung für die Auslegung des Begriffs des Gemeinwohls wird angeführt, dass der freiheitlich demokratischen Grundordnung des modernen Staates der Gedanke der betreuenden Fürsorge zu Grunde liege, d.h. der Staat nehme sich fördernd und schützend der Stiftungen an. Die Möglichkeit der Versagung gemeinwohlgefährdender Stiftungen sei auch nicht unangemessen, weil die intendierten Eingriffsvorteile zum Schutz von Verfassungsrechtsgütern derart gewichtig seien, dass ihnen der Vorrang vor den Eingriffsnachteilen für den potenziellen Stifter einzuräumen sei. Diese Auslegung des Begriffs der Gemeinwohlgefährdung wird im Schrifttum kritisiert. Mit dem Grundrecht auf Stiftung sei es unvereinbar, wegen der politischen Abhängigkeit der Stiftungsbehörde die Verweigerung der Anerkennung zu erlauben, obwohl der Stiftungszweck (noch) rechtmäßig sei. Aufgrund der Verfassungswidrigkeit des Gemeinwohlvorbehalts könne die Stiftungsbehörde die Anerkennung nur zurückweisen, wenn das Stiftungsgeschäft wegen eines Gesetzesverstoßes unwirksam sei, siehe dazu *Hüttemann/Rawert*, in: Staudinger, BGB, § 80 Rn. 44; *Burgard*, Gestaltungsfreiheit im Stiftungsrecht, S. 127; *Muscheler*, NJW 2003, 3161, 3165. Teilweise wird die Prüfung der Gemeinwohlprüfung in der Literatur zwar

Die Fremdnützigkeit bedeutet, dass die Stiftung einen außerhalb ihrer selbst und des Stifters liegenden Zwecks erfüllen muss.[58] Daher ist eine Stiftung für den Stifter ausgeschlossen.[59] Bei einer solchen wird die Stiftung zur Verfolgung eigennütziger Zwecke genutzt.[60] Dies unterliegt rechtlichen Schranken, da ansonsten dem eigenen Wohl dienendes Sondervermögen geschaffen würde, auf das mangels pfändbarer Anteile sowie Ansprüche des Stifters und des Destinatärs nicht von Gläubigern zugegriffen werden kann.[61] Weiterhin darf die Stiftung nicht lediglich den Zweck verfolgen, sich selbst und der Verwaltung ihres eigenen Vermögens zu dienen (sog. Selbstzweckstiftung).[62] Dies ergibt sich aus §§ 80 ff. BGB, wonach ein Vermögen der Erfüllung eines von ihm vorgegebenen Zwecks zu widmen ist und es somit nur Mittel zur Verwirklichung eines außerhalb seines selbst liegenden Zwecks sein kann.[63]

Schließlich muss eine dauernde und nachhaltige Erfüllung des Stiftungszwecks nach § 80 II 1 BGB gesichert erscheinen. Das Erfordernis der dauernden Erfüllung des Stiftungszwecks besagt, dass als Stiftungszwecke nur solche infrage kommen, die auf eine gewisse Dauer angelegt sind und mit denen der Wunsch nach einer rechtlichen Verselbstständigung des Stiftungsvorhabens zu einer juristischen Person

als verfassungsrechtlich zulässig angesehen, aber auf eine Rechtsprüfung reduziert, siehe *Dutta,* in: Richter, Stiftungsrecht, § 5 Rn. 28.

58 *Backert,* in: Bamberger/Roth/Hau/Poseck BGB, § 80 Rn. 6; *Jakob/Uhl,* in: BeckOGK BGB, § 80 Rn. 116; *Neuhoff,* in: Soergel BGB, Vor § 80 Rn. 70; *Weitemeyer*, in: MüKo BGB, § 80 Rn. 116 ff.; *Reuter,* AcP 2007, 1, 19 ff.

59 *Hüttemann/Rawert*, in: Staudinger, BGB, Vor §§ 80 ff. Rn. 8 f.; *Neuhoff,* in: Soergel BGB, Vor § 80 Rn. 70; *Weitemeyer*, in: MüKo BGB, § 80 Rn. 117; *Dutta,* in: Richter, Stiftungsrecht, § 5 Rn. 18; *Rawert,* in: Hopt/Reuter, Stiftungsrecht in Europa, S. 109, 116 ff.; *Stickrodt,* Stiftungsrecht, S. 166; *Dutta,* RabelsZ 77(2013), 828, 839; a.A. *Burgard,* Gestaltungsfreiheit im Stiftungsrecht, S. 132 ff.; *Kronke,* Stiftungstypus und Unternehmensträgerstiftungen, S. 225.

60 *Weitemeyer*, in: MüKo BGB, § 80 Rn. 117.

61 *Hüttemann/Rawert*, in: Staudinger, BGB, Vor §§ 80 ff. Rn. 8; *Weitemeyer*, in: MüKo BGB, § 80 Rn. 117.

62 *Backert,* in: Bamberger/Roth/Hau/Poseck BGB, § 80 Rn. 6; *Jakob/Uhl,* in: BeckOGK BGB, § 80 Rn. 116; *Neuhoff,* in: Soergel BGB, Vor § 80 Rn. 70; *Weitemeyer*, in: MüKo BGB, § 80 Rn. 118; *Dutta,* in: Richter, Stiftungsrecht, § 5 Rn. 14 ff.; *Fischer/Nissel*, in: Werner/Saenger/Fischer, Die Stiftung, § 7 Rn. 5; *Mecking,* in: MünchHdbGesR V, § 87 Rn. 14; *Jakob,* Schutz der Stiftung, S. 52 ff.; *Schwintek,* Vorstandskontrolle, S. 49 ff.; *Reuter,* in: AcP 2007, 1, 19 ff.; *Dutta,* RabelsZ 77(2013), 828, 836 ff.

63 *Weitemeyer*, in: MüKo BGB, § 80 Rn. 118; *Rawert,* in: Walz/Kötz/Rawert/Schmidt, Non Profit Law Yearbook 2003, S. 1, 7; a.A. *Schiffer/Pruns,* ZStV 2012, 1 ff., welche es in § 87 II BGB verorten.

gerechtfertigt erscheint.[64] Ausgeschlossen sind somit Stiftungszwecke, die sachlich beschränkt oder zeitlich befristet sind.[65] Ausnahmsweise sind, wie § 80 II 2 BGB belegt, Verbrauchsstiftungen anerkennungsfähig, bei denen nicht nur die Erträge zur Erfüllung eingesetzt werden, sondern auch das Stiftungskapital selbst.[66]

2. *Stiftungsvermögen*

Eine Definition des Begriffs des Stiftungsvermögens fehlt in §§ 80 ff. BGB. Er wird bisher entweder in einem weiteren oder einem engeren Sinne verstanden.[67] Ersterer bezeichnet die verfügbaren Mittel der Stiftung.[68] Letzterer meint die bei der bzw. für die Errichtung übertragenen Vermögenswerte, die nach den Regeln der Satzung, dem Bundes- und ergänzend dem Landesrecht im Bestand zu erhalten sind.[69] In diesem Sinne wird Stiftungsvermögen oftmals als Grundstockvermögen bezeichnet.[70]

---

64 *Backert,* in: Bamberger/Roth/Hau/Poseck BGB, § 80 Rn. 4; *Hüttemann/Rawert,* in: Staudinger, BGB, § 80 Rn. 17; *Roth,* in: BeckOGK BGB, § 80 Rn. 240; *Weitemeyer,* in: MüKo BGB, § 80 Rn. 120; *Rawert,* npoR 2014, 1, 2.

65 BT-Drucks. 14/8765, S. 8, 13; *Weitemeyer,* in: MüKo BGB, § 80 Rn. 127 f.; *Wiese,* in: Ermann, BGB, Vor § 80 Rn. 2; *Burgard,* Gestaltungsfreiheit im Stiftungsrecht, S. 122.

66 Siehe z. B. *Hüttemann/Rawert,* in: Staudinger, BGB, § 80 Rn. 20; *Weitemeyer,* in: MüKo BGB, § 80 Rn. 132; *Burgard,* Gestaltungsfreiheit im Stiftungsrecht, S. 122 f.; *Hüttemann,* DB 2013, 774, 778.

67 Der Gesetzesentwurf der Bundesregierung für ein Gesetz zur Vereinheitlichung des Stiftungsrechts sieht eine umfassende gesetzliche Regelung im BGB in Bezug auf das Vermögen der Stiftung vor. Das Stiftungsvermögen soll danach aus dem Grundstockvermögen und dem sonstigen Vermögen bestehen (§ 83 b I BGB neu). Das Grundstockvermögen wiederum soll definiert werden als das gewidmete Vermögen, das durch Zustiftung erworbene Vermögen und Vermögenszuführungen durch die Stiftung sowie Surrogate für einen zum Grundstock gehörenden Gegenstand (§ 83 b II BGB neu). Auch nach dem Gesetzesentwurf soll das Stiftungsvermögen eine dauernde und nachhaltige Erfüllung des Stiftungszwecks gewährleisten (§§ 80 I, 82 I BGB neu). Vertiefend siehe den Gesetzesentwurf der Bundesregierung für ein Gesetz zur Vereinheitlichung des Stiftungsrechts in der Fassung vom 03.02.2021, S. 6 f., 30, 61 ff. sowie *Mehren,* DStR 2018, 1773, 174.

68 *Hüttemann/Rawert,* in: Staudinger, BGB, Vor §§ 80 ff. Rn. 11; *Godron,* in: Richter, Stiftungsrecht, § 7 Rn. 1; *Burgard,* Gestaltungsfreiheit im Stiftungsrecht, S. 471 f.; *Jakob,* Schutz der Stiftung, S. 61 ff., insb. 64.

69 *Hüttemann/Rawert,* in: Staudinger, BGB, Vor §§ 80 ff. Rn. 11; *Weitemeyer,* in: MüKo BGB, § 80 Rn. 4 ff.; *Godron,* in: Richter, Stiftungsrecht, § 7 Rn. 2.

70 *Hüttemann/Rawert,* in: Staudinger, BGB, Vor §§ 80 ff. Rn. 11.

Das Stiftungsvermögen dient dazu, die Stiftungszwecke auf Dauer verfolgen zu können.[71] Die zeitliche Dauer von Stiftungsgestaltungen ist Gegenstand intensiver Auseinandersetzungen.[72] Heute wird weitgehend anerkannt, dass sich mithilfe der Stiftung ein Stiftungszweck in Ewigkeit erzielen lässt. Dennoch ist der dauerhafte Bestand des Stiftungsvermögens kein konstitutives Element des Stiftungsbegriffs. Auch Verbrauchsstiftungen, bei denen das Stiftungsvermögen im Laufe der Zeit aufgebraucht wird, sind gemäß § 80 II 2 BGB zulässig.[73] Der Einsatz des Vermögens kann auf verschiedene Arten erfolgen. Vorrangiger Zweck des Stiftungsvermögens ist es zunächst, mit dem Vermögen der Stiftung Erträge zu erwirtschaften, mit denen die Stiftung ihre Zwecke verfolgen kann.[74] Das Stiftungsvermögen umfasst Vermögenswerte aller Art wie Bargeld, Wertpapiere, Immobilien, Rechte an Grundstücken sowie Unternehmensanteile.[75] Die Höhe des Stiftungsvermögens muss nach § 80 II BGB so bemessen sein, dass mit ihm die dauernde und nachhaltige Zweckerfüllung gesichert erscheint. Ein ausreichendes und im Zusammenspiel mit dem Stiftungszweck angemessenes Stiftungsvermögen ist Voraussetzung für die Anerkennung der Stiftung.[76] Fehlt dieses zeitweilig, führt dies noch nicht zwangsläufig zur Aufhebung der Stiftung. Der Mangel muss jedoch in absehbarer Zeit behoben werden.[77]

3. Stiftungsorganisation

Wesentliches Merkmal einer Stiftung, das diese von anderen juristischen Personen abgrenzt, ist das Fehlen einer verbandsmäßigen Struktur. Anders als ein privatrechtlicher Verein oder eine öffentlich-rechtliche Körperschaft hat eine

---

71 *Jakob/Uhl*, in: BeckOGK BGB, § 80 Rn. 121; *Weitemeyer*, in: MüKo BGB, § 80 Rn. 4 ff.; *Andrick/Suerbaum*, Stiftung und Aufsicht, § 2 Rn. 10; *Ebersbach*, Handbuch des Stiftungsrechts, S. 17 ff.

72 Vgl. für eine Auswahl *Lutter*, in: Walz/Kötz/Rawert/Schmidt, Non Profit Law Yearbook 2004, S. 43 ff.; *Muscheler*, in: FS Werner, S. 129 ff.; *Hushahn*, npoR 2011, S. 73 ff.

73 Zur Verbrauchsstiftung siehe auch *Jakob/Uhl*, in: BeckOGK BGB, § 80 Rn. 121; *Stumpf*, in: Stumpf/Suerbaum/Schulte/Pauli, Stiftungsrecht, B 1. Kap. Vorb. Rn. 14.

74 *Meyn*, in: Meyn/Richter/Koss, Die Stiftung, Rn. 144.

75 *Backert*, in: Bamberger/Roth/Hau/Poseck BGB, § 80 Rn. 8; *Godron*, in: Richter, Stiftungsrecht, § 7 Rn. 8; *Andrick/Suerbaum*, Stiftung und Aufsicht, § 2 Rn. 10.

76 *Backert*, in: Bamberger/Roth/Hau/Poseck BGB, § 80 Rn. 9; *Neuhoff*, in: Soergel BGB, § 80 Rn. 14; *Godron*, in: Richter, Stiftungsrecht, § 7 Rn. 8.

77 *Backert*, in: Bamberger/Roth/Hau/Poseck BGB, § 80 Rn. 9; *Neuhoff*, in: Soergel BGB, § 80 Rn. 14; *Andrick/Suerbaum*, Stiftung und Aufsicht, § 2 Rn. 11.

Stiftung keine Mitglieder, von deren Willen die Tätigkeit abhängig ist.[78] Einzig der ursprüngliche – im Stiftungsgeschäft und in der Stiftungssatzung niedergelegte – Wille des Stifters bestimmt das Leben der Stiftung. Das Wirken und der Bestand der Stiftung bestimmen sich ausschließlich nach der Organisation der Stiftung, die ihre Grundlage im Gesetz und in der Satzung findet.[79] Die Organisation gewährleistet die Unabhängigkeit der Stiftung. Sie verhindert das Einwirken von außenstehenden Personen und Institutionen sowohl des Staates als auch des Stifters nach dem Errichtungsakt, sofern der Stifter nicht Organmitglied ist.[80] Um im Rechtsverkehr handlungsfähig zu sein, muss sich die Stiftung natürlicher Personen bedienen.[81] Die natürlichen Personen treffen die Entscheidungen gemäß der vom Stifter im Stiftungsgeschäft und in der Satzung enthaltenden Vorgaben für die Stiftung und setzen ihre Handlungen um.[82] Die innere Struktur der Stiftung beschreibt die Stiftungsorganisation.[83] Außerdem richten sich nach dem Stiftungszweck sowie der Vermögensausstattung die Bedürfnisse der Stiftung bei der Organisation insbesondere bezüglich der Anzahl und Größe der Organe.[84] Die Organisationsstruktur der Stiftung bestimmt sich primär aus der Satzung und subsidiär nach dem BGB.[85] Das BGB enthält in § 81 I 3 Nr. 5 BGB als einziges Pflichtmerkmal der Organisation der Stiftung die Einsetzung eines Vorstandes.[86] Es können auf den Vorstand gemäß § 86 BGB

---

78 *Hüttemann/Rawert*, in: Staudinger, BGB, Vor §§ 80 ff. Rn. 12; *Neuhoff*, in: Soergel BGB, Vor § 80 Rn. 17; *Andrick/Suerbaum*, Stiftung und Aufsicht, § 2 Rn. 13; *Ebersbach*, Handbuch des Stiftungsrechts, S. 20; *Werner*, in: Werner/Saenger/Fischer, Die Stiftung, § 1 Rn. 14.

79 *Andrick/Suerbaum*, Stiftung und Aufsicht, § 2 Rn. 13; *Ebersbach*, Handbuch des Stiftungsrechts, S. 21.

80 *Ebersbach*, Handbuch des Stiftungsrechts, S. 21.

81 *Backert*, in: Bamberger/Roth/Hau/Poseck BGB, § 80 Rn. 11; *Hüttemann/Rawert*, in: Staudinger, BGB, Vor §§ 80 ff. Rn. 12; *Neuhoff*, in: Soergel BGB, Vor § 80 Rn. 17; *Weitemeyer*, in: MüKo BGB, § 80 Rn. 7; *Ebersbach*, Handbuch des Stiftungsrechts, S. 97.

82 *Godron*, in: Richter, Stiftungsrecht, § 6 Rn. 15; *Stumpf*, in: Stumpf/Suerbaum/Schulte/Pauli, Stiftungsrecht, B 1. Kap. Vorb. Rn. 10.

83 *Godron*, in: Richter, Stiftungsrecht, § 6 Rn. 1.

84 *Godron*, in: Richter, Stiftungsrecht, § 6 Rn. 11.

85 *Backert*, in: Bamberger/Roth/Hau/Poseck BGB, § 80 Rn. 11; *Hüttemann/Rawert*, in: Staudinger, BGB, Vor §§ 80 ff. Rn. 12; *Weitemeyer*, in: MüKo BGB, § 80 Rn. 7.

86 Nach dem Gesetzesentwurf der Bundesregierung für ein Gesetz zur Vereinheitlichung des Stiftungsrechts sollen neben der Regelung des Vorstandes als Pflichtangabe bei der Organisation der Stiftung weitere Vorgaben für die Organmitglieder im BGB aufgenommen werden. So sollen dem Vorstand wie bisher die gesetzliche Vertretung und Geschäftsführungsbefugnisse zukommen. Weiterhin soll die Stiftung per

teilweise die Regelungen des Vereinsrechts angewendet werden. Die Verwaltung und die Erfüllung des Stiftungszwecks liegen ausschließlich in den Händen der Stiftungsorgane.[87]

III. Zusammenfassung

Die Stiftung ist eine juristische Person, die sich im Gebiet zwischen Privatrecht und öffentlichem Recht bewegt. Sie besitzt eine eigene Rechtspersönlichkeit und ist unabhängig von verbandsmäßigen Strukturen. Strukturmerkmale sind die nicht gemeinwohlgefährdenden Zwecke, das Stiftungsvermögen sowie die Organisation.

B. Sparkassen

Der Begriff ‚Sparkasse' deutet bereits die Verbindung der Institution zum ‚Sparen' an. Die Sparkassen haben sich seit jeher dem Ziel unterworfen, die Bevölkerung beim Aufbau einer Vermögensrücklage zu unterstützen.[88] Heute sind die Sparkassen komplexe Rechtsinstitute, die ihre ursprünglichen Leitideen weiterhin verfolgen und diese zugleich weiterentwickelt haben.

I. Historische Entwicklung des Rechtsmodells

Alle Sparkassen in Deutschland lassen sich zurückführen auf die zentrale Idee, eine Einrichtung zu schaffen, die der finanziellen Versorgung von wirtschaftlich schwächeren Bevölkerungsschichten dient.[89] Als eine der ersten Sparkassen in Deutschland gilt die ‚Ersparungscasse' der Allgemeinen Versorgungsanstalt in Hamburg.[90] Diese wurde im Jahr 1778 von Personen, die dem gehobenen Bürgertum angehörten, mit dem Ziel gegründet, Personen wie Dienstboten,

---

Satzung weitere Organe vorsehen können (§ 84 BGB neu). Zudem sollen die Rechte und Pflichten des Vorstandes sowie die Beschlussfassung explizit im Stiftungsrecht im BGB geregelt werden (§§ 84 a, 84 b BGB neu). Vertiefend siehe den Gesetzesentwurf der Bundesregierung für ein Gesetz zur Vereinheitlichung des Stiftungsrechts in der Fassung vom 03.02.2021, S. 7 f., 65 ff.

87 *Andrick/Suerbaum,* Stiftung und Aufsicht, § 2 Rn. 15.

88 *Ashauer*, Von der Ersparungscasse zur Sparkassen-Finanzgruppe, S. 53.

89 *Ashauer*, Von der Ersparungscasse zur Sparkassen-Finanzgruppe, S. 31 ff.; *Trende,* Geschichte der Sparkassen, S. 3 ff.

90 *Ashauer*, Von der Ersparungscasse zur Sparkassen-Finanzgruppe, S. 51; *Homann*, Sparkassenstiftungen als Instrumente des „Good Corporate Citizenship" von Sparkassen, S. 54 ff., *Trende,* Geschichte der Sparkassen, S. 29 ff.

Tagelöhnern, Handarbeitern und Seeleuten die Gelegenheit zu geben, etwas zurückzulegen und diese Anlagen sicher verzinsen zu lassen.[91]

Nach zögerlichen Anfängen etablierte sich die Sparkassenidee im 19. Jahrhundert in Deutschland. Dabei veränderte sich nicht nur die privatrechtliche Trägerschaft, sondern auch die Geschäftstätigkeit der Sparkassen. 1801 entstand die erste Sparkasse, für die eine Kommune die Haftung übernahm.[92] Im Zuge der an Bedeutung gewinnenden kommunalen Selbstverwaltung Anfang des 19. Jahrhunderts, insbesondere in Preußen, entstanden immer mehr kommunale Sparkassen. Das Modell der kommunalen Trägerschaft entwickelte sich zum Regelfall in Deutschland.[93] In dem neuen Konstrukt wurden die Sparkassen zu einer rechtlich unselbstständigen Gemeindeeinrichtung.[94] Die Kommunen erkannten, dass durch die Förderung der Spartätigkeit in breiten Teilen der Bevölkerung ihre Kosten für die Armenpflege sanken.[95] In der Zeit von 1850 bis 1910 erfolgten wichtige Regelungen zur weiteren Ausgestaltung des Sparkassenwesens insbesondere im Hinblick auf die Tätigkeiten der Sparkassen.[96] Zunächst wurden den Sparkassen im Jahr 1908 das Depositengeschäft sowie der Scheck- und Kontokorrentverkehr erlaubt.[97] Wenig später wurden das

---

91 *Ashauer*, Von der Ersparungscasse zur Sparkassen-Finanzgruppe, S. 53; *Twiehaus*, Öffentlich-rechtliche Kreditinstitute, S. 7; *Homann*, Sparkassenstiftungen als Instrumente des „Good Corporate Citizenship" von Sparkassen, S. 54.

92 *Twiehaus*, Öffentlich-rechtliche Kreditinstitute, S. 7; *Homann*, Sparkassenstiftungen als Instrumente des „Good Corporate Citizenship" von Sparkassen, S. 57. Die erste Sparkasse als kommunales Institut war die Stadtsparkasse in Göttingen.

93 *Ashauer*, Von der Ersparungscasse zur Sparkassen-Finanzgruppe, S. 77 ff.; *Langschied*, Sparkassenverbund, S. 41; *Twiehaus*, Öffentlich-rechtliche Kreditinstitute, S. 7.

94 *Brzoska*, Die öffentlich-rechtlichen Sparkassen zwischen Staat und Kommunen, S. 91 ff., wonach der rechtliche Status unklar blieb. Überwiegend ging man mangels ausdrücklicher rechtlicher Verselbstständigung von einer Anstalt ohne eigene Rechtspersönlichkeit aus. Brzoska hingegen geht schon von einer Verselbstständigung aus, vgl. S. 95 f., 106.

95 *Langschied*, Sparkassenverbund, S. 41; *Schaldt*, in: Wissenschaftsförderung der Sparkassen-Finanzgruppe e.V., Regionalgeschichte der Sparkassen-Finanzgruppe, S. 19, 20, am Beispiel der Städtischen Sparkasse zu Soest.

96 *Homann*, Sparkassenstiftungen als Instrumente des „Good Corporate Citizenship" von Sparkassen, S. 71 ff.; *Trende*, Geschichte der Sparkassen, S. 291 ff.

97 *Homann*, Sparkassenstiftungen als Instrumente des „Good Corporate Citizenship" von Sparkassen, S. 80; *Schaldt*, in: Wissenschaftsförderung der Sparkassen-Finanzgruppe e.V., Regionalgeschichte der Sparkassen-Finanzgruppe, S. 19, 28, für die westfälisch-lippischen Sparkassen; *Trende*, Geschichte der Sparkassen, S. 440 ff.

Wertpapierkommissionsgeschäft und das Depotgeschäft eröffnet.[98] In Folge dieser Veränderungen wandelten sich die Sparkassen bis zum Ende des Ersten Weltkriegs zu Universalkreditinstituten.[99]

Nachdem die Sparkassen über 100 Jahre lang eine unselbstständige Gemeindeeinrichtung waren, erfolgte im Jahr 1931 eine wichtige Veränderung in Bezug auf ihre Rechtsform. Die Sparkassen wurden mit der Reichsverordnung vom 6.10.1931 rechtlich verselbstständigt und waren fortan Anstalten des öffentlichen Rechts.[100] Das Ziel der Reichsnotverordnung war die Gewährleistung, dass das Sparkassenvermögen nicht für Gemeindeschulden verwendet wurde. Damit sollte im Rechtsverkehr das Vertrauen der Anleger gewonnen werden.[101] In ihrer Gestalt als Anstalt des öffentlichen Rechts kamen den Sparkassen auch die Anstaltslast und Gewährträgerhaftung zu.[102] Die Gewährträgerhaftung regelt die externe Verpflichtung des Trägers gegenüber Gläubigern der Anstalt, während die Anstaltslast das interne Verhältnis zwischen Errichtungskörperschaft und Anstalt bezeichnet.[103] Die Anstaltslast und Gewährträgerhaftung bei Sparkassen wurden jedoch zum 18.7.2005 unter Vorbehalt von Übergangsregelungen bis Ende 2015 abgeschafft.[104] Die Monopolkommission der EU-Kommission sah die Gewährträgerhaftung als staatliche Beihilfe an, die nicht mit Art. 107 I AEUV vereinbar war.[105]

---

98 *Ashauer*, Von der Ersparungscasse zur Sparkassen-Finanzgruppe, S. 224; ebenfalls dazu *Trende*, Geschichte der Sparkassen, S. 446 ff.

99 *Ashauer*, Von der Ersparungscasse zur Sparkassen-Finanzgruppe, S. 195, 233; *Schaldt*, in: Wissenchaftschaftsförderung der Sparkassen-Finanzgruppe e.V., Regionalgeschichte der Sparkassen-Finanzgruppe, S. 19, 28 f.

100 Dritte Verordnung des Reichspräsidenten zur Sicherung von Wirtschaft und Finanzen und zur Bekämpfung politischer Ausschreitungen vom 6.10.1931, RGBl I, 537, 554.

101 *Perdelwitz/Fabricius/Kleiner*, Preußisches Sparkassenrecht, S. 102.

102 *Henneke*, in: Püttner, Handbuch der kommunalen Wissenschaft und Praxis, Band 2, § 53 a Rn. 201 ff.

103 *Henneke*, in: Püttner, Handbuch der kommunalen Wissenschaft und Praxis, Band 2, § 53 a Rn. 202.

104 *Bunte*, in: Schimansky/Bunte/Lwowski, Bankrechts-Handbuch, § 142 Rn. 24; *Birnstiel/Heinrich*, in: Birnstiel/Bungenberg/Heinrich, Europäisches Beihilfenrecht, 1. Kap. Rn. 857; *Pehla*, Der Haftungsverbund der Sparkassen-Finanzgruppe, S. 42.

105 Bei einer wirtschaftlichen Unterstützung der Sparkassen durch die öffentlichrechtliche Hand bestehe die Gefahr einer Verfälschung des Wettbewerbs. Als problematisch sah die Kommission unter anderen die geringeren Refinanzierungskosten der Sparkassen an. Die Bonität der Sparkassen würde aufgrund der Haftung der Gewährträger verbessert, vgl. dazu *Birnstiel/Heinrich*, in: Birnstiel/Bungenberg/Heinrich, Europäisches Beihilfenrecht, 1. Kap. Rn. 855; *Schwintek*, in: Wissenschaftsförderung

II. Rechtsmodell in seiner heutigen Form

Fast alle der derzeit 372 in Deutschland bestehenden Sparkassen sind öffentlich-rechtliche Sparkassen.[106] Fünf der Sparkassen befinden sich jedoch in privatrechtlicher Trägerschaft, auch freie Sparkassen genannt. Diese sind als Aktiengesellschaften organisiert.[107] Dabei handelt es sich um die Bordesholmer Sparkasse AG, die Sparkasse Bremen AG, die Hamburger Sparkasse AG, die Sparkasse zu Lübeck AG sowie die Sparkasse Mittelholstein.[108] Eine Besonderheit bei den öffentlich-rechtlichen Sparkassen stellt sich in Berlin, im Raum Braunschweig, in Frankfurt am Main, in Stuttgart sowie in Bremerhaven dar. In Berlin verwendet die Sparkasse ein Beleihungsmodell, bei dem Träger der Sparkasse die Landesbank Berlin als Aktiengesellschaft ist.[109] Dieses Modell besteht auch bei der Braunschweigischen Landessparkasse.[110] Die Frankfurter Sparkasse

---

der Sparkassen-Finanzgruppe e.V., Regionalgeschichte der Sparkassen-Finanzgruppe, S. 40, 43.

106 DSGV, Organisation der Sparkassen (Stand 01.01.2021), https://www.dsgv.de/sparkassen-finanzgruppe/organisation/sparkassen.html (06.02.2021).

107 Verband der Freien Sparkassen, Ordentliche Mitglieder, http://www.verband-freier-sparkassen.de/ordentliche-mitglieder/ (06.02.2021). Auf dieser Seite wird die Sparkasse Westholstein als sechstes Institut aufgeführt. Bei dieser Sparkasse handelt es sich jedoch nicht um eine Sparkasse in der Form einer Aktiengesellschaft, sondern um eine Sparkasse in der Rechtsform der rechtsfähigen Anstalt des öffentlichen Rechts.

108 Verband der Freien Sparkassen, Ordentliche Mitglieder, http://www.verband-freier-sparkassen.de/ordentliche-mitglieder/ (06.02.2021); *Thiemann*, Rechtsprobleme der Marke Sparkasse, S. 31. Die freien Sparkassen gliedern sich aufgrund einer freiwilligen Selbstverpflichtung in den Sparkassensektor ein, ausführlicher dazu vgl. *Thiemann*, Rechtsprobleme der Marke Sparkasse, S. 34 ff.

109 Die Berliner Sparkasse ist eine öffentlich-rechtliche Sparkasse in der Rechtform einer teilrechtsfähigen Anstalt des öffentlichen Recht unter der Trägerschaft der Landesbank Berlin AG nach § 3 I, II SpkG Berlin. Sie dient gemäß § 2 SpkG Berlin dem öffentlichen Auftrag. Die Besonderheit ist jedoch, dass die die Landesbank Berlin als Aktiengesellschaft mit der Trägerschaft an der Berliner Sparkasse beliehen wurde. Die Landesbank Berlin AG ist ein gemischt-wirtschaftliches Unternehmen mit dem Land Berlin, der norddeutschen Landesbank und der Gotharer Finanzholdung als Eigentümer, *Berger*, Sparkassengesetz Niedersachsen, § 3 Rn. 7 f.

110 Die Braunschweigische Landessparkasse wird von der Norddeutschen Landesbank – Girozentrale – getragen, siehe Staatvertrags über die Norddeutsche Landesbank – Girozentrale – vom 06. Dezember 2019, § 13, https://www.nordlb.de/fileadmin/redaktion/rechtliches/Staatsvertrag.pdf (06.02.2021). Sie ist eine teilrechtsfähige Anstalt des öffentlichen Rechts gemäß § 1 I, welche den öffentlichen Auftrag der kreditwirtschaftlichen Versorgung der Bevölkerung nach § 2 wahrnimmt, vgl. Statut

und die in Stuttgart tätige Landesbank Baden-Württemberg haben ebenfalls keine Kommunen als Träger, obwohl sie öffentlich-rechtliche Anstalten sind.[111] Die Weser-Elbe Sparkasse verwendet als eine weitere Art der Gestaltung der Sparkassen ein Stiftungsmodell.[112] Diese Besonderheiten sollen an dieser Stelle nicht vertieft werden. Für den Gang dieser Arbeit werden allein die öffentlich-rechtlichen Sparkassen in kommunaler Trägerschaft als Stifter betrachtet. Diese stellen das am häufigsten Verwendung findende Rechtsmodell der Sparkassen dar.[113] Nicht betrachtet werden weiterhin Sparkassen-Stiftungen, die von einem Sparkassen- und Giroverband errichtet werden.[114]

---

der Braunschweigischen Landessparkasse vom 12. Dezember 2007, https://www.blsk.de/content/dam/myif/blsk/work/dokumente/pdf/allgemein/statut_blsk.pdf (06.02.2021).

111 Träger der Sparkasse Frankfurt ist die die Landesbank Hessen-Thüringen AG, die Sparkasse ist jedoch eine rechtsfähige Anstalt des öffentlichen Rechts, vgl. Satzung der Frankfurter Sparkasse, § 1 I, IV, https://www.frankfurter-sparkasse.de/content/dam/myif/spk-frankfurt/work/dokumente/pdf/ihre-sparkasse/geschaeftsdaten/satzung_fsp.pdf (06.02.2021). In Stuttgart ist statt einer Sparkasse allein die Landesbank Baden-Württemberg tätig, welche eine rechtsfähige Anstalt des öffentlichen Rechts nach § 1 der Satzung darstellt. Sie hat als Träger den Sparkassen-Verband Baden-Württemberg, das Land Baden-Württemberg, die Landeshauptstadt Stuttgart und die Landesbeteiligungen der Baden-Württemberg GmbH, vgl. Satzung der LBBW in der Fassung vom 01. April 2020, § 2 I, https://www.lbbw.de/rechts-und-kundeninformationen/satzung-der-landesbank-baden-wuerttemberg-stand-mai-2014_7xuk17wej_md.pdf (06.02.2021).

112 Die Trägerschaft an der Städtischen Sparkasse Bremerhaven wurde auf eine Stiftung des öffentlichen Rechts übertragen. Träger der Sparkasse ist insofern die Sparkassen-Stiftung Bremerhaven, vgl. *Berger*, Sparkassengesetz Niedersachsen, § 3 Rn. 12. Die Sparkassen-Stiftungen Bremerhaven ist als Zweckverbandsmitglied an der Weser-Elbe Sparkasse beteiligt, siehe Verbandsordnung für den Sparkassenzweckverband Weser-Elbe Sparkasse vom 13. August 2014, § 1 I, http://www.szv-wespa.de/ (06.02.2021).

113 Die kommunalen Sparkassen können entweder von einer Gemeinde, einem Kreis oder einem Zweckverband errichtet werden. Im Rahmen dieser Arbeit werden allein die Anforderungen an die Sparkassen betrachtet, die von einer Gemeinde errichtet werden. Für sie gelten die Regelungen der Gemeindeordnungen. Ist Träger der Sparkasse jedoch der Kreis, sind die entsprechenden Vorschriften der Kreisordnung anzuwenden. Bei einem Zweckverband leiten die Mitglieder des Zweckverbandes die Rechte und Pflichten zur Erfüllung ihrer Aufgaben von den beteiligten Mitgliedern ab.

114 Die Sparkassen- und Giroverbände sind keine Anstalten des öffentlichen Rechts, sondern öffentlich-rechtliche Körperschaften, siehe dazu ausführlicher unter Teil 1 B.II.5. Aufgrund der unterschiedlichen Rechtsform gelten für sie abweichende Rechtsvorschriften.

1. Öffentlich-rechtliche Anstalt

Die Sparkassen in kommunaler Trägerschaft sind Anstalten des öffentlichen Rechts. Dies ist in den Sparkassengesetzen der Länder geregelt.[115] Die Organisationsform stellt ein prägendes Rechtsprinzip der Sparkassen dar.[116] Die Anstalt hat charakteristische Merkmale wie die Zusammenfassung von Sach- und Personalmitteln, die dazu bestimmt sind, in der Hand eines Trägers öffentlicher Verwaltung einem besonderen öffentlichen Zweck dauernd zu dienen[117], jedoch gibt es keine verbindlich vorgeschriebene Organ- und Binnenstruktur[118]. Die Sparkassengesetze der Länder geben als wesentliche Merkmale für die Anstalt des öffentlichen Rechts bei Sparkassen vor, dass diese rechtlich selbstständig sind.[119] Die rechtliche Selbstständigkeit bedeutet, dass die Sparkassen selbst Träger von Rechten und Pflichten i. S. d. § 1 BGB sind und unmittelbar am Rechtsverkehr teilnehmen können.[120]

2. Kommunale Trägerschaft

Sparkassen sind Kommunalanstalten und Bestandteile der mittelbaren Kommunalverwaltung.[121] Als allgemeiner Grundsatz sollen die Träger der Sparkassen diesen bei der Erfüllung ihrer Aufgaben helfen.[122] Dieser Grundsatz wird durch

---

115 § 1 SpkG BW, Art. 3 SpkG Bayern, § 1 SpkG Bremen, , § 1 I SpkG Hessen, § 3 SpkG Niedersachsen, § 1 I 1 SpkG NRW, § 1 I SpkG Rh-Pf, § 1 I 1 SpkG Saar, § 1 I SpkG Schl-H, § 1 I 2 SpkG Brandenburg, § 1 I SpkG Meck-Vp, § 1 I 2 GörKI Sachsen, § 1 II SpkG Sa-Ah, § 1 I SpkG Thüringen.

116 *Kirchhof*, in: Kirchhoff/Henneke, Entwicklungsperspektiven kommunaler Sparkassen in Deutschland, S. 11, 18.

117 *Mayer*, Verwaltungsrecht, S. 268.

118 *Kirchhof*, in: Kirchhoff/Henneke, Entwicklungsperspektiven kommunaler Sparkassen in Deutschland, S. 11, 19.

119 § 1 SpkG BW, Art. 3 SpkG Bayern, § 1 SpkG Bremen, § 1 I SpkG Hessen, § 3 SpkG Niedersachsen, § 1 I 1 SpkG NRW, § 1 I SpkG Rh-Pf, § 1 I 1 SpkG Saar, § 1 I SpkG Schl-H, § 1 I 2 SpkG Brandenburg, § 1 I SpkG Meck-Vp, § 1 I 2 GörKI Sachsen, § 1 II SpkG Sa-Ah, § 1 I SpkG Thüringen.

120 Definition der Rechtsfähigkeit in *Brox/Walker*, Allgemeiner Teil des BGB, § 33 Rn. 2 ff.

121 VerfGH Nordrhein-Westfalen, Urt. v. 15.09.1986 – 17/85, NVwZ 1987, 211, 212 f.; OVG Niedersachsen, Urt. v. 22.03.1977 – II B 34/77, DÖV 1978, 98, 99; *Kirchhof*, in: Kirchhoff/Henneke, Entwicklungsperspektiven kommunaler Sparkassen in Deutschland, S. 11, 20; *Rümker*, in: FS Steindorff, S. 449, 451.

122 § 8 IV 1 SpkG BW, Art. 4 II SpkG Bayern, § 2 II SpkG Bremen, § 3 II SpkG Hessen, § 5 I SpkG Niedersachsen, § 7 II 1 SpkG NRW, § 3 II SpkG Rh-Pf, § 5 I SpkG Saar, § 4 II Schl-H, § 3 III SpkG Brandenburg, § 3 III SpkG Meck-Vp, § 3 II GörKI Sachsen, § 2 II 1 SpkG Sa-Ah, § 3 I SpkG Thüringen.

die Übertragung von einzelnen Aufgaben und Befugnissen auf die Gemeinden konkretisiert.

Zunächst sind diese für die Errichtung der Sparkassen zuständig.[123] Im Rahmen der Errichtung bestimmen die Sparkassengesetze der Länder als potenzielle Träger der öffentlich-rechtlichen Sparkassen die Gemeinden, Landkreise sowie Zweckverbände als deren Zusammenschlüsse.[124] Gemeinden können auf ihrem Gemeindegebiet Sparkassen errichten.[125] Landkreise können Kreissparkassen bilden.[126] Sofern sich mehrere Gebietskörperschaften für den Betrieb einer Sparkasse zusammenschließen, wird eine Zweckverbandssparkasse gebildet.[127] Neben der Errichtung der Sparkassen ist den Trägern die grundlegende Organisation der Sparkassen überlassen.[128] Weiterhin besteht die Befugnis der Träger, die Entscheidung über Auflösung und Fusion der Sparkassen zu treffen.[129]

---

123 *Kirchhof*, in: Kirchhoff/Henneke, Entwicklungsperspektiven kommunaler Sparkassen in Deutschland, S. 11, 20.

124 § 1 SpkG BW, Art. 1 I SpkG Bayern, § 1 SpkG Bremen, § 1 I SpkG Hessen, § 1 I 1 SpkG Niedersachsen, § 1 I 1 SpkG NRW, § 1 I SpkG Rh-Pf, § 1 I SpkG Saar, § 1 I SpkG Schl-H, § 1 I 1 SpkG Brandenburg, § 1 I SpkG Meck-Vp, § 1 I 1 GörKI Sachsen, § 1 II SpkG Sa-Ah, § 1 I SpkG Thüringen.

125 § 2 I Nr. 1 SpkG BW, Art. 1 I SpkG Bayern, § 1 SpkG Bremen, § 1 II 1 SpkG Hessen, § 1 I 1 SpkG Niedersachsen, § 1 I 1 SpkG NRW, § 1 II SpkG Rh-Pf. In Bremen, in Rheinland-Pfalz und im Saarland sind Gemeinden nur im Rahmen der kommunalen Gebietskörperschaften erwähnt.

126 § 2 I Nr. 2 SpkG BW, Art. 1 I SpkG Bayern, § 1 SpkG Bremen, § 1 I 1 SpkG Niedersachsen, § 1 II SpkG Rh-Pf, § 1 I SpkG Saar, § 1 II SpkG Schl-H, § 1 II SpkG Brandenburg, § 1 II SpkG Meck-Vp, § 1 II GörKI Sachsen, § 1 I SpkG Sa-Ah, § 1 II SpkG Thüringen. In Hessen und Nordrhein-Westfalen wird das Recht zur Errichtung einer Sparkasse nicht den Landkreisen, sondern den Gemeindeverbänden zugesprochen, vgl. § 1 II 1 SpkG Hessen und § 1 I 1 SpkG NRW.

127 § 2 I Nr. 1 SpkG BW, Art. 1 I SpkG Bayern, § 1 SpkG Bremen, § 1 II 1 SpkG Hessen, § 1 I 1 SpkG Niedersachsen, § 1 I 1 SpkG NRW, § 1 II SpkG Rh-Pf. Auch wenn nicht in jedem Sparkassengesetz im Wortlaut der Normen die Zweckverbände genannt sind, so handelt es sich bei Ihnen jedoch um einen Zusammenschluss von Gebietskörperschaften, sodass sie nach dem Sinn und Zweck ebenfalls unter die Regelung zu fassen sind. Dazu *Schlierbach/Püttner*, Das Sparkassenrecht in der Bundesrepublik Deutschland, S. 132.

128 *Obermann,* Die kommunale Bindung der Sparkassen, S. 31.

129 §§ 3, 4, 5 SpkG BW, Art. 14, 16 SpkG Bayern, §§ 3b, 3c, 4 SpkG Bremen, §§ 17, 19 SpkG Hessen, §§ 2, 31 SpkG Niedersachsen, §§ 27, 28, 31 SpkG NRW, §§ 1 II 4, 22 SpkG Rh-Pf, § 28 I, VI 1 SpkG Saar, §§ 28, 30 SpkG Schl-H, §§ 29, 30 SpkG Brandenburg, §§ 28 I, 29 SpkG Meck-Vp, §§ 28, 29 GörKI Sachsen, §§ 6 II Nr. 2, 28, 29 SpkG Sa-Ah, §§ 22, 23 I SpkG Thüringen; siehe dazu auch *Obermann,* Die kommunale Bindung

Einfluss auf die Sparkassen können die Träger durch ihre Einwirkungsmöglichkeiten im Verwaltungsrat sowie durch die ihnen gesetzlich zugedachten Rechte nehmen. Zunächst können die Träger durch die Wahl der Mitglieder des Verwaltungsrates über die personelle Besetzung des Verwaltungsrats entscheiden.[130] Je nach Landesrecht stellen Vertreter des Trägers ein Drittel, die Hälfte oder zwei Drittel der Mitglieder des Verwaltungsrats.[131] Außerdem ist der Vorsitzende des Verwaltungsrates in vielen Bundesländern aufgrund gesetzlicher Regelung der Hauptverwaltungsbeamte des Trägers.[132] Insofern besitzen die Träger einen besonderen Einfluss im Verwaltungsrat. Dem Verwaltungsrat als dem obersten Organ der Sparkassen stehen wichtige Kompetenzen zu.[133] Diese umfassen grundsätzlich die Kontrolle des Vorstandes. Weiterhin obliegt dem Verwaltungsrat in vielen Bundesländern die Entscheidungen zur Festlegung des Jahresabschlusses und die Billigung des Lageberichts als Alleinkompetenz.[134]

der Sparkassen, S. 31; *Heinevetter/Engau/Menking*, Kommentar zum SpkG NRW, § 8 Rn. 3.3

130 *Heinevetter/Engau/Menking*, Kommentar zum SpkG NRW, § 8 Rn. 3.2; *Oebbecke*, in: Henneke, Sparkassen, Landes- und Förderbanken nach der Finanzmarktkrise, S. 80, 90.

131 Gemäß § 15 SpkG BW sowie § 8 II SpkG Saar werden 1/3 der Mitglieder des Verwaltungsrates gestellt. Die Hälfte der Vertreter sind gemäß § 5a I Nr. 2 SpkG Hessen, § 11 I 1 Nr. 2 SpkG Niedersachsen und § 9 I Nr. 3 SpkG Thüringen Mitglieder des Trägers. Schließlich stellt der Träger 2/3 der Verwaltungsratsmitglieder nach Art. 8 II 1 SpkG Bayern, § 10 I SpkG Bremen, § 10 I SpkG NRW, § 5 I SpkG Rh-Pf § 7 I SpkG Schl-H, § 11 I 2 SpkG Brandenburg, § 11 II 2 SpkG Meck-Vp, § 11 I 2 GörKI Sachsen, § 11 II 2 SpkG Sa-Ah.

132 § 14 I 1 SpkG BW, Art. 7 I SpkG Bayern, § 10 I Nr. 1 SpkG Bremen, § 5 d I 1 SpkG Hessen, § 12 I 1 SpkG Niedersachsen, § 11 I 1 SpkG NRW, § 5 I Nr. 1 Rh-Pf, § 9 I 1 SpkG Saar, § 8 I SpkG Schl-H, § 10 I 1 SpkG Brandenburg, § 10 I 1 SpkG Meck-Vp, § 10 I 1 GörKI Sachsen, § 10 I 2 SpkG Sa-Ah, § 10 I 1 SpkG Thüringen. Dabei wird der Vorsitzende in Niedersachsen und Nordrhein-Westfalen gewählt und kann der Hauptverwaltungsbeamten des Trägers sein, dies ist jedoch nicht zwingend notwendig.

133 *Geisler*, Gewinnausschüttungen der kommunalen Sparkassen, S. 48; *Heinevetter/Engau/Menking*, Kommentar zum SpkG NRW, § 9 Rn. 2; *Klüpfel*, Sparkassengesetz BW, § 12 Anm. I Nr. 1; *Völter*, Aufgaben und Pflichten von Verwaltungsräten, S. 56.

134 Siehe z. B. 15 II d) SpkG NRW und § 16 IV Nr. 8 SpkG Niedersachsen; dazu *Geisler*, Gewinnausschüttungen der kommunalen Sparkassen, S. 48; *Heinevetter/Engau/Menking*, Kommentar zum SpkG NRW, § 15 Rn. 5.1, 5.3, 5.4; *Völter*, Aufgaben und Pflichten von Verwaltungsräten, S. 68.

Auch gibt der Verwaltungsrat die Richtlinien der Geschäftspolitik vor.[135] Schließlich unterliegen bestimmte Entscheidungen des Vorstandes, wie z. B die Schließung von Geschäftsstellen, der Zustimmung des Verwaltungsrates.[136]

Weiterhin besitzen die Träger bei zentralen Entscheidungen der Sparkassen je nach landesgesetzlichen Regelungen zusätzliche Rechte. So muss in manchen Bundesländern die Besetzung des Vorstandes vom Träger genehmigt werden.[137] Außerdem können sie bei Entscheidungen über die Entlastung der Organe mitwirken.[138] Schließlich besitzen die Träger teilweise die Möglichkeit, die Richtlinien der Geschäftspolitik der Sparkassen zu genehmigen.[139] Weiterhin beschließt die Trägervertretung teilweise über die Verwendung des Jahresabschlusses.[140]

Die Gemeinden haften als Träger der Sparkassen seit der Aufhebung der Anstaltslast und Gewährträgerhaftung nicht mehr für die laufenden Geschäfte der Sparkassen.[141] Die Träger der Sparkassen sind nicht verpflichtet, den Sparkassen zur Fortführung ihres Geschäftsbetriebs Mittel zur Verfügung zu stellen.[142]

---

135 *Heinevetter/Engau/Menking*, Kommentar zum SpkG NRW, § 15 Rn. 2; *Klüpfel*, Sparkassengesetz BW, § 12 Anm. II Nr. 1; *Völter*, Aufgaben und Pflichten von Verwaltungsräten, S. 57 f. Die Zuweisung der Richtlinienkompetenz an den Verwaltungsrat erfolgt nicht im Saarland und seit einigen Jahren auch nicht in Niedersachsen.

136 *Geisler*, Gewinnausschüttungen der kommunalen Sparkassen, S. 48; *Völter*, Aufgaben und Pflichten von Verwaltungsräten, S. 65 f.

137 Siehe z. B. § 8 II e) SpkG NRW sowie § 5 II Nr. 5 SpkG Schl-H; vgl. *Heinevetter/Engau/Menking*, Kommentar zum SpkG NRW, § 8 Rn. 3.5.1.

138 Siehe z. B. § 8 II f) SpkG NRW, § 6 II Nr. 5 SpkG Brandenburg, § 6 II Nr. 5 SpkG Meck-Vp, § 6 II Nr. 6 GörKI Sachen, § 6 II Nr. 5 SpkG Sa-Ah; dazu *Heinevetter/Engau/Menking*, Kommentar zum SpkG NRW, § 8 Rn. 3.6.

139 Vgl. z. B. § 5 II Nr. 8 SpkG Schl-H. Zu den Möglichkeiten Einfluss zu nehmen über die Richtlinien der Geschäftspolitik *Oebbecke*, in: Henneke, Sparkassen, Landes- und Förderbanken nach der Finanzmarktkrise, S. 80, 90.

140 Siehe z. B. § 8 II g) SpkG NRW, dazu *Heinevetter/Engau/Menking*, Kommentar zum SpkG NRW, § 8 Rn. 3.7. In anderen Bundesländern obliegt die Verwendung des Jahresabschlusses dem Verwaltungsrat der Sparkasse z. B. nach § 16 IV Nr. 8 a.E. SpkG Niedersachsen sowie § 12 II 1 Nr. 7 SpkG Baden-Württemberg. Zur Rechtslage in Baden-Württemberg vertiefend *Klüpfel*, Sparkassengesetz BW, § 12 Anm. III Nr. 7.

141 *Bunte*, in: Schimansky/Bunte/Lwowski, Bankrechts-Handbuch, § 142 Rn. 26; *Schwintek*, in: Wissenschaftsförderung der Sparkassen-Finanzgruppe e.V., Regionalgeschichte der Sparkassen-Finanzgruppe, S. 40, 44.

142 § 8 IV 1 SpkG BW, Art. 4 II SpkG Bayern, § 2 II SpkG Bremen, § 3 II SpkG Hessen, § 5 I SpkG Niedersachsen, § 7 II 2, 3 SpkG NRW, § 3 II SpkG Rh-Pf, § 5 I SpkG Saar, § 4 II SpkG Schl-H, § 3 III SpkG Brandenburg, § 3 III SpkG Meck-Vp, § 3 II GörKI Sachsen, § 2 II SpkG Sa-Ah, § 3 I SpkG Thüringen.

3. *Öffentlicher Auftrag*

Neben der öffentlich-rechtlichen Trägerschaft ist der öffentliche Auftrag ein wichtiges Kennzeichen einer öffentlich-rechtlichen Anstalt. Anstalten werden mit dem Ziel errichtet, einen bestimmten öffentlichen Zweck im Interesse der Allgemeinheit zu erfüllen.[143] Der öffentliche Auftrag ist in den Sparkassengesetzen der Länder verankert.[144] Dieser beinhaltet eine Versorgungs-, Förder- und Wettbewerbsfunktion.[145] Zum Ersten geht es bei dem öffentlichen Auftrag der Sparkassen um die kreditwirtschaftliche Versorgungs- und Gewährleistungsfunktion.[146] Diese teilt sich auf in die Versorgung der Bevölkerung mit bankgeschäftlichen Leistungen, die Förderung der Wirtschaft sowie die Versorgung des Gewährträgers mit Krediten.[147] Zum Zweiten kommt den Sparkassen aufgrund ihres öffentlichen Auftrags eine Unterstützungsfunktion zu.[148] Es sollen die finanzielle Eigenvorsorge und Selbstverantwortung der Jugend, aber auch der sonstigen Altersgruppen der Bevölkerung gefördert werden.[149] Als drittes Merkmal zeichnet sich der öffentliche Auftrag durch eine

---

143 *Maurer/Waldhoff*, Allgemeines Verwaltungsrecht, § 23 Rn. 48 ff.

144 § 6 I SpkG BW, Art. 2 SpkG Bayern i. V. m. Art. 20 SpkO Bayern, § 3 I, II SpkG Bremen, § 2 SpkG Hessen, § 4 I SpkG Niedersachsen, § 2 I, II SpkG NRW, § 2 I, II SpkG Rh-Pf, § 2 SpkG Saar, § 2 SpkG Schl-H, § 2 I SpkG Brandenburg, § 2 I SpkG Meck-Vp, § 2 I GörKI Sachsen, § 2 I SpkG Sa-Ah, § 2 I SpkG Thüringen.

145 *Heinevetter/Engau/Menking*, Kommentar zum SpkG NRW, § 2 Rn. 1.31; *Obermann*, Die kommunale Bindung der Sparkassen, S. 21 ff.; *Oebbecke*, in: Henneke, Sparkassen, Landes- und Förderbanken nach der Finanzmarktkrise, S. 80, 81.

146 § 6 I 1 SpkG BW, Art. 2 SpkG Bayern i. V. m. Art. 20 I 1 SpkO Bayern, § 3 I SpkG Bremen, 2 I 1 SpkG Hessen, § 4 I 1 SpkG Niedersachsen, § 2 I SpkG NRW, § 2 I SpkG Rh-Pf, § 2 I 1 SpkG Saar, § 2 I SpkG Schl-H, § 2 I 1 SpkG Brandenburg, § 2 I 1 Meck-Vp, § 2 I 1 GörKI Sachsen, § 2 I 1 SpkG Sa-Ah, § 2 I 1 SpkG Thüringen.

147 *Heinevetter/Engau/Menking*, Kommentar zum SpkG NRW, § 2 Rn. 2.3; *Rümker/Winterfeld*, in: Schimansky/Bunte/Lwowski, Bankrechts-Handbuch, Rn. 26; *Obermann*, Die kommunale Bindung der Sparkassen, S. 21 f.; in: Henneke, Sparkassen, Landes- und Förderbanken nach der Finanzmarktkrise, S. 80, 81; *Thiemann*, Rechtsprobleme der Marke Sparkasse, S. 17 f.

148 § 6 I 3 SpkG BW, Art. 2 SpkG Bayern i. V. m. Art. 20 I 2 SpkO, § 2 II SpkG Hessen, § 4 I 1 SpkG Niedersachsen, § 2 I 1 SpkG NRW, § 2 II 3 SpkG Rh-Pf, § 2 I 4 SpkG Brandenburg, § 2 I 4 GörKI Sachsen, § 2 I 4 SpkG Sa-Ah, § 2 I 4 SpkG Thüringen.

149 *Heinevetter/Engau/Menking*, Kommentar zum SpkG NRW, § 2 Rn. 2.2; *Obermann*, Die kommunale Bindung der Sparkassen, S. 22; *Oebbecke*, in: Henneke, Sparkassen, Landes- und Förderbanken nach der Finanzmarktkrise, S. 80, 81; *Thiemann*, Rechtsprobleme der Marke Sparkasse, S. 18 f.

Wettbewerbskonkretisierungsfunktion aus.[150] Die Sparkassen sollen den Wettbewerb fördern, indem sie in ihrem Geschäftsgebiet neben den Privatbanken als Wettbewerber am Markt tätig sind.[151] Zudem wird als viertes Merkmal die Förderung der kommunalen Aufgabenerfüllung angeführt. Die dabei erfassten Aufgaben sind gesetzlich nicht näher ausgestaltet.[152] Es bleibt mangels gesetzlicher Ausgestaltung dieses Merkmals des öffentlichen Auftrags ein weites Handlungsfeld, in dem die ‚kommunalen Belange insbesondere im wirtschaftlichen, regionalpolitischen, sozialen und kulturellen Bereich[153]' gefördert werden sollen.[154] Die Leistungen erfolgen im Hinblick auf die kommunale Bindung der Sparkassen und geben der Gemeinwohlorientierung Ausdruck.[155] Eine Verpflichtung zu derartigen Leistungen besteht jedoch nicht.[156]

4. *Regionalprinzip*

Ein weiteres wichtiges Kennzeichen der Sparkassen ist das Regionalprinzip. Es ist ein Strukturelement der Organisation der Sparkassen sowie der Regelung von Zuständigkeiten.[157] Die öffentliche Aufgabe wird durch dieses Prinzip räumlich beschränkt und konzentriert.[158] In den Sparkassengesetzen der Länder finden sich Definitionen des Regionalprinzips in Brandenburg, Mecklenburg-Vorpommern, Sachsen, Sachsen-Anhalt und Thüringen. Dort wird es definiert

---

150 § 6 I 1 SpkG BW, § 3 II 1 SpkG Bremen, § 4 I 1 SpkG Niedersachsen, § 2 II 1 SpkG NRW, § 2 II 1 SpkG Rh-Pf, § 2 I 2 SpkG Schl-H, § 2 I 2 SpkG Meck-Vp, § 2 I 2 SpkG GörKI Sachsen, § 2 I 2 SpkG Thüringen.

151 *Heinevetter/Engau/Menking*, Kommentar zum SpkG NRW, § 2 Rn. 2.1; *Rümker/Winterfeld*, in: Schimansky/Bunte/Lwowski, Bankrechts-Handbuch, Rn. 26; *Obermann*, Die kommunale Bindung der Sparkassen, S. 22 f.; *Thiemann*, Rechtsprobleme der Marke Sparkasse, S. 19.

152 *Heinevetter/Engau/Menking*, Kommentar zum SpkG NRW, § 2 Rn. 5.1; *Gerlach*, in: Püttner, Handbuch der kommunalen Wissenschaft und Praxis, Band 2, § 53 b Rn. 6; *Oebbecke*, in: Henneke, Sparkassen, Landes- und Förderbanken nach der Finanzmarktkrise, S. 80, 82.

153 § 6 I 2 SpkG BW, § 2 I 3 SpkG Hessen; ähnlich § 4 I 2 SpkG Niedersachen, § 2 II SpkG Schl-H sowie § 2 I 2 SpkG Meck-Vp.

154 *Oebbecke*, in: Henneke, Sparkassen, Landes- und Förderbanken nach der Finanzmarktkrise, S. 80, 82.

155 *Heinevetter/Engau/Menking*, Kommentar zum SpkG NRW, § 2 Rn. 5.1.

156 *Heinevetter/Engau/Menking*, Kommentar zum SpkG NRW, § 2 Rn. 5.1.

157 *Stern/Nierhaus*, Das Regionalprinzip im öffentlich-rechtlichen Sparkassenwesen, S. 1.

158 *Kirchhof*, in: Kirchhoff/Henneke, Entwicklungsperspektiven kommunaler Sparkassen in Deutschland, S. 11, 26.

als das Gebiet, auf das die Geschäftstätigkeiten der Sparkassen zu begrenzen sind.[159] Dabei stellt das Geschäftsgebiet der Sparkassen das Gebiet der Trägerkommune dar.[160] Das sparkassenrechtliche Regionalprinzip ist als ein allgemeiner Grundsatz für das gesamte Sparkassenwesen auch ohne ausdrückliche Verankerung im Gesetz anerkannt.[161] Dieser Grundsatz wurde in der Praxis für die unterschiedlichen Tätigkeiten der Sparkassen konkretisiert.[162] Die konkreten Regelungen betreffen auf der einen Seite die Sparkassenorganisation insbesondere bei der Errichtung von Haupt- oder Zweigstellen[163] und auf der anderen Seite die Geschäftstätigkeiten der Sparkassen[164].

5. *Verbundprinzip*

Die Sparkassen in Deutschland sind in einem Verbund organisiert. Es besteht nach dem Grundsatz der Dreistufigkeit eine Kooperation zwischen lokaler, regionaler und zentraler Ebene.[165] Durch den Verbund wird eine freiwillige, auf Dauer angelegte Vereinigung von einer Mehrzahl von rechtlich und ökonomisch selbstständigen Unternehmen geschaffen. Die Intention des Verbundes ist es, gemeinsam Aufgaben zu bewältigen und Interessen zu vertreten.[166] Die kommunalen Sparkassen formieren die erste Stufe der Organisation und agieren auf lokaler Ebene.[167] Die Sparkassen entscheiden, welche Leistungen eines Verbundpartners

---

159 § 5 I 2 SpkG Brandenburg, § 2 I SpkG Meck-Vp, § 5 I 1 GörKI Sachsen, § 5 I 2 SpkG Sa-Ah sowie § 6 I 2 SpkG Thüringen.

160 Ausdrücklich z. B. § 2 I SpkG Rh-Pf, § 5 I SpkG Brandenburg, § 5 I 1 SpkG Sachsen, § 5 I 1 SpkG Sa-Ah sowie § 6 I 1 SpkG Thüringen. Insgesamt siehe dazu *Stern/Nierhaus*, Das Regionalprinzip im öffentlich-rechtlichen Sparkassenwesen, S. 10 f., 145 ff. sowie *Thiemann*, Rechtsprobleme der Marke Sparkasse, S. 27, die die Identität von Geschäftsgebiet und Trägergebiet sehen.

161 *Schlierbach/Püttner*, Das Sparkassenrecht in der Bundesrepublik Deutschland, S. 132.

162 *Schepers*, Internet-Banking und das sparkassenrechtliche Regionalprinzip, S. 89.

163 *Schepers*, Internet-Banking und das sparkassenrechtliche Regionalprinzip, S. 89.

164 *Kolm*, Das sparkassenrechtliche Regionalprinzip, S. 99.

165 *Güde*, Geschäftspolitik der Sparkassen, S. 44; *Isenburg*, Die Verbundzusammenarbeit der Sparkassen-Finanzgruppe, S. 6; *Kolm*, Das Sparkassenrechtliche Regionalprinzip, S. 21; *Wittmann*, Der Sparkassenverbund, S. 7 f.

166 *Isenburg*, Die Verbundzusammenarbeit der Sparkassen-Finanzgruppe, S. 6; *Lehmann*, Wesen und Formen des Verbundbetriebes, S. 29 ff.

167 *Obermann*, Die kommunale Bindung der Sparkassen, S. 35; *Wittmann*, Der Sparkassenverbund, S. 8.

sie in Anspruch nehmen möchten.[168] Sie tragen einen wesentlichen Teil zur Meinungs- und Willensbildung bei, die von unten nach oben erfolgt.[169] Auf der regionalen Ebene stehen insbesondere die Sparkassenverbände.[170] Die Sparkassenverbände sind keine Anstalten des öffentlichen Rechts, sondern öffentlich-rechtliche Körperschaften.[171] Sie werden aus den Sparkassen in der Region sowie ihren Trägern gebildet.[172] Deutschlandweit gibt es zwölf Sparkassenverbände.[173] Die Verbände haben die Aufgabe, das Sparkassenwesen zu fördern, Prüfungen bei den Mitgliedssparkassen vorzunehmen und die Aufsichtsbehörden zu beraten.[174] Auf der dritten Stufe findet sich der bundesweit tätige[175] Deutsche

---

168 *Isenburg*, Die Verbundzusammenarbeit der Sparkassen-Finanzgruppe, S. 7; *Güde*, ZfgK 1992, 370, 372.

169 *Isenburg*, Die Verbundzusammenarbeit der Sparkassen-Finanzgruppe, S. 7.

170 *Wittmann*, Der Sparkassenverbund, S. 19 ff.; *Güde*, ZfgK 1992, 370, 371.

171 § 35 I SpkG BW, Art. 22 I 2 SpkG Bayern, Art. 1 I Staatsvertrag Hessen-Thüringen, § 28 II 1 SpkG Niedersachsen, § 32 SpkG NRW, § 25 I SpkG Rh-Pf, § 40 II SpkG Saar, § 35 II SpkG Schl-H, § 1 II Staatsvertrag über den Ostdeutschen Sparkassenverband, siehe insbesondere *Jungkamp*, Das Recht der regionalen Sparkassen- und Giroverbände, S. 23.

172 § 37 SpkG BW, Art. 22 I 1 SpkG Bayern, Art. 1 I Staatsvertrag Hessen-Thüringen, § 28 I 1 SpkG Niedersachsen, § 32 SpkG NRW sowie § 1 I Satzung RSGV sowie § 1 I Satzung SWVL, § 25 I SpkG Rh-Pf, § 40 I SpkG Saar, § 35 I SpkG Schl-H, § 1 I Staatvertrag über den Ostdeutschen Sparkassenverband. Vertiefend dazu *Jungkamp*, Das Recht der regionalen Sparkassen- und Giroverbände, S. 48 ff., *Obermann*, Die kommunale Bindung der Sparkassen, S. 36; *Schlierbach/Püttner*, Das Sparkassenrecht in der Bundesrepublik Deutschland, S. 290.

173 Dies sind der Sparkassenverband Baden-Württemberg, der Sparkassenverband Bayern, der Hanseatische Sparkassen- und Giroverband, der Sparkassen- und Giroverband Hessen-Thüringen, der Sparkassenverband Niedersachsen, der Ostdeutsche Sparkassenverband, der Rheinische Sparkassen- und Giroverband, der Sparkassenverband Rheinland-Pfalz, der Sparkassenverband Saar, der Sparkassen- und Giroverband für Schleswig-Holstein, der Sparkassenverband Westfalen-Lippe und der Sparkassenverband Berlin, vgl. *DSGV*, Regionalverbände, https://www.dsgv.de/sparkassen-finanzgruppe/organisation/verbaende.html (06.02.2021).

174 Ausführlich zu den Aufgaben *Isenburg*, Die Verbundzusammenarbeit der Sparkassen-Finanzgruppe, S. 13; *Jungkamp*, Das Recht der regionalen Sparkassen- und Giroverbände, S. 55 ff., *Schlierbach/Püttner*, Das Sparkassenrecht in der Bundesrepublik Deutschland, S. 291 f., ebenso *Geiger*, Sparkassenorganisation, S. 126.

175 *Wittmann*, Der Sparkassenverbund, S. 50.

Sparkassen- und Giroverband e. V.[176] Als eingetragener rechtsfähiger Verein ist er zivilrechtlich organisiert und besteht aus freiwilligen Mitgliedern.[177] Sein Auftrag besteht in der Förderung der Interessen seiner Mitglieder durch Beratung, Erfahrungsaustausch und Unterstützung.[178] Mitglieder der Verbundgruppe sind neben den Sparkassen und Sparkassenverbänden sieben Landesbanken, acht Landesbausparkassen, elf öffentlich regionale Erstversichergruppen, die Deka-Bank, die Deutsche Leasing, die Berlin Hyp, diverse Finanzdienstleister und betriebswirtschaftliche Servicegesellschaften wie Kapitalanlagegesellschaften, Factoringgesellschaften, Unternehmens- und Kommunalberatungsgesellschaften, Finanzdienstleister sowie Kapitalbeteiligungsgesellschaften.[179]

III. Zusammenfassung

Die kommunale Bindung der Sparkassen ist ein tragendes Merkmal.[180] Kennzeichnend sind die öffentliche Trägerschaft, der öffentliche Auftrag, das Regionalprinzip sowie das Verbundprinzip. Sparkassen sind rechtlich selbstständig, aber deshalb nicht von kommunalrechtlichen Bindungen gelöst.[181] Es besteht eine Einbindung in die öffentliche Verwaltung. Sparkassen sind Teil des Verwaltungsprivatrechts.[182]

---

176 *Kolm*, Das Sparkassenrechtliche Regionalprinzip, S. 115; *Obermann*, Die kommunale Bindung der Sparkassen, S. 36; *Schlierbach/Püttner*, Das Sparkassenrecht in der Bundesrepublik Deutschland, S. 300; *Güde*, ZfgK 1992, 370, 371.

177 *Wittmann*, Der Sparkassenverbund, S. 49.

178 *Geiger*, Sparkassenorganisation, S. 132 ff.; *Schlierbach/Püttner*, Das Sparkassenrecht in der Bundesrepublik Deutschland, S. 300; *Wittmann*, Der Sparkassenverbund, S. 50 f.

179 *DSGV*, Organisation, https://www.dsgv.de/sparkassen-finanzgruppe/organisation/verbandsstruktur.html (06.02.2021). Zu den weiteren Partnern auf regionaler Ebene in Nordrhein-Westfalen siehe *Wittmann*, Der Sparkassenverbund, S. 19 ff. sowie auf überregionaler Ebene siehe *Wittmann*, Der Sparkassenverbund, S. 49 ff.

180 Vgl. BVerwG, Urt. v. 29.11.1972 – VI C 19/69, zit. nach *Weides/Bosse*, Rspr. zum Sparkassenrecht I, S. 263, 264; VGH Bayern, Beschl. v. 10.08.1973 – 109 IV 71, zit. nach *Weides/Bosse*, Rspr. zum Sparkassenrecht I, S. 333, 337; *Twiehaus*, Öffentlich-rechtliche Kreditinstitute, S. 6.

181 *Kolm*, Das sparkassenrechtliche Regionalprinzip, S. 184.

182 *Brzoska*, Die öffentlich-rechtlichen Sparkassen zwischen Staat und Kommunen, S. 16; *Stern/Nierhaus*, Das Regionalprinzip im öffentlich-rechtlichen Sparkassenwesen, S. 152 f.

C. Verbindungsleitlinien zwischen Stiftungen und Sparkassen

Vor dem Hintergrund der wesentlichen Leitgedanken und der Rechtsmodelle der Stiftungen und Sparkassen soll beleuchtet werden, inwieweit die beiden Rechtsinstitute sich durch eine Verzahnung gegenseitig insbesondere im Interesse des Gemeinwohls optimieren können. Das Hauptaugenmerk soll dabei auf die Frage gelegt werden, inwieweit sich die Rechtsform Stiftung für die Tätigkeiten der Sparkassen eignet.

I. Gemeinsamkeiten von Stiftungen und Sparkassen

Die Idee einer Stiftung sowie der Sparkassengedanke kamen im Wesentlichen im Zeitalter der Aufklärung und Säkularisierung auf und sind bezüglich ihrer geschichtlichen Entstehung stark mit dem Gedanken der Förderung des Gemeinwohls verbunden. Stiftungen auf der einen Seite haben im Laufe der Zeit die zwingende Notwendigkeit der Gemeinwohlförderung verloren und können heutzutage zu sämtlichen Zwecken errichtet werden, sofern diese nicht eine Gefahr für das Gemeinwohl darstellen. Sparkassen auf der anderen Seite fördern aufgrund ihres öffentlichen Auftrags maßgeblich den Vermögensaufbau der Bevölkerung und sorgen für die Kreditversorgung. Obwohl sich die Geschäftstätigkeiten der Sparkassen im Laufe der Jahrhunderte ausgeweitet haben, bleibt die Gemeinwohlbindung ein wesentlicher Bestandteil ihrer Tätigkeit. Insofern lässt sich der Gedanke der Verfolgung des Gemeinwohls bei beiden Institutionen finden. Schließlich besteht eine Gemeinsamkeit auch bei der Ausrichtung ihrer Tätigkeit an der Verfolgung eines bestimmten Zwecks. Bei Stiftungen müssen sämtliche Handlungen der Verfolgung des Stiftungszwecks dienen. Die Sparkassen haben bei ihren Tätigkeiten stets den öffentlichen Auftrag zu wahren. Weiterhin handelt es sich bei beiden Rechtsinstituten um juristische Personen, die sowohl vom öffentlichen als auch vom privaten Recht geprägt werden. Stiftungen werden regelmäßig privatrechtlich errichtet und ausgestaltet und unterliegen einer öffentlich-rechtlichen Aufsicht. Sparkassen sind öffentlich-rechtlich organisiert und üben ihre Geschäftstätigkeit privatrechtlich aus.

II. Unterschiede der beiden Rechtsinstitute

Die Unterschiede der beiden Rechtsinstitute liegen in der inneren Organisation. Während die selbstständige Stiftung eine juristische Person bürgerlichen Rechts ist, deren Stiftungsgeschäft und innere Organisation nach bürgerlichem Recht erfolgen, richten sich die Errichtung und innere Organisation der Sparkasse als juristische Person des öffentlichen Rechts nach den Vorgaben des öffentlichen Rechts. Es besteht weiterhin ein wichtiger Unterschied zwischen den beiden Rechtsinstituten bei der Frage der Einflussnahme durch Dritte. Während Stiftungen nach ihrer Errichtung vom Stifter unabhängig sind[183], kann bei den Sparkassen der Träger laufend Einfluss auf die Sparkassen ausüben[184]. Daraus folgt, dass die Anstalt auf der einen Seite jederzeit und in jeder Beziehung ihrem Träger unterworfen bleibt und der Stifter auf der anderen Seite seinen Willen in Bezug auf die Stiftung nicht aktualisieren kann.

III. Erkenntnisse zum Zusammenspiel von Stiftungen und Sparkassen

Im Ergebnis lässt sich feststellen, dass die beiden Einrichtungen – Stiftungen und Sparkassen – Gemeinsamkeiten aufweisen, die ein Zusammenspiel in mehrfacher Hinsicht als eine vielversprechende Verbindung wirken lassen.

Im Stiftungsrecht bietet das Privatrecht den Vorteil der Orientierung an der Freiheit des Einzelnen, wozu auch die Entscheidung des Tätigwerdens im Interesse des Gemeinwohls gehört.[185] Die Leistung des öffentlichen Rechts ist begründet in der Verlässlichkeit seiner Orientierung am Gemeinwohl.[186] Durch die Errichtung einer Stiftung können die Sparkassen im Rahmen ihres Jahresabschlusses einen Teil ihrer finanziellen Mittel der Förderung des Gemeinwohls zuwenden. Dies bietet den Sparkassen die Möglichkeit, einen Teil ihres wirtschaftlichen Erfolgs an die Gesellschaft zurückzugeben. Das Stiftungsrecht bietet aufgrund seiner privatrechtlichen Elemente die Möglichkeit der großen Gestaltungsfreiheit des Stifters. Es gibt nur wenige zwingende Vorgaben im Stiftungsrecht. Dies erlaubt es dem Stifter, in hohem Maße Einfluss auf die Gestaltung der Stiftung zu nehmen. Innerhalb dieses Handlungsspielraums können die Sparkassen die Verfolgung von gemeinnützigen Tätigkeiten durch die Stiftung festlegen. Weiterhin erfolgt durch die im Stiftungsrecht vorgegebene Aufsicht der Stiftungsbehörden eine Gewähr für die Einhaltung der Regelungen zur Verfolgung

183 *Hof*, in: GS Walz, S. 233, 236; *Schulte*, Rechtsbeziehungen zwischen Stifter und Stiftung, S. 75.

184 Teil 1 B.II.2.

185 *Andrick*, in: FS Werner, S. 31; *Burgi*, in: Hoffmann-Riem/Schmidt-Aßmann/Voßkuhle, Grundlagen des Verwaltungsrechts I, S. 1257, 1264.

186 *Andrick*, in: FS Werner, S. 31; *Burgi*, in: Hoffmann-Riem/Schmidt-Aßmann/Voßkuhle, Grundlagen des Verwaltungsrechts I, S. 1257, 1262.

gemeinnütziger Zwecke.[187] Hier zeigt sich die öffentlich-rechtliche Komponente des Stiftungsrechts. Die Rechtsform der Stiftung bietet den Sparkassen darüber hinaus durch ihre Unabhängigkeit den Vorteil, dass die eingebrachten Gelder der Sparkassen langfristig einen Zweck verfolgen können, ohne direkt an den wirtschaftlichen Erfolg der Sparkassen in den nächsten Jahren gebunden zu sein. Die Rechtsform der Stiftung hilft den Sparkassen somit, das Gemeinwohl in der Region auf Dauer zu fördern.

Die Motive für die Wahl der Rechtsform der Stiftung zur Verfolgung von gemeinnützigen Zwecken durch die Sparkassen sind somit vielfältig. Es gilt, die rechtlichen Voraussetzungen für die Nutzung der Rechtsform Stiftung zu betrachten und zu ermitteln, inwieweit die Motive für die Errichtung einer Stiftung mit den rechtlichen Anforderungen harmonisiert werden können.

---

187 Die Stiftungsbehörden prüfen, ob die Stiftungen im Einklang mit den Gesetzen, der Stiftungssatzung und dem Stifterwillen geführt werden (vgl. z. B. § 12 I StiftG Thüringen). Sie können von den Stiftungen unter anderem die Unterrichtung über ihre Angelegenheiten verlangen (z. B. § 7 I StiftG NRW, § 12 II StiftG Sa-Ah, § 12 III StiftG Thüringen). Weiterhin haben sie die Befugnis Beschlüsse und Maßnahmen der Stiftungen, die dem im Stiftungsgeschäft zum Ausdruck gebrachten Willen des Stifters widersprechen, zu beanstanden und zu verlangen, dass diese aufgehoben oder rückgängig gemacht werden. Darüber hinaus können sie diese Beschlüsse und Maßnahmen im Rahmen der Ersatzvornahme selbst vornehmen (vgl. zu diesen Maßnahmen z. B. § 8 StiftG NRW, § 12 IV - VI StiftG Sa-Ah, § 12 IV StiftG Thüringen).

Teil 2: Errichtung der Sparkassen-Stiftungen

Für die Entstehung einer Stiftung bedarf es zweier selbstständiger Elemente. Diese sind das Stiftungsgeschäft i. S. d. § 81 I BGB und die Anerkennung gemäß § 80 II BGB. Das Stiftungsgeschäft mit der Vermögenswidmung und der Festlegung der Satzung auf der einen Seite bildet die Grundlage für die Stiftungsorganisation, die staatliche Anerkennung der Stiftung sorgt für die Rechtsfähigkeit der Stiftung.[188] Das Stiftungsgeschäft und die Anerkennung sind unabhängig voneinander.[189]

Das Stiftungsgeschäft seitens des Stifters ist formgebunden und muss einen bestimmen Mindestinhalt aufweisen.[190] Es kann in zwei Formen erfolgen: zum einen als Stiftungsgeschäft unter Lebenden nach § 81 BGB, zum anderen als Stiftungsgeschäft von Todes wegen nach § 83 BGB.[191] Bei den Sparkassen als juristischen Personen liegt ein Stiftungsgeschäft unter Lebenden vor. Im Stiftungsgeschäft manifestiert sich der Stifterwille.[192] Der Stifter gibt im Rahmen des Stiftungsgeschäfts die Organisation vor und stellt der Stiftung das Vermögen zur Verfügung.[193] Nachfolgend sollen Wege und Möglichkeiten der Einflussnahme der Sparkassen als Stifter auf die Sparkassen-Stiftungen bei der Errichtung der Stiftung untersucht werden. Dabei sind zum einen die Voraussetzungen zu betrachten, unter denen das Stiftungsgeschäft durch Sparkassen wirksam zustande kommt. Zum anderen soll der Inhalt des Stiftungsgeschäfts auf Besonderheiten untersucht werden, die sich daraus ergeben, dass die Sparkassen als Stifter auftreten. Das Hauptaugenmerk liegt auf der Frage, wie die Stifter der Gestaltungsaufgabe in den Satzungen der Sparkassen-Stiftungen nachkommen und welche typischen Erscheinungsformen sich bei Sparkassen-Stiftungen herausgebildet haben.

---

188 *Weitemeyer*, in: MüKo BGB, § 81 Rn. 1.

189 RG, Urt. v. 09.09.1942 des VIII Zivilsenats, RGZ 170, 22, 23 f., zit. nach *v. Swarzenski*, Entscheidungen des Reichsgerichts in Zivilsachen, S. 433, 434; BVerwG, Urt. v. 26.04.1968 – VII C 103/66, NJW 1969, 339; *Backert*, in: Bamberger/Roth/Hau/Poseck BGB, § 80 Rn. 39; *Hüttemann/Rawert*, in: Staudinger, BGB, § 80 Rn. 4.

190 *Stumpf*, in: Richter, Stiftungsrecht, § 4 Rn. 2.

191 *Stumpf*, in: Richter, Stiftungsrecht, § 4 Rn. 2.

192 *Stumpf*, in: Richter, Stiftungsrecht, § 4 Rn. 2.

193 *Backert*, in: Bamberger/Roth/Hau/Poseck BGB, § 80 Rn. 40.

Im Anschluss an das Stiftungsgeschäft erfolgt die Anerkennung der Stiftung durch die nach Landesrecht zuständigen Stiftungsbehörden.[194] Sofern das Stiftungsgeschäft die materiell-rechtlichen Vorgaben nach § 80 II 1 BGB einhält, besteht ein Anspruch der Stiftung auf Anerkennung.[195] Mit der behördlichen Anerkennung erlangt die Stiftung ihre Rechtsfähigkeit.[196] Außerdem wird ab dem Zeitpunkt der Anerkennung der dokumentierte Stifterwille unter den Schutz der staatlichen Aufsicht gestellt.[197] Im staatlichen Verfahren der Anerkennung kommt dem Verhältnis von Stiftungen und Sparkassen keine besondere Bedeutung zu, daher wird die staatliche Anerkennung im Folgenden nicht betrachtet.

A. Wirksamkeit des Stiftungsgeschäfts

Für das Stiftungsgeschäft gelten die allgemeinen Regelungen für Rechtsgeschäfte.[198] Diese bestimmen über die Wirksamkeit des Stiftungsgeschäfts. Bedenken gegen die Wirksamkeit können bei Sparkassen-Stiftungen deshalb entstehen, weil die Sparkassen Anstalten des öffentlichen Rechts sind und damit als juristische Personen des öffentlichen Rechts der öffentlichen Hand zuzuordnen sind.[199] Für die Möglichkeit der Errichtung einer Stiftung ist zunächst von Bedeutung, ob Anstalten des öffentlichen Rechts überhaupt die Stifterfähigkeit besitzen. In diesem Rahmen ist zu prüfen, ob sie zur Errichtung einer Stiftung in der Rechtsform der Stiftung bürgerlichen Rechts berechtigt sind und welche besonderen Voraussetzungen sie in diesem Fall zu wahren haben. Schließlich sind für die Wirksamkeit des Stiftungsgeschäfts zu untersuchen, ob und welche besonderen Verfahrens- und Formvorschriften zu beachten sind.

---

194 *Backert,* in: Bamberger/Roth/Hau/Poseck BGB, § 80 Rn. 54; *Hüttemann/Rawert,* in: Staudinger, BGB, § 80 Rn. 7 ff.

195 BT-Drucks. 14/8277, S. 5 f.; *Backert,* in: Bamberger/Roth/Hau/Poseck BGB, § 80 Rn. 46; *Stumpf,* in: Stumpf/Suerbaum/Schulte/Pauli, Stiftungsrecht, B 2. Kap. § 80 Rn. 32.

196 *Backert,* in: Bamberger/Roth/Hau/Poseck BGB, § 80 Rn. 44; *Stumpf,* in: Stumpf/Suerbaum/Schulte/Pauli, Stiftungsrecht, B 2. Kap. § 80 Rn. 33, 35; *Weitemeyer,* in: MüKo BGB, § 80 Rn. 107, § 81 Rn. 1.

197 *Backert,* in: Bamberger/Roth/Hau/Poseck BGB, § 80 Rn. 44.

198 BGH, Urt. v. 09.02.1978 – III ZR 59/76, NJW 1978, 943, 945; *Ellenberger,* in: Palandt, BGB, § 81 Rn. 2; *Hüttemann/Rawert,* in: Staudinger, BGB, § 81 Rn. 5; *Steffen,* in: RGRK BGB, § 80 Rn. 1; *Stumpf:* in: Stumpf/Suerbaum/Schulte/Pauli, B 2. Kap. § 80 Rn. 6.

199 Siehe dazu unter Teil 1 B.II.1.

I. Stifterfähigkeit der Sparkassen

Im Stiftungsrecht ist der Stifter von zentraler Bedeutung.[200] Er prägt die Identität der Stiftung, indem er den Stiftungszweck festlegt, für die Ausstattung der Stiftung mit Vermögen zur Verfolgung dieses Zweckes sorgt und die Organisation vorgibt.[201] Weiterhin gilt die Maßgeblichkeit des Stifterwillens als höchste stiftungsrechtliche Maxime.[202] Grundsätzlich kann jede natürliche Person eine Stiftung errichten.[203] Die Sparkassen sind jedoch juristische Personen des öffentlichen Rechts. Damit die Sparkassen als Stifter auftreten können, müssten sie die Rolle eines Stifters übernehmen können. Problematisch an der Stifterfähigkeit der Sparkassen erscheinen zum einen die Rolle als öffentliche Hand, die die Aufgaben eines Stifters übernimmt, und zum anderen die Stifterfähigkeit von juristischen Personen.

In den Vorschriften der §§ 80 ff. BGB über die rechtsfähige Stiftung bürgerlichen Rechts findet sich kein Verbot zur Übernahme der Funktion als Stifter durch einen Hoheitsträger. Der Staat erscheint gemäß § 80 I BGB nur als Anerkennungsbehörde.[204] Insofern lässt sich aus dem Wortlaut des BGB keine Aussage über eine Stifterfähigkeit der öffentlichen Hand entnehmen. Ein Unwirksamkeitsgrund für die Stifterfähigkeit der juristischen Person des öffentlichen Rechts könnte die Identität von Staat und Stifter darstellen, die bei der ebenfalls vom Staat durchzuführenden Stiftungsaufsicht zu einer Ungleichbehandlung nach Art. 3 I GG zwischen privaten Stiftern und solchen der öffentlichen Hand führen könnte.[205] Jedoch obliegt der Stiftungsaufsicht die Aufsicht über das Handeln der Stiftungsorgane und nicht des Stifters.[206] Ein weiteres Argument gegen die Stifterfähigkeit der öffentlichen Hand könnte die fehlende

---

200 *Hof,* in: GS Walz, S. 233, 235; *Jakob,* Schutz der Stiftung, S. 103; *Schulte,* Rechtsbeziehung zwischen Stifter und Stiftung, S. 17; *Hof,* DStR 1992, 1549, 1550.

201 *Godron,* in: Richter, Stiftungsrecht, § 6 Rn. 4; *Hof,* in: GS Walz, S. 233, 235; *Schlüter/Stolte,* Stiftungsrecht, 2. Kap. Rn. 1; *Schulte,* Rechtsbeziehung zwischen Stifter und Stiftung, S. 17.

202 *Burgard,* Gestaltungsfreiheit im Stiftungsrecht, S. 447.

203 *Hüttemann/Rawert,* in: Staudinger, BGB, § 81 Rn. 6; *Weitemeyer,* in: MüKo BGB, § 81 Rn. 4; *Ebersbach,* Handbuch des Stiftungsrechts, S. 49; *Stumpf,* in: Richter, Stiftungsrecht, § 4 Rn. 17; *Schlüter/Stolte,* Stiftungsrecht, 2. Kap. Rn. 34.

204 *Dewald,* Die privatrechtliche Stiftung als Instrument zur Wahrnehmung öffentlicher Zwecke, S. 53.

205 Dies diskutierend *Muscheler,* ZStV 2003, 67, 68.

206 *Reuter,* in: Hopt/Reuter, Stiftungsrecht in Europa, S. 139, 156; *Muscheler,* ZStV 2003, 67, 68.

Fremdnützigkeit der von ihr errichteten Stiftung sein. Eine Selbstzweckstiftung sowie eine Stiftung für den Stifter sind nicht zulässig.[207] Eine Stiftung für den Stifter durch die öffentliche Hand liegt vor, wenn es sich bei der Zweckerfüllung um eine direkte Leistung an den Stifter handelt. Ein Beispiel stellt eine von einer Stadt gegründete Stiftung dar, die mit den Erträgen des Stiftungsvermögens die Minderung des Haushaltsdefizits vornimmt.[208] Von dieser direkten Leistung an den Stifter ist jedoch die mittelbare Begünstigung des Stifters zu unterscheiden. Diese besteht, sofern die Stiftung selbstständige Projekte fördert, die auch im Interesse des Stifters liegen.[209] Sofern der Stiftungszweck beachtet wird und keine direkten Leistungen an den Stifter erfolgen, liegt kein Verstoß gegen die Vorgaben der §§ 80 ff. BGB vor.[210] Zusammenfassend lässt sich feststellen, dass die öffentliche Hand somit Stifter sein kann.

Schließlich stellt sich daran anschließend die Frage nach der Stifterfähigkeit von juristischen Personen. Die Rolle des Stifters ist bei juristischen Personen des Privatrechts sowie des öffentlichen Rechts unter dem Punkt kritisch zu betrachten, dass die Stiftung vornehmlich ein Instrument zur Verfolgung eines Stifterwillens über den Tod hinaus darstellen könnte.[211] So wird die Stifterfähigkeit bei nicht sterblichen Personen teilweise bestritten.[212] Kritisch gesehen wird die fehlende Gefahr des Erlöschens der juristischen Personen im Gegensatz zu natürlichen Personen, sodass es der Nutzung des Rechtsmodells der Stiftung nicht bedürfe.[213] Dabei wird von Muscheler geschlussfolgert, dass das BGB die Fähigkeit des Stifters, zu leben oder zumindest Erbe sein zu können, voraussetzt. Dies begründet er damit, dass das Stiftungsrecht bei der Errichtung der Stiftung zwischen der Errichtung der Stiftung unter Lebenden nach § 81 BGB sowie von

---

207 Siehe dazu bereits Teil 1 A.II.1.

208 *Dewald,* Die privatrechtliche Stiftung als Instrument zur Wahrnehmung öffentlicher Zwecke, S. 62.

209 *Dewald,* Die privatrechtliche Stiftung als Instrument zur Wahrnehmung öffentlicher Zwecke, S. 63.

210 *Dewald,* Die privatrechtliche Stiftung als Instrument zur Wahrnehmung öffentlicher Zwecke, S. 64; *Muscheler,* ZStV 2003, 67, 68.

211 Dies diskutierend insbesondere *Dewald,* Die privatrechtliche Stiftung als Instrument zur Wahrnehmung öffentlicher Zwecke, S. 52, *Mestmäcker/Reuter*, in: Neuhoff/Pavel, Stiftungen in Europa, S. 109, 118.

212 *Muscheler,* in: Hüttemann/Rawert/Schmidt/Weitemeyer, Non Profit Law Yearbook 2007, S. 149, 155; *Muscheler*, ZStV 2003, 67, 69.

213 *Dewald,* Die privatrechtliche Stiftung als Instrument zur Wahrnehmung öffentlicher Zwecke, S. 54.

Todes wegen nach § 83 BGB unterscheide.[214] Bei dieser Unterscheidung fehle es anders als im Erbrecht an einer Regelung, die die Fähigkeit, Erbe zu sein, für juristische Personen explizit anordne.[215] Gegen diese Ansicht geht ein großer Teil der Literatur hingegen von der Stifterfähigkeit der juristischen Personen aus.[216] Sie führt an, dass bei juristischen Personen und Personengesellschaften die Notwendigkeit einer Verewigung des aktuellen Willens der Mitglieder bestehe.[217] Obwohl die juristischen Personen grundsätzlich auf Dauer angelegt seien, ändere sich der Mehrheitswillen der Mitglieder. Sofern ein bestimmter Wille dauerhaft festgelegt werden solle, bestehe das Bedürfnis nach der Heranziehung der Rechtsform der Stiftung.[218] Wichtig für die Beurteilung der Stifterfähigkeit der juristischen Personen sei somit, ob die juristischen Personen durch ihre Mitglieder einen eigenen Willen bilden könnten.[219] Das Argument der überwiegenden Ansicht der Literatur, dass auch bei juristischen Personen das Bedürfnis bestehe, einen gewissen Zweck dauerhaft zu verfolgen und diesen unabhängig zu machen, kann überzeugen. Es geht im Stiftungsrecht um die Perpetuierung eines Stifterwillens. Eine Unterscheidung zwischen juristischen und natürlichen Personen ist nicht interessengerecht, denn sowohl natürliche als auch juristische Personen können das Interesse haben, den Stifterwillen zu einem bestimmten Zeitpunkt festzulegen und diesen auf Dauer zu erhalten. Folglich können juristische Personen grundsätzlich ebenso wie natürliche Personen Stifter sein, sofern aufgrund ihrer Organisationsform eine gewisse Rückführung der Tätigkeit auf den Willen ihrer Mitglieder vorliegt.

Die getroffenen Vorgaben sind im Folgenden auf die Stifterfähigkeit der Sparkassen zu übertragen. In Bezug auf die Stifterfähigkeit der Sparkassen lässt sich zum einen feststellen, dass die Sparkassen trotz ihrer Zugehörigkeit zur

---

214 *Muscheler*, in: Hüttemann/Rawert/Schmidt/Weitemeyer, Non Profit Law Yearbook 2007, S. 149, 155; *Muscheler*, ZStV 2003, 67, 69.

215 *Muscheler*, ZStV 2003, 67, 69. Die Erbfähigkeit der juristischen Personen wird in verschiedenen Normen des BGB vorausgesetzt, z. B. in §§ 1942 II, 2044 II 3, 2101 II, 2106 II 2, 2109 II, 2163 II, 2210 III BGB.

216 VG Düsseldorf, Urt. v. 25.3.1994 – 1 K 4629/93, NVwZ 1994, 811, 812; *Hüttemann/Rawert*, in: Staudinger, BGB, § 81 Rn. 7; *Weitemeyer*, in: MüKo BGB, § 81 Rn. 4; *Stumpf*, in: Richter, Stiftungsrecht, § 4 Rn. 20; *Kronke*, Stiftungstypus und Unternehmensträgerstiftungen, S. 15; *Werner*, NVwZ 2013, 1520.

217 *Weitemeyer*, in: MüKo BGB, § 81 Rn. 4

218 *Hüttemann/Rawert*, in: Staudinger, BGB, § 81 Rn. 7; *Weitemeyer*, in: MüKo BGB, § 81 Rn. 4.

219 *Weitemeyer*, in: MüKo BGB, § 81 Rn. 4; *Werner*, NVwZ 2013, 1520, 1522.

öffentlichen Hand als Stifter auftreten können. Als juristische Personen besitzen sie zum anderen die Stifterfähigkeit, sofern aufgrund ihrer Organisationsform eine gewisse Rückführung der Tätigkeit auf den Willen ihrer Mitglieder vorliegt. Die Sparkassen als öffentlich-rechtliche Anstalten besitzen keine Mitglieder, sondern sind ein Bestand an Sach- und Personalmitteln, der eine bestimmte Verwaltungsaufgabe erfüllt.[220] Die Anstalt zeichnet sich jedoch durch eine Beherrschung durch den Anstaltsträger aus. Zweckbildung, Organisation, Fortbestand und Verwaltung können vom Anstaltsträger beeinflusst werden.[221] Der aktuelle Wille des Anstaltsträgers kann durch die Errichtung einer Stiftung dauerhaft gesichert werden. Insofern besteht bei Anstalten das gleiche Bedürfnis nach der Errichtung einer Stiftung wie bei Körperschaften. Folglich besitzen die Sparkassen als Anstalt des öffentlichen Rechts die Fähigkeit, Stifter zu sein.

II. Zulässigkeit der Errichtung einer Stiftung bürgerlichen Rechts durch Sparkassen

Aufbauend auf die Stifterfähigkeit der Sparkassen stellt sich die Frage, ob die Sparkassen als Anstalten des öffentlichen Rechts bei der Wahl der Rechtsform der von ihr zu errichtenden Stiftung frei sind. Als Rechtsform für Stiftungen der Sparkassen kommt zum einen die Stiftung bürgerlichen Rechts und zum anderen die öffentlich-rechtliche Stiftung in Betracht. Die Besonderheiten einer öffentlich-rechtlichen Stiftung im Gegensatz zur Stiftung bürgerlichen Rechts liegen darin, dass öffentlich-rechtliche Stiftung zusätzlich besondere charakteristische Merkmale besitzen. Die rechtsfähige öffentlich-rechtliche Stiftung weist wie auch die rechtsfähige Stiftung bürgerlichen Rechts die drei Elemente Stiftungszweck, Stiftungsvermögen und Stiftungsorganisation auf.[222] Allerdings besitzt die öffentlich-rechtliche Stiftung darüber hinaus einen organisatorischen Zusammenhang mit dem Staat und sie erfüllt öffentliche Aufgaben.[223]

---

220 Siehe dazu Teil 1 B.II.1.

221 *Fiedler,* Staatliches Engagement im Stiftungswesen, S. 206.

222 *v. Campenhausen/Stumpf,* in: Richter, Stiftungsrecht, § 13 Rn. 1; *Kilian/Müller*, in: Werner/Saenger/Fischer, Die Stiftung, § 40 Rn. 7.

223 Vgl. z. B. Art. 1 III StiftG Bayern, § 2 I StiftG Hessen, § 12 I StiftG Sachsen, § 3 IV StiftG Sa-Ah, § 3 III StiftG Thüringen. Vertiefend zur öffentlich-rechtlichen Stiftung siehe *Backert,* in: Bamberger/Roth/Hau/Poseck BGB, § 80 Rn. 23; *Weitemeyer*, in: MüKo BGB, § 80 Rn. 301; v. *Campenhausen/Stumpf,* in: Richter, Stiftungsrecht, § 13 Rn. 9 ff.; *Kilian/Müller*, in: Werner/Saenger/Fischer, Die Stiftung, § 40 Rn. 8 ff; *Andrick*, ZStV 2020, 1, 7.

Die öffentlich-rechtliche Stiftung ist ferner mittelbarer Träger der öffentlichen Verwaltung.[224] Eine Stiftung bürgerlichen Rechts hingegen kann jedem fremdnützigen, nicht gemeinwohlschädlichen Zweck dienen und ist nicht Teil der staatlichen Ordnung.[225] Die Sparkassen wählen in der Praxis ausschließlich die Rechtsform der Stiftung bürgerlichen Rechts. Es stellt sich die Frage, ob die Errichtung einer Stiftung bürgerlichen Rechts durch die Sparkassen zulässig ist.

1. Meinungsstand

Es ist eine langjährige Verwaltungspraxis, öffentliche Aufgaben auch durch juristische Personen des Privatrechts wahrnehmen zu lassen.[226] Allerdings müssen Beteiligungen der öffentlichen Hand an Organisationsformen im Bereich des Privatrechts den Anforderungen des Verfassungsrechts gerecht werden.[227] Es stellt sich die Frage, wo die Grenze für die Wahl der Rechtsform durch die öffentliche Hand zu ziehen ist.

a. Unzulässigkeit aufgrund des Verstoßes gegen das Demokratieprinzip

In zahlreichen Forschungen wird angenommen, dass die öffentliche Hand keine Stiftung bürgerlichen Rechts errichten kann. Dies wird unterschiedlich begründet. Teilweise werden die Gründe der Unzulässigkeit im Verfassungsrecht aufgrund eines Verstoßes gegen das Demokratieprinzip bei der Errichtung einer Stiftung bürgerlichen Rechts durch die öffentliche Hand gesehen.[228] Andere sehen die Unzulässigkeit der Errichtung einer Stiftung bürgerlichen Rechts im Privatrecht. Durch die Verfolgung von Verwaltungszwecken in einer Stiftung bürgerlichen Rechts liege eine rechtsmissbräuchliche Verwendung der Stiftungsform vor.[229]

---

224 *Weitemeyer*, in: MüKo BGB, § 80 Rn. 300; *Kilian/Müller*, in: Werner/Saenger/Fischer, Die Stiftung, § 40 Rn. 28; *Andrick*, ZStV 2020, 1, 7.

225 Siehe dazu unter Teil 1 A.II.1.

226 *Andrick*, ZStV 2020, 1, 3.

227 *Andrick*, ZStV 2020, 1, 3; *Kilian*, ZStV 2019, 135, 142; *Kilian*, ZStV 2003, 179, 181.

228 *Fiedler*, Staatliches Engagement im Stiftungswesen, S. 212 f.; *Schulte*, in: Walz/Kötz/Rawert/Schmidt, Non Profit Law Yearbook 2001, S. 127, 142; *Kämmerer*, in: Walz/Kötz/Rawert/Schmidt, Non Profit Law Yearbook 2004, S. 59, 75 f.; *Fiedler*, ZStV 2003, 191, 194 ff.; kritisch zur demokratischen Legitimation auch *Reuter*, in: Hopt/Reuter, Stiftungsrecht in Europa, S. 139, 157; *Schulte*, Staat und Stiftung, S. 67 ff.; *Nowak/Banspach/Poplutz*, Der Konzern 2012, 400, 405 ff.

229 *Thomsen*, Probleme staatsnaher Stiftungen unter besonderer Berücksichtigung ihrer Autonomie, S. 212 ff.; *Muscheler*, ZStV 2003, 67, 69 ff.

Vertreter der Ansicht, verfassungsrechtliche Gründe für die Unzulässigkeit der Stiftungserrichtung seien ausschlaggebend, gehen davon aus, dass die von der öffentlichen Hand gegründete Stiftung bürgerlichen Rechts Teil der mittelbaren Staatsverwaltung seien und es sich damit bei den Tätigkeiten der Stiftung um Ausübung von Staatsgewalt handele.[230] Aufgrund der Ausübung von Staatsgewalt müsse die Stiftung demokratisch legitimiert sein.[231] Das Demokratieprinzip fordere in Bezug auf die Ausübung von Staatsgewalt, dass sich sämtliches Handeln des Staates unmittelbar oder mittelbar auf das Volk als Träger der Staatsgewalt zurückführen lasse.[232] Bei der Ausübung der Staatsgewalt erfordere der Grundsatz der Volkssouveränität weiterhin, dass das Volk einen hinreichend effektiven Einfluss auf die Ausübung der Staatsgewalt habe.[233] Die demokratische Legitimation sei bei der Errichtung der Stiftung durch die Handlungen der öffentlichen Hand gegeben.[234] Bei der späteren Verwaltung der Stiftung erfordere die demokratische Legitimation jedoch die Möglichkeit der Einflussnahme auf die Stiftung.[235] Diese sei weder durch die Einflussnahme der Stiftungsaufsicht noch durch ein vom Stifter beeinflusstes internes Kontrollorgan oder

---

230 *Fiedler,* Staatliches Engagement im Stiftungswesen, S. 105 ff.; *Schulte,* Staat und Stiftung, S. 67 ff.; *Schulte,* in: Walz/Kötz/Rawert/Schmidt, Non Profit Law Yearbook 2001, S. 127, 136; *Reuter,* in: Hopt/Reuter, Stiftungsrecht in Europa, S. 139, 157; *Fiedler,* ZStV 2003, 191, 194 f.

231 *Fiedler,* Staatliches Engagement im Stiftungswesen, S. 105 ff., insb. 121; *Schulte,* in: Walz/Kötz/Rawert/Schmidt, Non Profit Law Yearbook 2001, S. 127, 136; *Fiedler,* ZStV 2003, 191, 195.

232 *Grzeszick,* in: Maunz/Düring, GG, Art. 20 Abs. II Rn. 61; *Hofmann,* in: Schmidt-Bleibtreu/Hofmann/Henneke, GG, Art. 20 Rn. 43; *Sommermann,* in: v. Mangoldt/Klein/Starck, GG, Art. 20 Rn. 163.

233 BVerfG, Urt. v. 10.12.1974 – 2 BvK 1/73, BVerfGE 38, 258, 271; BVerfG, Beschl. v. 15.02.1978 – 2 BvR 134/76, BVerfGE 47, 253, 272 ff.; BVerfG, Beschl. v. 01.10.1987 – 2 BvR 1178/86, BVerfGE 77, 1, 40; BVerfG, Urt. v. 31.10.1990 – 2 BvF 3/89, BVerfGE 83, 60, 71 f.; BVerfG, Urt. v. 12.10.1993 – 2 BvR 2134/92, BVerfGE 89, 155, 182; BVerfG, Beschl. v. 24.05.1995 – 2 BvF 1/92, BVerfGE 93, 37, 60; *Grzeszick,* in: Maunz/Düring, GG, Art. 20 Abs. II Rn. 117.

234 *Fiedler,* Staatliches Engagement im Stiftungswesen, S. 105; *Schulte,* Staat und Stiftung, S. 71; *Schulte,* in: Walz/Kötz/Rawert/Schmidt, Non Profit Law Yearbook 2001, S. 127, 136; *Fiedler,* ZStV 2003, 191, 195.

235 *Fiedler,* Staatliches Engagement im Stiftungswesen, S. 105 ff.; *Schulte,* in: Walz/Kötz/Rawert/Schmidt, Non Profit Law Yearbook 2001, S. 127, 136; *Fiedler,* ZStV 2003, 191, 195.

weitreichende Einflussnahmerechte des Stifters zu gewährleisten.[236] In Bezug auf die Stiftungsaufsicht wird vertreten, dass die Stiftungsaufsicht die Rechtmäßigkeit des Handelns überwache, sie jedoch nicht spezifisches Instrument des Staates zur darüber hinaus gehenden Sicherung demokratischer Einflussnahme sei.[237] Bei der Etablierung von weitreichenden Aufsichts- und Kontrollmechanismen durch ein vom Stifter beeinflusstes internes Kontrollorgan oder durch Rechte des Stifters stelle sich das Problem, dass eine weitreichende Einflussnahme durch die öffentliche Hand die Autonomie der Stiftung untergrabe.[238] Die Unabhängigkeit der Stiftung sei charakteristisch für die Rechtsform Stiftung. Fehle es an dieser, werde ein neuer Rechtstyp geschaffen, der gegen den bestehenden Numerus clausus der Rechtsformen im Privatrecht verstoße.[239] Insofern sei die geforderte demokratische Legitimation und die Wahrung des Numerus clausus der Rechtsformen nicht möglich.[240] Weiterhin liege neben der fehlenden demokratischen Legitimation ein Verstoß gegen den im Demokratieprinzip enthaltenen Grundsatz der Herrschaft auf Zeit vor.[241] Das Demokratieprinzip verlange die Reversibilität der Handlungen zum einen durch die zeitlich begrenzte Wahl von Volksvertretern sowie zum anderen durch die Möglichkeit der Änderung von Sachentscheidungen.[242] Weiterhin sei die Beendigung der Stiftung nur

---

236 *Fiedler*, Staatliches Engagement im Stiftungswesen, S. 121 ff., 200 ff.; *Kämmerer*, in: Walz/Kötz/Rawert/Schmidt, Non Profit Law Yearbook 2004, S. 59, 71, 75; *Schulte*, in: Walz/Kötz/Rawert/Schmidt, Non Profit Law Yearbook 2001, S. 127, 137 f.; *Fiedler*, ZStV 2003, 191, 195 f.

237 *Fiedler*, Staatliches Engagement im Stiftungswesen, S. 121 ff.; *Kämmerer*, in: Walz/Kötz/Rawert/Schmidt, Non Profit Law Yearbook 2004, S. 59, 71; *Schulte*, in: Walz/Kötz/Rawert/Schmidt, Non Profit Law Yearbook 2001, S. 127, 137; *Fiedler*, ZStV 2003, 191, 195.

238 *Fiedler*, Staatliches Engagement im Stiftungswesen, S. 200; *Kämmerer*, in: Walz/Kötz/Rawert/Schmidt, Non Profit Law Yearbook 2004, S. 59, 75; *Schulte*, in: Walz/Kötz/Rawert/Schmidt, Non Profit Law Yearbook 2001, S. 127, 137 f.; *Fiedler*, ZStV 2003, 191, 195 f.

239 *Fiedler*, Staatliches Engagement im Stiftungswesen, S. 206 ff.; *Fiedler*, ZStV 2003, 191, 196.

240 *Fiedler*, Staatliches Engagement im Stiftungswesen, S. 206 ff.; *Fiedler*, ZStV 2003, 191, 196.

241 *Fiedler*, Staatliches Engagement im Stiftungswesen, S. 165 ff; *Schulte*, in: Walz/Kötz/Rawert/Schmidt, Non Profit Law Yearbook 2001, S. 127, 141; *Fiedler*, ZStV 2003, 191, 196.

242 BVerfG, Urt. v. 23.10.1952 – 1 BvB 1/51, BVerfGE 2, 1, 12 f.; BVerfG, Urt. v. 17.08.1956 – 1 BvB 2/51, BVerfGE 5, 85, 197 ff.; *Dreier*, in: Dreier, GG, Art. 20 I Rn. 73; ausführlich zur Demokratie auf Zeit *Würtenberger*, BayVBl 2017, 613.

unter besonders engen Voraussetzungen möglich.[243] Aus diesem Grund sei die Entscheidung der Errichtung nicht einfach rückgängig zu machen.[244]

Die privatrechtliche Unzulässigkeit der Errichtung einer Stiftung bürgerlichen Rechts durch die öffentliche Hand wird ferner durch die rechtsmissbräuchliche Denaturierung der Rechtsform Stiftung begründet.[245] Die Autonomie der Stiftung sei beeinträchtigt, da die von der öffentlichen Hand errichtete Stiftung bei der Verfolgung von Verwaltungszwecken keinen Grundrechtsschutz genieße und sich aus diesem Grund nicht auf einen Bestandschutz der Stiftung berufen könne.[246] Die Stiftung bürgerlichen Rechts sei somit jederzeit aufhebbar, was dem Grundsatz der Autonomie der Stiftung in ihrem bürgerlich-rechtlichen Kern widerspreche.[247] Der Staat würde ein privatrechtliches Rechtsinstitut erschaffen, dieses allerdings selbst nicht respektieren.[248] Bei der Errichtung einer Stiftung bürgerlichen Rechts würde die öffentliche Hand vorgeben, sich auf die Ebene des Privatrechts herabzulassen, während sie Mittel des öffentlichen Rechts verborgen halte.[249] Unter dem Deckmantel der Stiftung würde in Wirklichkeit eine privatrechtlich unzulässige Anstalt geschaffen.[250]

b. *Zulässigkeit in Anlehnung an die Theorie von der Wahlfreiheit der Verwaltung*

In einem anderen Teil der Literatur wird hingegen von der uneingeschränkten privatrechtlichen Stifterfähigkeit der öffentlichen Hand ausgegangen.[251] So

243 Nach § 87 I BGB ist die Auflösung einer Stiftung bürgerlichen Rechts nur dann möglich, wenn der Stiftungszweck unmöglich geworden oder das Gemeinwohl gefährdet ist, zur Auflösung ausführlich *Richter*, in: Richter, Stiftungsrecht, § 9 Rn. 1 ff.

244 *Fiedler*, Staatliches Engagement im Stiftungswesen, S. 173 ff.; *Schulte*, in: Walz/Kötz/Rawert/Schmidt, Non Profit Law Yearbook 2001, S. 127, 141; *Fiedler*, ZStV 2003, 191, 196.

245 *Thomsen*, Probleme staatsnaher Stiftungen unter besonderer Berücksichtigung ihrer Autonomie, S. 212 ff., *Muscheler*, ZStV 2003, 67, 69 ff.

246 *Muscheler*, ZStV 2003, 67, 69.

247 *Muscheler*, ZStV 2003, 67, 69 f.

248 *Muscheler*, ZStV 2003, 67, 70.

249 *Muscheler*, ZStV 2003, 67, 70.

250 *Muscheler*, ZStV 2003, 67, 70.

251 Diese zeigt sich vor allem in der Anerkennungspraxis der Stiftungsbehörden, siehe zur Anerkennungspraxis im Stiftungsrecht *Weitemeyer*, in: MüKo BGB, § 80 Rn. 238. Weiterhin finden sich Literaturstimmen zur privatrechtlichen Stifterfähigkeit der öffentlichen Hand vgl. *Wolff/Bachof/Stober/Kluth*, VerwR I, § 23 Rn. 6; *Battis*, in: Mecking/Schulte, Grenzen der Instrumentalisierung von Stiftungen, S. 45, 53 ff.; *Schröder*,

wird zum Teil angenommen, dass es für die öffentliche Hand eine Freiheit zur Wahl zwischen öffentlich-rechtlichen und privatrechtlichen Rechtsformen gebe. Danach könne der Staat zur Erledigung von Verwaltungsaufgaben grundsätzlich auf die gesamte Rechtsordnung zurückgreifen.[252] Diese Wahlfreiheit wird bei der Errichtung einer Stiftung bürgerlichen Rechts teilweise darauf zurückgeführt, dass es im Stiftungsrecht grundsätzlich möglich sei, rechtlich zulässige Gestaltungen von Aufsicht- und Steuerungsrechten der öffentlichen Hand festzulegen.[253] Die Errichtung einer Stiftung bürgerlichen Rechts verstoße insofern nicht gegen das Demokratieprinzip und sei zulässig.[254] Andere begründen die Zulässigkeit staatlicher Beteiligungen an privaten Organisationsformen damit, dass die verfassungsgesetzlichen Organisationsnormen der Errichtung einer Stiftung des bürgerlichen Rechts durch die öffentliche Hand nicht entgegenstünden.[255] Die Tätigkeit der öffentlichen Hand in privaten Rechtsformen habe sich an den verfassungsgesetzlichen Organisationsnormen zu messen.[256] Weder auf der verfassungsrechtlichen Ebene des Bundes, noch auf der der Länder sei eine Errichtung der Stiftung bürgerlichen Rechts gesetzlich ausgeschlossen.[257] Auch sähen die Bestimmungen der §§ 80 ff. BGB keine Unzulässigkeit vor.[258] Schließlich sprächen einfachgesetzliche Normen für eine Möglichkeit der Errichtung einer Stiftung bürgerlichen Rechts durch die öffentliche Hand.[259] So sehe das Stiftungsgesetz des Landes Nordrhein-Westfalen in § 15 III Beteiligungen des Bundes, Landes sowie einer Körperschaft oder Anstalt öffentlichen Rechts an Stiftungen vor, und dieses Gesetz gelte gemäß § 1 ausschließlich für rechtsfähige

---

in: Mecking/Schulte, Grenzen der Instrumentalisierung von Stiftungen, S. 117, 120 ff.; *Andrick*, ZStV 2020, 1, 3 f.; *Kilian*, ZStV 2019, 135, 140 ff.; *Kilian*, ZStV 2003, 179, 187 ff.; *Peters*, ZStV 2005, 231 ff.

252 Zur Lehre von der Freiheit der Rechtsformwahl bei der Aufgabenerfüllung siehe *Maurer/Waldhoff*, Allgemeines Verwaltungsrecht, § 3 Rn. 25; *Wolff/Bachof/Stober/Kluth*, VerwR I, § 23 Rn. 6; zur Wahrung der Grenzen der Verfassung bei der Errichtung insbesondere *Schröder*, in: Mecking/Schulte, Grenzen der Instrumentalisierung von Stiftungen, S. 117, 120 ff.

253 *Battis*, in: Mecking/Schulte, Grenzen der Instrumentalisierung von Stiftungen, S. 45, 54 f.

254 *Battis*, in: Mecking/Schulte, Grenzen der Instrumentalisierung von Stiftungen, S. 45, 55.

255 *Andrick*, ZStV 2020, 1, 3.

256 *Andrick*, ZStV 2020, 1, 3; *Kilian*, ZStV 2019, 135, 142; *Kilian*, ZStV 2003, 179, 181.

257 *Andrick*, ZStV 2020, 1, 3 f.

258 *Andrick*, ZStV 2020, 1, 4.

259 *Andrick*, ZStV 2020, 1, 4.

Stiftungen bürgerlichen Rechts.[260] Ein großer Teil der Vertreter der Wahlfreiheit der Verwaltung erkennt diese jedoch nur mit Einschränkungen an.[261] Nach dieser Ansicht soll die Entscheidungsfreiheit beschränkt sein.[262] Bei gleicher Eignung der Rechtsformen sei die öffentlich-rechtliche Organisationform zu wählen. Die privatrechtliche Rechtsform komme insofern infrage, sofern sie leistungsfähiger sei, z. B. durch den Vorteil, dass Zustiftungen und Spenden Privater eingeworben werden können.[263] Eine andere Ansicht stellt noch weitreichendere Kriterien an die Stiftungserrichtung.[264] So müsse eine besondere Legitimation bei der Errichtung der Stiftung durch eine Öffentlichkeitsbeteiligung erreicht werden.[265] Weiterhin sei durch ein gesondertes Gremium die Möglichkeit der Änderung des Stiftungszwecks bzw. der Auflösung durch die Öffentlichkeit zu kontrollieren.[266] Schließlich sei eine demokratische Legitimation über eine Beteiligung von Personen mit besonderem Interesse an der Willensbildung, Veto- und Stimmrechte im Kontrollorgan sowie eine Prüfung durch den Rechnungshof zu etablieren.[267]

c. *Zulässigkeit der Stiftung bürgerlichen Rechts bei der Tätigkeit der Stiftung im dritten Sektor*

Eine vermittelnde Ansicht stellt bei der Zulässigkeit der Errichtung einer Stiftung bürgerlichen Rechts durch die öffentliche Hand darauf ab, ob in der Stiftung die Verwaltungstätigkeiten der öffentlichen Hand fortgesetzt oder ob Tätigkeiten im

260 *Andrick*, ZStV 2020, 1, 4.

261 *Kempen,* Die Formenwahlfreiheit der Verwaltung, S. 107 ff.; *Ehlers,* DVBl 1998, 497, 505; *Kilian,* ZStV 2019, 135, 141; *Kilian,* ZStV 2003, 179, 187.

262 *Kempen,* Die Formenwahlfreiheit der Verwaltung, S. 107 ff.; *Ehlers,* DVBl 1998, 497, 505; *Kilian,* ZStV 2019, 135, 141; *Kilian,* ZStV 2003, 179, 187.

263 Auf die Leistungsfähigkeit stellen dabei *Ehlers,* DVBl 1998, 497, 505 sowie *Kilian,* ZStV 2003, 179, 187 ab. *Kilian,* ZStV 2019, 135, 141, geht davon aus, dass für eine zulässige Errichtung einer privatrechtlichen Stiftung eine schlüssige Vorprüfung über den Stiftungszweck sowie über die Notwendigkeit, eine Stiftung zu errichten, erforderlich sei. Sofern diese erfolgt sei, könne man dem Staat die Errichtung privatrechtlicher Stiftungen mangels Organisationsgesetzen sowie einer trennscharfen Unterscheidung von Privatem/Gesellschaftlichem und Öffentlichem nicht versagen. Teilweise wird für eine Abschaffung der privatrechtlichen Handlungsformen plädiert, siehe dazu *Kempen,* Die Formenwahlfreiheit der Verwaltung, S. 127.

264 *Peters,* ZStV 2005, 231 ff.

265 *Peters,* ZStV 2005, 231, 235.

266 *Peters,* ZStV 2005, 231, 233.

267 *Peters,* ZStV 2005, 231, 234.

dritten Sektor übernommen werden.[268] Die Vertreter dieser Ansicht gehen davon aus, dass bei der Errichtung einer Stiftung dem Staat ein Wahlrecht bezüglich der Rechtsform zustehe. Zum einen könne er eine öffentlich-rechtliche Stiftung zur Wahrnehmung von öffentlich-rechtlichen Tätigkeiten errichten. Zum anderen könne er eine Stiftung bürgerlichen Rechts errichten, welche im sogenannten dritten Sektor tätig ist.[269] Der dritte Sektor bezeichnet den Bereich zwischen Staat und Markt, in dem Non-Profit-Organisationen z. B. Vereine, Stiftungen, Genossenschaften sowie zunehmend auch gemeinnützige GmbHs, Unternehmergesellschaften oder Aktiengesellschaften ohne Gewinninteressen soziale, kulturelle und ökologische Ziele verfolgen.[270] Die Non-Profit-Organisationen zeichnen sich durch das Gewinnausschüttungsverbot als zentrale Gemeinsamkeit und wichtiges Abgrenzungskriterium aus.[271] Sie sind zumeist ideell und nicht wirtschaftlich tätig. Non-Profit-Organisationen müssen darüber hinaus selbstlos gemäß § 55 AO sein.[272]

Vertreter der vermittelnden Ansicht begründen die Unterscheidung der Tätigkeiten der Stiftung damit, dass sich die Anforderungen an die demokratische Legitimation nach den Aufgaben richteten, die durch die Stiftung wahrgenommen würden.[273] Die Übernahme von Verwaltungstätigkeiten erfordere die demokratische Legitimation der Tätigkeit, welche in der Rechtsform der Stiftung bürgerlichen Rechts nicht gewährleistet werden könne.[274] Bei Tätigkeiten einer

---

268 *Weitemeyer*, in: MüKo BGB, § 80 Rn. 239 f.; *Fehling*, in: Walz/Kötz/Rawert/Schmidt, Non Profit Law Yearbook 2008, S. 129, 145 f.; *Gölz*, Der Staat als Stifter, S. 241 ff., *Gölz*, in: Graf Strachwitz/Mercker, Stiftungen in Theorie, Recht und Praxis, S. 365, 372; *Ossenbühl*, in: Classen, Liber amicorum Oppermann, S. 841, 852 ff.; *Scholz/Langer*, Stiftung und Verfassung, S. 67 f.

269 *Gölz*, Der Staat als Stifter, S. 241 ff.; *Ossenbühl*, in: Classen, Liber amicorum Oppermann, S. 841, 852 f.; *Scholz/Langer*, Stiftung und Verfassung, S. 67 f.

270 Zu den verschiedenen Definitionen der Non-Profit-Organisationen durch die Rechtswissenschaft, die Ökonomie oder Soziologie siehe *Hüttemann*, Gutachten G zum 72. DJT, 2018, G 9 ff.; *v. Hippel*, Grundprobleme von Non-Profit-Organisationen, S. 5.

271 *v. Hippel*, Grundprobleme von Non-Profit-Organisationen, S. 12; *Weitemeyer*, NJW 2018, 2775, 2776.

272 *Hüttemann*, Gutachten G zum 72. DJT, 2018, G 9 f., G 35 ff.; *Weitemeyer*, NJW 2018, 2775, 2776.

273 *Weitemeyer*, in: MüKo BGB, § 80 Rn. 240; *Fehling*, in: Walz/Kötz/Rawert/Schmidt, Non Profit Law Yearbook 2008, S. 129, 140.

274 *Weitemeyer*, in: MüKo BGB, § 80 Rn. 240; *Gölz*, Der Staat als Stifter, S. 214 ff.; *Ossenbühl*, in: Classen, Liber amicorum Oppermann, S. 841, 849.

Stiftung im dritten Sektor erschöpfe sich der Einfluss der öffentlichen Hand auf die Errichtung der Stiftung. Es gebe daher keinen Grund, der öffentlichen Hand die Möglichkeit zu verwehren, auf dem Gebiet des dritten Sektors eine Stiftung bürgerlichen Rechts zu errichten.[275] Die Stiftung würde nicht beherrscht, da dem Stifter keine Anteilsrechte zustünden. Die unterschiedliche Herkunft des Stifters wirke sich insofern nicht mehr aus. Es liege ab dem Zeitpunkt der Errichtung eine normale Stiftung bürgerlichen Rechts mit dem gleichen Rechtsstatus vor wie die allein von Privaten gegründete Stiftung.[276] Etwas anderes ergebe sich jedoch, wenn die öffentliche Hand die Stiftung durch Satzungsgestaltung mit Hilfe der Finanzierung, der Besetzungsrechte der Organe sowie der Aufsichtsrechte so in die staatliche Aufgabenerfüllung eingliedere, dass kein Entlassen in den dritten Sektor erfolge.[277] Nach dieser Ansicht könne die von der öffentlichen Hand errichtete Stiftung des bürgerlichen Rechts solche staatlichen Aufgaben übernehmen, die privatisierungsfähig seien, d. h. die der Staat der Gesellschaft überlassen könne.[278] Diese müssten weit genug weg sein von den öffentlich-rechtlichen Kernaufgaben der Daseinsvorsorge oder der Hoheitsverwaltung.[279] Zu solchen Aufgaben gehörte eine Stiftung mit sozialen, kulturellen oder ökologischen Zielen ohne Gewinninteresse.[280] Teilweise wird als weiteres Erfordernis vorgebracht, die Privatrechtsform müsse besser geeignet sein für die Erfüllung des Stiftungszwecks als die öffentlich-rechtliche Form. Solche Vorteile bestünden in der Möglichkeit der Annahme von Zustiftungen Privater durch die Stiftung bürgerlichen Rechts, der erleichterten Kooperation mit anderen Stiftungen und Organisationen sowie in den höheren Anforderungen an eine Aufhebung der Stiftung.[281]

d. Stellungnahme

Entscheidendes Kriterium für die Zulässigkeit der Errichtung einer Stiftung bürgerlichen Rechts durch die öffentliche Hand sind die von der Stiftung übernommenen Aufgaben. Mit Hilfe der verfolgten Stiftungszwecke kann abgegrenzt

275 *Weitemeyer*, in: MüKo BGB, § 80 Rn. 241.
276 *Ossenbühl*, in: Classen, Liber amicorum Oppermann, S. 841, 850.
277 *Weitemeyer*, in: MüKo BGB, § 80 Rn. 241.
278 *Fehling*, in: Walz/Kötz/Rawert/Schmidt, Non Profit Law Yearbook 2008, S. 129, 140.
279 *Fehling*, in: Walz/Kötz/Rawert/Schmidt, Non Profit Law Yearbook 2008, S. 129, 140 f.
280 *Ossenbühl*, in: Classen, Liber amicorum Oppermann, S. 841, 850.
281 *Fehling*, in: Walz/Kötz/Rawert/Schmidt, Non Profit Law Yearbook 2008, S. 129, 145.

werden, ob die Stiftung Teil der öffentlichen Verwaltung bleibt oder ob sie unabhängig als Privatperson am Rechtsverkehr teilnehmen soll.

Für die Art der von der Stiftung verfolgten Stiftungszwecke als Abgrenzungskriterium spricht, dass bei der Übernahme von öffentlichen Aufgaben in einer Stiftung die Möglichkeit der öffentlichen Hand bestehen muss, auf die Stiftung einzuwirken. Die Einwirkungsmöglichkeit der öffentlichen Hand gilt dabei sowohl bei der Errichtung als auch bei der Verwaltung der öffentliche Aufgaben erfüllenden Stiftung und ergibt sich aus dem Demokratieprinzip. Die öffentliche Hand besitzt im Grundsatz bei ihrem Handeln die Wahl zwischen öffentlich-rechtlichen und privatrechtlichen Rechtsformen. Diese Wahlfreiheit findet, wie von allen Ansichten vorgebracht, ihre Grenze in den Regelungen des Grundgesetzes sowie des einfachen Rechts. Daraus werden jedoch verschiedene Schlüsse gezogen. Die Zulässigkeit der Errichtung einer Stiftung bürgerlichen Rechts durch die öffentliche Hand allein aufgrund eines fehlenden ausdrücklichen gesetzlichen Verbots der Errichtung einer solchen Stiftung in den Vorgaben zur Verwaltungsorganisation zu sehen, kann nicht vollends überzeugen. Die Ansicht geht in zutreffender Weise davon aus, dass es keine ausdrückliche Regelung zur Unzulässigkeit der Errichtung einer Stiftung bürgerlichen Rechts durch die öffentliche Hand gibt. Allerdings bedeutet dies im Umkehrschluss noch nicht, dass die Errichtung einer Stiftung bürgerlichen Rechts durch die öffentliche Hand zulässig ist. Das Demokratieprinzip des Grundgesetzes steht über dem einfachen Recht. Es gibt vor, dass alles staatliche Handeln auf den Willen des Volkes zurückführbar sein muss. Eine Einwirkung der öffentlichen Hand auf die laufende Verwaltung der Stiftung ist in der Stiftung bürgerlichen Rechts nach ihrer Anerkennung nicht möglich. Die Stiftung ist nach der Anerkennung autonom. Aus diesem Grund ist das Handeln der anerkannten Stiftung nicht mehr vom aktuellen Willen des Volkes bestimmt, und die Anforderungen des Demokratieprinzips sind nicht gewahrt. Eine Errichtung einer Stiftung bürgerlichen Rechts durch die öffentliche Hand stellt folglich einen Verstoß gegen das im Grundgesetz verankerte Demokratieprinzip dar. Dies Ergebnis gilt auch vor dem Hintergrund von einfach-gesetzlichen Regelungen, die eine Zulässigkeit der Beteiligung der öffentlichen Hand an Stiftungen bürgerlichen Rechts nicht ausschließen, wie sie z. B. in Nordrhein-Westfalen bestehen. Aufgrund des Erfordernisses der demokratischen Legitimation bei einer Stiftung der öffentlichen Hand ist eine besondere Organisationsstruktur der Stiftung notwendig. Diese Organisationsstruktur bietet nur die öffentlich-rechtliche Stiftung. Eine öffentlich-rechtliche Stiftung besitzt einen organisatorischen Zusammenhang mit dem Staat.[282] In ihr ist eine demokratische Legitimation der öffentlichen Hand, wie sie das Demokratieprinzip fordert, auch bei der Verwaltung der Stiftung möglich. Eine demokratische Legitimation erfolgt in der öffentlich-rechtlichen Stiftung durch die Einwirkungsmöglichkeiten der öffentlichen Hand auf die Verfolgung der Stiftungszwecke. Durch die Stiftungsverfassung können in einer öffentlich-rechtlichen Stiftung staatliche und kommunale Organe (Bürgermeister, Gemeinderat) zu Stiftungsorganen bestimmt werden.[283] Durch die Besetzung der Organe kann die öffentliche Hand wiederum Einfluss auf die Stiftung ausüben, denn sie kann den in die Stiftung entsandten staatlichen und kommunalen Organen Weisungen erteilen.[284] Dies schafft eine personelle Legitimationskette. Anders als bei einer Stiftung bürgerlichen Rechts ist es in einer öffentlich-rechtlichen Stiftung dabei möglich, dass durch die Vertreter des Staates Einfluss auf die Tätigkeit der Stiftung nach der Errichtung ausgeübt wird.[285] Sofern öffentliche Aufgaben in der Stiftung ausgeübt werden, ist eine öffentlich-rechtliche Stiftung zu errichten. Sofern aufgrund der Wahrnehmung privatrechtlicher Aufgaben durch die Stiftung keine Einwirkung der öffentlichen Hand erfolgen muss, kann eine Stiftung bürgerlichen Rechts errichtet werden.

Zudem ist die Wahrnehmung von öffentlichen oder privaten Aufgaben ein hinreichend bestimmtes, qualitativ abgrenzbares Merkmal. Private Aufgaben umfassen die Verwirklichung von sozialen, kulturellen und ökologischen Zielen ohne Gewinninteresse. Dies bedeutet, dass das Kriterium für eine Abgrenzung in der Praxis geeignet ist.[286]

---

282 *Backert*, in: Bamberger/Roth/Hau/Poseck BGB, § 80 Rn. 23; *Weitemeyer*, in: MüKo BGB, § 80 Rn. 301; *v. Campenhausen/Stumpf*, in: Richter, Stiftungsrecht, § 13 Rn. 9 ff.; *Kilian/Müller*, in: Werner/Saenger/Fischer, Die Stiftung, § 40 Rn. 8 ff.

283 *Kilian/Müller*, in: Werner/Saenger/Fischer, Die Stiftung, § 40 Rn. 82.

284 *Kilian/Müller*, in: Werner/Saenger/Fischer, Die Stiftung, § 40 Rn. 82.

285 *Kilian/Müller*, in: Werner/Saenger/Fischer, Die Stiftung, § 40 Rn. 82.

286 a.A. *Muscheler*, in: Walz/Kötz/Rawert/Schmidt, Non Profit Law Yearbook 2007, S. 149, 182, welcher aufgrund der Gestaltungsmöglichkeiten der rechtsfähigen Stiftung keine trennscharfen Abgrenzungsmöglichkeiten sieht. Er führt an, dass aufgrund der Gestaltungsfreiheit im Stiftungsrecht Sonderformen der Stiftung möglich seien. So könnten rechtsfähige privatrechtliche Stiftungen jährlichen Haushaltszuweisungen der öffentlichen Hand oder der Kontrolle des Rechnungshofs unterliegen. In diesen Fällen würde eine Abhängigkeit von der öffentlichen Hand trotz der Verfolgung von Zwecken des dritten Sektors durch die Stiftung vorliegen. Hiergegen lässt sich einwenden, dass typischerweise von dritter Seite unabhängige Stiftungen bürgerlichen Rechts errichtet werden. Sofern eine Sonderform mit einer Beteiligung der öffentlichen Hand an solchen rechtsfähigen Stiftungen gewählt wird, ist diese von der

Für die Beurteilung der Wahl der Rechtsform anhand der Wahrnehmung von öffentlichen Aufgaben und solchen des dritten Sektors ist weiterhin anzuführen, dass sich durch die mit dem Stiftungszweck verfolgten Aufgaben auch die Frage nach der Grundrechtsfähigkeit der Stiftung überzeugend beantworten lässt. Das Bundesverwaltungsgericht hat im Zuge der Grundrechtssubjektivität festgestellt, dass die Grundrechte ihrem Wesen nach auf die juristische Person nicht passen, wenn ihre Funktion in der Wahrnehmung gesetzlich zugewiesener und geregelter Aufgaben bestehe. Es komme dabei nicht auf die Urheberschaft an.[287] Der Tatsache, ob die Stiftung von Privaten oder vom Staat errichtet wurde, kann bei der Tätigkeit der Stiftung insofern keine Bedeutung zukommen. Eine Stiftung, die öffentlich-rechtliche Aufgaben wahrnimmt, ist zur Wahrung der Grundrechte Dritter verpflichtet. Eine Stiftung, welche jedoch Tätigkeiten im privaten Sektor erfüllt, kann sich auf die Grundrechte berufen. Die gemeinwohlkonformen Zwecke der Stiftung, die auch von Privaten wahrgenommen werden können, sind als Tätigkeiten nicht dem Staat zugeordnet. Es besteht kein Bedürfnis für ein Verbot zur Berufung auf die Grundrechte für eine Stiftung, die Tätigkeiten auf dem Gebiet des dritten Sektors wahrnimmt. Aufgrund der Grundrechtsfähigkeit besteht ein Bestandsschutz der Stiftung im Bereich des dritten Sektors.

Zusammenfassend lässt sich daher feststellen, dass es für die Zulässigkeit der Errichtung von Sparkassen-Stiftungen als selbstständige Stiftungen des bürgerlichen Rechts auf die von ihnen wahrgenommenen Tätigkeiten ankommt. Sofern die Sparkassen-Stiftungen Verwaltungstätigkeiten im Sinne öffentlicher Aufgaben verfolgen, ist die Stiftung bürgerlichen Rechts aufgrund des Verstoßes gegen das Demokratieprinzips nicht zulässig. Sofern die Sparkassen-Stiftungen jedoch Tätigkeiten im Bereich des dritten Sektors ausüben, können die Sparkassen sie in der Form der Stiftung bürgerlichen Rechts errichten.

Grundform zu unterscheiden. Ausnahmsweise liegt in diesen Fällen der Abhängigkeit von der öffentlichen Hand ein Sonderfall vor, bei dem die bürgerlich-rechtliche Stiftungserrichtung ausnahmsweise nicht zulässig ist. Der Sonderfalls spricht jedoch nicht insgesamt gegen die Geeignetheit der wahrgenommenen Aufgaben der Stiftung als Abgrenzungsmerkmal.

287 BVerfG, Beschl. v. 31.10.1984 – 1 BvR 35/82, BVerfGE 68, 193, 207 f.; BVerfG, Beschl. v. 14.04.1987 – 1 BvR 775/84, BVerfGE 75, 192, 197.

2. *Zulässigkeit der Errichtung einer Stiftung bürgerlichen Rechts durch die Sparkassen zur Förderung des Gemeinwohls*

Es stellt sich nach der Zulässigkeit der Errichtung einer Stiftung bürgerlichen Rechts durch die öffentliche Hand zur Verfolgung von Aufgaben im Bereich des dritten Sektors die Frage, mit welchen Stiftungszwecken Sparkassen Stiftungen bürgerlichen Rechts errichten können. Es sind die Tätigkeiten der Sparkassen daraufhin zu überprüfen, ob sie Tätigkeiten im Bereich des dritten Sektors zuzuordnen sind. Ausgehend davon ist zu ermitteln, welche Tätigkeiten die Sparkassen als Stifter in den Stiftungszwecken der von ihnen errichteten Sparkassen-Stiftungen festlegen können.

Gesetzlich festgelegt sind die Tätigkeiten der Sparkassen in den Sparkassengesetzen der Länder. Dort wird ihr öffentlich-rechtlicher Auftrag näher konkretisiert.[288] Der öffentliche Auftrag umfasst zum Ersten die flächendeckende geld- und kreditwirtschaftliche Versorgung der Bevölkerung und der Wirtschaft, zum Zweiten die Förderung des Spargedankens und zum Dritten die Belebung des Wettbewerbs in der Kreditwirtschaft.[289] Hintergrund des öffentlichen Auftrags sind die sozialen Verpflichtungen der Gemeinden auf dem Gebiet des Geld- und Kreditwesens gegenüber den Bürgern und Einwohnern.[290] Durch die Tätigkeiten der Sparkassen wird garantiert, dass die Bevölkerung vornehmlich in Zeiten allgemeiner wirtschaftlicher Anspannung oder Geldknappheit nicht ausschließlich gewinnorientierten Kreditgebern gegenübersteht.[291] Darüber hinaus sollen die Sparkassen durch ihre örtlich gebundenen Aufgaben eine Konzentration der Wirtschaft auf einzelne Branchen in bestimmten Regionen verhindern. Eine solche kann dadurch entstehen, dass die Banken aus einem Gewinnstreben heraus bei ihrer Geschäftstätigkeit einen Fokus auf besonders einträgliche Branchen oder einzelne strukturstarke Regionen legen.[292] Es stellt sich die Frage, ob die kreditwirtschaftlichen Tätigkeiten der Sparkassen, welche die Versorgung mit Finanzdienstleistungen sowie die Förderung des Spargedankens und des kreditwirtschaftlichen Wettbewerbs umfassen, materiell-rechtlich Verwaltungstätigkeiten darstellen. Materiell-rechtliche Verwaltungstätigkeiten können nicht vom Stiftungszweck erfasst werden. Die flächendeckende geld- und kreditwirtschaftliche Versorgung der Bevölkerung und der Wirtschaft, die Förderung

288 Siehe Teil 1 B.II.3.
289 Vgl. Teil 1 B.II.3.
290 *Schlierbach/Püttner*, Das Sparkassenrecht in der Bundesrepublik Deutschland, S. 60.
291 *Schlierbach/Püttner*, Das Sparkassenrecht in der Bundesrepublik Deutschland, S. 61.
292 *Schlierbach/Püttner*, Das Sparkassenrecht in der Bundesrepublik Deutschland, S. 62.

des Spargedankens und die Belebung des Wettbewerbs in der Kreditwirtschaft können nicht von Dritten außerhalb der Gemeinde wahrgenommen werden. Es handelt sich bei diesen Tätigkeiten nicht um reine erwerbswirtschaftlich-fiskale Tätigkeiten.[293] Diese kreditwirtschaftlichen Aufgaben werden ausschließlich von den Sparkassen in der Region wahrgenommen und sind somit Teil ihrer Verwaltungstätigkeiten. Eine Errichtung einer Stiftung bürgerlichen Rechts zur Wahrnehmung von kreditwirtschaftlichen Aufgaben ist nicht zulässig.

Der öffentliche Auftrag der Sparkassen umfasst jedoch neben den gesetzlich definierten kreditwirtschaftlichen Aufgaben auch die Verpflichtung zur Unterstützung der Gemeinden. Diese Aufgabe ist nicht in den Sparkassengesetzen der Länder normiert.[294] Es bleibt allerdings mangels gesetzlicher Ausgestaltung dieses Merkmals des öffentlichen Auftrags ein weites Handlungsfeld, in dem die ‚kommunalen Belange insbesondere im wirtschaftlichen, regionalpolitischen, sozialen und kulturellen Bereich' gefördert werden sollen.[295] Eine weitere Konkretisierung dieser gesetzlichen Formulierung sucht man vergebens in den Sparkassengesetzen. Es stellt sich die Frage, ob die Unterstützung der Gemeinde durch die Sparkassen in Verbindung mit den kreditwirtschaftlichen Tätigkeiten der Sparkassen erfolgt oder ob dies unabhängige Tätigkeiten sind. Den Bestimmungen zur Förderung der kommunalen Belange in den Sparkassengesetzen lässt sich entnehmen, dass die Sparkassen die Kommunen unabhängig von ihrer kreditwirtschaftlichen Tätigkeiten bei der Verwirklichung von gemeinnützigen Zwecken unterstützen sollen.[296] Es ist daher zwischen den kreditwirtschaftlichen Aufgaben sowie den gemeinnützigen Aufgaben zu unterscheiden. Die gemeinnützigen Aufgaben sind durch die sozialen und kulturellen Förderungen in der Region geprägt. Dieser Bereich lässt sich dem dritten Sektor zuordnen. Insofern handelt es sich bei den gemeinnützigen Aufgaben um Aufgaben, die von einer Stiftung bürgerlichen Rechts wahrgenommen werden können. Eine Errichtung einer Stiftung bürgerlichen Rechts zur Wahrnehmung von gemeinnützigen Aufgaben ist aus diesem Grund zulässig.

---

293 *Henneke*, in: Püttner, Handbuch der kommunalen Wissenschaft und Praxis, Band 2, § 53 a Rn. 104, ähnlich BVerwG, Urt. v. 29.11.1972 - VI C 19.69, DÖV 1973, 492 f., welches bei der Arbeit der Sparkassen das Ziel der Sozialstaatlichkeit verfolgt sieht.

294 Siehe dazu bereits unter Teil 1 B. II. 3.

295 § 6 I 2 SpkG BW und § 2 I 3 SpkG Hessen; ähnlich § 4 I 2 SpkG Niedersachen, § 2 II SpkG Schl-H sowie § 2 I 2 SpkG Meck-Vp, siehe auch Teil 1 B.II.3.

296 § 6 I 2 SpkG BW und § 2 I 3 SpkG Hessen; ähnlich § 4 I 2 SpkG Niedersachen, § 2 II SpkG Schl-H sowie § 2 I 2 SpkG Meck-Vp.

Im Ergebnis können Sparkassen-Stiftungen mit den Stiftungszwecken der Förderung gemeinnütziger Zwecke in der Rechtsform der Stiftung bürgerlichen Rechts errichtet werden.

III. Besondere Anforderungen bei der Errichtung einer Stiftung bürgerlichen Rechts durch die Sparkassen

Ist die Errichtung einer Stiftung bürgerlichen Rechts durch die Sparkassen zulässig, stellt sich die Frage, welche Konsequenzen sich für die Errichtung der Stiftung ergeben. Es müssen bei der Errichtung der Stiftung die Grundsätze über das Handeln der Verwaltung in Privatrechtsform eingehalten werden.[297] Denn die Errichtung der Stiftung stellt sich noch als eine Handlung der öffentlichen Hand dar. Die Autonomie der Stiftung beginnt erst mit Anerkennung der Stiftung. Verwaltungshandeln der öffentlichen Hand in Privatrechtsform bedeutet, dass sich die öffentliche Hand auf keine Privilegien, die mit dem Handeln in öffentlich-rechtlicher Form verbunden sind, berufen kann.[298] Es gelten die allgemeingültigen Bindungen des Verwaltungshandelns. Das Handeln der öffentlichen Hand ist nach Art. 20 III 2. Hs. GG an Gesetz und Recht gebunden.[299] Nach dieser rechtstaatlichen Vorgabe darf die Verwaltung nicht ohne gesetzliche Ermächtigung tätig werden (Vorbehalt des Gesetzes).[300] Weiterhin darf sie nicht im Widerspruch zu bestehenden gesetzlichen Regelungen handeln (Vorrang des Gesetzes).[301] Dies beinhalt vor allem die Bindung an die gesetzliche Kompetenzordnung[302], die Bindung an die Grundrechte und die einfachgesetzlichen

297 Siehe dazu ausführlich Teil 2 A.II.1.d. Diese Vorgabe aufgreifend auch *Weitemeyer*, in: MüKo BGB, § 80 Rn. 244.

298 Siehe dazu ausführlich Teil 2 A.II.1.d. Diese Vorgabe aufgreifend auch *Weitemeyer*, in: MüKo BGB, § 80 Rn. 244.

299 Dazu ausführlich *Sachs*, in: Sachs, GG, Art. 20 Rn. 103 ff.; *Schulze-Fielitz*, in: Dreier, GG, Art. 20 Rn. 82 ff.

300 BVerfG, Beschl. v. 28.10.1975 – 2 BvR 883/73, BVerfGE 40, 237, 348 f.; BVerfG, Beschl. v. 08.08.1978 – 2 BvL 8/77, BVerfGE 49, 89, 126; BVerfG, Beschl. v. 20.02.2013 – 2 BvR 228/12, BVerfGE 133, 112 Rn 53; *Grzeszick*, in: Maunz/Düring, GG, Art. 20 Abs. VI Rn. 75; *Sachs*, in: Sachs, GG, Art. 20 Rn. 112; *Schulze-Fielitz*, in: Dreier, GG, Art. 20 Rn. 105; *Sommermann*, in: v. Mangoldt/Klein/Starck, GG, Art. 20 Rn. 273 ff.

301 *Grzeszick*, in: Maunz/Düring, GG, Art. 20 Abs. VI Rn. 72 ff.; *Sachs*, in: Sachs, GG, Art. 20 Rn. 112; *Schulze-Fielitz*, in: Dreier, GG, Art. 20 Rn. 92; *Sommermann*, in: v. Mangoldt/Klein/Starck, GG, Art. 20 Rn. 271 f.

302 *Weitemeyer*, in: MüKo BGB, § 80 Rn. 244; *Ehlers*, Gutachten E zum 64. DJT, E 41.

Regelungen[303] sowie die Bindung an rechtsstaatliche Grundsätze und das Gemeinwohl[304].

1. *Wahrung der gesetzlichen Kompetenzordnung*

Die staatlichen Verwaltungsträger wie die Sparkassen haben nur die Kompetenz, ihre Tätigkeit innerhalb eines sachlichen und räumlichen Zuständigkeitsbereichs auszuüben.[305] Dieses Prinzip gilt für alle Erscheinungsformen der Verwaltung.[306] Die Sparkassen müssen demnach bei der Errichtung der Stiftung die gesetzliche Kompetenzordnung wahren. Es ist zu ermitteln, welche Kompetenzen den Sparkassen zukommen.

a. *Wahrnehmung von Angelegenheiten der örtlichen Gemeinschaft*

Die Sparkassen sind kommunale Einrichtungen. Aus dieser Eigenschaft ergibt sich, dass sie als Teil ihres Trägers nicht mehr Rechte besitzen können als ihre Gründungskörperschaft.[307] Die ursprünglichen Körperschaften, die Gemeinden und Kreise, sind Gebietskörperschaften. Den Gemeinden obliegt aufgrund der Selbstverwaltungsgarantie des Art. 28 II 1 GG die Eigenverantwortlichkeit und Allzuständigkeit zur Wahrnehmung der örtlichen Angelegenheiten.[308] Angelegenheiten der örtlichen Gesellschaft sind Bedürfnisse und Interessen, die aus der örtlichen Gemeinschaft herrühren oder auf sie einen spezifischen Bezug haben und insofern das Zusammenleben der Menschen in der Gemeinde betreffen.[309]

---

303 *Weitemeyer*, in: MüKo BGB, § 80 Rn. 244; *Ehlers*, Gutachten E zum 64. DJT, E 39 sowie E 46. Zur Grundrechtsbindung öffentlicher Unternehmen, die vollständig im Eigentum der öffentlichen Hand stehen, und zur Grundrechtsbindung der von diesen beherrschten gemischtwirtschaftlichen Unternehmen siehe auch BVerfG, Urt. v. 22.02.2011 – 1 BvR 699/06, BVerfGE 128, 226, 245 ff.

304 *Weitemeyer*, in: MüKo BGB, § 80 Rn. 244; *Ehlers*, Gutachten E zum 64. DJT, E 34 f.

305 *Ehlers*, Gutachten E zum 64. DJT, E 41.

306 *Ehlers*, Gutachten E zum 64. DJT, E 43.

307 *Henneke*, in: Püttner, Handbuch der kommunalen Wissenschaft und Praxis, Band 2, § 53 a Rn. 174; *Schlierbach/Püttner*, Das Sparkassenrecht in der Bundesrepublik Deutschland, S. 132.

308 *Dreier*, in: Dreier, GG, Art. 28 Rn. 101 ff.; *Mehde*, in: Maunz/Dürig, GG, Art. 28 Abs. II Rn. 43; *Schwarz*, in: Mangoldt/Klein/Starck, GG, Art. 28 Rn. 168 ff.

309 BVerfG, Urt. v. 30.07.1958 – 2 BvG 1/58, BVerfGE 8, 122, 134; BVerfG, Beschl. v. 17.01.1979 – 2 BvL 6/76, BVerfGE 50, 195, 201; BVerfG, Urt. v. 24.07.1979 – 2 BvK 1/78, BVerfGE 52, 95, 120; BVerfG, Beschl. v. 23.11.1988 – 2 BvR 1619/83, BVerfGE 79, 127, 151 f.; *Dreier*, in: Dreier, GG, Art. 28 Rn. 101; *Henneke*, in: Schmidt-Bleibtreu/Hofmann/Henneke, GG, Art. 28 Rn. 92; *Schmidt-Jortzig*, DÖV 1993, 973, 974.

Eine Tätigkeit ist nur dann in der örtlichen Gemeinschaft verwurzelt, wenn zwischen der Tätigkeit und der örtlichen Gemeinschaft ein Zusammenhang besteht. Für die Gemeindeeinwohner muss die Tätigkeit von Interesse sein.[310] Damit ist die Kompetenz der Gemeinden bei der Erfüllung spezifischer öffentlicher Aufgaben durch ein bestimmtes Gebiet begrenzt.[311] Daraus folgt, dass auch der Wirkungskreis der Sparkassen im Grundsatz auf das Gebiet (die Region) des Trägers beschränkt sein muss.[312] Das Regionalprinzip steuert die kommunale Tätigkeit angrenzender Verwaltungseinheiten und gewährleistet eine überschneidungsfreie Gliederung der Verwaltungseinheiten.[313] Die Sparkassen besitzen folglich die Kompetenz zur Errichtung einer Stiftung im Bereich der örtlichen Gemeinschaft. Die Stiftung ist so zu gestalten, dass der Schwerpunkt der Tätigkeit der Stiftung auf der örtlichen Gemeinschaft liegt.

Allerdings ist bei der Tätigkeit der Sparkassen in Bezug auf die örtliche Gemeinschaft die Möglichkeit in den Blick zu nehmen, von der Übereinstimmung des Wirkungsbereichs der Sparkassen mit dem der Sparkassen-Stiftungen Ausnahmen zuzulassen. Die Vorgabe im Hinblick auf die regionale Tätigkeit ist nämlich nicht absolut, es sind vielmehr Ausnahmen von der regionalen Tätigkeit möglich.[314] Notwendig ist dafür jedoch, dass der Schwerpunkt der Tätigkeit der Sparkassen auf den Belangen der örtlichen Gemeinschaft liegt.[315] Die Zulässigkeit einer Ausnahme vom Regionalprinzip setzt voraus, dass es im Einzelfall eine hinreichende Begründung gibt.[316] Die Ausnahmen müssen zur Regel in einem angemessenen Verhältnis stehen, dem Wesen und Sinn des Grundsatzes

310 *Kolm*, Das sparkassenrechtliche Regionalprinzip, S. 51; *Schmidt-Jortzig*, DÖV 1993, 973, 974.

311 *Henneke*, in: Püttner, Handbuch der kommunalen Wissenschaft und Praxis, Band 2, § 53 a Rn. 174; *Schlierbach/Püttner*, Das Sparkassenrecht in der Bundesrepublik Deutschland, S. 132.

312 *Schlierbach/Püttner*, Das Sparkassenrecht in der Bundesrepublik Deutschland, S. 132.

313 *Henneke*, in: Püttner, Handbuch der kommunalen Wissenschaft und Praxis, Band 2, § 53 a Rn. 175.

314 *Kolm*, Das sparkassenrechtliche Regionalprinzip, S. 95 f.; *Schepers*, Internet-Banking und das sparkassenrechtliche Regionalprinzip, S. 86; *Schlierbach/Püttner*, Das Sparkassenrecht in der Bundesrepublik Deutschland, S. 135.

315 Siehe *Kolm*, Das sparkassenrechtliche Regionalprinzip, S. 95, 105 f. Trotz zugelassener Ausnahmen im einfachen Sparkassenrecht, lässt sich bei den Sparkassenaktivitäten ein Grundsatz der räumlichen Eingrenzung auf das Gebiet des Sparkassenträgers feststellen. Dies ist verfassungsrechtlich nicht zwingend vorgegeben, ist jedoch gesetzlich so geregelt.

316 *Schlierbach/Püttner*, Das Sparkassenrecht in der Bundesrepublik Deutschland, S. 136.

entsprechen und dürfen nicht zur Regel werden.[317] Aus diesen Grundsätzen lässt sich für die Festlegung der Stiftungszwecke für Sparkassen-Stiftungen ableiten, dass die Stiftungsaktivitäten im Grundsatz den Menschen in der Region dienen. Eine Förderung außerhalb des Geschäftsgebiets der Sparkassen kann im Einzelfall erfolgen, wenn dadurch ein Vorteil für die Bevölkerung innerhalb der Region entsteht.

b. Wahrnehmung gemeinnütziger Tätigkeiten

Der öffentliche Auftrag umfasst auch die Verpflichtung zur Unterstützung der Gemeinden durch die Sparkassen. Die Vorgabe zur Förderung der ‚kommunalen Belange insbesondere im wirtschaftlichen, regionalpolitischen, sozialen und kulturellen Bereich' im Bereich des öffentlichen Auftrags ist sehr allgemein gehalten.[318] Den Organen der Sparkassen kommt im Rahmen dieser allgemein gehaltenen gesetzlichen Regelung die Aufgabe zu, die unter den Begriff der Förderung der kommunalen Belange fallenden Aktivitäten zu konkretisieren und den Umfang der Förderung der unterschiedlichen Aspekte der gemeinnützigen Tätigkeit zu definieren.[319] Aus der gesetzlichen Regelung lässt sich ein Schwerpunkt der gemeinnützigen Tätigkeit der Stiftung bei der Förderung von sozialen Projekten sowie von kulturellen Einrichtungen herleiten.

Es könnten sich darüber hinaus aus anderen Regelungen in den Sparkassengesetzen der Länder Anhaltspunkte zur Konkretisierung der Förderung kommunaler Belange ergeben. Die Regelung zur Ausschüttung des Jahresüberschusses an den Träger in § 25 III SpkG NRW besagt, dass die Ausschüttungsbeträge der Förderung des kommunalen, bürgerschaftlichen und trägerschaftlichen Engagements zugutekommen sollen, insbesondere in den Bereichen Bildung und Erziehung, Soziales und Familie, Kultur und Sport sowie Umwelt.[320] Das Sparkassengesetz Nordrhein-Westfalen konkretisiert somit die gemeinnützigen Tätigkeiten auf die Bereiche Bildung und Erziehung, Soziales und Familie, Kultur und Sport. In den meisten anderen Bundesländern bestehen bei der in den Sparkassengesetzen geregelten Verwendung des Jahresüberschusses

---

317 *Schlierbach/Püttner*, Das Sparkassenrecht in der Bundesrepublik Deutschland, S. 135.

318 § 6 I 2 SpkG BW, § 2 I 3 SpkG Hessen, ähnlich § 4 I 2 SpkG Niedersachen, § 2 II SpkG Schl-H sowie § 2 I 2 SpkG Meck-Vp, siehe auch Teil 1 B.II.3.

319 *Geisler*, Gewinnausschüttungen der kommunalen Sparkassen, S. 35, zu diesem allgemeinen Gedanken im Kontext der Ausschüttung des Jahresüberschusses.

320 § 25 III SpkG NRW.

lediglich die Vorgaben zur Verwendung für gemeinnützige Zwecke.[321] Mit dem Begriff gemeinnützige Zwecke in den Sparkassengesetzen der Länder bei den Regelungen zur Ausschüttung des Jahresüberschusses sind besondere öffentliche Zwecke im Sinne des steuerrechtlichen Gemeinnützigkeitsbegriffs des § 52 I AO gemeint.[322] Die Vorgaben zum Begriff der Gemeinnützigkeit im Rahmen der Ausschüttung des Jahresausschusses dienen zur Festlegung der Kriterien für die in den Kommunen mit den Geldern der Sparkassen unterstützten Projekten. Die Sparkassen müssen bei Errichtung einer Stiftung im Rahmen der Festlegung der Stiftungszwecke auch die von ihnen im Gebiet der Kommunen unterstützten Projekte bestimmen. Insofern können die Vorgaben über die Ausschüttung des Jahresüberschusses zur Konkretisierung des Gemeinnützigkeitsbegriffes herangezogen werden.

Zusammenfassend lässt sich zur gemeinnützigen Tätigkeit der Sparkassen feststellen, dass diese als Unterstützung der Kommunen insbesondere im Bereich des Sozialen und der Kultur zu verstehen sind, weiterhin können auch Schwerpunkte auf die Bereich Sport sowie Bildung gesetzt werden. Diese Vorgaben sind bei der Gestaltung der Sparkassen-Stiftungen zu beachten.

c. *Zusammenfassung*

Die Sparkassen müssen bei der Errichtung der Stiftung innerhalb der ihnen gesetzlich zugewiesenen Kompetenzen handeln. Sparkassen sind bei ihrem Handeln danach in dem Wirkungskreis ihrer Tätigkeiten eingeschränkt. Die Kompetenz zur Errichtung einer Stiftung besitzen die Sparkassen im Rahmen ihrer regionalen Tätigkeit; Ausnahmen sind zulässig. Sparkassen können durch Stiftungen nur gemeinnützige Zwecke verfolgen.

---

321 § 31 VI 1 SpkG BW, § 21 III 1 SpkO Bayern, § 23 IV SpkG Bremen, § 16 IV SpkG Hessen, § 24 I i. V. m. § 4 I 2 SpkG Niedersachsen, § 20 II 2 SpkG Rh-Pf, § 25 III 1 SpkG Saar, § 27 V SpkG Schl-H, § 27 V 1 SpkG Meck-Vp, § 27 V SpkG Brandenburg; § 27 IV 1 SpkG Sa-Ah, § 21 I 2 SpkG Thüringen. In Sachsen gibt es in § 27 III die Möglichkeit der Ausschüttung des Jahresüberschusses an den Träger ohne konkrete Bindung an Gemeinwohlzwecke.

322 *Lepper*, Die Verwendung und insbesondere Ausschüttung von Sparkassengewinnen, S. 99 ff.; *Schlierbach/Püttner*, Das Sparkassenrecht in der Bundesrepublik, S. 273 f.; *Thiemann*, Rechtsprobleme der Marke Sparkasse, S. 20.

2. Bindung an Grundrechte und einfachgesetzliche Regelungen

Trotz der grundsätzlichen Zulässigkeit der Errichtung einer Stiftung bürgerlichen Rechts durch die öffentliche Hand können einfachgesetzliche Regelungen zu einer Unzulässigkeit der Stiftungserrichtung führen. Die öffentliche Hand hat die bestehenden Gesetze zu beachten.[323] Auf einfachgesetzlicher Ebene könnte sich eine Unzulässigkeit der Stiftungserrichtung aufgrund eines Verstoßes gegen die Regelungen über die Verwendung des Vermögens der Sparkassen ergeben. Neben gemeinderechtlichen Normen können Regelungen der Sparkassengesetze der Länder sowie steuerrechtliche Vorgaben die Verwendung der finanziellen Mittel beschränken.

Die Zuwendungen für die Errichtung einer Stiftung werden aus dem Sparkassenvermögen zu Lasten der laufenden Rechnung erbracht.[324] Es handelt sich um sogenannte Freigiebigkeitsleistungen der Sparkassen. Diese gehören zu den Aufwendungen, die den Jahresüberschuss mindern.[325] Freigiebigkeitsleistungen sind dadurch gekennzeichnet, dass es sich bei ihnen um freiwillige Leistungen handelt, die im Interesse des Ansehens der Sparkassen geleistet werden und nicht in einem unmittelbaren Zusammenhang mit dem Geschäftsbetrieb der Sparkassen stehen.[326] Hintergrund der Leistungen ist die kommunale Bindung sowie die örtliche Verbundenheit der Sparkassen. Eine Verpflichtung zu solchen Leistungen besteht im Hinblick auf den öffentlichen Auftrag nicht.[327] Zu den Freigiebigkeitsleistungen gehört bei den Sparkassen neben der Errichtung und Dotierung einer rechtlich selbstständigen Stiftung die Gewährung von Spenden.[328]

---

323 *Ehlers,* Gutachten E zum 64. DJT, E 39 zu den Grundrechten sowie E 46 zu den bestehenden Gesetzen.

324 Dazu siehe für Nordrhein-Westfalen LT-Drucks. NRW 11/6047, S. 51 und *Heinevetter/Engau/Menking,* Kommentar zum SpkG NRW, § 15 Rn. 7.1.2 sowie für Niedersachsen *Berger,* Sparkassengesetz Niedersachsen, § 24 Rn. 17.

325 *Berger,* Sparkassengesetz Niedersachsen, § 24 Rn. 17; *Klüpfel,* Sparkassengesetz BW, § 31 Rn. 3.

326 *Heinevetter/Engau/Menking,* Kommentar zum SpkG NRW, § 2 Rn. 5.1.; *Klüpfel,* Sparkassengesetz BW, § 31 Rn. 3.

327 *Heinevetter/Engau/Menking,* Kommentar zum SpkG NRW, § 2 Rn. 5; *Klüpfel,* Sparkassengesetz BW, § 31 Rn. 3.

328 *Berger,* Sparkassengesetz Niedersachsen, § 24 Rn. 17; *Heinevetter/Engau/Menking,* Kommentar zum SpkG NRW, § 2 Rn. 5.1.

a. *Gemeinderechtliches Verbot zur Einbringung von Gemeindevermögen in eine Stiftung*

Es stellt sich zunächst die Frage, inwieweit die die Errichtung einer Stiftung betreffenden und begrenzenden Vorschriften der Gemeindeordnungen für die Beurteilung der Zulässigkeit der Errichtung einer Stiftung durch die Sparkassen heranzuziehen sind. Die Gemeinden sind Träger der Sparkassen.[329] Als solche stehen ihnen umfassende Rechte an den Sparkassen zu.[330] Aufgrund dieser Rechte könnten sie als Eigentümer der Sparkassen angesehen werden. Sofern dies der Fall ist, könnte das Vermögen der Sparkassen Gemeindevermögen darstellen und hätte die Vorschriften der Gemeindeordnungen der Länder zu wahren. Gemeinden unterliegen bei der Errichtung einer Stiftung besonderen Bindungen. Die Einbringung von Gemeindevermögen in eine Stiftung steht unter dem Vorbehalt, dass das eingebrachte Vermögen der Aufgabenerfüllung der Gemeinden dient und der Stiftungszweck nicht auf andere Art erreichbar ist.[331] Obwohl der Wortlaut der gemeinderechtlichen Vorschriften nur von der Einbringung von Gemeindevermögen spricht, ist nach dem Sinn und Zweck der Norm die Anwendung auch im Fall der Errichtung einer Stiftung geboten, sofern das Kapital für die Errichtung vollständig aus Gemeindemitteln erbracht wird.[332] Dies wird damit begründet, dass nach Sinn und Zweck der Regelung das Gemeindevermögen umfassend geschützt werden soll.[333] Die Vorschriften sollen verhindern, dass eine dauerhafte Weggabe öffentlicher Mittel an rechtlich verselbstständigte Personen erfolgt und sich die Gemeinden damit manövrierunfähig machen.[334]

---

329 Teil 1 B.II.2.

330 Teil 1 B.II.2.

331 § 101 IV GO BW, Art. 75 IV GO Bayern, 120 III GO Hessen, § 135 IV KVG Niedersachsen, § 100 III GO NRW, § 84 II GO Rh-Pf, § 107 IV KSVG Saar, § 89 III GO Schl-H, § 56 III GO Meck-Vp, § 94 IV GO Sachsen, § 127 KVG Sa-Ah, § 67 V KO Thüringen. In Brandenburg und Bremen fehlt es an einer gesetzlichen Bestimmung.

332 OVG Nordrhein-Westfalen, Urt. v. 19.12.2012 – 16 A 1451/10, npoR 2013, 73, 76; *Schulte/Herbruch*, ZStV 2014, 3. Eine Einschränkung auf örtliche Stiftungen ist nicht angemessen, die Vorgabe gilt für alle Stiftungen, siehe dazu unter anderem OVG Nordrhein-Westfalen, Urt. v. 19.12.2012 – 16 A 1451/10, npoR 2013, 73, 75 f. sowie für Nordrhein-Westfalen *Geiger*, in: Articus/Schneider, GO NRW, S. 458.

333 OVG Nordrhein-Westfalen, Urt. v. 19.12.2012 – 16 A 1451/10, npoR 2013, 73, 76; *Schulte/Herbruch*, ZStV 2014, 3.

334 Siehe dazu u. a. OVG Nordrhein-Westfalen, Urt. v. 19.12.2012 – 16 A 1451/10, npoR 2013, 73, 76; *Geiger*, in: Articus/Schneider, GO NRW, S. 457; *Schulte/Herbruch*, ZStV 2014, 3, 4.

Der Verstoß gegen die gemeinderechtlichen Vorschriften führt zu einer Unwirksamkeit des Stiftungsgeschäfts nach § 134 BGB.[335] Es gilt anhand des Eigentumsbegriffs nach den Gemeindeordnungen der Länder zu prüfen, ob das Vermögen der Sparkassen nach diesem Verständnis Gemeindevermögen darstellt.

aa. Eigentumsbegriff nach den Gemeindeordnungen

Es stellt sich zunächst die Frage, welcher Eigentumsbegriff den Gemeindeordnungen der Länder zugrunde liegt. Das zivilrechtliche Eigentum bezeichnet gemäß § 903 I BGB das umfassende Herrschaftsrecht über eine Sache, kraft dessen der Rechtsinhaber nach Belieben mit ihr verfahren und andere von jeder Einwirkung ausschließen kann. Das wirtschaftliche Eigentum bezeichnet die tatsächliche Herrschaft über ein Wirtschaftsgut, mittels derer ein anderer als der zivilrechtlich Berechtigte den wirtschaftlichen Wert des Guts nutzen kann.[336] Die Gemeindeordnungen stellen zur Bestimmung des Eigentums der Gemeinden auf einen speziellen gemeinderechtlichen Vermögensbegriff ab.[337] Dieser ist ein wirtschaftlich determinierter Begriff des Gemeindevermögens und wird durch zwei wesentliche Kennzeichen geprägt. Es muss einerseits eine enge gesellschaftliche Beziehung zwischen den Gemeinden und der Gesellschaft durch gesellschaftsrechtliche Beherrschung bestehen und andererseits muss eine rechtliche und wirtschaftliche Verselbstständigung des Eigentums zur Wahrnehmung einer öffentlichen Aufgabe erfolgen.[338]

bb. Sparkassenvermögen als Gemeindevermögen

Damit die Gemeinden als wirtschaftlicher Eigentümer des Vermögens der Sparkassen anzusehen sind, müssten zum einen die Sparkassen aufgrund der anstaltsrechtlichen Struktur eine enge Beziehung zu den Gemeinden besitzen,

---

335 OVG Nordrhein-Westfalen, Urt. v. 19.12.2012 – 16 A 1451/10, npoR 2013, 73, 75. Zur Rechtslage in Nordrhein-Westfalen *Geiger*, in: Articus/Schneider, GO NRW, S. 458; *Klieve*, in: PdK, GO NRW, § 100 Rn. 3.

336 Zur allgemeinen Definition des wirtschaftlichen Eigentums kann auf das Steuerrecht zurückgegriffen werden, welches wirtschaftliches Eigentum in § 39 II Nr. 1 AO definiert, dazu *Drüen*, in: Tipke/Kruse, AO und FGO, § 39 AO Rn. 22 ff.; *Ratschow*, in: Klein, AO, § 39 Rn. 15 ff.

337 Zum Gemeindevermögensbegriff siehe OVG Nordrhein-Westfalen, Urt. v. 19.12.2012 – 16 A 1451/10, npoR 2013, 73, 76 f.

338 OVG Nordrhein-Westfalen, Urt. v. 19.12.2012 – 16 A 1451/10, npoR 2013, 73, 77.

zum anderen müsste die rechtliche und wirtschaftliche Verselbstständigung der Sparkassen der Wahrnehmung der öffentlichen Aufgabe der Gemeinden dienen.

(1) Rechtsbeziehung zwischen Gemeinden und Sparkassen

Als erste Voraussetzung für die wirtschaftliche Eigentümerstellung müsste eine enge gesellschaftliche Beziehung zwischen Gemeinden und Sparkassen bestehen. Eine solche könnte sich durch den Einfluss der Gemeinden als Anstaltsträger auf die Sparkassen ergeben. Dabei müsste die Einflussnahme der Gemeinden auf die Sparkassen so groß sein, dass sie mit einer gesellschaftsrechtlichen Beherrschung einer Tochtergesellschaft vergleichbar ist. Die enge ‚gesellschaftsrechtliche' Beziehung zwischen Gemeinden und Sparkassen könnte sich aus dem Einfluss der Gemeinde als Anstaltsträger auf die Sparkassen als Rechtssubjekt sowie durch eine Beherrschung der Vermögenswerte der Sparkassen durch die Gemeinden ergeben.

(a) Beherrschung der Sparkassen durch die Gemeinden als Anstaltsträger

Eine gesellschaftsrechtliche Beherrschung liegt z. B. in Fällen von privatrechtlichen Tochterunternehmen der Gemeinden vor, bei denen die Gemeinden alle Anteile an der Gesellschaft halten und Gesellschafterin der GmbH sind.[339] Durch die Gesellschafterstellung erlangen die Gemeinden in der Tochtergesellschaft Mitverwaltungs- und Vermögensrechte, die ihnen die Herrschaft über das Unternehmen und dessen Vermögen ermöglichen.[340] Fraglich ist, ob eine ähnlich gestaltete gesellschaftsrechtliche Beherrschung der Gemeinden in Bezug auf die Sparkassen als Anstalten des öffentlichen Rechts vorliegt. Für eine gesellschaftsrechtliche Beherrschung müsste die öffentlich-rechtliche Trägerschaft wie ein Mitgliedsverhältnis einer privatrechtlichen Körperschaft ausgestaltet sein. Ein mitgliedschaftliches Rechtsverhältnis lässt sich dabei an drei zentralen Merkmalen festmachen: Die Gemeinden als Träger der Sparkassen müssten erstens mitgliedschaftliche Rechte in einem Organ der Sparkassen besitzen. Zweitens müssten die Gemeinden Grundlagenentscheidungen treffen dürfen. Drittens dürften die Gemeinden beim Treffen ihrer Entscheidungen grundsätzlich nicht pflichtgebunden sein.[341]

---

339 Zur Beteiligung einer Gemeinde an einem Tochterunternehmen siehe den Fall der Stadtwerke S., vlg. OVG Nordrhein-Westfalen, Urt. v. 19.12.2012 – 16 A 1451/10, npoR 2013, 73, 76.

340 Ausführlich zur Gesellschafterstellung einer Gemeinde *Burgard*, WM 2008, 1997.

341 *Burgard*, WM 2008, 1997, 1998.

Zum Ersten müssten die Gemeinden folglich die Sparkassen aufgrund ihrer mitgliedschaftlichen Rechte in einem Organ der Sparkassen beherrschen. Die rechtsfähige Anstalt des öffentlichen Rechts zeichnet sich als charakteristisches Merkmal durch ihre Mitgliederlosigkeit aus.[342] Somit ist es nicht möglich, dass ein Vertreter der Gemeinden Mitglied in einem Organ der Sparkassen ist. Betrachtet man jedoch die Funktion der Organe, könnte das Rechtsverhältnis durchaus mitgliedschaftsähnlich ausgestaltet sein.[343] Zur Feststellung der Funktion der Organe ist die Stellung der Organe einer GmbH mit der Stellung der Organe in einer Anstalt des öffentlichen Rechts zu vergleichen. In einer GmbH gibt es als Organe neben der Geschäftsführung die Gesellschafterversammlung sowie, soweit eingerichtet, den Aufsichtsrat.[344] Die Befugnisse der Gesellschafterversammlung sind die Fassung wichtiger Beschlüsse der Gesellschaft sowie die Entscheidung wichtiger Angelegenheit mit Bezug auf andere Organe wie die Bestellung von Geschäftsführern.[345] Teilnahmeberechtigt sind die Gesellschafter gemäß § 48 GmbHG. Der Aufsichtsrat auf der anderen Seite ist zuständig für die Überwachung der Geschäftsführung und besteht aus Personen, die eine gewisse Unabhängigkeit zur Geschäftsführung aufweisen.[346] In Bezug auf die Sparkassen ist festzustellen, dass der Verwaltungsrat aus Mitgliedern der Vertretung der Gemeinden, sachkundigen Bürgern sowie den Bediensteten der Sparkassen besteht.[347] Er ist für die Kontrolle des Vorstandes, für die Festlegung der Richtlinien der Geschäftspolitik der Sparkassen sowie für das Treffen von Einzelfallentscheidungen verantwortlich.[348] Dem Verwaltungsrat kommt durch seine

342 Zum Charakter der Anstalt des öffentlichen Rechts siehe Teil 1 B.II.1.

343 *Burgard*, WM 2008, 1997, 1998.

344 Zu den Organen der GmbH siehe *Stephan/Tieves*, in: MüKo GmbHG, § 35 Rn. 13, 30; *Diekmann*, in: MünchHdbGesR III, § 41 Rn. 1 ff.

345 *Liebscher*, in: MüKo GmbHG, § 46 Rn. 12 ff.; *Wolff*, in: MünchHdbGesR III, § 37 Rn. 3 ff., 12 ff.; 26 ff.; 50 ff.

346 *Spindler*, in: MüKo GmbHG, § 52 Rn. 111 ff. zur Zusammensetzung und Rn. 260 ff. zu den Aufgaben des Aufsichtsrats. Ebenfalls *Diekmann*, in: MünchHdbGesR III, § 48 Rn. 7 ff.

347 *Völter*, Aufgaben und Pflichten von Verwaltungsräten, S. 41 f.; zu den einzelnen landesgesetzlichen Regelungen siehe *Heinevetter/Engau/Menking*, Kommentar zum SpkG NRW, § 10 Rn. 1, § 12 Rn. 1; *Geisler*, Gewinnausschüttungen der kommunalen Sparkassen, S. 46 ff. sowie *Klüpfel*, Sparkassengesetz BW, § 13 An. II Rn. 1.

348 *Völter*, Aufgaben und Pflichten von Verwaltungsräten, S. 55 ff.; zu den landesgesetzlichen Ausformungen siehe z. B. *Heinevetter/Engau/Menking*, Kommentar zum SpkG NRW, § 15 Rn. 2,3; *Geisler*, Gewinnausschüttungen der kommunalen Sparkassen, S. 44; *Klüpfel*, Sparkassengesetz BW, § 12 An. I Rn. 1.

Zusammensetzung und seine Befugnisse eher die Funktion eines Aufsichtsrats zu als die einer Gesellschafterversammlung in einer GmbH.[349] Weiterhin sind die Gemeinden regelmäßig nicht selbst Mitglied im Organ, sondern entsenden nur Repräsentanten in den Verwaltungsrat der Sparkassen.[350] Selbst wenn auf die Funktion der Organe abgestellt wird, ergibt sich, dass die Gemeinden kein Mitglied eines Organs der Sparkassen sind.[351] Somit ist bereits das Merkmal der Beherrschung nicht gegeben. Ungeachtet dieses Ergebnisses soll geprüft werden, ob die weiteren Voraussetzungen erfüllt sind.

Zweitens müssten die Gemeinden für das Vorliegen einer wirtschaftlichen Eigentümerstellung Grundlagenentscheidungen treffen dürfen. Grundlagenentscheidungen sind Geschäfte, die Zweck und Organisation der Gesellschaft betreffen, d. h. auf der Ebene des Gesellschaftsvertrags erfolgen.[352] Beispiele sind die Änderung des Gesellschaftsvertrages wie die Änderung des Gesellschaftszwecks, die Änderung des Stammkapitals oder die Auflösung der Gesellschaft.[353] Den Trägern der Sparkassen obliegen die Grundlagenentscheidungen wie die Festsetzung der Satzung der Sparkassen sowie die Errichtung oder Auflösung von Sparkassen.[354] Allerdings treffen diese Grundlagenentscheidungen in der Regel nicht die Organe der Sparkassen, sondern die Organe der Gemeinden als Träger der Sparkassen.[355] Bei Grundlagenentscheidungen erfolgen die Beschlüsse nicht durch die Mitglieder der Organe in den Sparkassen, sondern durch die

---

349 *Burgard*, WM 2008, 1997, 1998.

350 *Burgard*, WM 2008, 1997, 1998.

351 Diese Einschätzung teilt auch *Burgar*d, WM 2008, 1997, 1998, nach dem eine formale Einteilung allein nicht ausreicht.

352 *Wolff*, in: MünchHdbGesR III, § 37 Rn. 3.

353 *Wolff*, in: MünchHdbGesR III, § 37 Rn. 4 ff.

354 Siehe dazu Teil 1 B.II.2.

355 Die Satzungsänderungen obliegen der Vertretung des Trägers siehe § 6 II SpkG Bremen, § 10 I 2 SpkG Hessen, § 6 II SpkG Niedersachsen, § 6 II SpkG NRW, § 4 II SpkG Rh-Pf, § 5 II Nr. 2 SpkG Schl-H, § 6 II Nr. 4 SpkG Brandenburg, § 4 II SpkG Meck-Vp, §§ 6 II 1 Nr. 5, 8 IV Nr. 3 GörKI Sachsen, § 4 III SpkG Sa-Ah, § 5 III SpkG Thüringen. Auf den ersten Blick scheint die Willensbildung bei Satzungsänderungen nach § 12 II Nr. 1 SpkG BW, Art. 21 II 1 SpkG Bayern, § 12 III Nr. 2 SpkG Saar anders zu sein. Danach beschließt der Verwaltungsrat der Sparkasse über Satzungsänderungen. Allerdings ist nach § 7 II 2. Hs. SpkG BW, Art. 21 II 2 SpkG Bayern sowie § 4 I 2 SpkG Saar die Zustimmung des Trägers nötig. Im Ergebnis bleibt es dabei, dass über Satzungsänderungen auch in diesen Ländern von Sparkassen nicht autonom beschlossen werden kann.

zuständigen Organe der Träger außerhalb der Sparkassen.[356] Das bedeutet, dass in den Organen der Gemeinden vorab die Entscheidung über die Abstimmung der Gemeinden getroffen wird und diese Stimmrechte im Anschluss von den Gemeindevertretern in den Verwaltungsratssitzungen der Sparkassen ausgeübt werden. Die Sparkassen haben somit keine Organe der autonomen Willensbildung.[357] Die Willensbildung in Bezug auf Grundlagenentscheidungen durch ihre Mitglieder findet mithin bei Sparkassen nicht statt.[358] Insofern ist auch dieses Merkmal nicht erfüllt.

Als drittes Merkmal dürften die Gemeinden als Träger der Sparkassen nicht pflichtgebunden sein. Die Errichtung von Sparkassen gehört zu den freiwilligen Selbstverwaltungsaufgaben der Gemeinden.[359] Die Gemeinden haben sich bei der Errichtung der Sparkassen der Verwirklichung des öffentlichen Auftrags der Sparkassen verschrieben.[360] Sie können ihre Rechte, auch ihr Satzungsrecht, nur im Rahmen ihrer gesetzlich zugewiesenen Kompetenz zur bestmöglichen Verfolgung des öffentlichen Auftrags ausüben.[361] Insofern sind sie trotz Wahrnehmung einer freiwilligen Selbstverwaltungsaufgabe an öffentlich-rechtliche Vorgaben zu den Aufgaben der Sparkassen gebunden, mithin an Pflichten gebunden.

Im Ergebnis liegen somit trotz des Mitverwaltungsrechts der Gemeinden bei den Sparkassen aufgrund ihrer Trägerschaft keine charakteristischen Elemente einer mitgliedschaftsähnlichen Stellung vor. Ohne eine mitgliedschaftsähnliche Stellung kann auch keine gesellschaftsrechtliche Beherrschung der einen juristischen Person durch die andere vorliegen. Folglich besteht keine gesellschaftsrechtlich beherrschende Stellung der Gemeinden über die Sparkassen.

(b) Beherrschung der Sparkassen durch die Gemeinden aufgrund des Einflusses auf die Vermögenswerte der Sparkassen

Es könnte sich eine gesellschaftsrechtliche Beherrschung der Gemeinden jedoch statt aus der direkten Einwirkung auf die Sparkassen aus dem Einfluss auf die Vermögenswerte der Sparkassen begründen. Dazu müssten die Gemeinden in

---

356 *Burgard*, WM 2008, 1997, 1998.

357 *Burgard*, WM 2008, 1997, 1998.

358 *Burgard*, WM 2008, 1997, 1998.

359 *Henneke*, in: Püttner, Handbuch der kommunalen Wissenschaft und Praxis, Band 2, § 53 a Rn. 101.

360 Vgl. Teil 1 B.II.3.

361 So auch *Burgard*, WM 2008, 1997, 1999.

Bezug auf das Vermögen der Sparkassen typische Vermögensrechte von Mitgliedern besitzen. Aufgrund dieser Rechte müssten sie über die Vermögenswerte der Sparkassen disponieren können. Die zwei typischen Vermögensrechte von Mitgliedern sind erstens die Anfallberechtigung bei einer Liquidation der juristischen Person und die autonome Bestimmung über den Liquidationserlös sowie zweitens die Möglichkeit zur Auflösung der juristischen Person durch eine autonome, nicht pflichtgebundene Entscheidung.[362] Bei der Liquidation von Sparkassen ist das nach der Erfüllung sämtlicher Verbindlichkeiten verbleibende Vermögen zweckgebunden für gemeinnütze Zwecke im Trägergebiet der Sparkassen zu verwenden.[363] Die Anfallberechtigung liegt zwar bei den Gemeinden als Träger, diese können jedoch nicht frei über die Verwendung bestimmen, sondern sie sind hinsichtlich der Mittelverwendung an gemeinnützige Zwecke gebunden.[364] Es fehlt somit die Möglichkeit, über die Anfallberechtigung autonom zu entscheiden. In Bezug auf die Auflösung von Sparkassen als zweites typisches Merkmal einer mitgliedschaftsähnlichen Rechtsstellung steht den Gemeinden grundsätzlich das Recht zur Auflösung zu.[365] Allerdings ist eine Auflösung nach den Sparkassengesetzen der Länder nur als Ultima Ratio zulässig, zunächst ist eine Vereinigung mit einer anderen Sparkasse anzustreben.[366] Auch in diesem Fall kommt den Gemeinden als Träger der Sparkassen kein freier Entscheidungsspielraum zu. Daher ist auch im Hinblick auf die Vermögenswerte der Sparkassen keine gesellschaftsrechtlich beherrschende Stellung der Gemeinden gegeben.

(c) Zusammenfassung

Es liegt keine gesellschaftlich beherrschende Stellung der Gemeinden vor, weder aufgrund ihres Einflusses auf die Sparkassen durch die Trägerschaft noch

---

362 *Burgard*, WM 2008, 1997, 2000.

363 Siehe § 5 II i. V. m. § 31 V SpkG BW, Art. 18 V SpkG Bayern, § 31 VI SpkG Niedersachsen, § 31 IV i. V. m. § 25 III SpkG NRW, § 1 II 5 SpkG Rh-Pf, § 28 VI 2 SpkG Saar, § 29 IV SpkG Meck-Vp, § 29 IV SpkG Brandenburg, § 29 GörKI Sachsen, § 29 IV SpkG Sa-Ah, § 23 IV SpkG Thüringen.

364 *Burgard*, WM 2008, 1997, 2000.

365 § 5 I SpkG BW, Art. 14 SpkG Bayern, § 4 I SpkG Bremen, § 19 SpkG Hessen, § 31 SpkG Niedersachsen, § 31 I SpkG NRW, § 1 II SpkG Rh-Pf, § 28 VI 1 SpkG Saar, § 30 I SpkG Schl-H, § 29 I SpkG Meck-Vp, § 29 I SpkG Brandenburg, § 29 GörKI Sachsen, § 29 I SpkG Sa-Ah, § 23 SpkG Thüringen.

366 Vgl. z. B. § 31 I SpkG Niedersachsen, § 31 I SpkG NRW, § 1 II SpkG Rh-Pf sowie § 29 I SpkG Meck-Vp.

aufgrund einer Beherrschung der Vermögenswerte der Sparkassen. Es fehlt somit die enge Beziehung zwischen den Gemeinden und den Sparkassen, die für eine wirtschaftliche Eigentümerstellung notwendig wäre. Damit sind die Gemeinden nicht wirtschaftliche Eigentümer des Vermögens der Sparkassen. Das in die Stiftung eingebrachte Vermögen der Sparkassen ist kein Vermögen der Gemeinden.

(2) Einordnung des Vermögens der Sparkassen durch die gemeindehaushaltsrechtlichen Bestimmungen

Die Feststellungen zur (fehlenden) Eigentümerstellung bei den Sparkassen sollen im Folgenden anhand gemeindehaushaltsrechtlicher Bestimmungen erhärtet werden. Obwohl die Regelungen des Gemeindehaushaltsrechts nicht zur Zuordnung der Vermögenswerte zum Gemeindevermögen genutzt werden können, können sie die Einordnung des Vermögens der Sparkassen unterstreichen.[367]

Teilweise bestehen in den Bundesländern konkrete Regelungen in den Gemeindeordnungen der Länder zur Erfassung des Vermögens der Sparkassen.[368] So geben die Gemeindeordnungen der Länder Baden-Württemberg, Bayern, Hessen, Schleswig-Holstein, Brandenburg, Mecklenburg-Vorpommern und Sachsen-Anhalt vor, dass bei der Bestimmung des Gemeindevermögens in der Bilanz der Gemeinden das Vermögen der Sparkassen nicht aufzunehmen ist. Die Jahresabschlüsse der Sparkassen sind daher nicht mit den Jahresabschlüssen der Gemeinden zu konsolidieren.[369] In den übrigen Bundesländern finden sich teilweise in den Gemeindehaushaltsverordnungen explizite Vorgaben zur Behandlung der Sparkassen im Rahmen des Gemeindevermögens. Nach diesen ist das Vermögen der Sparkassen nicht in die Bilanz der Gemeinden, sondern nur in ihren Anhang aufzunehmen.[370] In Nordrhein-Westfalen bestimmt das Sparkassengesetz, dass der Ansatz der Sparkassen in der Eröffnungsbilanz und dem Jahresabschluss von Gemeinden und Gemeindeverbänden ausgeschlossen

---

367 Vgl. zur Heranziehung der Vorschriften des Gemeindehaushaltsrechts zur Begründung des Begriffs des wirtschaftlichen Eigentums OVG Nordrhein-Westfalen, Urt. v. 19.12.2012 – 16 A 1451/10, npoR 2013, 73, 77.

368 *Burgard*, WM 2008, 1997, 2002.

369 § 95a I GO BW, Art. 102a I GO Bayern, § 112 V GO Hessen, § 95o I GO Schl-H, § 83 I KVerfG Brandenburg, § 61 V KVerfG Meck-Vp, § 119 I GO Sa-Ah.

370 Nach § 58 V Nr. 3 GemHVO Rh-Pf, § 43 Nr. 4 GemHVO Saar, § 52 II Nr. 8 KomHVO-Doppik Sachsen und § 50 II Nr. 3 GemHVO-Doppik Thüringen erfolgen Angaben zur Trägerschaft der Sparkasse nur im Anhang.

ist.[371] Schließlich fehlt nur in Niedersachsen eine Klarstellung des Gesetzgebers zur Einbeziehung der Sparkassen. Aufgrund der Regelungen in den übrigen Bundesländern ist davon auszugehen, dass dort auch keine Aufnahme des Vermögens der Sparkassen in die Bilanz der Gemeinden erfolgen soll.

Durch die fehlende Aufnahme des Sparkassenvermögens in die Gemeindebilanz grenzen sich Sparkassen von sonstigen Unternehmen und Einrichtungen ab, auf die die Gemeinden einen beherrschenden Einfluss ausüben. Diese sind grundsätzlich in der Bilanz der Gemeinden aufzunehmen.[372] Es besteht bei den Sparkassen somit eine Besonderheit im Gegensatz zu anderen rechtlich selbstständigen Organisationseinheiten, an denen die Gemeinden eine Beteiligung halten. Als Begründung für das Bilanzierungsverbot werden die weitgehenden Verfügungs- und Veräußerungsbeschränkungen des Trägers bei den Sparkassen vorgebracht.[373] Der fehlende Ansatz des Vermögens der Sparkassen in der Gemeindebilanz bestätigt die Annahme, dass das Vermögen der Sparkassen nicht Gemeindevermögen ist.

cc. Ergebnis

Beim Vermögen der Sparkassen, das in Sparkassen-Stiftungen eingebracht wird, handelt es sich nach dem speziellen wirtschaftlich geprägten Vermögensbegriff nicht um Vermögen der Gemeinden. Den Gemeinden kommt bei den Sparkassen keine eigentümerähnliche Stellung zu. Die gemeindehaushaltsrechtlichen Vorschriften untermauern dieses Ergebnis. Aus diesem Grund sind die Vorschriften der Gemeindeordnungen der Länder nicht anwendbar. Kommunalrechtliche Beschränkungen der Stiftungserrichtung gelten nicht für die Errichtung von Sparkassen-Stiftungen.

b. Sparkassenrechtliche Vorgaben zur Einbringung von Sparkassenvermögen in eine Stiftung

Nach Ablehnung der gemeinderechtlichen Beschränkungen für die Einbringung von Vermögen der Sparkassen in eine Stiftung stellt sich die Frage nach etwaigen

371 § 1 I 2 SpkG NRW, siehe dazu vertiefend *Geisler*, Gewinnausschüttungen der kommunalen Sparkassen, S. 31, *Heinevetter/Engau/Menking*, Kommentar zum SpkG NRW, § 1 Rn. 7.

372 Siehe zur Bilanzierung der von der Gemeinde beherrschten Unternehmen z. B. §§ 49 f. GemHVO NRW, i. V. m. § 300 I HGB für die Rechtslage in Nordrhein-Westfalen.

373 LT-Drucks. NRW 14/6831, S. 29; *Geisler*, Gewinnausschüttungen der kommunalen Sparkassen, S. 31.

sparkassenrechtlichen Begrenzungen. Den Sparkassengesetzen der Länder fehlt es an ausdrücklichen Vorgaben zu Freigiebigkeitsleistungen im Rahmen der Errichtung und Dotation von Sparkassen-Stiftungen.

Grundsätzlich gilt für Freigiebigkeitsleistungen jedoch, dass diese nur unter Wahrung des Grundsatzes einer sparsamen Wirtschaftsführung gewährt werden dürfen.[374] Aus diesem ergibt sich, dass die Höhe der finanziellen Mittel in einem angemessenen Verhältnis zum Geschäftsumfang und zur Ertragslage stehen muss.[375] Zweck des Grundsatzes der sparsamen Wirtschaftsführung ist es, die Leistungsfähigkeit der Sparkassen auch beim Abfluss der finanziellen Mittel zu wahren.

Es stellt sich deshalb die Frage, ob sich aus den Regelungen zur Verwendung des Jahresüberschusses konkrete Obergrenzen für die Einbringung des Vermögens der Sparkassen in Sparkassen-Stiftungen ergeben. In den Sparkassengesetzen fehlen solche Vorgaben. Es könnten Freigiebigkeitsleistungen jedoch den gleichen Grenzwerten wie die Ausschüttungen des Jahresüberschusses an den Träger unterliegen. Die Sparkassengesetze der Länder sehen mit Ausnahme von Nordrhein-Westfalen, Niedersachsen und Thüringen konkrete Obergrenzen für die Ausschüttung des Jahresüberschusses an den Träger vor.[376] Die Regelungen über die Obergrenzen bei der Ausschüttung des Jahresüberschusses könnten auf die Einbringung von Geldern in die Stiftung analog anwendbar sein. Voraussetzung für eine Analogie ist zunächst eine planwidrige Regelungslücke.[377] Weiterhin hat der zu beurteilende Sachverhalt in rechtlicher Hinsicht soweit mit dem Tatbestand, den der Gesetzgeber geregelt hat, vergleichbar zu sein, dass angenommen werden kann, der Gesetzgeber wäre bei einer Interessenabwägung, bei der er sich von den gleichen Grundsätzen hätte leiten lassen wie bei dem Erlass der herangezogenen Gesetzesvorschrift, zu dem gleichen Abwägungsergebnis

---

374 *Berger*, Sparkassengesetz Niedersachsen, § 24 Rn. 17; *Heinevetter/Engau/Menking*, Kommentar zum SpkG NRW, § 2 Rn. 7.1.3.

375 *Berger*, Sparkassengesetz Niedersachsen, § 24 Rn. 17; *Heinevetter/Engau/Menking*, Kommentar zum SpkG NRW, § 2 Rn. 7.1.3.; *Lepper*, Verwendung und insbesondere die Ausschüttung von Sparkassengewinnen, S. 116.

376 Regelungen zur gestaffelten Ausschüttung des Jahresüberschusses an den Träger in Abhängigkeit von der Sicherheitsrücklage finden sich in § 31 II SpkG BW, § 21 III SpkO Bayern, § 23 III SpkG Bremen, § 20 II 2 Rh-Pf, § 25 III SpkG Saar, § 27 III SpkG Meck-Vp, § 27 III SpkG Brandenburg, § 27 III SpkG Sachsen. Ähnlich sind die Regelungen in § 27 III SpkG Schl-H, § 27 III SpkG Brandenburg sowie § 27 II SpkG Sa-Ah.

377 *Larenz/Canaris*, Methodenlehre der Rechtswissenschaft, S. 194 ff.

gekommen.[378] Eine Regelungslücke liegt mangels gesetzlicher Regelung vor. Für eine darüber hinaus notwendige vergleichbare Interessenlage bei der Einbringung von Geldern in eine Stiftung spricht, dass beide Regelungen das Ziel haben, die Sparkassen vor übermäßigen Vermögensabflüssen zu schützen. Das Vermögen der Sparkassen wird sowohl bei der Verwendung der Gelder für Ausschüttungen an den Träger als auch bei der Verwendungen als Spenden geschmälert. Weiterhin ist zugunsten einer vergleichbaren Interessenlage die enge Verbindung zwischen Freigiebigkeitsleistungen und Ausschüttungen des Jahresüberschusses anzuführen. Auf der anderen Seite spricht gegen das Vorliegen einer vergleichbaren Interessenlage, dass es sich bei der Verwendung des Jahresüberschusses und der im Rahmen des Jahresüberschusses geltend gemachten abziehbaren Aufwendungen um zwei unterschiedliche Geldzuwendungen handelt. Dies wird daran besonders deutlich, dass unterschiedliche Gremien für die Festlegung der Ausschüttungsbeträge und der Freigiebigkeitsleistungen zuständig sind. So sind Freigiebigkeitsleistungen zur Einbringung in die Stiftung vom Vorstand der Sparkassen unter Zustimmung des Verwaltungsrats zu bewilligen.[379] Die Verwendung des Jahresüberschusses obliegt je nach Sparkassengesetz hingegen dem Träger oder dem Verwaltungsrat.[380] Gegen das Vorliegen einer vergleichbaren Interessenlage spricht darüber hinaus, dass es am Bedarf für Obergrenzen zum Schutz des Eigenkapitals der Sparkassen bei Freigiebigkeitsleistungen fehlt. Es gibt hinreichende gesetzliche Regelungen zur Bildung von Eigenkapital durch die Sparkassen.[381] Das Eigenkapital stellt die finanzielle Rücklage der Sparkassen für finanziell turbulente Zeiten dar und dient dem Gläubigerschutz sowie der Sicherung der Funktionsfähigkeit des Kreditwesens.[382] Die gesetzlichen Regelungen

378 BGH, Urt. v. 13.7.1988 – IV a ZR 55/87, NJW 1988, 2734; *Larenz/Canaris*, Methodenlehre der Rechtswissenschaft, S. 202.

379 Siehe dazu unter Teil 2 A.IV.1.

380 Vgl. Teil 1 B.II.2.

381 Die Eigenkapitalvorschriften für Banken wurden durch die Arbeit des Baseler Ausschusses für Bankaufsicht, die über die europäische Richtliniengebung Eingang ins Bankaufsichtsrecht fanden, stark verschärft. Nach den Vorgaben von Basel III haben die Banken bestimmte Eigenmittel zur Risikoabdeckung vorzuhalten. Die Kreditinstitute müssen über Eigenmittel von mind. 8% der von der CRR bewerteten und gewichteten Risikopositionen verfügen. Dazu vertiefend *Fischer/Boegl*, in: Schimansky/Bunte/Lwowski, Bankrechts-Handbuch, § 129 Rn. 2 ff., 32. Zum Eigenkapital in Sparkassen nach Basel III und CRR/CRD IV vertiefend *Hölscher*, Eigenkapitalvorgaben nach Basel III und CRR/CRD IV, S. 98 ff.

382 *Hölscher*, Eigenkapitalvorgaben nach Basel III und CRR/CRD IV, S. 6; vgl. § 6 II, 10 I 1 KWG.

zum Eigenkapital betreffen auch die Thesaurierung von selbst erwirtschafteten Gewinnen.[383] Insofern hat die Ausschüttung des Jahresüberschusses Einfluss auf die Höhe des Eigenkapitals. Freigiebigkeitsleistungen haben jedoch keinen Einfluss auf das von den Sparkassen gebildete Eigenkapital, da sie aus dem Sparkassenvermögen zu Lasten der laufenden Rechnung erbracht werden.[384]

Folglich ist die Interessenlage für die Dotierung der Stiftung aus Stiftungsmitteln nicht mit den grenzwertbestimmten Vorgaben zur Ausschüttung an den Träger vergleichbar. Die Obergrenzen zur Ausschüttung von Geldern an die Träger können bei der Dotierung von Sparkassen-Stiftungen nicht analog herangezogen werden.

c. *Steuerrechtliche Obergrenzen bei Freigiebigkeitsleistungen*

Neben den sparkassenrechtlichen Vorgaben könnten die Freigiebigkeitsleistungen der Sparkassen an die Stiftungen auch steuerrechtliche Vorschriften zu wahren haben. Die Freigiebigkeitsleistungen könnten als abziehbare Aufwendungen i. S. d. Körperschaftssteuergesetzes (KStG) anzusehen sein und insofern bestimmten Obergrenzen unterliegen.

Nach § 9 I Nr. 2 KStG können vom zu versteuernden Einkommen Zuwendungen zur Förderung steuerbegünstigter Zwecke im Sinne der §§ 52 ff. AO abgezogen werden. Vom steuerrechtlichen Zuwendungsbegriff sind nach der Legaldefinition des § 9 I Nr. 2 1 KStG Spenden erfasst. Als solche gelten Ausgaben, die freiwillig und ohne Gegenleistung zur fremdnützigen Förderung der gesetzlich festgelegten Zwecke geleistet werden.[385] Diese Freiwilligkeit ist nicht gewährleistet, wenn die Leistung in Erfüllung einer rechtlichen Verpflichtung, einer strafrechtlichen Auflage oder eines testamentarischen Vermächtnisses erbracht wird.[386] Die Gelder zur Einbringung in die Stiftung erfolgen um der Sache willen und ohne Erhalt einer Gegenleistung, sodass sie dem Zuwendungsbegriff des KStG unterfallen. Als weitere Voraussetzung müssen die Sparkassen-Stiftungen als Empfängerinnen gemäß § 9 I Nr. 2 2 b) KStG eine nach § 5 I Nr. 9 KStG steuerbefreite Körperschaften sein. Solche sind definiert

---

383 *Hölscher*, Eigenkapitalvorgaben nach Basel III und CRR/CRD IV, S. 91.

384 Vgl. Teil 2

385 BFH, Urt. v. 25.11.1987 – I R 126/85, BStBl II 1988, 220, 221; BFH, Urt. v. 12.09.1990 – I R 65/86, BStBl II 1991, 258; *Brandl*, in: Blümich, KStG, § 9 Rn. 70; *Kirchhain*, in: Rödder/Herlinghaus/Neumann, KStG, § 9 Rn. 217; *Märtens*, in: Gosch, KStG, § 9 Rn. 23; *Schulte*, in: Erle/Sauter, KStG, § 9 Rn. 54.

386 *Märtens*, in: Gosch, KStG, § 9 Rn. 23; *Schulte*, in: Erle/Sauter, KStG, § 9 Rn. 56 f.

als Körperschaften, die nach der Satzung, dem Stiftungsgeschäft oder der sonstigen Verfassung und nach der tatsächlichen Geschäftsführung ausschließlich und unmittelbar gemeinnützigen, mildtätigen oder kirchlichen Zwecken i. S. d. Abgabenordnung dienen.[387] Sparkassen-Stiftungen sind als gemeinnützige Stiftungen mit Förderzwecken nach §§ 52 ff. AO auch taugliche Zuwendungsempfänger.[388]

Insofern begrenzen die steuerrechtlichen Regelungen das Volumen der Zuwendungen an Sparkassen-Stiftungen auf eine Obergrenze. Die von den Sparkassen aufgebrachten Gelder zur Errichtung der Stiftung dürfen die Grenze des § 9 I Nr. 2 KStG nicht überschreiten.[389] Nach § 9 I Nr. 2 1 KStG sind Zuwendungen bis zu einer Höhe von insgesamt 20 % des Einkommens oder 4 ‰ der Summe der gesamten Umsätze und der im Kalenderjahr aufgewendeten Löhne und Gehälter erlaubt. Der Steuerpflichtige hat dabei ein Wahlrecht, auf welche der beiden Arten der Höchstbetrag berechnet werden soll.[390] Einkommen bezeichnet das Einkommen i. S. d. § 8 I KStG vor Abzug von Zuwendungen gemäß § 9 I Nr. 2 KStG und vor Verlustabzug nach § 10 d EstG.[391] Der umsatz- und lohnbezogene Höchstbetrag bestimmt sich durch Einbeziehung der Umsätze, d. h. sämtlicher Entgelte i. S. d. § 10 I 2 UStG einschließlich der steuerfreien und nicht steuerbaren Umsätze sowie der im Kalenderjahr aufgewendeten Löhne und Gehälter.[392]

Sofern die Sparkassen-Stiftungen die Steuervorteile im Rahmen der Freigiebigkeitsleistungen nutzen wollen, haben sie die steuerrechtlichen Obergrenzen zu wahren.

---

387 *Märtens,* in: Gosch, KStG, § 5 Rn. 196; *Böwing-Schmalenbock,* in: Blümich, KStG, § 5 Rn. 108.

388 Siehe dazu vertiefend im Folgenden unter Teil 2 B.II.1.a.bb.(2).

389 Zu diesem Ergebnis ebenfalls kommend, jedoch noch zum KStG a.F. *Berger,* Sparkassengesetz Niedersachsen, § 24 Rn. 17.

390 BFH, Urt. v. 04.02.1970 – I R 69/68, BStBl II 1970, 349; *Kirchhain,* in: Rödder/Herlinghaus/Neumann, KStG, § 9 Rn. 279; *Schulte,* in: Erle/Sauter, KStG, § 9 Rn. 83, a.A *Brandl,* in: Blümich, KStG, § 9 Rn. 106, *Märtens,* in: Gosch, KStG, § 9 Rn. 30, nach denen der jeweils höhere Höchstbetrag zugrunde zu legen ist.

391 *Brandl,* in: Blümich, KStG, § 9 Rn. 105; *Kirchhain,* in: Rödder/Herlinghaus/Neumann, KStG, § 9 Rn. 273; *Märtens,* in: Gosch, KStG, § 9 Rn. 31; *Schulte,* in: Erle/Sauter, KStG, § 9 Rn. 81.

392 BFH, Urt. v. 04.02.1970 – I R 69/68, BStBl II 1970, 349; BFH, Urt. v. 04.12.1996 – I R 151/93, BStBl II 1997, 327; *Brandl,* in: Blümich, KStG, § 9 Rn. 106; *Kirchhain,* in: Rödder/Herlinghaus/Neumann, KStG, § 9 Rn. 276 ff.; *Märtens,* in: Gosch, KStG, § 9 Rn. 31a; *Schulte,* in: Erle/Sauter, KStG, § 9 Rn. 82.

d. Ergebnis

Der Einbringung von Vermögen der Sparkassen in eine Stiftung stehen grundsätzlich keine gesetzlichen Regelungen entgegen. Da es sich bei den Mitteln der Sparkassen nicht um Gemeindevermögen handelt, bestehen keine Bedenken aufgrund gemeinderechtlicher Vorgaben. Weiterhin gibt es auch grundsätzlich kein Verbot der Einbringung von Vermögen in eine Stiftung durch sparkassengesetzliche Regelungen. Es ist jedoch bei der Einbringung des Vermögens der Grundsatz einer sparsamen Wirtschaftsführung zu wahren. Aus dem Körperschaftssteuerrecht ergeben sich jedoch Obergrenzen, die die maximal einbringbare Höhe der steuerbegünstigten Freigiebigkeitsleistungen festlegen.

3. Kein Gesetzesvorbehalt für die Errichtung einer Stiftung bürgerlichen Rechts

Aus der Bindung an rechtsstaatliche Grundsätze bei der Errichtung der Stiftung durch die öffentliche Hand ergibt sich die Frage, ob es einer gesetzlichen Grundlage für die Errichtung der Stiftung bedarf. Ein Gesetzesvorbehalt wird für die Errichtung einer Stiftung, die öffentliche Aufgaben wahrnimmt, hergeleitet aus Art. 87 III GG sowie aus einigen landesrechtlichen Regelungen.[393] Bei kommunalem Handeln ist lediglich die Zustimmung der Gemeindeparlamente ausreichend und es bedarf keines Spezialgesetzes.[394] Die Sparkassen-Stiftungen übernehmen jedoch keine Verwaltungstätigkeiten. Ihre Stiftungszwecke erfassen nicht die Förderung der kreditwirtschaftlichen Tätigkeiten der Sparkassen, sondern lediglich die gemeinnützigen Tätigkeiten der Sparkassen. Sie haben daher nicht dem Erfordernis einer gesetzlichen Grundlage für ihre Errichtung aufgrund einer ausdrücklichen gesetzlichen Regelung zu entsprechen.

4. Zusammenfassung

Im Rahmen der besonderen Anforderungen bei der Errichtung der Stiftung durch eine öffentlich-rechtliche Person müssen die Sparkassen-Stiftungen zunächst die gesetzliche Kompetenzordnung einhalten. Daraus ergibt sich,

---

393 Eine landesrechtliche Regelung stellt z. B. § 11 I StiftG Sa-Ah, § 12 StiftG Sachsen, § 13 StiftG Thüringen dar. Zu den Erfordernissen insgesamt *Gölz,* Der Staat als Stifter, S. 215; *Fiedler,* Staatliches Engagement im Stiftungswesen, S. 98 ff.; *Ossenbühl,* in: Classen, Liber amicorum Oppermann, S. 841, 846; *Schulte,* Staat und Stiftung, S. 68 f.; *Fiedler,* ZStV 2003, 191, 194; *Kilian,* ZStV 2003, 179, 184 f.

394 *Weitemeyer,* in: MüKo BGB, § 80 Rn. 243.

dass die Stiftungen Angelegenheiten der örtlichen Gemeinschaft verfolgen und gemeinnützige Tätigkeiten wahrnehmen müssen. Es ergibt sich aufgrund einfachgesetzlicher Regelungen keine grundsätzliche Beschränkung zur Errichtung einer Stiftung durch die Sparkasse. Es sind jedoch sparkassenrechtliche und steuerrechtliche Obergrenzen für die Einbringung der Gelder in Sparkassen-Stiftungen zu wahren. Schließlich bedarf es für die Errichtung nicht der Zustimmung der Gemeindeparlamente.

IV. Formelle Anforderungen

Im Anschluss an die besonderen Vorgaben für die Zulässigkeit der Errichtung der Stiftung durch die Sparkassen als Anstalten des öffentlichen Rechts sind formelle Voraussetzungen für die Wirksamkeit des Stiftungsgeschäfts zu betrachten. Diese umfassen das Verfahren und die Form des Stiftungsgeschäfts.

1. Verfahren

Vorgaben an das Verfahren zur Errichtung der Stiftung könnten sich aus dem Stiftungsrecht sowie aus dem Sparkassenrecht ergeben. Die Stiftungsgesetze stellen bei der Errichtung der Stiftung keine Vorgaben an das Verfahren der Errichtung. Für die Sparkassen gibt es jedoch Kompetenzregelungen ihrer Organe zur Entscheidung über die Errichtung einer Stiftung. Es stellt sich die Frage, welche Auswirkungen diese auf die Errichtung der Stiftung haben.

a. Beteiligung von Vorstand und Verwaltungsrat

Nach § 15 IV a) SpkG NRW ist die Errichtung einer Stiftung eine Entscheidung des Verwaltungsrats der Sparkasse auf ‚Vorschlag des Vorstandes'. In den Sparkassengesetzen der übrigen Länder fehlt es an einer ausdrücklichen Regelung bezüglich der Kompetenzen der Sparkassenorgane zur Errichtung einer Stiftung.[395] Auch ohne eine solche besteht jedoch die Pflicht der Beteiligung des Vorstandes und des Verwaltungsrats an der Entscheidung. Dies lässt sich dadurch begründen, dass es sich bei der Errichtung einer Stiftung um eine Maßnahme aus dem Bereich der Geschäftsführung handelt, die grundsätzlich dem Vorstand obliegt.[396] Die Aufbringung von Stiftungskapital hat jedoch erhebliche

395 *Lüttmann*, Aufgaben und Zusammensetzung der Verwaltungsräte der kommunalen Sparkassen, S. 161.

396 *Lüttmann*, Aufgaben und Zusammensetzung der Verwaltungsräte der kommunalen Sparkassen, S. 172; *Aus der Fünten*, Der Verwaltungsrat der Sparkasse, S. 92 ff.

Auswirkungen auf die Feststellung des Jahresabschlusses.[397] Diese Kompetenz liegt beim Verwaltungsrat.[398] Da die in die Stiftung eingebrachten Mittel zu Lasten der laufenden Rechnung erbracht werden und es sich nicht um eine Verwendung von Teilen des festgestellten Jahresüberschusses handelt, ist der Träger an der Entscheidung nicht zu beteiligen.[399] Folglich sind sowohl der Vorstand als auch der Verwaltungsrat an der Entscheidung über die Errichtung von Sparkassen-Stiftungen zu beteiligen.

Es stellt sich jedoch die weitergehende Frage, wie die Kompetenz des Verwaltungsrats ‚auf Vorschlag des Vorstandes' ausgestaltet ist. Sie kann zum einen eine Zustimmungskompetenz oder zum anderen eine Beschlusskompetenz darstellen. Bei einer Zustimmungskompetenz besitzt der Verwaltungsrat die Alternative, den Vorschlag des Vorstandes in der ihm vorgelegten Form abzulehnen oder diesem zuzustimmen. Er hat jedoch nicht die Möglichkeit, einen vom Vorschlag des Vorstandes abweichenden eigenen Beschluss zu fassen.[400] Im Gegensatz dazu kann der Verwaltungsrat bei einer Beschlusskompetenz eine eigene Entscheidung in der Form eines Beschlusses über den dem Vorschlag zugrundeliegenden Sachverhalt treffen.[401] Bei der Entscheidung über die Errichtung einer Stiftung kann der Verwaltungsrat nur tätig werden, sofern ein Vorschlag des Vorstandes erfolgt ist. Es ist Aufgabe des Vorstandes, die wesentlichen Fakten und Gesichtspunkte zu ermitteln, die notwendigen Unterlagen vorzubereiten und eine Vorlage für die Abstimmung im Verwaltungsrat zu erstellen.[402] Der Verwaltungsrat kann aufgrund dieser Vorlage des Vorstandes dessen Vorschlag ablehnen oder ihm zustimmen. Er kann keine eigenen Regelungen zur Errichtung der Stiftung treffen oder einzelne Merkmale ergänzen. Aus diesem Grund ist die Kompetenz zur Entscheidung ‚auf Vorschlag des Vorstandes' (lediglich) eine Zustimmungskompetenz.[403]

---

397 LT-Drucks. NRW 11/6047, S. 63; *Lüttmann*, Aufgaben und Zusammensetzung der Verwaltungsräte der kommunalen Sparkassen, S. 160.

398 *Aus der Fünten*, Der Verwaltungsrat der Sparkasse, S. 225; *Lüttmann*, Aufgaben und Zusammensetzung der Verwaltungsräte der kommunalen Sparkassen, S. 141 ff.

399 *Heinevetter/Engau/Menking*, Kommentar zum SpkG NRW, § 15 Rn. 7.1.2.

400 *Lüttmann*, Aufgaben und Zusammensetzung der Verwaltungsräte der kommunalen Sparkassen, S. 174; *Völter*, Aufgaben und Pflichten von Verwaltungsräten, S. 64 f.

401 *Lüttmann*, Aufgaben und Zusammensetzung der Verwaltungsräte der kommunalen Sparkassen, S. 174.

402 *Heinevetter/Engau/Menking*, Kommentar zum SpkG NRW, § 15 Rn. 7.

403 Zustimmend *Aus der Fünten*, Der Verwaltungsrat der Sparkasse, S. 129; *Heinevetter/Engau/Menking*, Kommentar zum SpkG NRW, § 15 Rn. 7; *Lüttmann*, Aufgaben und Zusammensetzung der Verwaltungsräte der kommunalen Sparkassen, S. 174.

b. *Anforderungen an den Vorschlag des Vorstandes*

Die grundlegende Arbeit zur Prüfung über die Errichtung einer Stiftung übernimmt bei einer Zustimmungskompetenz des Verwaltungsrats somit der Vorstand. Dieser hat vor der Vorlage an den Verwaltungsrat bereits eine Entscheidung getroffen, welcher Sachverhalt mit welchem Antrag vorgelegt wird. Der Verwaltungsrat muss für die beabsichtigte Zustimmung zur Errichtung der Stiftung hinreichend informiert sein, damit er in der Lage ist, eine fundierte Entscheidung zu treffen.[404] Aus diesem Grund sind die Motive für das Vorgehen, die Ausgestaltung der Stiftung sowie die wirtschaftliche Tragfähigkeit für die Sparkasse darzulegen.[405] Weiterhin hat der Vorstand auch die im Rahmen des Stiftungsgeschäfts zu erstellenden Unterlagen für den Zustimmungsvorschlag darzulegen. Dazu zählen ein Entwurf der Stiftungssatzung sowie ein Entwurf der Stiftungsurkunde.[406]

Sofern dem vom Vorstand eingebrachten Vorschlag vom Verwaltungsrat zugestimmt wird, darf der Vorstand die Errichtung einer Stiftung vornehmen.[407] Die Zustimmung des Verwaltungsrats erfasst zum einen die Ermächtigung des Vorstandes zur Vornahme des Stiftungsgeschäftes und zum anderen beinhaltet sie das Einverständnis zur Stellung des Antrags auf Anerkennung der Stiftung.[408] Die Durchführung der vom Verwaltungsrat zugestimmten Angelegenheiten steht dem Vorstand zu.[409] Nach den Sparkassengesetzen der Länder ist der Vorstand Dritten gegenüber als gesetzlicher Vertreter berechtigt und verpflichtet.[410]

c. *Rechtfolgen bei fehlender Beachtung der Verfahrensvorschriften*

Im Rahmen der Wirksamkeit des Stiftungsgeschäfts ist der Frage nachzugehen, wie sich ein Verstoß gegen das Verfahren der Beteiligung des Verwaltungsrats an der Errichtung der Stiftung auswirkt. Es gilt im Sparkassenrecht ebenso wie

---

404 *Heinevetter/Engau/Menking*, Kommentar zum SpkG NRW, § 15 Rn. 7.1.3.

405 *Heinevetter/Engau/Menking*, Kommentar zum SpkG NRW, § 15 Rn. 7.1.3; *Völter*, Aufgaben und Pflichten von Verwaltungsräten, S. 66.

406 *Heinevetter/Engau/Menking*, Kommentar zum SpkG NRW, § 15 Rn. 7.1.3.

407 *Heinevetter/Engau/Menking*, Kommentar zum SpkG NRW, § 15 Rn. 7.

408 *Heinevetter/Engau/Menking*, Kommentar zum SpkG NRW, § 15 Rn. 7.1.3.

409 *Aus der Fünten*, Der Verwaltungsrat der Sparkasse, S. 166.

410 § 23 I 1 SpkG BW, Art. 5 VI 1 SpkG Bayern, § 16 II 2 SpkG Bremen, § 7 I 2 SpkG Hessen, § 10 I 4 SpkG Niedersachsen, § 20 I 2 SpkG NRW, § 14 II SpkG Rh-Pf, § 16 II SpkG Saar, § 14 I SpkG Schl-H, § 18 I 2 SpkG Brandenburg, § 18 I 2 SpkG Meck-Vp, § 18 I 2 GörKI Sachsen, § 18 I 2 SpkG Sa-Ah, § 15 II SpkG Thüringen, vgl. auch *Lepper*, RNotZ 2005, 425, 426.

im Gesellschaftsrecht die Vorgabe, dass die Vertretungsbefugnis des gesetzlichen Vertreters des Unternehmens nur mit Wirkung nach innen, nicht aber mit Wirkung nach außen beschränkt werden kann.[411] Zweck dieser Regelung ist der Schutz des Geschäftsverkehrs sowie der Gläubiger und Geschäftspartner der Sparkassen. Es kann darauf vertraut werden, dass das gesetzliche Vertretungsorgan des Unternehmens auch im konkreten Einzelfall vertretungsberechtigt ist.[412] Die Vertretungsmacht des Vorstandes der Sparkassen besteht nach außen somit grundsätzlich unbeschränkt und unbeschränkbar.[413] Der Vorstand ist damit zur Vornahme des Stiftungsgeschäfts befugt. Es ist unerheblich, ob der Vorstand nach den internen Vorgaben bei der Vornahme der Handlung der Zustimmung des Verwaltungsrates bedurft hätte. Allenfalls kann in besonderen Fällen der Missbrauch der Vertretungsmacht im Innenverhältnis eine fehlende Vertretungsmacht im Außenverhältnis bewirken.[414] Beim Stiftungsgeschäft unter Lebenden handelt es sich um eine einseitige nicht empfangsbedürftige Willenserklärung.[415] Es fehlt daher die Möglichkeit eines bewussten Zusammenwirkens mit einem Geschäftsgegner, was Voraussetzung für einen Missbrauchs der Vertretungsmacht ist. Eine Ausnahme von der Wirksamkeit der Vertretungsmacht im Außenverhältnis liegt im Rahmen des Stiftungsgeschäfts nicht vor. Unabhängig von den internen Vorgaben zur Beschlussfassung hat der Vorstand somit die Möglichkeit, das Stiftungsgeschäft im Außenverhältnis trotz fehlenden wirksamen Beschlusses vorzunehmen. Sofern der Vorstand unter Missachtung

---

411 *Aus der Fünten*, Der Verwaltungsrat der Sparkasse, S. 202. Zur fehlenden Beschränkung der Vertretungsmacht mit Wirkung gegenüber Dritten im Gesellschaftsrecht siehe z. B. § 82 AktG, § 37 II GmbHG, § 24 II GenG und § 126 II HGB.

412 *Aus der Fünten*, Der Verwaltungsrat der Sparkasse, S. 203.

413 *Aus der Fünten*, Der Verwaltungsrat der Sparkasse, S. 202 f.

414 Dies ist zum einen dann der Fall, wenn die Inanspruchnahme des Verkehrsschutzes eine unzulässige Rechtsausübung darstellt, wie bei der Kollusion oder dem evidenten Missbrauch der Vertretungsmacht, oder zum anderen, wenn die Außengrenzen der Rechtsordnung i.S.d. §§ 134, 138 BGB berührt sind, vgl. dazu *Schubert*, in: MüKo BGB, § 164 Rn. 214.

415 *Hüttemann/Rawert*, in: Staudinger, BGB, § 81 Rn. 2; *Neuhoff*, in: Soergel BGB, § 80 Rn. 2; *Stumpf*: in: Stumpf/Suerbaum/Schulte/Pauli, B 2. Kap. § 80 Rn. 17 f.; *Stumpf*, in: Richter, Stiftungsrecht, § 4 Rn. 10; *Burgard*, Gestaltungsfreiheit im Stiftungsrecht, S. 77.

der internen Vorgaben zur Beschränkung seiner Vertretungsbefugnis handelt, macht er sich gegenüber der Sparkasse schadenersatzpflichtig.[416]

d. Ergebnis

Bei der Errichtung einer Stiftung sind der Vorstand und der Verwaltungsrat der Sparkassen an der Entscheidung zu beteiligen. Der Vorstand hat in seinem Vorschlag an den Verwaltungsrat die wesentlichen Vorgaben für die Ausgestaltung der zu errichtenden Stiftung festzulegen. Der Verwaltungsrat hat den Vorschlag zu prüfen. Sofern der Vorstand vor der Abgabe der Willenserklärung zur Errichtung der Stiftung nicht die Zustimmung des Verwaltungsrats einholt, hat dies auf die Wirksamkeit der Errichtung der Stiftung jedoch keine Auswirkung.

2. Form

Das Stiftungsgeschäft unter Lebendenden bedarf der schriftlichen Form nach § 81 I 1 BGB.[417] Sofern die Schriftform nicht gewahrt wird, führt es zur Nichtigkeit des Stiftungsgeschäfts nach §§ 125, 126 BGB. Hintergrund der Nichtigkeit ist, dass das Stiftungsgeschäft von so großer Bedeutung ist, als sichergestellt werden muss, dass der Wille des Stifters ausreichend zur Geltung kommt.[418] Für die Einhaltung der Schriftform beim Stiftungsgeschäft reicht die eigenhändige Unterschrift des Stifters unter der Stiftungsurkunde.[419] Sofern jedoch Grundstücke eingebracht werden, wird von einem Teil der neueren Rechtsprechung und der Literatur eine notarielle Beurkundung nach § 311 b BGB gefordert.[420]

---

416 Zu Schadenersatzpflichten des Vorstandes gegenüber der Sparkasse im Innenverhältnis siehe *Hauschka*, Die Dienstrechtsstellung der Vorstandsmitglieder der öffentlich-rechtlichen Sparkassen, S. 115 ff.

417 *Hüttemann/Rawert*, in: Staudinger, BGB, § 81 Rn. 15; *Weitemeyer*, in: MüKo BGB, § 81 Rn. 8.

418 *Mugdan*, Die gesamten Materialien zum Bürgerlichen Gesetzbuch für das Deutsche Reich I, S. 418, 661; *Hüttemann/Rawert*, in: Staudinger, BGB, § 81 Rn. 15.

419 *Burgard*, Gestaltungsfreiheit im Stiftungsrecht, S. 77.

420 Die notwendige Form bei der Einbringung von Grundstücken in eine Stiftung ist in der Rechtsprechung und Literatur viel diskutiert. Teile der Literatur und die neuere Rechtsprechung sehen eine Notwendigkeit der notariellen Beurkundung des Stiftungsgeschäfts. Sie führen an, dass es sich beim Stiftungsrecht um einen Teil der im Allgemeinen Teil des BGB enthaltenen Regelungen für juristische Personen handele. Die Widmung des Vermögens durch den Stifter im Stiftungsgeschäft und die Formvorschrift des § 81 I 1 BGB beträfen allein die Begründung der Einrichtung der juristischen Person Stiftung. Soweit zu dem zu widmenden Vermögen Gegenstände gehörten, deren Übertragung besonderen Formvorschriften unterliege, träten diese

Der Frage nach dem Formerfordernis bei der Einbringung von Grundstücken kommt bei den Sparkassen-Stiftungen allerdings eine geringe Bedeutung zu. Dies lässt sich darauf zurückführen, dass der überwiegende Teil der Sparkassen-Stiftungen als Stiftungsvermögen Barvermögen vorweisen.[421]

V. Zusammenfassung

Die Sparkassen als Anstalten des öffentlichen Rechts besitzen Stifterfähigkeit. Sie haben die Möglichkeit der Errichtung einer Stiftung bürgerlichen Rechts, sofern diese gemeinnützige Zwecke verfolgt. Im Rahmen ihrer gesetzlichen Kompetenzen ergibt sich neben der Verfolgung von gemeinnützigen Zwecken auch die Vorgabe der regionalen Tätigkeit der Sparkassen-Stiftungen. Die Einbringung von Vermögen in die Stiftung bürgerlichen Rechts verstößt nicht gegen einfachgesetzliche Regelung der Gemeindeordnungen der Länder. Allerdings setzen die

---

Normen neben den § 81 I 1 BGB. Zudem spreche der Schutzzweck des § 311 b I BGB nach Klarheit und Beweissicherung für eine Anwendung bei einer Verpflichtung zur Übertragung von Grundeigentum im Stiftungsgeschäft. Siehe dazu OLG Köln, Beschl. v. 05.08.2019 – 2 Wx 220/19, ZEV 2019, 729; *Grüneberger,* in: Palandt, BGB, § 311 b Rn. 16; *Ruhwinkel,* in: MüKo BGB, § 311 b Rn. 24; *Schumacher,* in: Staudinger, BGB, § 311 b Rn. 59; *Tolksdorf,* in: BeckOGK BGB, § 82 Rn. 5; *Schwake,* in: MünchHdbGesR V, § 79 Rn. 146. Die Gegenansicht sieht die einfache Schriftform als ausreichend an. Für das Erfordernis der einfachen Schriftform spreche, dass in § 81 I 1 BGB lediglich diese Form angeordnet sei. Der Wortlaut weise ausdrücklich nicht auf weitergehende Regelungen bei der Widmung bestimmter Gegenstände hin. Weiterhin sei durch die behördliche Anerkennung die notwendige Rechtssicherheit gewährleistet. Dazu vgl. OLG Schleswig, Beschl. v. 01.08.1995 – 9 W 50/95; DNotZ 1996, 770; Schleswig-Holsteinisches FG, Urt. v. 8. März 2012 – 3 K 118/11, EFG 2012, 1184; *Backert,* in: Bamberger/Roth/Hau/Poseck BGB, § 81 Rn. 2; *Hüttemann/Rawert,* in: Staudinger, BGB, § 81 Rn. 16; *Steffen,* in: RGRK BGB, § 81 Rn. 1; *Stumpf:* in: Stumpf/Suerbaum/Schulte/Pauli, B 2. Kap. § 81 Rn. 6; *Weitemeyer,* in: MüKo BGB, § 81 Rn. 8; *Ebersbach,* Handbuch des Stiftungsrechts, S. 50; *Stumpf,* in: Richter, Stiftungsrecht, § 4 Rn. 12 ff. Im Rahmen der Reform des Stiftungsrechts soll diese strittige Rechtsfrage in Zukunft zu Gunsten der Formfreiheit entschieden werden. Der Gesetzesentwurf der Bundesregierung für ein Gesetz zur Vereinheitlichung des Stiftungsrechts stellt in der Begründung zu § 81 III BGB neu klar, dass Formerfordernisse wie die notarielle Beurkundung gemäß § 311 b BGB, die für Verträge gelten, nicht analog auf das Stiftungsgeschäft anzuwenden sind. Siehe dazu vertiefend den Gesetzesentwurf der Bundesregierung für ein Gesetz zur Vereinheitlichung des Stiftungsrechts in der Fassung vom 03.02.2021, S. 54.

421 Siehe dazu vertiefend Teil 2 B.II.3.a.bb.

Sparkassengesetze der Länder durch den Grundsatz der sparsamen Wirtschaftsführung sowie die im Körperschaftssteuerrecht verankerte maximale Höhe von steuerbegünstigen Freigiebigkeitsleistungen Vorgaben für die Einbringung von Vermögen in die Sparkassen-Stiftungen fest. Hinsichtlich der formellen Voraussetzungen für die Errichtung der Stiftung stellt das Sparkassenrecht das Erfordernis der Beteiligung von Vorstand und Verwaltungsrat an der Entscheidung über die Errichtung einer Stiftung als Verfahrensvorschrift auf, die jedoch bei einem Verstoß die Wirksamkeit des Stiftungsgeschäfts nicht berührt. Darüber hinaus ist die stiftungsrechtliche Formvorschrift der Schriftform aus § 81 I 1 BGB zu wahren.

B. Inhalt des Stiftungsgeschäfts

Mit der Feststellung der Möglichkeit der wirksamen Errichtung einer Stiftung durch die Sparkassen ist die Frage nach dem Inhalt des Stiftungsgeschäfts noch nicht beantwortet. Für den Inhalt des Stiftungsgeschäfts legt § 81 I BGB die grundlegenden Voraussetzungen zur Errichtung einer Stiftung unter Lebenden fest. Das Stiftungsgeschäft erfordert danach die Abgabe einer Erklärung des Stifters, ein Vermögen für die Erfüllung eines bestimmten Zwecks zu widmen. Weiterhin muss die Stiftung eine Satzung erhalten. Diese muss stiftungsrechtliche, sparkassenrechtliche sowie gemeinderechtliche Rahmenbedingungen wahren. In diesem Rahmen können die Sparkassen als Stifter ihre Freiheit zur Ausgestaltung der Stiftung nutzen. Es ist zu untersuchen, welche Gestaltungen von den Sparkassen gewählt werden können und welche Besonderheiten diese aufweisen. Es gilt dabei, die Grenzen der Satzungsgestaltungen aufzuzeigen. Weiterhin soll der Fragestellung nachgegangen werden, inwieweit die einzelnen Satzungsregelungen genutzt werden, um den Einfluss des Stifters auf die Stiftung zu sichern.

I. Stiftungserklärung

Das Stiftungsgeschäft setzt den Stiftungsakt als solchen voraus. Nach § 81 I 2 BGB besteht dieser in der Abgabe der verbindlichen Willenserklärung des Stifters, ein Vermögen zur Erfüllung eines bestimmten Zwecks zu widmen. Mit der Vermögenswidmung stellt der Stifter die verwendeten Mittel für die satzungsmäßige Verfolgung der Stiftungszwecke zur Verfügung.[422] Das Stiftungsgeschäft

---

422 *Ellenberger*, in: Palandt, BGB, § 81 Rn. 4; *Hüttemann/Rawert*, in: Staudinger, BGB, § 81 Rn. 22; *Weitemeyer*, in: MüKo BGB, § 81 Rn. 13; *Schlüter/Stolte*, Stiftungsrecht, 2. Kap. Rn. 40; *Jakob*, Schutz der Stiftung, S. 149; *Mercker*, in: Graf Strachwitz/Mercker,

ist nach allgemeiner Meinung eine einseitige, nicht empfangsbedürftige Willenserklärung.[423] Es wird dabei nach den allgemeinen Regeln mit der Äußerung der Willenserklärung wirksam.[424] Das Stiftungsgeschäft unter Lebenden besteht mit der Abgabe der Stiftungserklärung nach überwiegender Meinung nicht mehr nur aus dem organisationsrechtlichen Akt der Errichtung einer juristischen Person, sondern es enthält auch ein vermögensrechtliches Element.[425] Dabei besteht jedoch keine Einigkeit darüber, ob sich aus § 81 I 2 BGB die Vorgabe ableiten lässt, dass der Stiftung ein ausreichendes Vermögen durch den Stifter zugewiesen werden muss. In Teilen der Literatur wird die Meinung vertreten, dass es der Widmung eines ausreichenden Vermögens für die nachhaltige Erfüllung des Stiftungszwecks durch den Stifter in der Stiftungserklärung bedürfe.[426] Die Gegenansicht sieht die Zuwendung eines rein symbolischen Betrages bei einer verlässlichen Aussicht auf Zuwendungen von dritter Seite als ausreichend an.[427] Für die Widmung eines ausreichenden Vermögens durch den Stifter spricht die Gesetzesbegründung zu § 81 BGB, die anordnet, dass Zweck und Vermögensausstattung zusammenpassen müssen.[428] Weiterhin lässt sich durch den Hinweis in § 80 II 1 BGB von einer dauernden und nachhaltigen Erfüllung des Stiftungszwecks durch das Stiftungsvermögen entnehmen, dass eine Vermögensausstattung von einem Euro mit dem Hinweis auf Zustiftungen und Zuwendungen Dritter nicht ausreicht.[429] Es muss somit durch den Stifter bei Abgabe der Stiftungserklärung ein ausreichendes Vermögen zur Verfolgung der

---

Stiftungen in Theorie, Recht und Praxis, S. 210, 211; *Muscheler,* JR 2003, 441, 442 = Beiträge S. 133.

423 *Hüttemann/Rawert,* in: Staudinger, BGB, § 81 Rn. 2; *Neuhoff,* in: Soergel BGB, § 80 Rn. 2; *Burgard,* Gestaltungsfreiheit im Stiftungsrecht, S. 77.

424 *Burgard,* Gestaltungsfreiheit im Stiftungsrecht, S. 77.

425 *Weitemeyer,* in: MüKo BGB, § 81 Rn. 13; *Burgard,* Gestaltungsfreiheit im Stiftungsrecht, S. 79; *Jakob,* Schutz der Stiftung, S. 149 f.; *Backert,* ZStV 2003, 129, 130; *Muscheler,* JR 2003, 441, 442 = Beiträge S. 131 ff.; a.A. *Hüttemann,* ZHR 167 (2003), 35, 48 ff.

426 *Backert,* in: Bamberger/Roth/Hau/Poseck BGB, § 81 Rn. 4; *Backert,* ZStV 2003, 129, 130; *Muscheler,* JR 2003, 441, 442 = Beiträge S. 133.

427 *Hüttemann/Rawert,* in: Staudinger, BGB, § 81 Rn. 21; *Weitemeyer,* in: MüKo BGB, § 81 Rn. 16; *Jakob,* Schutz der Stiftung, S. 150; *Schwalme,* Grundsätze ordnungsgemäßer Vermögensverwaltung bei Stiftungen, S. 144 ff. Hüttemann sieht es dabei als ausreichend an festzulegen, auf welche Weise die Stiftung die erforderlichen Mittel erhält, *Hüttemann,* ZHR 167 (2003), 35, 49.

428 Siehe dazu BT-Drucks. 14/8765, S. 9.

429 Ebenso *Muscheler,* JR 2003, 441, 442.

Stiftungszwecke gewidmet werden. Der Vorstand der Sparkassen gibt als gesetzlicher Vertreter der Sparkassen die Stiftungserklärung für sie ab.[430]

II. Stiftungssatzung

Neben der verbindlichen Erklärung des Stifters muss die Stiftung nach § 81 I 3 BGB durch das Stiftungsgeschäft eine Satzung erhalten. Dabei gelten für die Satzung vorgeschriebene Mindestangaben.[431] Zu diesen Mindestanforderungen gehören gemäß § 81 I 3 BGB der Stiftungszweck, die Regelungen zur Bildung des Vorstandes, das Stiftungsvermögen, der Sitz der Stiftung sowie der Stiftungsname. Darüber hinaus kann der Stifter fakultative Vorgaben für die Gestaltung der Stiftung in der Satzung machen.[432]

1. Stiftungszweck

Der Stiftungszweck ist das Herzstück der Stiftung.[433] § 81 I 3 Nr. 3 BGB verlangt den Erlass von Regelungen über den Stiftungszweck in der Satzung. Dabei gilt es zu untersuchen, wie die Sparkassen die Zwecke unter Wahrung der stiftungsrechtlichen Vorgaben sowie ihrer Kompetenzen zu gestalten haben und welche Freiheiten ihnen bei der Gestaltung der Stiftungszwecke zukommen.

a. Bestimmung des Stiftungszwecks

Der Stiftungszweck wird gemäß § 81 I 2 BGB vom Stifter vorgegeben. Den Sparkassen kommt in Sparkassen-Stiftungen folglich die Aufgabe zu, diesen zu wählen und zu konkretisieren.

aa. Rechtliche Vorgaben

(1) Stiftungsrechtliche Vorgaben

Das Stiftungsrecht eröffnet dem Stifter im Grundsatz die Möglichkeit, den Stiftungszweck frei festzulegen.[434] Dabei müssen jedoch drei wesentliche Merkmale

---

430 Siehe Teil 2 A.IV.

431 *Neuhoff*, in: Soergel BGB, § 80 Rn. 4 ff; *Stumpf*, in: Stumpf/Suerbaum/Schulte/Pauli, Stiftungsrecht, B 2. Kap. § 81 Rn. 15; *Weitemeyer*, in: MüKo BGB, § 81 Rn. 27.

432 *Wiese*, in: Ermann, BGB, § 81 Rn. 9; *Hof/Bianchini-Hartmann/Richter*, Stiftungen, S. 25.

433 *Hüttemann/Rawert*, in: Staudinger, BGB, Vor §§ 80 ff. Rn. 5; *Jakob*, Schutz der Stiftung, S. 49; *Hof*, DStR 1992, 1549, 1551.

434 *Hüttemann/Rawert*, in: Staudinger, BGB, § 81 Rn. 45; *Neuhoff*, in: Soergel BGB, § 80 Rn. 5; *Weitemeyer*, in: MüKo BGB, § 81 Rn. 33; *Dutta*, in: Richter, Stiftungsrecht, § 5 Rn. 5 ff.

gewahrt werden. Das sind erstens die fehlende Gemeinwohlgefährdung, zweitens die Fremdnützigkeit und drittens die Möglichkeit der dauerhaften und nachhaltigen Erfüllung des Stiftungszwecks (vgl. § 80 II 1 BGB).[435] Weiterhin muss der Stiftungszweck bestimmt sein.[436] Dadurch wird vermieden, dass er so allgemein gehalten ist, dass er den Organen eine gleichsam körperschaftliche Willensbildung ermöglicht.[437] Der Stifter kann sich entscheiden, ob die Stiftung einen einzelnen Zweck oder mehrere Zwecke fördert. Sofern mehrere Stiftungszwecke durch die Stiftung verfolgt werden, kann die Satzung eine Priorität unter den einzelnen Zwecken vorgeben. Fehlt eine solche Regelung, obliegt es den Organen, eine Auswahl aus dem satzungsrechtlichen Zweckkatalog vorzunehmen.[438] Der formelle Stiftungszweck muss dazu Merkmale enthalten, die den individuellen Stifterwillen und damit die Ermessengrenzen für den Handlungsauftrag der Stiftungsorgane bestimmen.[439] Zwecksetzungen, die inhaltlich nicht bestimmbar sind und die im Einzelfall heranzuziehenden Gesichtspunkte nicht offenlegen, sind mit den Funktionen des Stiftungszwecks nicht vereinbar und daher nicht zulässig.[440]

(2) Sparkassenrechtliche Vorgaben

Die Sparkassen haben als öffentlich-rechtliche Anstalten bei der Errichtung der Stiftung die gesetzliche Kompetenzordnung zu wahren.[441] Es ist für die Zulässigkeit der Betätigung der Stiftung ausreichend, dass die Stiftungszwecke die Belange

---

435 Zu den konkreten Anforderungen dieser Merkmale siehe Teil 1 A.II.1.

436 *Backert*, in: Bamberger/Roth/Hau/Poseck BGB, § 81 Rn. 9; *Weitemeyer*, in: MüKo BGB, § 81 Rn. 35; *Burgard*, Gestaltungsfreiheit im Stiftungsrecht, S. 120; *Ebersbach*, Handbuch des Stiftungsrechts, S. 81.

437 *Backert*, in: Bamberger/Roth/Hau/Poseck BGB, § 81 Rn. 9; *Hüttemann/Rawert*, in: Staudinger, BGB, § 81 Rn. 47; *Weitemeyer*, in: MüKo BGB, § 81 Rn. 35; *Dylla*, Die Weisungsfunktion des Stiftungszwecks, S. 87 ff.

438 Teilweise wird die Angabe als zwingend notwendig angesehen *Hüttemann/Rawert*, in: Staudinger, BGB, § 81 Rn. 48 sowie *Weitemeyer*, in: MüKo BGB, § 81 Rn. 36. Andere sehen dies als freiwillige Angabe an, *Dylla*, Die Weisungsfunktion des Stiftungszwecks, S. 91, sowie *Burgard*, Gestaltungsfreiheit im Stiftungsrecht, S. 121.

439 OVG Nordrhein-Westfalen, Urt. v. 19.12.2012 – 16 A 1451/10, npoR 2013, 73, 74; *Hüttemann/Rawert*, in: Staudinger, BGB, § 81 Rn. 47; *Dylla*, Die Weisungsfunktion des Stiftungszwecks, S. 90 f.

440 *Weitemeyer*, in: MüKo BGB, § 85 Rn. 2; *Ebersbach*, Handbuch der Stiftung, S. 81; *Hof*, in: v. Campenhausen/Richter, Stiftungsrechts-Handbuch, 2014, § 8 Rn. 9 ff.

441 Siehe dazu unter Teil 2 A.III.1.

des Stifters nur am Rande berühren.[442] Die Sparkassen haben die Kompetenz zur Errichtung von Stiftungen, sofern sie Gemeinwohltätigkeiten wahrnehmen. Die Sparkassengesetze in Baden-Württemberg, Hessen, Niedersachsen, Schleswig-Holstein sowie Mecklenburg-Vorpommern konkretisieren die Gemeinwohlorientierung auf die Unterstützung der Kommunen unter anderem im Bereich des Sozialen und der Kultur. Das Sparkassengesetz Nordrhein-Westfalen betont darüber hinaus den Sport sowie die Bildung als weitere Förderschwerpunkte der Sparkassen bei gemeinnützigen Tätigkeiten der Kommune.[443] Weiterhin müssen die Stiftungszwecke regional verwirklicht werden. Eine Förderung außerhalb des Geschäftsgebiets der Sparkassen kann im Einzelfall erfolgen, sofern der Schwerpunkt der Förderung der Stiftung die Region bleibt. Die Ausnahmen von der regionalen Förderung bedürfen einer hinreichenden Begründung.[444]

(3) Steuerrechtliche Vorgaben zur Erlangung des Gemeinnützigkeitsstatus

Hat der Stifter die Absicht, eine gemeinnützige Stiftung zu errichten, muss er dies in der Satzung festlegen.[445] Die Stiftung ist als Körperschaft grundsätzlich unbeschränkt steuerpflichtig nach § 1 I Nr. 4 KStG.[446] Sofern die Stiftung als gemeinnützig anerkannt wird, entfällt die Verpflichtung zur Entrichtung der Erbschaftssteuer, der Körperschaftssteuer, der Gewerbesteuer sowie der Grundsteuer.[447] Weiterhin bietet die Gemeinnützigkeit auch für den Stifter Vorteile.

---

442 VG Düsseldorf, Urt. v. 11.5.2016 – 20 K 3417/15, npoR 2016, 219, 221.

443 Siehe ausführlicher dazu Teil 2 A.III.1.b.

444 Vgl. bereits Teil 2 A.III.1.a.

445 Nach § 60 I AO müssen die Stiftungszwecke und die Art ihrer Verwirklichung in der Satzung so genau bestimmt sein, dass auf Grund der Satzung geprüft werden kann, ob die satzungsmäßigen Voraussetzungen für Steuervergünstigungen gegeben sind.

446 Vertiefend dazu *Lampert,* in: Gosch, KStG, § 1 Rn. 83; *Rengers,* in: Blümich, KStG, § 1 Rn. 90 ff.

447 Inländische Körperschaften, zu denen die Stiftungen bürgerlichen Rechts zählen, sind bei gemeinnützigen Tätigkeiten nach § 5 I Nr. 9 KStG von der Körperschaftssteuer befreit, vgl. *Halaczinsky,* in: Wallenhorst/Halaczinksy, Besteuerung gemeinnütziger und öffentlich-rechtlicher Körperschaften, I Rn. 4; *Rengers,* in: Blümich, KStG, § 1 Rn. 91. Zudem bestehen für sie weitere Steuervergütungen. Im Erbschafts- und Schenkungsrecht gilt die Steuerbefreiung der gemeinnützigen Körperschaften nach § 13 I Nr. 16 b ErbStG für Zuwendungen an inländische Körperschaften, Personenvereinigungen und Vermögensmassen, siehe dazu *Halaczinsky,* in: Wallenhorst/Halaczinksy, Besteuerung gemeinnütziger und öffentlich-rechtlicher Körperschaften, I Rn. 121; *Hüttemann,* in: Hüttemann, Gemeinnützigkeits- und Spendenrecht, 9.8 ff. Weiterhin sind gemeinnützige Stiftungen gemäß § 3 Nr. 6 GewStG von der Gewerbesteuer

So können Zuwendungen an die Stiftung bei der Einkommenssteuer in Abzug gebracht werden nach § 10 b I, Ia EStG.[448] Für die Anerkennung der Gemeinnützigkeit prüft das Finanzamt anhand der satzungsrechtlichen Vorschriften die Tätigkeiten und Mittelverwendung der Stiftung, also die tatsächliche Geschäftsführung.[449] Gemeinnützige Zwecke liegen nach § 52 I 1 AO vor, sofern sie die Allgemeinheit selbstlos auf materiellem, geistigem oder sittlichem Gebiet fördern.[450] Eine Förderung der Allgemeinheit i. S. d. § 52 I AO bedeutet, dass die Gesamtheit der Bürger der Bundesrepublik Deutschland oder eine Mehrheit der Bevölkerung erfasst wird.[451] Auch ein Ausschnitt aus der Gesamtbevölkerung kann als Allgemeinheit verstanden werden. Dabei darf der Personenkreis nicht zu klein oder fest abgeschlossen sein.[452] Auf welchen Gebieten die Förderung der Allgemeinheit erfolgen kann, wird durch die einzelnen förderfähigen Zwecke in § 52 II 1 AO definiert. Die Körperschaft muss die Zwecke dabei selbstlos

---

befreit, vertiefend *Wallenhorst,* in: Wallenhorst/Halaczinsky, Besteuerung gemeinnütziger und öffentlich-rechtliche Körperschaften, J Rn. 1 f. Darüber hinaus sind in zahlreichen Fällen für den Grundbesitz Steuerbefreiungen vorgesehen in §§ 3, 4 GrStG, dazu *Halaczinsky,* in: Wallenhorst/Halaczinsky, Besteuerung gemeinnütziger und öffentlich-rechtliche Körperschaften, O Rn. 30, 45 ff. Die Befreiung von der Umsatzsteuer muss differenziert betrachtet werden. Es gibt unter anderem steuerbefreite Umsätze insbesondere nach §§ 4 Nr. 18, 22 UStG und ermäßigte Steuersätze nach § 12 II Nr. 8 UStG, vgl. *Halaczinsky,* in: Wallenhorst/Halaczinsky, Besteuerung gemeinnütziger und öffentlich-rechtliche Körperschaften, L Rn. 153 ff., 260 ff.

448 Die mittelbare steuerliche Privilegierung findet sich für natürliche Personen in § 10 b I, Ia, II EstG. Für juristische Personen ist der Spendenabzug in § 9 Nr. 5 GewStG und § 9 I Nr. 2 KStG geregelt. Zum Spendenabzug bei der Körperschaftssteuer vertiefend *Hüttemann,* in: Hüttemann, Gemeinnützigkeits- und Spendenrecht, 8.180. Zur Kürzung der Gewerbesteuer durch Spenden siehe *Wallenhorst,* in: Wallenhorst/Halaczinksy, Besteuerung gemeinnütziger und öffentlich-rechtlicher Körperschaften, J Rn. 15 f.

449 *Hof/Bianchini-Hartmann/Richter,* Stiftungen, S. 32; *Wallenhorst,* in: Wallenhorst/Halaczinksy, Besteuerung gemeinnütziger und öffentlich-rechtlicher Körperschaften, C. Rn. 245 ff.

450 BFH, Urt. v. 10.01.2019 – V R 60/17, NJW 2019, 877, 878; *Hof/Bianchini-Hartmann/Richter,* Stiftungen, S. 32; ausführlicher *Gersch*, in: Klein, AO, § 52 Rn. 1 ff.; *Seer,* in: Tipke/Kruse, AO und FGO, § 52 AO Rn. 1 ff.

451 BMF v. 20.9.2005 - IV C 4 - S 0181 - 9/05, FR 2005, 1053; *Schauhoff,* in: Schauhoff, Handbuch der Gemeinnützigkeit, § 6 Rn. 29.

452 *Halaczinsky,* in: Wallenhorst/Halaczinksy, Besteuerung gemeinnütziger und öffentlich-rechtlicher Körperschaften, D Rn. 36 f.; *Schauhoff,* in: Schauhoff, Handbuch der Gemeinnützigkeit, § 6 Rn. 45 f.

(§ 55 AO), ausschließlich (§ 56 AO) und unmittelbar (§ 57 AO) verfolgen.[453] Das Gebot der Selbstlosigkeit gibt nach § 55 I 1 AO vor, dass eine Stiftung nicht in erster Linie eigennützige Zwecke verfolgen darf.[454] Ausschließlichkeit bedeutet, dass in der Satzung keine anderen Zwecke vorgesehen sind und nach der tatsächlichen Geschäftsführung auch keine anderen Zwecke verfolgt werden.[455] Für die Unmittelbarkeit muss die Körperschaft die Zwecke grundsätzlich selbst verwirklichen, d. h. eine Sportart oder eine Einrichtung selbst betreiben.[456] Weiterhin besteht trotz der Unmittelbarkeit der Verfolgung der Stiftungszwecke gemäß § 58 Nr. 2 AO die Möglichkeit, dass die Stiftung ihre Mittel ganz oder teilweise einer anderen steuerbegünstigten Körperschaft zur Verfolgung von steuerbegünstigten Zwecken zuwendet (Endowment).[457]

bb. Praxis der Sparkassen-Stiftungen

Vor dem Hintergrund der bisherigen Untersuchung ist danach zu fragen, ob und in welcher Weise die Satzungsbestimmungen im Hinblick auf die Zwecke der Sparkassen-Stiftungen die gesetzlichen Anforderungen erfüllen und ob gegebenenfalls Schwerpunkte zu setzen sind.

(1) Regionale Tätigkeit

In den Satzungen der Sparkassen-Stiftungen ist die regionale Tätigkeit im Geschäftsgebiet der Sparkassen ausdrücklich festgelegt.[458]

---

453 *Hof/Bianchini-Hartmann/Richter,* Stiftungen, S. 32; *Schauhoff,* in: Schauhoff, Handbuch der Gemeinnützigkeit, § 6 Rn. 101.

454 *Hof/Bianchini-Hartmann/Richter,* Stiftungen, S. 32; *Pues/Scheerbarth,* Gemeinnützige Stiftungen im Zivil- und Steuerrecht, S. 133 ff.; *Wallenhorst,* in: Wallenhorst/Halaczinksy, Besteuerung gemeinnütziger und öffentlich-rechtlicher Körperschaften, C Rn. 60 ff.

455 *Pues/Scheerbarth,* Gemeinnützige Stiftungen im Zivil- und Steuerrecht, S. 140; *Wallenhorst,* in: Wallenhorst/Halaczinksy, Besteuerung gemeinnütziger und öffentlich-rechtlicher Körperschaften, C Rn. 38.

456 *Pues/Scheerbarth,* Gemeinnützige Stiftungen im Zivil- und Steuerrecht, S. 141; *Wallenhorst,* in: Wallenhorst/Halaczinksy, Besteuerung gemeinnütziger und öffentlich-rechtlicher Körperschaften, C Rn. 45.

457 *Hof/Bianchini-Hartmann/Richter,* Stiftungen, S. 32; *Pues/Scheerbarth,* Gemeinnützige Stiftungen im Zivil- und Steuerrecht, S. 146; *Wallenhorst,* in: Wallenhorst/Halaczinksy, Besteuerung gemeinnütziger und öffentlich-rechtlicher Körperschaften, C Rn. 45 a ff..

458 Vgl. beispielhaft *Sparkassenstiftung Zukunft Elbe-Elster-Land,* Satzung in der Fassung vom 15. Dezember 2015, § 2 I a.E., https://www.spk-elbe-elster.de/de/home/ihre-sparkasse/Sparkassenstiftung/stiftung/ satzung.html?n=true (06.02.2021); *Stiftung*

(2) Verfolgung gemeinnütziger Zwecke nach der Abgabenordnung

Weiterhin wird in den Satzungen der Sparkassen-Stiftungen die Verfolgung von gemeinnützigen Zwecken geregelt. In der Praxis haben sich fünf Förderschwerpunkte herausgebildet: Forschung und Wissenschaft, Kunst und Kultur, Soziales, Sport und Umwelt.[459] Die Sparkassen wollen bei den Tätigkeiten der Stiftungen die steuerrechtlichen Privilegien des Gemeinnützigkeitsrechts nutzen. Daher legen sie in der Satzung fest, dass es sich bei den gemeinnützigen Zwecken um gemeinnützige Tätigkeiten i. S. d. Abgabenordnung (AO) handeln soll.[460] Es sollen im Folgenden die einzelnen Förderschwerpunkte unter Einbeziehung der Anforderungen der Abgabenordnung definiert werden. Dabei sollen im Rahmen der Zwecke die von den Stiftungen verwirklichten Projekte und Tätigkeiten beispielhaft dargestellt werden.

(a) Forschung, Wissenschaft und Wirtschaft

Zunächst verfolgen Sparkassen-Stiftungen das Ziel der Forschungs-, Wissenschafts- und Wirtschaftsförderung.[461] Die Förderung von Wissenschaft

---

Zukunft der Sparkasse Koblenz, Satzung in der Fassung vom 27. November 2000, § 2 II, https://www.sparkasse-koblenz.de/de/home/ihre-sparkasse/Stiftungen.html?n=true (06.02.2021); *Sportstiftung der Kreissparkasse Steinfurt*, Satzung in der Fassung vom 21. Januar 2016, § 2 VI, https://www.sparkassenstiftungen.de/index.php?id=4434 (06.02.2021).

459 Die Einteilung erfolgt anhand der Kriterien des DSGV. Dazu siehe *DSGV*, Zahlen und Fakten, https://www.sparkassenstiftungen.de/sparkassenstiftungen/zahlen-fakten/ (06.02.2021). Die Einteilung der Stiftungszwecke ist in der Vergangenheit unterschiedlich erfolgt. Siehe zu einer anderen Einteilung der Stiftungszwecke unter anderem *Bundesverband Deutscher Stiftungen (BDS)*, Sparkassenstiftungen, S. 79 ff. Für diese Arbeit wird der heutigen Einteilung der Stiftungszwecke anhand der Kriterien des DSGV gefolgt.

460 Die Förderung von steuerbegünstigten Zwecken nach §§ 52 ff. AO findet sich auch ausdrücklich in den Satzungen der Stiftungen, siehe z. B. *Stiftung der Sparkasse Münsterland Ost*, Satzung in der Fassung vom 09. August 2016, § 2 I, https://stiftungen-sparkasse-mslo.sparkasseblog.de/files/2016/08/20160809_Satzung-Stiftung-SK-MSLO.pdf (06.02.2021); *Sparkassenstiftung Südliche Weinstraße*, Satzung in der Fassung vom 01. Oktober 2012, § 2, https://www.sparkasse-suew.de/content/dam/myif/spk-suedliche-weinstrasse-landau/work/dokumente/Kommunikation/Satzung_Sparkassenstiftung_2011.pdf (06.02.2021); *Sparkassen-stiftung Allgäu*, Satzung in der Fassung vom 17. Oktober 2006, § 2 II, https://www.sparkasse-allgaeu.de/stiftung (06.02.2021).

461 *BDS*, Sparkassen-Stiftungen, S. 91 f.

und Forschung bezeichnet die Absicht, noch wissenschaftlich unzureichend erschlossene Bereiche zu erfassen und Nichtwissen in unsicheres Wissen umzuwandeln, um ungelöste Probleme einer Lösung zuzuführen.[462] Forschung ist dabei die planmäßige (systematisch-methodische) Suche nach neuen Erkenntnissen, Wissenschaft das Ergebnis der Forschung.[463]

Die Stiftungen der Sparkassen finanzieren im Bereich der Forschungs-, Wissenschafts- und Wirtschaftsförderung Promotionsstipendien und Auslandsaufenthalte, unterstützen Forschungsvorhaben und vergeben Wissenschaftspreise.[464] Außerdem fördern sie wissenschaftliche Bibliotheken, den Aufbau neuer Forschungsinstitute und unterstützen Hochschulen.[465] Neben diesen Aktivitäten leisten sie Hilfe bei der technischen und betriebswirtschaftlichen Weiterbildung von Meistern, Gesellen und sonstigen Beschäftigten zur Steigerung der Kompetenz des ortsansässigen Handwerks.[466] Im Bereich der Forschungs-, Wissenschafts- und Wirtschaftsförderung sind die Sparkassen-Stiftungen verstärkt der Förderung von heimischen Aktivitäten verbunden und weniger im Bereich der wissenschaftlichen Förderung von allgemeinen Tätigkeiten aktiv.[467] Ein Beispiel für eine allgemeine Förderung der Forschung, Wissenschaft und Wirtschaft ist die Sparkassenstiftung zur Förderung der Wissenschaft im Landkreis Barnim. Sie hat den Auftrag der Unterstützung von wissenschaftlichen Projekten, insbesondere der Hochschule für nachhaltige Entwicklung Eberswalde, sowie die Unterstützung von wissenschaftlichen Bildungs- und Forschungseinrichtungen im Landkreis Barnim.[468] Ein gefördertes Projekt ist der Aufbau eines ökologischen Lehr- und Forschungsbienenstands (Öko BieSta) durch die Hochschule für nachhaltige Entwicklung in Eberswalde.[469]

---

462 *Hof/Beiner*, in: Graf Strachwitz/Mercker, Stiftungen in Theorie, Recht und Praxis, S. 158.

463 *Gersch*, in: Klein, AO, § 52 Rn. 16; *Seer*, in: Tipke/Kruse, AO und FGO, § 52 AO Rn. 19.

464 *BDS*, Sparkassen-Stiftungen, S. 91.

465 *BDS*, Sparkassen-Stiftungen, S. 92 sowie *Reinelt*, Der Beitrag der Sparkasse zum kommunalen Wohl, S. 146, die im Jahr 1988 eine empirische Studie über die Tätigkeit von Sparkassen-Stiftungen durchführte.

466 *Reinelt*, Der Beitrag der Sparkasse zum kommunalen Wohl, S. 146.

467 *Reinelt*, Der Beitrag der Sparkasse zum kommunalen Wohl, S. 146.

468 *Sparkassenstiftung zur Förderung der Wissenschaft im Landkreis Barnim*, Satzung in der Fassung vom 13. Dezember 2011, § 2 II, http://www.stiftungen-der-sparkasse-barnim.de/downloads-wissenschaftsstiftung (06.02.2021).

469 *Hochschule für nachhaltige Entwicklung Eberswalde*, Aktuell laufende Forschungsprojekte am Fachbereich Landschaftsnutzung und Naturschutz, https://www.hnee.de/de/Fachbereiche/Landschaftsnutzung-und-Naturschutz/Forschung/

Im Jahr 2019 gab es in der Sparkassen-Finanzgruppe 19 Stiftungen, die als Satzungszweck allein die Unterstützung der Forschung, Wirtschaft und Wissenschaft hatten.[470] Dabei wurden 4,2 Mio. Euro von den Stiftungen ausgeschüttet.[471] Dies entspricht ungefähr 6 % des Stiftungsvermögens der Sparkassen-Stiftungen in Deutschland. Im Vergleich aller Stiftungen in Deutschland haben sich damit nur vereinzelt Sparkassen-Stiftungen ausschließlich der Forschung, Wissenschafts- und Wirtschaftsförderung verschrieben.[472]

(b) Kunst und Kultur

Weiterhin fördern Sparkassen-Stiftungen die Kunst und Kultur. Für den Begriff der Kultur gibt es keine einheitliche Definition, je nach Anlass und Zweck wird er von Institution zu Institution unterschiedlich beschrieben.[473] Nach dem Verständnis der Abgabenordnung umfasst die Kultur die Gesamtheit der geistigen und körperlichen Ausdrucksformen eines Volkes.[474] Der Begriff der Kultur ist dabei weiter gefasst als der der Kunst. Er umfasst neben der Förderung der Kunst, die Förderung der Pflege und der Erhaltung von Kulturwerten sowie den Denkmalschutz.[475] Kunst ist in Anlehnung an die Rechtsprechung des Bundesverfassungsgerichts zu verstehen als freie schöpferische Gestaltung, in der Eindrücke, Erfahrungen und Erlebnisse des Künstlers durch das Medium einer bestimmten Formsprache zu unmittelbarer Anschauung gebracht werden.[476]

Forschungsprojekte/Aktuelle-Projekte/Aktuell-laufende-Forschungsprojekte-amFachbereich-Landschaftsnutzungund-Naturschutz-E2133.htm (06.02.2021).

470 *DSGV*, Zahlen und Fakten, https://www.sparkassenstiftungen.de/sparkassenstiftungen/zahlen-fakten/ (06.02.2021).

471 *DSGV*, Zahlen und Fakten, https://www.sparkassenstiftungen.de/sparkassenstiftungen/zahlen-fakten/ (06.02.2021).

472 *DSGV*, Zahlen und Fakten, https://www.sparkassenstiftungen.de/sparkassenstiftungen/zahlen-fakten/ (06.02.2021).

473 *Mercker/Peters*, in: Graf Strachwitz/Mercker, Stiftungen in Theorie, Recht und Praxis, S. 176.

474 FG BW, Urt. v. 07. 07.2016 – 6 K 2803/15, npoR 2017, 73, 76; *Gersch*, in: Klein, AO, § 52 Rn. 20. Ähnlich *Seer*, in: Tipke/Kruse, AO und FGO, § 52 AO Rn. 25; *Mercker/Peters*, in: Graf Strachwitz/Mercker, Stiftungen in Theorie, Recht und Praxis, S. 176, 177, welche sie als alles das fassen, was Menschen ohne Zutun der Natur gestalten.

475 *Gersch*, in: Klein, AO, § 52 Rn. 20; *Seer*, in: Tipke/Kruse, AO und FGO, § 52 AO Rn. 25; zum Denkmalschutz als Teil der Kulturpflege *Seer*, in: Tipke/Kruse, AO und FGO, § 52 AO Rn. 26; ebenso *Mercker/Peters*, in: Graf Strachwitz/Mercker, Stiftungen in Theorie, Recht und Praxis, S. 176 f.

476 BVerfG, Beschl. v. 24.02.1971 – 1 BvR 435/68, NJW 1971, 1645; *Gersch*, in: Klein, AO, § 52 Rn. 20.

Die Förderung der Kunst zielt auf die Bereiche der Musik, der Literatur sowie der darstellenden und bildenden Kunst ab.[477] Denkmalschutz betrifft den Schutz von historischen Boden-, Bau- und Kulturdenkmälern, an deren Erhaltung ein öffentliches Interesse besteht.[478]

Im Bereich der Kunst und Kultur werden von den Sparkassen-Stiftungen Ausstellungen, Museen, Lesungen, Konzerte und Stadtfeste unterstützt.[479] Daneben werden Künstler finanziell gefördert, Geldpreise verliehen und Kunstwettbewerbe ausgeschrieben.[480] So fördert die Sparkassen-Stiftung SK Stiftung Kultur der Sparkasse KölnBonn die Kulturszene in Köln mit der Vergabe des jährlichen Kölner Tanz- und Theaterpreises.[481] Weiterhin wirken die Sparkassen-Stiftungen bei der Anfertigung, Aufstellung oder Anbringung von Kunstwerken auf Plätzen, öffentlichen Wegen oder an Gebäuden mit.[482] Darüber hinaus werden durch ihre Tätigkeiten Kunstsammlungen erweitert und der Erwerb und die Verwaltung von Kunstgegenständen vorgenommen.[483] Ein Beispiel hierfür ist die Stiftung der Frankfurter Sparkasse, die in ihren Räumen im 1822-Forum regelmäßig Ausstellungen organisiert.[484] Darüber hinaus wird durch die Sparkassen-Stiftungen die Kunst- und Kulturförderung im Bereich der Jungend durch die Unterstützung von Musikschulen, Jugendorchestern und Musikgruppen forciert.[485] So werden durch die Sparkassen-Stiftung für den Landkreis Bernkastel-Wittlich die musikalische Früherziehung, Jugendchöre und Jugendorchester unterstützt.[486] Ein weiteres Beispiel stellt die Stiftung Kunst

477 *Pauli,* in: Stumpf/Suerbaum/Schulte/Pauli, Stiftungsrecht, E 2. Kap. § 52 Rn. 14; *Seer,* in: Tipke/Kruse, AO und FGO, § 52 AO Rn. 25.

478 *Gersch,* in: Klein, AO, § 52 Rn. 21; *Pauli,* in: Stumpf/Suerbaum/Schulte/Pauli, Stiftungsrecht, E 2. Kap. § 52 Rn. 15; *Seer,* in: Tipke/Kruse, AO und FGO, § 52 AO Rn. 26.

479 *BDS,* Sparkassen-Stiftungen, S. 114 sowie *Reinelt,* Der Beitrag der Sparkasse zum kommunalen Wohl, S. 145.

480 *Reinelt,* Der Beitrag der Sparkasse zum kommunalen Wohl, S. 145.

481 *SK Stiftung Kultur der Sparkasse KölnBonn,* https://www.sk-kultur.de/inhalte/themen/koelner-tanz-und-theaterpreise/ (06.02.2021).

482 *Reinelt,* Der Beitrag der Sparkasse zum kommunalen Wohl, S. 145.

483 *Reinelt,* Der Beitrag der Sparkasse zum kommunalen Wohl, S. 145.

484 *Stiftung der Frankfurter Sparkasse,* Satzung in der Fassung vom 30. April 2010, § 2 VI, https://www.sparkassenstiftungen.de/fileadmin/stiftungen/stiftung_der_frankfurter_sparkasse/public/downloads/Stiftungssatzung_neues_Logo.pdf (06.02.2021).

485 *Reinelt,* Der Beitrag der Sparkasse zum kommunalen Wohl, S. 144.

486 *Sparkassenstiftung für den Landkreis Bernkastel-Wittlich,* Überblick der Schwerpunkte der Stiftung https://www.sparkasse-emh.de/de/home/ihre-sparkasse/sparkassenstiftungen.html (06.02.2021) sowie Pressartikel des Landkreises Bernkastel Wittlich, https://www.bernkastel-wittlich.de/aktuelles/details/ news/

und Kultur der Sparkasse Magdeburg dar, die Preise im Bereich der Musikförderung vergibt.[487]

Im Bereich des Denkmalschutzes schließlich werden mithilfe der Sparkassen-Stiftungen religiöse Stätten wie Kapellen oder Wallfahrtskirchen renoviert oder kostbare Statuen oder Gemälde aus Stiftungsmitteln restauriert.[488] Außerdem werden auch Stadt- und Heimatmuseen, heimatkundliche Untersuchungen sowie Vereine, die sich für Kultur und Brauchtum vor Ort einsetzen, unterstützt.[489] Ein Beispiel dafür stellt die Förderung und Erforschung der Kölner Mundart dar.[490]

Es gab im Jahr 2019 170 Stiftungen, die sich für die Förderung der Kunst und Kultur einsetzten.[491] Die Förderung von Kunst und Kultur ist damit der Bereich, in dem in Deutschland die meisten Sparkassen-Stiftungen aktiv sind.[492] Es wurde von Sparkassen-Stiftungen deutschlandweit ein Betrag von 27,8 Mio. Euro für diese Stiftungszwecke ausgeschüttet.[493] Dies entspricht ungefähr 38 % des insgesamt durch die Sparkassen-Stiftungen ausgeschütteten Vermögens. Doch die besondere Schwerpunktsetzung der Sparkassen-Finanzgruppe im Bereich der Kulturförderung zeigt sich nicht nur innerhalb der Sparkassen-Stiftungen. Nach einer Erhebung des Bundesverbandes Deutscher Stiftungen und des Maecenata Instituts sind rund 28,7 % der Stiftungen mit der Kulturförderung verbunden[494], was deutlich unter dem Anteil der Förderung durch die Sparkassen-Stiftungen liegt.

---

stiftung-der-sparkasse-unterstuetzt-seit-30-jahren-musikschule-des-landkreises/ (06.02.2021).

487 *Stiftung Kunst- und Kultur der Stadtsparkasse Magdeburg*, https://www.sparkasse-magdeburg.de/kunststiftung (06.02.2021).

488 *BDS*, Sparkassen-Stiftungen, S. 80.

489 *BDS*, Sparkassen-Stiftungen, S. 80 sowie *Reinelt*, Der Beitrag der Sparkasse zum kommunalen Wohl, S. 145.

490 *SK Stiftung Kultur der Sparkasse KölnBonn*, Satzung in der Fassung vom Dezember 2018, § 2 II Nr. 1, https://www.sk-kultur.de/stiftung/veroeffentlichungen/satzung/ (06.02.2021).

491 *DSGV*, Zahlen und Fakten, https://www.sparkassenstiftungen.de/sparkassenstiftungen/zahlen-fakten/ (06.02.2021).

492 Dieses starke Engagement der Banken und Sparkassen im Bereich der Kultur besteht dabei bereits seit vielen Jahren. Dies wird deutlich an der Untersuchung von Lütkemüller zur Förderung von Kunst und Kultur in den 2000ern, vgl. *Lütkemüller*, Unternehmensnahe Stiftungen und PR, S. 25 f., 29 ff.

493 *DSGV*, Zahlen und Fakten, https://www.sparkassenstiftungen.de/sparkassenstiftungen/zahlen-fakten/ (06.02.2021).

494 *BDS*, Zahlen, Daten, Fakten zum deutschen Stiftungswesen, S. 89.

(c) *Soziales*

Als dritten Stiftungszweck verfolgen die Sparkassen soziale Ziele. Diese umfassen insbesondere die Jugend- und Altenhilfe. Jugendhilfe einerseits meint die Förderung eines jungen Menschen in seiner Entwicklung mit dem Ziel, ihn zu einem eigenverantwortlichen und gemeinschaftsfähigen Menschen heranwachsen zu lassen, und umfasst die Jugendpflege und Jugendfürsorge.[495] Altenhilfe andererseits bezeichnet alle Tätigkeiten, die dazu beitragen, die Schwierigkeiten, die durch das Alter entstehen, abzuwenden, zu verhindern oder zu mildern und den alten Menschen die Teilnahme am gesellschaftlichen Leben zu ermöglichen.[496]

Im Bereich der Jugendförderung werden Kindergärten und Kinderspielplätze unterstützt.[497] Weiterhin werden Maßnahmen der gesundheitlichen Erholung bedürftiger Kinder und Jugendlicher angeboten.[498] Ein Beispiel für die Jugendförderung stellt die Unterstützung einer interkulturellen Kinderkrippe durch die Stiftung Soziales München der Stadtsparkasse München dar.[499] Außerdem fördert die Jugendstiftung der Stadtsparkasse Magdeburg ein Bücherfest sowie ein Schülertheatertreffen.[500] Im Bereich der Altenhilfe werden von den Sparkassen-Stiftungen unter anderem Krankenhäuser, Begegnungsstätten und Seniorenheime unterstützt, um die Gesundheitsvorsorge und -erhaltung sowie die Freizeitgestaltung im Alter zu fördern.[501] Beispielhaft unterstützte die Kultur- und Sozialstiftung der Sparkasse Gifhorn-Wolfsburg den Ortsverein Isenbüttel des Deutschen Roten Kreuzes (DRK) bei der Anschaffung eines Fahrzeuges, das älteren Mitmenschen ermöglicht, im Alter mobil zu sein.[502] Darüber hinaus werden im Bereich der karitativen und mildtätigen Einrichtungen Pflegeplätze von Behinderten, Tagesförderstätten für Schwerstbehinderte sowie Werkstätten

---

495 *Gersch*, in: Klein, AO, § 52 Rn. 19; *Pauli*, in: Stumpf/Suerbaum/Schulte/Pauli, Stiftungsrecht, E 2. Kap. § 52 Rn. 12; *Seer*, in: Tipke/Kruse, AO und FGO, § 52 AO Rn. 23.

496 *Gersch*, in: Klein, AO, § 52 Rn. 19; *Pauli*, in: Stumpf/Suerbaum/Schulte/Pauli, Stiftungsrecht, E 2. Kap. § 52 Rn. 13; *Seer*, in: Tipke/Kruse, AO und FGO, § 52 AO Rn. 24.

497 *Reinelt*, Der Beitrag der Sparkasse zum kommunalen Wohl, S. 144.

498 *Reinelt*, Der Beitrag der Sparkasse zum kommunalen Wohl, S. 145.

499 *Stiftung Soziales München*, https://www.sparkassenstiftungen.de/stiftungen/stiftung-soziales-muenchen-der-stadtsparkasse-muenchen/stiftungs-startseite/ (06.02.2021).

500 *Jugendstiftung der Stadtsparkasse Magdeburg*, https://www.sparkasse-magdeburg.de/jugendstiftung (06.02.2021).

501 *BDS*, Sparkassen-Stiftungen, S. 127; *Reinelt*, Der Beitrag der Sparkasse zum kommunalen Wohl, S. 144.

502 *Kultur- und Sozialstiftung der Sparkasse Gifhorn-Wolfsburg*, https://sparkassenstiftung-gf-wob.de/portfolio-post/bequem-mit-dem-bus-zum-sport/ (06.02.2021).

für Behinderte gefördert. Ein Beispiel dazu stellt die Stiftung der Sparkasse Herford dar, die unter anderem ein Wohnheim für Menschen mit Behinderung fördert.[503]

Im Jahr 2019 gab es 103 Stiftungen, deren alleiniger Stiftungszweck die Unterstützung von sozialen Projekten war.[504] Damit ist die Verfolgung sozialer Projekte der am zweithäufigsten unterstützte Stiftungszweck. Aufgrund der Tätigkeit der Sparkassen-Stiftungen kamen der Bevölkerung Ausschüttungen in Höhe von 23,2 Mio. Euro zugute.[505] Das entspricht ungefähr 31 % der ausgeschütteten Mittel aller Sparkassen-Stiftungen. Nach der Förderung von Kunst und Kultur ist die Arbeit im sozialen Bereich von besonderer Bedeutung für die Sparkassen-Stiftungen.

(d) Sport

Die Förderung des Sports bezeichnet alle durch Bewegung, Spiel oder Wettkampf ausgeführten körperlichen Betätigungen der Menschen zum Zweck der körperlichen Ertüchtigung.[506] Im Bereich der Förderung des Sports geht es den Sparkassen-Stiftungen um die Verfolgung zweier verschiedener Ziele. Zum einen soll der Breitensport unterstützt werden, zum anderen geht es um die Förderung von Talenten.[507]

Die Sparkassen-Stiftungen sorgen im Bereich des Spitzensports für die Vergabe von Stipendien zur Förderung junger, heimischer Talente.[508] Im Bereich der Sportförderung unterstützt z. B. die Stiftung Sport der Sparkasse Neuss und des Rhein-Kreises Neuss leistungsstarke Sportler schwerpunktmäßig in olympischen Sportarten.[509] Im Bereich des Breitensports werden durch die Sparkassen-Stiftungen einzelne Sportvereine, der Schulsport sowie örtliche

---

503 *Stiftung der Sparkasse Herford,* https://www.sparkassenstiftungen.de/index.php?id=11901 (06.02.2021).

504 *DSGV*, Zahlen und Fakten, https://www.sparkassenstiftungen.de/sparkassenstiftungen/zahlen-fakten/ (06.02.2021).

505 *DSGV*, Zahlen und Fakten, https://www.sparkassenstiftungen.de/sparkassenstiftungen/zahlen-fakten/ (06.02.2021).

506 *Gersch,* in: Klein, AO, § 52 Rn. 40; *Pauli*, in: Stumpf/Suerbaum/Schulte/Pauli, Stiftungsrecht, E 2. Kap. § 52 Rn. 30; *Seer*, in: Tipke/Kruse, AO und FGO, § 52 AO Rn. 46.

507 *BDS,* Sparkassen-Stiftungen, S. 139 f.

508 *BDS,* Sparkassen-Stiftungen, S. 140.

509 *Stiftung Sport der Sparkasse Neuss und des Rhein-Kreises Neuss*, https://www.sparkassenstiftungen.de/stiftungen/stiftung-sport-der-sparkasse-neuss-und-des-rhein-kreises-neuss/stiftungs-startseite/ (06.02.2021).

Sportveranstaltungen gefördert.[510] Eine Unterstützung erfolgt unter anderem durch Zuschüsse für die Beschäftigung von Trainern und die Verbesserung der Trainingsbedingungen.[511] Darüber hinaus umfasst sie die Gewährung von Aufwandsentschädigungen für die Ausübung der Sportart sowie die Bezuschussung der Teilnahme an Sportveranstaltungen.[512] Außerdem werden Sportjugendpreise vergeben und Jubiläumsveranstaltungen von Vereinen bezuschusst.[513] Ein Beispiel einer Sportstiftung im Bereich des Breitensports ist die Sportstiftung der Kreissparkasse Steinfurt, mit deren Hilfe unter anderem Turnprojekte in den Osterferien durchgeführt werden.[514] Ein weiteres Beispiel ist die Sportstiftung der Städtischen Sparkasse Offenbach a. M., die dem DJK Blau-Weiß Bieber das Herbst-Camp der Tennis-Jugend ermöglichte.[515]

Im Jahr 2019 gab es 37 Sparkassen-Stiftungen, die sich allein der Förderung des Sports widmeten.[516] Sie schütteten 6,8 Mio. Euro aus[517], was ungefähr 9 % der ausgeschütteten Mittel der Sparkassen-Stiftungen darstellte. Die Förderung des Sports ist der dritthäufigste von den Sparkassen-Stiftungen verfolgte Zweck. Dennoch kommt den Sparkassen-Stiftungen bei der Förderung des Sports traditionell eine große Bedeutung zu. Anfang 2000 erbrachten sie etwa vier Fünftel der gesamten Förderung des Breiten- und Vereinssports.[518]

---

510 *BDS*, Sparkassen-Stiftungen, S. 139.

511 Beispielhaft zu sehen bei der *Sportstiftung der Kreissparkasse Steinfurt*, Satzung in der Fassung vom 21. Januar 2016, § 2 III a), b), https://www.sparkassenstiftungen.de/index.php?id=4434 (06.02.2021).

512 Vgl. *Sportstiftung der Kreissparkasse Steinfurt*, Satzung in der Fassung vom 21. Januar 2016, § 2 III a), b), https://www.sparkassenstiftungen.de/index.php?id=4413 (06.02.2021).

513 *BDS*, Sparkassen-Stiftungen, S. 140, am Beispiel der Sparkasse Schleswig-Flensburg.

514 *Sportstiftung der Kreissparkasse Steinfurt*, https://www.sparkassenstiftungen.de/index.php?id=4428&tx_ttnews%5Btt_news%5D=6055&cHash=9b244c013770579b8cdd4c4c19b3f1e6 (06.02.2021).

515 *Sportstiftung der Städtischen Sparkasse Offenbach a.M.*, Jahresbericht 2018, S. 2, https://www.sparkasse-offenbach.de/content/dam/myif/spk-offenbach/work/dokumente/pdf/eigene_pdfs/stiftungen/jahresbericht_sportstiftung_2018.pdf?n=true (06.02.2021).

516 *DSGV*, Zahlen und Fakten, https://www.sparkassenstiftungen.de/sparkassenstiftungen/zahlen-fakten/ (06.02.2021).

517 *DSGV*, Zahlen und Fakten, https://www.sparkassenstiftungen.de/sparkassenstiftungen/zahlen-fakten/ (06.02.2021).

518 *BDS*, Sparkassen-Stiftungen, S. 130.

(e) Umwelt

Im Bereich der Umweltförderung als letzten Stiftungszweck der Sparkassen-Stiftungen geht es um die Förderung der Entwicklung von neuen ökologischen Technologien, der Erstellung von wissenschaftlichen Studien sowie der Aufklärung der Gesellschaft.[519] Umweltschutz meint alle Maßnahmen, die darauf abzielen, die natürlichen Lebensgrundlagen des Menschen zu sichern, den Naturhaushalt zu schützen und die eingetretenen Schäden abzumildern.[520]

Die Sparkassen-Stiftungen unterstützen im Rahmen ihrer Tätigkeit im Bereich der Umwelt Biotope und Naturschutzgebiete.[521] Zudem fördern sie die Entwicklung neuer Verfahren, die eine umweltfreundliche Entsorgung sicherstellen, sowie die Schaffung neuer umweltfreundlicher Arbeitsfelder.[522] Ein Beispiel für eine Stiftung mit einem Stiftungszweck im Bereich der Umwelt ist die Sparkassen-Kulturstiftung Stormarn, die das Naturerlebnis Grabau mit einem Wald- und Lehrerlebnispfad, einem Waldspielplatz sowie einem Niedrigseilgarten gegründet hat, mit dem Ziel, Kindern in Kindergärten und Grundschulen einen waldpädagogischen Bildungstag zu ermöglichen.[523]

Im Bereich der Unterstützung der Umwelt waren im Jahr 2019 12 Stiftungen tätig.[524] Diese schütteten einen Betrag von 6,1 Mio. Euro für die Verfolgung von Projekten im Zusammenhang mit dem Schutz der Umwelt aus.[525] Dabei stellt

---

519 *BDS*, Sparkassen-Stiftungen, S. 151.

520 *Gersch*, in: Klein, AO, § 52 Rn. 24; *Pauli*, in: Stumpf/Suerbaum/Schulte/Pauli, Stiftungsrecht, E 2. Kap. § 52 Rn. 17; *Seer*, in: Tipke/Kruse, AO und FGO, § 52 AO Rn. 29 ff.

521 So wurden von der Stiftung *Bildung, Natur und Umwelt der Sparkasse Erlangen* Informationstafeln am Wildpferdegehege im Naturschutzgebiet Tennenloher Forst aufgestellt, siehe https://www.sparkassenstiftungen.de/stiftungen/stiftung-bildung-natur-und-umwelt-der-sparkasse-erlangen/stiftungs-startseite/ (06.02.2021). Die *Stiftung Umwelt und Naturschutz der Kreissparkasse Ludwigsburg* nahm Renaturierungsmaßnahmen an Bächen und Teichen vor, siehe dazu https://www.sparkassen-stiftungen.de/stiftungen/stiftung-umwelt-und-naturschutz-der-ksk-ludwigsburg/stiftungs-startseite/ (06.02.2021).

522 *Reinelt*, Der Beitrag der Sparkasse zum kommunalen Wohl, S. 145.

523 *Sparkassen-Kulturstiftung Stormarn*, Anlage 10 zum Bericht über die Erfüllung des Stiftungszwecks für das Jahr 2017, https://www.stiftungen-sparkasse-holstein.de/assets/downloads/2018-02-05-St-04-StV-Bericht-2017-FERTIG-MIT-US.pdf (06.02.2021).

524 *DSGV*, Zahlen und Fakten, https://www.sparkassenstiftungen.de/sparkassenstiftungen/zahlen-fakten/ (06.02.2021).

525 *DSGV*, Zahlen und Fakten, https://www.sparkassenstiftungen.de/sparkassenstiftungen/zahlen-fakten/ (06.02.2021).

dieser Bereich der Stiftungszwecke eine Förderquote von 8 % der gesamten Ausschüttungen dar. Es lässt sich jedoch beobachten, dass die Umweltförderung in den letzten Jahren immer weiter an Bedeutung gewonnen hat.

(3) Bewertung der Satzungsregelungen

Die Satzungsregelungen zum Stiftungszweck sind anhand der rechtlichen Anforderungen des Stiftungsrechts, des Sparkassenrechts sowie der Abgabenordnung zu messen. Die Stiftungen der Sparkassen verfolgen weder ausschließlich eigennützige Zweck noch stellen sie Selbstzweckstiftungen dar. Insofern sind sie fremdnützig tätig. Weiterhin ergibt sich aus ihnen keine Gemeinwohlgefahr, sie sind vielmehr gemeinnützig und regional begrenzt tätig. Schließlich sind die Sparkassen-Stiftungen grundsätzlich auf Dauer angelegt.

cc. Ergebnis

Den Sparkassen kommt als Stifter bei der Festlegung der Stiftungszwecke eine zentrale Rolle zu. Die Stiftungsgesetze enthalten wenige zwingende Vorgaben für die Festlegung der Stiftungszwecke. Die Anforderungen an die Sparkassen als Stifter sind im Gegensatz dazu strenger. Es ist eine gemeinnützige Tätigkeit zu verfolgen sowie das Regionalprinzip zu wahren. Dennoch kommt den Sparkassen ein Gestaltungsspielraum zu. Bei der Festlegung der gemeinnützigen Tätigkeiten sind aus den sparkassenrechtlichen Reglungen nur allgemeine Grundsätze abzuleiten. Eine Konkretisierung der Tätigkeiten muss durch die Sparkassen erfolgen. Die Sparkassen konkretisieren die gemeinnützige Tätigkeit in der Regel auf Förderungen in den Bereichen Forschung, Wirtschaft und Wissenschaft, Kunst und Kultur, Soziales, Sport und Umwelt. Diese Zwecke sind gemeinnützige Zwecke i. S. d. Abgabenordnung. Schließlich zeigt sich die Gestaltungsfreiheit auch dadurch, dass die Sparkassen wählen können, ob die Stiftung nur einen einzelnen Zweck verfolgen soll oder mehrere Förderschwerpunkte besitzt.

b. Arten der Zweckverwirklichung der Stiftung

Bei Errichtung der Stiftung hat der Stifter neben der Festlegung des Stiftungszwecks eine Entscheidung bezüglich der Art und Weise der Verwirklichung des Zwecks zu treffen.

aa. Fördernd und operativ

Eine Stiftung kann ihre Geschäfte auf zwei unterschiedliche Arten wahrnehmen: Sie kann fördernd oder operativ tätig sein.[526] Je nach Art der Wahrnehmung der Geschäftstätigkeit können unterschiedliche Ziele durch die Stiftung verfolgt werden. Die Förderstiftung ist dadurch gekennzeichnet, dass sie ein der Zwecksetzung entsprechendes Vorhaben finanziell unterstützt, das Projekt dabei aber durch eine andere Organisation unmittelbar ausgeführt wird.[527] Die Geschäftstätigkeit der Stiftung beschränkt sich somit auf die Anlage des Stiftungsvermögens sowie die Verwendung der finanziellen Mittel zur Erfüllung des Stiftungszwecks.[528] Die Förderstiftung ohne operative Tätigkeit ist die einfachste Form der Stiftung.[529] Soziologisch betrachtet nimmt die Förderstiftung eine gesellschaftliche Umverteilung vor. Ihr Ziel ist es, Einrichtungen und Projekte zu ermöglichen, die ohne ihre Hilfe nicht realisierbar wären.[530] Bei einer operativen Stiftung besteht die primäre Stiftungstätigkeit darin, ein Projekt durchzuführen und die notwendigen Mittel für die Umsetzung vorzuhalten.[531] Für die Auswahl des Vorhabens einer operativen Stiftung wird zunächst eine Machbarkeitsstudie durchgeführt oder ein Pilotprojekt initiiert.[532] Im Anschluss an die Entscheidung erfolgen die Planung, Durchführung und Kontrolle des Projektes durch die Stiftung selbst.[533] Die Führung einer operativen Stiftung erfordert aufgrund

---

526 *Hüttemann/Rawert*, in: Staudinger, BGB, § 86 Rn. 47; *Hof*, in: v. Campenhausen/Richter, Stiftungsrechts-Handbuch, 2014, § 8 Rn. 255 f.; *Adloff*, in: Graf Strachwitz/Mercker, Stiftungen in Theorie, Recht und Praxis, S. 135 ff.; *v. Holt/Koch*, Stiftungssatzung, S. 46; *Schlüter/Stolte*, Stiftungsrecht, 1. Kap. Rn. 79.
Nach *Schlüter/Stolte* gibt es als drittes Modell der Geschäftstätigkeit, die Anstaltsstiftung, bei der das Stiftungsvermögen aus einer Einrichtung wie einem Theater oder Krankenhaus besteht und deren Betrieb den Zweck der Stiftung darstellt, siehe *Schlüter/Stolte*, Stiftungsrecht, 1. Kap. Rn. 84. Die überwiegende Ansicht sieht jedoch die Anstaltsstiftung als klassische operativ tätige Stiftung an, siehe dazu *Adloff*, in: Graf Strachwitz/Mercker, Stiftungen in Theorie, Recht und Praxis, S. 135, 138.

527 *v. Holt/Koch*, Stiftungssatzung, S. 46; *Schlüter/Stolte*, Stiftungsrecht, 1. Kap. Rn. 80.

528 *Adloff*, in: Graf Strachwitz/Mercker, Stiftungen in Theorie, Recht und Praxis, S. 135, 136; *Andrick*, Stiftungsrecht und Staatsaufsicht unter besonderer Berücksichtigung der nordrhein-westfälischen Verhältnisse, S. 52; *v. Holt/Koch*, Stiftungssatzung, S. 46; *Schlüter/Stolte*, Stiftungsrecht, 1. Kap. Rn. 80.

529 v. *Holt/Koch*, Stiftungssatzung, S. 46.

530 *Schlüter/Stolte*, Stiftungsrecht, 1. Kap. Rn. 81.

531 *Hüttemann/Rawert*, in: Staudinger, BGB, § 86 Rn. 47; *Seidemann*, ZStV 2016, 121, 125 f.

532 *Hof*, in: v. Campenhausen/Richter, Stiftungsrechts-Handbuch, 2014, § 8 Rn. 256.

533 *Seidemann*, ZStV 2016, 121, 126.

der höheren Managementleistung des Vorstandes und des tendenziell höheren Mitteleinsatzes eine andere Binnenorganisation der Stiftung.[534]

bb. Praxis der Sparkassen-Stiftungen

Die Sparkassen haben bei der Errichtung der Sparkassen-Stiftungen eine Entscheidung darüber zu treffen, ob die Stiftungen ihre Zwecke vornehmlich durch die Ausschüttung von Fördermitteln verwirklichen sollen oder ob eine Durchführung von eigenen Projekten gewünscht ist. Die meisten Sparkassen verfolgen das Modell der Förderstiftung. Sie schütten insofern Fördermittel aus, legen Preise auf oder stiften mildtätige Zuwendungen.[535] Im Gebiet der Bundesrepublik sind etwa zwei Drittel aller Stiftungen fördernd tätig.[536] Neben den ausschließlich fördernd tätigen Stiftungen gibt es Stiftungen, die sowohl operativ als auch fördernd tätig sind. Ein Beispiel sind die Stiftungen der Sparkasse Holstein. Zu den operativen Projekten der Stiftungen der Sparkasse Holstein gehört das Naturerlebnis Grabau. Dieses bietet Kindergärten und Grundschulen die Möglichkeit, einen waldpädagogischen Tag im Naturerlebnispark zu verbringen. Das Projekt wird von der Sparkassen-Stiftung unterhalten und durch ein pädagogisches Team betreut.[537] Fördernd sind die Stiftungen der Sparkasse Holstein durch die Vergabe von finanziellen Mitteln in den Bereichen Kunst und Kultur, Jugend und Bildung, Natur und Umwelt, Sport sowie im sozialen Bereich tätig.[538] Eine rein operativ tätige Stiftung ist die Stiftung Altenhilfe der Stadtsparkasse München. Sie errichtete im Jahr 1977 ein Senioren- und Pflegeheim. Dabei trägt die Stiftung die Kosten für Unterhalt, Modernisierung und Umbau des Senioren- und Pflegeheims, während die Arbeiterwohlfahrt München das Haus bewirtschaftet.[539]

---

534 *Hüttemann/Rawert*, in: Staudinger, BGB, § 86 Rn. 47.

535 *BDS*, Sparkassen-Stiftungen, S. 57.

536 *BDS*, Sparkassen-Stiftungen, S. 57.

537 Siehe dazu *Stiftungen der Sparkasse Holstein*, Naturerlebnis Grabau, https://www.naturerlebnis-grabau.de (06.02.2021).

538 Vgl. *Stiftungen der Sparkasse Holstein*, Sparkassen-Kulturstiftung Ostholtstein, https://www.stiftungen-sparkasse-holstein.de/stiftungen/sparkassen-kulturstiftung-ostholstein/ (06.02.2021).

539 *BDS*, Sparkassen-Stiftungen, S. 69 ff., siehe weiterhin https://www.sparkassenstiftungen.de/stiftungen/stiftung-altenhilfe-stadtsparkasse-muenchen/stiftungs-startseite/ (06.02.2021).

cc. *Vorteile und Nachteile der unterschiedlichen Art und Weise der Zweckverwirklichung für die Sparkassen-Stiftungen*

Die überwiegende Errichtung von Förderstiftungen durch die Sparkassen lässt sich auf verschiedene Faktoren zurückführen. Bei einer operativen Stiftung wird bei der Errichtung das durchgeführte Projekt der Stiftung bestimmt und die Organisation dieses Projektes festgelegt. Insofern erfordert die Errichtung einer operativen Stiftung eine aufwendigere Projektplanung sowie eine umfassendere Verwaltung der Stiftung in der operativen Phase. Eine Förderstiftung dagegen bietet den Vorteil der schnellen Handlungsfähigkeit der Stiftung, da sie eines geringen personellen Aufwands bedarf und eine einfache Gremienstruktur besitzt. Schließlich stellen sich die Sparkassen bei einer Förderstiftung am breitesten auf, können eine Vielzahl von verschiedenen Projekten fördern und ihre Förderungen innerhalb kurzer Zeiträume ändern. Dies ist vorteilhaft für eine geförderte Region, in der die Bürger in den unterschiedlichen Bereichen von den Stiftungstätigkeiten profitieren. Auf der anderen Seite kann eine operative Stiftung noch konkreter in die Förderung der Region eingreifen und die ihr am Herzen liegenden Themen ganz individuell verfolgen. Weiterhin werden sie in der Öffentlichkeit vermehrt wahrgenommen und sorgen für eine größere Bekanntheit der Stiftung.

c. *Ergebnis*

Die Freiheit des Stifters bei der Festlegung der Stiftungszwecke ist bei den Sparkassen aufgrund ihrer Eigenschaft als öffentlich-rechtliche Anstalten begrenzt. Die Stiftungszwecke sind regional zu verwirklichen. Die Konkretisierung der gemeinnützigen Zwecke sowie ihre Anzahl liegen jedoch in ihrem Entscheidungsspielraum. Weiterhin treffen die Sparkassen mit der Wahl des Stiftungszwecks die Entscheidung über die Art und Weise der Zweckverwirklichung. Die Stiftungen der Sparkassen können fördernd oder operativ tätig sein. Überwiegend sind die Sparkassen-Stiftungen fördernd tätig.

2. *Stiftungsorganisation*

Neben dem Stiftungszweck haben die Sparkassen als Stifter in der Satzung die Organisation der Stiftung festzulegen. In der Satzung gibt der Stifter vor, nach welchen Vorgaben und durch welche Personen Handlungen für die Stiftung verbindlich sind. Die Satzung gibt die äußere Organisation der Stiftung vor.[540]

---

540 *Werner*, in: Werner/Saenger/Fischer, Die Stiftung, § 10 Rn. 5.

Die innere Organisation wird durch die Verwaltungsorgane selbst bestimmt.[541] Anhand der gesetzlichen Vorgabe sind die Aufgaben der Organe sowie ihre Besetzung zu untersuchen. Dabei soll das Hauptaugenmerk auf die Frage gelegt werden, wie die Sparkassen als Stifter die gesetzlich überlassenen Gestaltungsspielräume nutzen.

a. Gestaltung der Organisation

Gesetzlich vorgeschrieben ist in § 81 I 3 Nr. 5 BGB als einziges Pflichtmerkmal der Organisation der Stiftung die Einsetzung eines Vorstandes. Die dort geforderte Satzungsregelung über die Bildung des Vorstandes bezeichnet die Pflicht zum Erlass von Bestimmungen über die Zahl der Mitglieder im Vorstand, dessen personelle Besetzung sowie die Bestellung und Abberufung der Mitglieder.[542] Die Einsetzung eines Vorstandes als Organ der Stiftung ist notwendig, damit die Stiftung als juristische Person ab dem Zeitpunkt ihrer Anerkennung handlungsfähig ist.[543] Neben diesem Pflichtmerkmal orientiert sich bei Bedarf die übrige Organisation am Stiftungszweck und am Stiftungsvermögen. Eine gesetzliche Pflicht zur Etablierung weiterer Organe gibt es nicht.[544] Sofern die Satzung weitere Stiftungsorgane vorsieht, müssen die sie betreffenden Satzungsbestimmungen in sich und insbesondere in Beziehung zu den Bestimmungen über den Vorstand widerspruchsfrei und nachvollziehbar sein. Es muss zweifelsfrei feststehen, wer die Stiftung organschaftlich nach außen vertritt.[545] Außerdem

---

541 *Werner*, in: Werner/Saenger/Fischer, Die Stiftung, § 10 Rn. 4.

542 BT-Drucks. 14/8765, S. 11; *Backert*, in: Bamberger/Roth/Hau/Poseck BGB, § 81 Rn. 12; *Hüttemann/Rawert* in: Staudinger, BGB, § 81 Rn. 73; *Weitemeyer*, in: MüKo BGB, § 81 Rn. 45; *Werner*, in: Werner/Saenger/Fischer, Die Stiftung, § 10 Rn. 6.

543 *Backert*, in: Bamberger/Roth/Hau/Poseck BGB, § 81 Rn. 12; *Hüttemann/Rawert*, in: Staudinger, BGB, § 81 Rn. 73; *Weitemeyer*, in: MüKo BGB, § 81 Rn. 45; *Schlüter/Stolte*, Stiftungsrecht, 2. Kap. Rn. 55; *Saenger*, ZStV 2012, 94.

544 *Backert*, in: Bamberger/Roth/Hau/Poseck BGB, § 81 Rn. 13; *Hüttemann/Rawert*, in: Staudinger, BGB, § 81 Rn. 74; *Stumpf*, in: Stumpf/Suerbaum/Schulte/Pauli, Stiftungsrecht, B 2. Kap. § 81 Rn. 39; *Weitemeyer*, in: MüKo BGB, § 81 Rn. 45; *Schlüter/Stolte*, Stiftungsrecht, 2. Kap. Rn. 67.

545 BT-Drucks. 14/8765, S. 11; *Backert*, in: Bamberger/Roth/Hau/Poseck BGB, § 81 Rn. 13; *Hüttemann/Rawert*, in: Staudinger, BGB, § 81 Rn. 74; *Weitemeyer*, in: MüKo BGB, § 81 Rn. 45; *Hof*, in: Münchener Vertragshandbuch, VIII Nr. 1 Anm. 29; *Burgard*, ZStV 2015, 1, 8.

müssen die Stiftungsgremien in der Anzahl, Größe und Funktion der Geschäftstätigkeit und dem Stiftungstyp entsprechen.[546]

b. Vorstand

Unverzichtbares Organ der Organisation der Stiftung ist der Vorstand. Im Rahmen der Satzung hat der Stifter die Möglichkeit, eine abweichende Bezeichnung zu verwenden, sofern dem Organ die gleiche Funktion zukommt. So werden auch die Bezeichnungen Präsidium, Direktorium oder Verwaltungsrat verwendet.[547] In den Satzungen der Sparkassen-Stiftungen ist die Bezeichnung als Vorstand üblich.[548] Es ist bei der Organisation der Stiftung zwischen den Aufgaben des Vorstandes sowie dessen personeller Besetzung zu differenzieren. Die Aufgaben des Vorstandes ergeben sich teilweise aus dem Gesetz, teilweise sind in der Satzung zwingend Regelungen zu bestimmten Punkten festzulegen und teilweise können die Stifter freiwillig Vorgaben zur weiteren Ausgestaltung der Tätigkeit treffen.

aa. Aufgaben des Vorstandes

(1) Gesetzliche Vorgaben

Der Vorstand ist der gesetzliche Vertreter der Stiftung. Dies ergibt sich aus einem Verweis auf die Regelungen des Vereinsrechts im Rahmen der Tätigkeit des Vorstandes.[549] Nach § 86 I BGB i.V.m § 26 I 2 BGB ist es die Aufgabe des Vorstandes einer Stiftung, diese gegenüber Dritten gerichtlich und außergerichtlich zu vertreten.[550] Werden mehrere Vorstandsmitglieder bestellt, üben sie die

546 *Godron*, in: Richter, Stiftungsrecht, § 6 Rn. 11; *Weger/Weger*, in: Bertelsmann Stiftung, Handbuch Stiftungen, S. 797, 813.

547 *Backert*, in: Bamberger/Roth/Hau/Poseck BGB, § 81 Rn. 12; *Hüttemann/Rawert*, in: Staudinger, BGB, § 81 Rn. 73, § 86 Rn. 3; *Weitemeyer*, in: MüKo BGB, § 81 Rn. 45; *Saenger*, ZStV 2012, 94, 95.

548 Siehe z. B. *Stiftung der Sparkasse Münsterland Ost*, Satzung in der Fassung vom 09. August 2016, § 6, https://stiftungen-sparkasse-mslo.sparkasseblog.de/files/2016/08/20160809_Satzung-Stiftung-SK-MSLO.pdf (06.02.2021); *Stiftung Zukunft der Sparkasse Koblenz*, Satzung in der Fassung vom 27. November 2000, § 7, https://www.sparkasse-koblenz.de/de/home/ihre-sparkasse/Stiftungen.html?n=true (06.02.2021).

549 *Backert*, in: Bamberger/Roth/Hau/Poseck BGB, § 86 Rn. 1; *Hüttemann/Rawert*, in: Staudinger, BGB, § 86 Rn. 1; *Stumpf*, in: Stumpf/Suerbaum/Schulte/Pauli, Stiftungsrecht, B 2. Kap. § 86 Rn. 1; *Weitemeyer*, in: MüKo BGB, § 86 Rn. 2.

550 *Stumpf*, in: Stumpf/Suerbaum/Schulte/Pauli, Stiftungsrecht, B 2. Kap. § 86 Rn. 11; *Weitemeyer*, in: MüKo BGB, § 86 Rn. 15; *Godron*, in: Richter, Stiftungsrecht, § 6 Rn. 20;

Vertretungsmacht gemeinsam nach dem Mehrheitsprinzip aus.[551] Bei der Vertretung der Stiftung steht dem Vorstand dabei grundsätzlich eine unbeschränkte Vertretungsmacht zu, was sich aus der Formulierung des § 26 I 2 1. Hs. BGB sowie aus einem Gegenschluss aus § 26 I 3 BGB ergibt.[552] Die Landesstiftungsgesetze regeln jedoch für bestimmte Arten von Rechtsgeschäften eine gesetzliche Beschränkung der Vertretungsmacht[553] sowie Anzeigepflichten bei bestimmten Geschäften[554]. Neben der gesetzlichen Vertretung hat der Vorstand die Geschäfte der Stiftung zu führen gemäß § 86 I i. V. m. § 27 III 1 BGB. Für die Pflichten und Rechte des Vorstandes bei der Geschäftsführung können die Vorschriften des Auftragsrechts gemäß §§ 664 ff. BGB herangezogen werden.[555] Inhaltlich umfasst die Geschäftsführung die ordnungsgemäße Verwaltung des Stiftungsvermögens und dessen Einsatz zur Erfüllung des Stiftungszwecks.[556]

Götz/Pach-Hanssenheimb, Handbuch der Stiftung, Rn. 217; *Schlüter/Stolte*, Stiftungsrecht, 2. Kap. Rn. 64.

551 Vgl. § 86 I BGB i. V. m. § 26 II BGB, dazu ausführlich *Hüttemann/Rawert,* in: Staudinger, BGB, § 86 Rn. 23; *Sontheimer*, Das neue Stiftungsrecht, S. 69; sowie *Arnold,* in: MüKo BGB, § 26 Rn. 15; *Mansel*, in: Jauernig BGB, § 26 Rn. 4; *Schöpflin,* in: Bamberger/Roth/Hau/Poseck BGB, § 26 Rn. 16; *Segna,* in: BeckOGK BGB, § 26 Rn. 33.

552 Geltung für die Stiftung über § 86 I i. V. m. § 26 I BGB. Ausführlich zum Umfang der Vertretungsmacht gemäß § 26 I BGB *Segna*, in: BeckOGK BGB, § 26 BGB Rn. 26; *Weick*, in: Staudinger, BGB, § 26 Rn. 9.

553 Eine gesetzliche Beschränkung für bestimmte Geschäfte sieht aktuell nur Bayern in Art. 19 StiftG Bayern vor, siehe *Schulte,* in: Hüttemann/Richter/Weitemeyer, Landesstiftungsrecht, Rn. 29.19; *Stumpf,* in: Stumpf/Suerbaum/Schulte/Pauli, Stiftungsrecht, B 2. Kap. § 86 Rn. 12; *Götz/Pach-Hanssenheimb,* Handbuch der Stiftung, Rn. 222.

554 Solche Geschäfte sind z. B. Darlehensaufnahmen, unentgeltliche Zuwendungen, die nicht der Erfüllung des Stiftungszwecks dienen, Rechtsgeschäfte mit Mitgliedern von Stiftungsorganen, Umschichtung des Stiftungsvermögens sowie Veräußerung wesentlicher Sachen mit einem besonderen wissenschaftlichen, geschichtlichen oder künstlerischen Wert, siehe z. B. § 13 I 1 StiftG BW, § 9 I 1 StiftG Schl-H, dazu auch *Götz/Pach-Hanssenheimb*, Handbuch der Stiftung, Rn. 222.

555 *Hüttemann/Rawert,* in: Staudinger, BGB, § 86 Rn. 26; *Stumpf,* in: Stumpf/Suerbaum/Schulte/Pauli, Stiftungsrecht, B 2. Kap. § 86 Rn. 14; *Weitemeyer,* in: MüKo BGB, § 86 Rn. 22. Den dem Vorstand nach dem Vereinsrecht hierbei obliegenden Pflichten wie z. B. die Weisungsgebundenheit nach § 666 BGB kommt jedoch erst Bedeutung zu, wenn die Stiftungssatzung ein zweites Organ geschaffen hat, siehe *Hüttemann/Rawert,* in: Staudinger, BGB, § 86 Rn. 24; *Weitemeyer,* in: MüKo BGB, § 86 Rn. 22.

556 *Backert,* in: Bamberger/Roth/Hau/Poseck BGB, § 86 Rn. 5; *Stumpf,* in: Stumpf/Suerbaum/Schulte/Pauli, Stiftungsrecht, B 2. Kap. § 86 Rn. 15; *Ebersbach*, Handbuch des Stiftungsrechts, S. 103; *Saenger,* ZStV 2012, 94, 96.

(2) *Satzungsrechtliche Regelungen*

In der Satzung der Stiftung können vom Stifter weitere Vorgaben zu den Aufgaben des Vorstandes getroffen werden. Diese betreffen die Vertretungsmacht sowie die Bildung weiterer Stiftungsorgane. Die Satzungsregelungen können zum einen der weiteren Ausgestaltung der Tätigkeit des Vorstandes dienen und zum anderen den Zweck haben, von den gesetzlichen Vorgaben abweichende Regelungen zu treffen.

Im Rahmen der Satzung kann zunächst die gesetzliche Vertretungsmacht modifiziert werden. So kann durch die Satzung dem Vorstand eine Einzelvertretungsmacht erteilt werden oder die Vertretungsmacht für bestimmte Geschäfte beschränkt werden.[557] Dabei entfalten Begrenzungen in der Stiftungssatzung nach vorwiegender Ansicht anders als bei anderen Kapitalgesellschaften auch Wirkung gegenüber Dritten.[558]

Weiterhin kommt der Satzung eine wichtige Aufgabe bei der Bildung weiterer fakultativer Stiftungsorgane sowie der Verteilung der Aufgaben zwischen den Organen der Stiftung zu.[559] Mangels gesetzlicher Vorgaben liegt die Aufteilung der Aufgaben der verschiedenen Organe der Stiftung allein im Ermessen des Stifters bei Erlass der Satzung.[560] Beim Zusammenwirken der Organe Vorstand und Kuratorium haben sich bei der Aufgabenteilung typische Gestaltungsvarianten herausgebildet: In der Regel ist der Vorstand für die laufende Geschäftstätigkeit und die Vertretung nach außen zuständig, das Kuratorium übernimmt eine Kontrollfunktion durch die Entlastung des Vorstandes und die Prüfung des Jahresabschlusses.[561] Zudem können die Übernahme strategischer Entscheidungen,

---

557 *Götz/Pach-Hanssenheimb*, Handbuch der Stiftungen, Rn. 218; *Weger/Weger*, in: Bertelsmann Stiftung, Handbuch Stiftungen, S. 797, 814; zur möglichen satzungsrechtlichen Änderung der Vertretungsbefugnisse eines Vorstandes siehe auch die Regelungen zum Verein *Schöpflin*, in: Bamberger/Roth/Hau/Poseck BGB, § 26 Rn. 17.

558 Für eine Wirkung gegenüber gutgläubigen Dritten *Backert*, in: Bamberger/Roth/Hau/Poseck BGB, § 86 Rn. 3; *Weitemeyer*, in: MüKo BGB, § 86 Rn. 16; *Burgard*, Gestaltungsfreiheit im Stiftungsrecht, S. 246 ff.; *Fritsche*, ZStV 2003, 113, 116; *Saenger*, ZStV 2012, 94, 96. Unentschieden *Hüttemann/Rawert*, in: Staudinger, BGB, § 86 Rn. 14; kritisch *Ellenberger*, in: Palandt, BGB, § 86 Rn. 1.

559 *Backert*, in: Bamberger/Roth/Hau/Poseck BGB, § 81 Rn. 13.

560 *Pues/Scheerbarth*, Gemeinnützige Stiftungen im Zivil- und Steuerrecht, S. 32; *Werner*, in: Werner/Saenger/Fischer, Die Stiftung, § 10 Rn. 41.

561 Zur groben Abgrenzung so auch *Godron*, in: Richter, Stiftungsrecht, § 6 Rn. 87; *v. Holt/Koch*, Stiftungssatzung, S. 27; *Pues/Scheerbarth*, Gemeinnützige Stiftungen im Zivil- und Steuerrecht; S. 32; *Schlüter/Stolte*, Stiftungsrecht, 2. Kap. Rn. 76; *Werner*, in: Werner/Saenger/Fischer, Die Stiftung, § 10 Rn. 42; *Seiler/Bank*, NZG 2010, 641, 643.

die Entwicklung von Richtlinien von grundlegender Bedeutung (z. B. Förderrichtlinien), die Entscheidung über große Förderprojekte sowie die Änderung der Satzung nach dem Willen des Stifters zwischen Vorstand und Kuratorium aufgeteilt werden.[562] Dabei lässt sich je nach Verteilung dieser Entscheidungen eine stärkere Position des Kuratoriums oder des Vorstandes feststellen.[563]

(3) Praxis der Sparkassen-Stiftungen

Die Geschäftsführung und Vertretung der Stiftung erfolgen zunächst anhand der gesetzlichen Vorgaben. Die Satzungen der Sparkassen-Stiftungen werden zum einen dazu genutzt, die Vertretungsregelungen auszugestalten. So wird in den Satzungen vielfach die Vertretung der Stiftung durch zwei Mitglieder des Vorstandes festgelegt.[564] Die Begrenzung auf zwei Vorstandsmitglieder erleichtert die Handlungsfähigkeit des Vorstandes und ermöglicht ein effektives Handeln. Zum anderen dient die Satzung der Regelung der Anzahl der Organe sowie der Verteilung der Aufgaben zwischen ihnen. Es gibt Sparkassen-Stiftungen, die allein den Vorstand als Stiftungsorgan aufweisen.[565] Die Mehrheit der Sparkassen-Stiftungen besteht jedoch aus zwei Organen, dem Vorstand und dem Kuratorium. Dabei erfolgt in der Regel eine Aufteilung der Aufgaben zwischen den Organen in der Form, dass der Vorstand für die Geschäfte der Stiftung zuständig ist und das Kuratorium eine Kontrollfunktion aber auch Entscheidungsfunktion in Bezug auf die Förderung wahrnimmt.[566] Im Rahmen der

---

562 *V. Holt/Koch*, Stiftungssatzung, S. 27 f.

563 *Seiler/Bank*, NZG 2010, 641, 643.

564 Siehe z. B. *Stiftung der Frankfurter Sparkasse,* Satzung in der Fassung vom 30. April 2010, § 7 II 1, https://www.sparkassenstiftungen.de/fileadmin/stiftungen/stiftung_der_frankfurter_sparkasse/public/downloads/Stiftungssatzung_neues_Logo.pdf (06.02.2021); *SK Stiftung Kultur der Sparkasse KölnBonn,* Satzung in der Fassung vom Dezember 2018, § 6 III, https://www.sk-kultur.de/stiftung/veroeffentlichungen/satzung/ (06.02.2021).

565 *Sozialstiftung der Kreissparkasse Heilbronn*, Satzung in der Fassung vom 23. Juli 2014, § 5, https://module.sparkasse-heilbronn.de/de/home/ihre-sparkasse/stiftungen_lp.html/stiftungen_20210113/ sozialstiftung.html (06.02.2021); Stiftung der Frankfurter Sparkasse, Satzung in der Fassung vom 30. April 2010, § 5 I, https://www.sparkassenstiftungen.de/fileadmin/stiftungen/stiftung_der_ frankfurter_sparkasse/public/downloads/Stiftungssatzung_neues_Logo.pdf (06.02.2021).

566 Statt vieler siehe z. B. *Stiftung der Sparkasse Münsterland Ost*, Satzung in der Fassung vom 09. August 2016, § 5 I, https://stiftungen-sparkasse-mslo.sparkasseblog.de/files/2016/08/20160809_Satzung-Stiftung-SK-MSLO.pdf (06.02.2021); *Sparkassenstiftung Südliche Weinstraße*, Satzung in der Fassung vom 01. Oktober 2012, § 7 I, https://www.sparkasse-suew.de/content/dam/myif/spk-suedliche-weinstrasse-landau/work/

Geschäftstätigkeit kommt dem Vorstand vor allem Verantwortung bei der Verwaltung des Stiftungsvermögens zu.[567] Weitere typische Aufgaben sind die Aufstellung des Haushaltsplans sowie die Erstellung des Jahresabschlusses und des Tätigkeitsberichts.[568]

bb. Personelle Besetzung des Vorstandes

Für die personelle Besetzung des Vorstandes muss die Satzung zwingende Angaben enthalten. Darüber hinaus können freiwillig weitere Regelungen getroffen werden.

(1) Satzungsrechtliche Regelungen

Nach § 81 I 3 Nr. 5 BGB sind beim Erlass der Satzung der Stiftung Regelungen zur personellen Besetzung des Vorstandes festzulegen. Diese Regelungen beinhalten Vorgaben zur Anzahl der Vorstandsmitglieder sowie zum Verfahren ihrer Bestellung und Abberufung.[569]

Bezüglich der Anzahl der Vorstandsmitglieder muss die Satzungsregelung die Anforderungen des Vereinsrechts wahren, sodass der Vorstand aus einer oder mehreren Personen gemäß § 86 i. V. m. § 26 I 2 BGB bestehen kann. Dabei

---

dokumente/Kommunikation/Satzung_Sparkassenstiftung_2011.pdf (06.02.2021); *Stiftung der Sparkasse Mecklenburg-Nordwest*, Satzung in der Fassung vom 20. November 2009, § 6, https://www.sparkassenstiftungen.de/index.php?id=7507 (06.02.2021).

567 Vgl. *Sportstiftung der Kreissparkasse Steinfurt*, Satzung in der Fassung vom 21. Januar 2016, § 7 II, https://www.sparkassenstiftungen.de/index.php?id=4434 (06.02.2021); *Stiftung Zukunft der Sparkasse Koblenz*, Satzung in der Fassung vom 27. November 2000, § 8 II 1, 2, 3, https://www.sparkasse-koblenz.de/de/home/ihre-sparkasse/Stiftungen.html?n=true (06.02.2021); *Stiftung der Sparkasse Herford,* Satzung in der Fassung vom 01. Januar 2005, § 7 VI, https://www.sparkassenstiftungen.de/index.php?id=11905 (06.02.2021).

568 Siehe z. B. *Stiftung Zukunft der Sparkasse Koblenz*, Satzung in der Fassung vom 27. November 2000, § 8 II 4, 5, https://www.sparkasse-koblenz.de/de/home/ihre-sparkasse/Stiftungen.html?n=true (06.02.2021); *Sparkassenstiftung Südliche Weinstraße*, Satzung in der Fassung vom 01. Oktober 2012, § 9 II Nr. 2, 3, https://www.sparkasse-suew.de/content/dam/myif/spk-suedliche-weinstrasse-landau/work/dokumente/ Kommunikation/Satzung_Sparkassenstiftung_2011.pdf (06.02.2021).

569 *Backert,* in: Bamberger/Roth/Hau/Poseck BGB, § 81 Rn. 12; *Hüttemann/Rawert*, in: Staudinger, BGB, § 81 Rn. 75 ff.; *Weitemeyer,* in: MüKo BGB, § 81 Rn. 45; *Werner,* in: Werner/Saenger/Fischer, Die Stiftung, § 10 Rn. 25 f.; *Saenger*, ZStV 2012, 94, 95.

können Vorstandsmitglieder natürliche oder juristische Personen sein.[570] Die Größe des Vorstandes muss nicht explizit bestimmt sein, dagegen ist ein Spielraum wie ‚mindestens zwei, höchstens vier', der eine Ausfüllung nach den Umständen des Einzelfalles erlaubt, ausreichend.[571]

Die Festlegung des Verfahrens zur Bestellung des Vorstandes obliegt dem Stifter und unterliegt keinen besonderen Beschränkungen.[572] Die erste Berufung der Organmitglieder erfolgt häufig durch den Stifter im Stiftungsgeschäft.[573] Das Berufungsverfahren zur späteren Bestellung von Vorstandsmitgliedern kann verschiedene Regelungen enthalten. Eine Möglichkeit ist die Berufung durch ein anderes Stiftungsorgan.[574] Weiterhin kann die Bestellung durch den Stifter selbst oder einen unabhängigen Dritten (z. B. den Bürgermeister oder den Präsidenten der Industrie- und Handelskammer) als sogenanntes Kreationsorgan erfolgen.[575] Das Kreationsorgan ist bei der Bestellung des Vorstandes dem verobjektivierten Stifterwillen verpflichtet.[576] Die Bestellung kann auch durch eine Selbstergänzung des Organs (Kooptation) erfolgen.[577] Wird eine Person in den Vorstand einer Stiftung bestellt, ist sie nicht automatisch Vorstandsmitglied, sondern die Erlangung der Organmitgliedschaft bedarf der Zustimmung des

570 *Hüttemann/Rawert*, in: Staudinger, BGB, § 86 Rn. 5; *Weitemeyer*, in: MüKo BGB, § 86 Rn. 4; *Godron*, in: Richter, Stiftungsrecht, § 6 Rn. 17; *Burgard*, Gestaltungsfreiheit im Stiftungsrecht, S. 223; *Jakob*, Schutz der Stiftung, S. 220; *Rawert*, in: FS Werner, S. 119 ff.

571 *Weitemeyer*, in: MüKo BGB, § 81 Rn. 45.

572 *Hüttemann/Rawert*, in: Staudinger, BGB, § 81 Rn. 75; *Jakob/Picht*, in: BeckOGK BGB, § 86 Rn. 8; *Weitemeyer*, in: MüKo BGB, § 86 Rn. 4.

573 *Hüttemann/Rawert*, Staudinger, BGB, § 81 Rn. 75; *Godron*, in: Richter, Stiftungsrecht, § 6 Rn. 50; *Hof/Bianchini-Hartmann/Richter*, Stiftungen, S. 25; *Sontheimer*, Das neue Stiftungsrecht, S. 68; *Saenger*, ZStV 2012, 94, 95; *Sieger/Bank*, NZG 2010, 641, 642.

574 *Godron*, in: Richter, Stiftungsrecht, § 6 Rn. 51; *Hof/Bianchini-Hartmann/Richter*, Stiftungen, S. 46.

575 *Godron*, in: Richter, Stiftungsrecht, § 6 Rn. 53; *Hof/Bianchini-Hartmann/Richter*, Stiftungen, S. 45 ff.; *Hof*, in: Münchener Vertragshandbuch, VIII Nr. 1 Anm. 29. Bei der Berufung durch einen unabhängigen Dritten muss sichergestellt werden, dass die berufenen Dritten das Primat des Stifterwillens wahren, siehe dazu *Weitemeyer*, in: MüKo BGB, § 86 Rn. 5.

576 *Godron*, in: Richter, Stiftungsrecht, § 6 Rn. 53; *Jakob*, Schutz der Stiftung, S. 225.

577 *Jakob/Picht*, in: BeckOGK BGB, § 86 Rn. 8 ff.; *Hüttemann/Rawert*, Staudinger, BGB, § 86 Rn. 7; *Weitemeyer*, in: MüKo BGB, § 86 Rn. 5; *Godron*, in: Richter, Stiftungsrecht, § 6 Rn. 52; *Jakob*, Schutz der Stiftung, S. 225; *Sontheimer*, Das neue Stiftungsrecht, S. 68; *Saenger*, ZStV 2012, 94, 96.

Bestellten gegenüber der Stiftung. Dies hat den Grund, dass die Organmitgliedschaft nicht nur Rechte, sondern auch Pflichten mit sich bringt.[578] Die Bestellung als Vorstand ist nicht frei widerrufbar. § 86 BGB verweist gerade nicht auf § 27 II BGB.

Für die Auswahl der zu berufenden Vorstandsmitglieder kann der Stifter Auswahlkriterien bestimmen, was zu empfehlen ist.[579] Als Kriterien für die Auswahl sollten der Bedarf der Stiftung, die Anforderungen der Tätigkeit, die Qualität der Bewerber, ihre Einsatzbereitschaft für die Stiftung und die Stiftungszwecke sowie ihre Vertrauenswürdigkeit herangezogen werden.[580] Der Stiftung kommen juristische und finanzwissenschaftliche Kenntnisse im Bereich der Kontrolle zugute.[581] Weiterhin sind Vorkenntnisse im Bereich der Vermögensverwaltung nützlich.[582] Für die Auswahl der zukünftigen Mitglieder können abstrakte Merkmale festgelegt werden wie z. B. Abkömmlinge oder Familienangehörige sowie Funktionsträger.[583]

Im Rahmen der Besetzung des Vorstandes sollte weiterhin das Verfahren der Abberufung in der Satzung bestimmt werden.[584] Dabei gilt jedoch als Vorgabe, dass die Abberufung stets eines sachlichen Grundes bedarf.[585] Ein sachlicher Grund liegt z. B. bei einer groben Pflichtverletzung sowie der Unfähigkeit des Organmitglieds zur Erfüllung seiner Pflichten vor.[586] Sofern besondere

---

578 *Hüttemann/Rawert*, Staudinger, BGB, § 81 Rn. 75; *Weitemeyer*, in: MüKo BGB, § 81 Rn. 46; *Godron*, in: Richter, Stiftungsrecht, § 6 Rn. 50. Die Mitgliedschaft sowie die Ausübung von Rechten und Pflichten sind dabei nicht nur personengebunden durch das jeweilige Mitglied, sondern auch über eine Vertretung möglich, vgl. BVerwG, Beschl. v. 6.3.2019 – 6 B 135/18, npoR 2019, 125, 127.

579 *Saenger*, ZStV 2012, 94, 95.

580 *Godron*, in: Richter, Stiftungsrecht, § 6 Rn. 75.

581 *Godron*, in: Richter, Stiftungsrecht, § 6 Rn. 75.

582 *Godron*, in: Richter, Stiftungsrecht, § 6 Rn. 75.

583 *Saenger*, ZStV 2012, 94, 96.

584 *Jakob/Picht*, in: BeckOGK BGB, § 86 Rn. 14; *Lunk/Rawert*, in: Walz/Kötz/Rawert/Schmidt, Non Profit Law Yearbook 2001, S. 91, 97 f.

585 *Backert*, in: Bamberger/Roth/Hau/Poseck BGB, § 86 Rn. 2; *Hüttemann/Rawert*, in: Staudinger, BGB, § 86 Rn. 9; *Weitemeyer*, in: MüKo BGB, § 86 Rn. 12; *Lunk/Rawert*, in: Walz/Kötz/Rawert/Schmidt, Non Profit Law Yearbook 2001, S. 91, 98.

586 *Hüttemann/Rawert*, in: Staudinger, BGB, § 86 Rn. 9; *Weitemeyer*, in: MüKo BGB, § 86 Rn. 12. Zur Abberufung auf Verdacht der groben Pflichtverletzung OLG Thüringen, Urt. v. 21.12.1999 – 5 U 18/99, ZStV 2003, 24 ff. m. Anm. Saenger.

Regelungen fehlen, ist für die Abberufung der Organmitglieder die Instanz zuständig, die nach der Satzung auch die Bestellungsbefugnis hat.[587]

Bei der Bildung des Vorstandes können freiwillig Vorgaben hinsichtlich der Amtsdauer, Altersgrenzen sowie der Wiederwahl in der Satzung erfolgen.[588] Die Wahrnehmung der Aufgabe des Vorstandes kann durch eine Person ehrenamtlich, nebenamtlich oder hauptamtlich erfolgen.[589] Es empfiehlt sich, bereits in der Satzung eine Festlegung der Art der Aufgabenwahrnehmung zu treffen.[590]

(2) Praxis der Sparkassen-Stiftungen

In den Satzungen der Sparkassen-Stiftungen finden sich die gesetzlich vorgeschriebenen Satzungsregelungen. Bei der Anzahl der Vorstandsmitglieder ist die Größe der Stiftung von Bedeutung. So umfasst der Vorstand der Stiftung der Frankfurter Sparkasse, die eine größere Sparkassen-Stiftung darstellt, drei bis fünf Mitglieder.[591] Die Sparkassenstiftung Südliche Weinstraße als kleinere Sparkassen-Stiftung hingegen besitzt nur zwei Vorstandsmitglieder.[592] Die Sparkassen verwenden in den Satzungen oftmals Regelungen, die eine gewisse Flexibilität bei der Anzahl der Vorstandsmitglieder bieten. Diese haben den Vorteil, dass eine Besetzung des Organs auch in Zukunft einfach sichergestellt werden kann. Das Risiko der Nichtbesetzung des Organs nach den satzungsrechtlichen Anforderungen ist reduziert.

---

587 *Hadding*, in: Soergel BGB, § 27 Rn. 17 m.w.N.; *Hüttemann/Rawert*, in: Staudinger, BGB, § 86 Rn. 9; *Hof*, in: v. Campenhausen/Richter, Stiftungsrechts-Handbuch, 2014, § 8 Rn. 179; *Burgard*, Gestaltungsfreiheit im Stiftungsrecht, S. 401; *Lunk/Rawert*, in: Walz/Kötz/Rawert/Schmidt, Non Profit Law Yearbook 2001, S. 91, 98.

588 *Hüttemann/Rawert*, in: Staudinger, BGB, § 81 Rn. 73; *Saenger*, ZStV 2012, 94, 95.

589 Dabei ist grundsätzlich zu beachten, dass sich die ehrenamtliche Vorstandstätigkeit und die Zahlung einer Vergütung ausschließen, vgl. BVerwG, Beschl. v. 6.3.2019 – 6 B 135/18, ZStV 2020, 62, 67 f.

590 *Godron*, in: Richter, Stiftungsrecht, § 6 Rn. 61; *Hof*, in: Münchener Vertragshandbuch, VIII Nr. 1 Anm. 29; *Hof/Bianchini-Hartmann/Richter*, Stiftungen, S. 25.

591 *Stiftung der Frankfurter Sparkasse*, Satzung in der Fassung vom 30. April 2010, § 6 I, https://www.sparkassenstiftungen.de/fileadmin/stiftungen/stiftung_der_frankfurter_sparkasse/public/downloads/Stiftungssatzung_neues_Logo.pdf (06.02.2021).

592 *Sparkassenstiftung Südliche Weinstraße*, Satzung in der Fassung vom 01. Oktober 2012, § 8 I 1, https://www.sparkasse-suew.de/content/dam/myif/spk-suedliche-weinstrasse-landau/work/dokumente/Kommunikation/Satzung_Sparkassenstiftung_2011.pdf (06.02.2021).

Die Bestellung des Vorstandes ist in den Sparkassen-Stiftungen in der Regel an die Wahrnehmung einer Tätigkeit in den Sparkassen geknüpft. Sofern die Stiftung den Vorstand und das Kuratorium als Stiftungsorgane kennt, erfolgt die Berufung in den Vorstand der Stiftung im Grundsatz aufgrund der Ausübung einer Funktion in den Sparkassen. In den Vorstand bestellte Personen sind in der Regel Vorstandsmitglieder sowie Mitarbeiter der Sparkassen.[593] Ausnahmsweise werden auch der Verwaltungsratsvorsitzende oder die stellvertretenden Vorsitzenden des Verwaltungsrats der Sparkassen in den Vorstand berufen.[594] Sofern die Sparkassen-Stiftungen nur den Vorstand als Organ kennen, sind Vertreter der Sparkassen[595] und der Gemeinden[596] im Vorstand vertreten.

593 Dazu siehe *Sportstiftung der Kreissparkasse Steinfurt*, Satzung in der Fassung vom 21. Januar 2016, § 7 I, https://www.sparkassenstiftungen.de/index.php?id=4434 (06.02.2021), nach der ein Vorstandmitglied sowie einen Mitarbeiter der Kreissparkasse in den Vorstand zu berufen sind. Bei der Sparkassen-Stiftung der Sparkasse Münsterland Ost besteht der Vorstand aus Mitarbeitern der Sparkasse, siehe *Stiftung der Sparkasse Münsterland Ost*, Satzung in der Fassung vom 09. August 2016, § 9, https://stiftungen-sparkasse-mslo.sparkasseblog.de/files/2016/08/20160809_Satzung-Stiftung-SK-MSLO.pdf (06.02.2021). Bei der Sparkasse Koblenz besteht der Vorstand aus drei Mitgliedern des Vorstandes der Sparkasse, vergleiche *Stiftung Zukunft der Sparkasse Koblenz*, Satzung in der Fassung vom 27. November 2000, § 7 I, https://www.sparkasse-koblenz.de/de/home/ihre-sparkasse/Stiftungen.html?n=true (06.02.2021).

594 Bei der Sparkassen-Stiftung Allgäu sind im Vorstand der Stiftung der Vorstandsvorsitzende der Sparkasse, der Verwaltungsratsvorsitzende sowie vier stellvertretende Vorsitzende des Verwaltungsrats vertreten, siehe *Sparkassenstiftung Allgäu*, Satzung in der Fassung vom 17. Oktober 2006, § 7 I, https://www.sparkasse-allgaeu.de/stiftung (06.02.2021); ebenso bei der *SK Stiftung Kultur der Sparkasse KölnBonn*, Satzung in der Fassung vom Dezember 2018, § 6 II; https://www.sk-kultur.de/stiftung/veroeffentlichungen/satzung/ (06.02.2021).

595 *Stiftung der Frankfurter Sparkasse*, Satzung in der Fassung vom 30. April 2010, § 6 IV, https://www.sparkassenstiftungen.de/fileadmin/stiftungen/stiftung_der_frankfurter_sparkasse/public/downloads/Stiftungssatzung_neues_Logo.pdf (06.02.2021); *Sozialstiftung der Kreissparkasse Heilbronn*, Satzung in der Fassung vom 23. Juli 2014, § 6 I, https://module.sparkasse-heilbronn.de/de/home/ihre-sparkasse/stiftungen_lp.html/stiftungen_20210113/sozialstiftung.html (06.02.2021).

596 Vertreter der Kommune sind z. B. zwei Mitglieder des Magistrats der Stadt Frankfurt sowie deren Oberbürgermeister, vgl. *Stiftung der Frankfurter Sparkasse*, Satzung in der Fassung vom 30. April 2010, § 6 II, III, https://www.sparkassenstiftungen.de/fileadmin/stiftungen/stiftung_der_frankfurter_sparkasse/ public/downloads/Stiftungssatzung_neues_Logo.pdf (06.02.2021). In Heilbronn sind es der Landrat des Kreises Heilbronn sowie den Oberbürgermeister der Stadt Heilbronn, siehe *Sozialstiftung der Kreissparkasse Heilbronn*, Satzung in der Fassung vom 23. Juli 2014, § 6 I, https://

Die Vertreter der Sparkassen können geborene oder gekorene Organmitglieder sein. Teilweise ergeben sich die Mitglieder direkt aus der Satzung. So besteht der Stiftungsvorstand der SK Stiftung Kultur der Sparkasse KölnBonn aus dem Vorstandsvorsitzenden der Sparkasse KölnBonn sowie deren Verwaltungsratsvorsitzenden und dem Oberbürgermeister der Stadt Köln.[597] Teilweise erfolgt die Bestellung der Vorstandsmitglieder aufgrund der Benennung durch andere Personen. Dabei wird diese Aufgabe oftmals dem Vorstand der Sparkasse übertragen. Beispielsweise hat der Vorstand der Kreissparkasse Steinfurt das Recht, den Vorstand der Sportstiftung der Kreissparkasse Steinfurt zu benennen.[598] Die Vorstandsmitglieder werden teilweise auch durch das Kuratorium bestimmt.[599]

In den Satzungen der Sparkassen wird vielfach von der Möglichkeit Gebrauch gemacht, neben den gesetzlich vorgegebenen Regelungen weitere Vorgaben zu treffen. Zu diesen gehören die Amtsdauer, die Wiederwahl, das Ausscheiden sowie der Vorsitz im Vorstand. Die Amtsdauer des Vorstandes beträgt oftmals drei bis sechs Jahre.[600] Weiterhin wird in den Satzungen der Sparkassen-Stiftungen

---

module.sparkasse-heilbronn.de/de/home/ihre-sparkasse/stiftungen_lp.html/stiftungen_20210113/sozialstiftung.html (06.02.2021).

597 *SK Stiftung Kultur der Sparkasse KölnBonn,* Satzung in der Fassung vom Dezember 2018, § 6 I und 6 II, https://www.sk-kultur.de/stiftung/veroeffentlichungen/satzung/ (06.02.2021). Ähnlich ist die Regelung zur Besetzung des Vorstandes durch die jeweiligen ordentlichen Vorstandsmitglieder der Sparkasse der Sparkassen-Stiftung Herford, siehe *Stiftung der Sparkasse Herford,* Satzung in der Fassung vom 01. Januar 2005, § 7 I, https://www.sparkassenstiftungen.de/index.php?id=11905 (06.02.2021).

598 *Sportstiftung der Kreissparkasse Steinfurt*, Satzung in der Fassung vom 21. Januar 2016, § 7 I, https://www.sparkassenstiftungen.de/index.php?id=4434 (06.02.2021). Für ähnliche Regelungen vgl. *Stiftung der Sparkasse Münsterland Ost*, Satzung in der Fassung vom 09. August 2016, § 9 II, https://stiftungen-sparkasse-mslo.sparkasseblog.de/files/2016/08/20160809_Satzung-Stiftung-SK-MSLO.pdf (06.02.2021); *Stiftung der Sparkasse Mecklenburg-Nordwest*, Satzung in der Fassung vom 20. November 2009, § 7 I, https://www.sparkassenstiftungen.de/index.php?id=7507 (06.02.2021).

599 *Sparkassenstiftung Südliche Weinstraße*, Satzung in der Fassung vom 01. Oktober 2012, § 8 III 1, https://www.sparkasse-suew.de/content/dam/myif/spk-suedliche-weinstrasselandau/work/dokumente/ Kommunikation/Satzung_Sparkassenstiftung_2011.pdf (06.02.2021); *Sparkassenstiftung Zukunft Elbe-Elster-Land*, Satzung in der Fassung vom 15. Dezember 2015, § 9 I 1, https://www.spk-elbe-elster.de/de/home/ihre-sparkasse/Sparkassenstiftung/stiftung.html?n=true (06.02.2021).

600 Eine Amtszeit von drei Jahren findet sich z. B. bei der *Sparkassenstiftung zur Förderung der Wissenschaft im Landkreis Barnim*, Satzung in der Fassung vom 13. Dezember 2011, § 6 III, https://www.stiftungen-der-sparkasse-barnim.de/downloads-wissenschaftsstiftung (06.02.2021). Eine Amtszeit von 6 Jahren findet sich bei der *Sozialstiftung der Kreissparkasse Heilbronn*, Satzung in der Fassung vom 23. Juli 2014,

häufig die Möglichkeit der Wiederwahl geregelt.[601] Gleichwohl enthalten Sparkassen-Satzungen vereinzelt Bestimmungen zur Vergütung der Vorstände. Bei Sparkassen-Stiftungen ist der Vorstand grundsätzlich ehrenamtlich tätig.[602]

cc. Ergebnis

Die Aufgaben des Vorstandes als dem gesetzlich einzig vorgegebenen Organ der Stiftung ergeben sich aus dem Gesetz. Dem Vorstand werden dabei grundsätzlich die Geschäftsführungs- sowie die Repräsentationsaufgabe zugewiesen. Die Satzung der Stiftung hat zwingend eine Regelung zur personellen Besetzung des Vorstandes zu treffen. Weitere – den Vorstand betreffende – Vorgaben können freiwillig erfolgen. Eine Besonderheit der Sparkassen-Stiftungen ist die Besetzung des Vorstandes mit Vertretern der Sparkassen. Dies sind in der Regel Vorstandsmitglieder sowie Mitarbeiter der Sparkassen.

c. Kuratorium

Neben dem Vorstand kann die Stiftung ein weiteres Organ zur Kontrolle der Tätigkeit des Vorstandes einsetzen.[603] Für dieses werden häufig die Bezeichnungen Kuratorium, Verwaltungsrat oder Beirat gewählt.[604]

---

§ 6 IV, https://module.sparkasse-heilbronn.de/de/home/ihre-sparkasse/stiftungen_lp.html/stiftungen_20210113/ sozialstiftung.html (06.02.2021).

601 Siehe z. B. *Sparkassenstiftung Südliche Weinstraße*, Satzung in der Fassung vom 01. Oktober 2012, § 8 I 2, https://www.sparkasse-suew.de/content/dam/myif/spk-suedliche-weinstrasse-landau/work/dokumente/Kommunikation/Satzung_Sparkassenstiftung_2011.pdf (06.02.2021); *Sparkassenstiftung Zukunft Elbe-Elster-Land*, Satzung in der Fassung vom 15. Dezember 2015, § 9 I 2, https://www.spk-elbe-elster.de/de/home/ihre-sparkasse/Sparkassenstiftung/stiftung.html?n=true (06.02.2021).

602 Siehe z. B. *SK Stiftung Kultur der Sparkasse KölnBonn*, Satzung in der Fassung vom Dezember 2018, § 6 IV, https://www.sk-kultur.de/stiftung/veroeffentlichungen/satzung/ (06.02.2021) und *Stiftung der Frankfurter Sparkasse*, Satzung in der Fassung vom 30. April 2010, § 5 II 1, https://www.sparkassenstiftungen.de/fileadmin/stiftungen/stiftung_der_frankfurter_sparkasse/public/downloads/Stiftungssatzung_neues_Logo.pdf (06.02.2021) sowie allgemein für alle Organe der Sparkasse siehe z. B. *Sportstiftung der Kreissparkasse Steinfurt*, Satzung in der Fassung vom 21. Januar 2016, § 8 II, https://www.sparkassenstiftungen.de/index.php?id=4434 (06.02.2021).

603 *Backert*, in: Bamberger/Roth/Hau/Poseck BGB, § 81 Rn. 13; *Stumpf*, in: Stumpf/Suerbaum/Schulte/Pauli, Stiftungsrecht, B 2. Kap. § 81 Rn. 39; *Godron*, in: Richter, Stiftungsrecht, § 6 Rn. 86; *Werner*, in: Werner/Saenger/Fischer, Die Stiftung, § 10 Rn. 36; *Saenger*, ZStV 2012, 94, 95.

604 BGH, Urt. v. 08.07.1982 – III ZR 103/80, BGHZ 84, 352 = StiftRspr. III, S. 149 ff. (‚Unternehmensrat'); *Godron*, in: Richter, Stiftungsrecht, § 6 Rn. 86; *Schiffer/Prün/*

aa. Interne Kontrollstrukturen

Es gibt für die selbstständige Stiftung bürgerlichen Rechts keine gesetzliche Notwendigkeit zur Etablierung einer internen Kontrollstruktur. Insofern obliegt es allein dem Stifter, eine solche in der Satzung festzulegen. Aufgrund der fehlenden gesetzlichen Vorgaben bestehen in den letzten Jahren vermehrt Überlegungen zur Etablierung eines rechtlichen und faktischen Ordnungsrahmens für die Überwachung der Stiftung durch externe Maßnahmen sowie durch die Stiftungsbeteiligten selbst, was auch als Foundation-Governance bezeichnet wird.[605] Eine Überlegung der Foundation-Governance betrifft die Etablierung einer Selbstkontrollstruktur in der Binnenorganisation der Stiftung, sog. ‚checks and balances'.[606] Dem internen Kontrollorgan kommt eine wichtige Rolle in der Stiftung zu, da es die Orientierung der Stiftung am Stifterwillen und der Satzung gewährleisten kann und hoheitliche Eingriffe durch die Stiftungsaufsicht vermieden werden.[607] Eine feste Kontrollstruktur für eine Stiftung gibt es nicht.[608] Der Stifter hat somit einen Kompromiss zwischen Leitungsorgan und Kontrollinstanz zu finden.[609] Dennoch bestehen allgemeine Grundsätze zur effektiven Kontrolle einer Stiftung. Eine verantwortungsvolle Stiftungstätigkeit setzt voraus, dass eine Verteilung der Verantwortlichkeiten zwischen Leitungsorgan und Kontrollorgan erfolgt.[610] Weiterhin kann ein Kontrollorgan seine Arbeit nur erledigen, sofern der Vorstand und das Kontrollorgan nicht durch

---

Schürmann, in: Schiffer, Die Stiftung in der Beraterpraxis, §3 Rn. 75; *Saenger*, ZStV 2012, 94, 95.

605 Zur Definition der Foundation Governance siehe u. a. *Jakob/Uhl*, in: BeckOGK BGB, § 80 Rn. 168; *Jakob*, Schutz der Stiftung, S. 528 ff.; *Schöbel*, Corporate Governance im Stiftungsrecht, S. 7; *Burgard*, ZStV 2015, 1 f.; *Saenger/Veltmann*, ZStV 2005, 67, 68.

606 *Jakob/Picht*, in: BeckOGK BGB, § 85 Rn. 76; *Jakob*, Schutz der Stiftung, S. 535 ff.

607 *Godron*, in: Richter, Stiftungsrecht, § 6 Rn. 85; *Kilian*, Die Stellung des Beirats in der Stiftung, S. 53; *Schlüter/Stolte*, Stiftungsrecht, 2. Kap. Rn. 64, *Schwintek*, Vorstandskontrolle, S. 350, 367 ff.

608 *Jakob/Picht*, in: BeckOGK BGB, § 85 Rn. 76; *Saenger/Veltmann*, ZStV 2005, 67, 73. Es finden sich vielmehr unterschiedliche Vorschläge siehe z. B. *Schwintek*, Vorstandskontrolle, S. 367 ff.; *Sontheimer*, Das neue Stiftungsrecht, S. 132 ff. sowie *Wachter*, Stiftungen, B Rn. 84.

609 *Jakob/Picht*, in: BeckOGK BGB, § 85 Rn. 77.

610 *Kohl*, in: GS Walz, S. 339, 346; *Schöbel*, Corporate Governance im Stiftungsrecht, S. 146; *Saenger/Veltmann*, ZStV 2005, 67, 73.

dieselben Personen besetzt werden. Es gilt insofern Inkompatibilitätsvorschriften zu schaffen.[611]

Die Vorgaben zur internen Kontrolle der Stiftung werden in der Praxis bisher in unterschiedlichem Umfang umgesetzt. Es verfügt nur ungefähr ein Viertel der Stiftungen in Deutschland über ein Aufsichtsorgan, das an Entscheidungen über Förderprogramme, der Verwendung der Stiftungsmittel oder der Vermögensanlage mitwirkt.[612] Allerdings besitzen drei Viertel der Stiftungen eine Funktionstrennung zwischen Leitungs- und Aufsichtsorgan.[613] Trotzdem ist bei ungefähr einem Viertel dieser Stiftungen das Aufsichtsorgan dadurch beeinträchtigt, dass dem Kuratorium auch Mitglieder des Leitungsorgans angehören.[614]

Es soll im Folgenden die Kontrollstruktur der Sparkassen-Stiftungen untersucht werden. Es ist für die Sparkassen-Stiftungen zu ermitteln, inwieweit von der Möglichkeit der internen Kontrolle durch ein Kuratorium Gebrauch gemacht wird und wie diese ausgestaltet ist. Dabei sind die Aufgaben sowie die personelle Besetzung des Kuratoriums zu untersuchen. Dies soll unter dem Augenmerk der Schaffung einer effektiven Kontrolle sowie einer Vermeidung von Inkompatibilitäten erfolgen.

bb. Aufgaben des Kuratoriums

Die Aufgaben des Kuratoriums ergeben sich mangels gesetzlicher Vorgaben ausschließlich aus der Satzung.[615]

(1) Satzungsrechtliche Regelungen

Das Kontrollorgan ist grundsätzlich nicht in die laufende Geschäftstätigkeit der Stiftung einzubinden, sondern dient der Beaufsichtigung der Stiftung. Es soll Fehleinschätzungen des Vorstandes verhindern.[616] Zu den Aufgaben gehören

---

611 *Saenger/Veltmann*, ZStV 2005, 67, 73; *Jakob*, Schutz der Stiftung, S. 516, welcher vorschlägt, nahe Verwandte von der Bekleidung eines Stiftungsamts auszuschließen, sofern der Stifter selbst oder eine andere Person aus seiner Nähe ein Amt im jeweils anderen Organ innehat; ebenfalls *Schöbel*, Corporate Governance im Stiftungsrecht, S. 160 ff.

612 *BDS*, Führung, Steuerung und Kontrolle in der Stiftungspraxis, S. 14.

613 *BDS*, Führung, Steuerung und Kontrolle in der Stiftungspraxis, S. 14; *Godron*, in: Richter, Stiftungsrecht, § 6 Rn. 86; *Burgard*, ZStV 2015, 1, 5.

614 *BDS*, Führung, Steuerung und Kontrolle in der Stiftungspraxis, S. 7, 14; *Burgard*, ZStV 2015, 1, 5.

615 *Godron*, in: Richter, Stiftungsrecht, § 6 Rn. 83.

616 *Godron*, in: Richter, Stiftungsrecht, § 6 Rn. 86; *Schiffer/Prün/Schürmann*, in: Schiffer, Die Stiftung in der Beraterpraxis, § 3 Rn. 75.

typischerweise die Entlastung des Vorstandes, die Vertretung der Stiftung gegenüber den Mitgliedern des Vorstandes, die Feststellung der Jahresrechnung, Zustimmungsrechte bei bestimmten Geschäftsführungsmaßnahmen sowie die Mitwirkung bei Grundlagenentscheidungen.[617] Weiterhin ist die zentrale Aufgabe des Kontrollorgans die Evaluation der Tätigkeit der Stiftung im Hinblick auf ihre Übereinstimmung mit den Stiftungszwecken. Dies soll der bestmöglichen Verwirklichung der Stiftungszwecke dienen.[618] Dabei sind neben den konkret festgelegten Zwecken die Grundsätze der Sparsamkeit und Wirtschaftlichkeit sowie allgemeine wirtschaftliche Grundsätze als Kriterien heranzuziehen.[619] Zusätzlich zur internen Kontrollmöglichkeit kann das Kuratorium der Einbindung von fachlichem Sachverstand, persönlicher Kompetenz und äußerem Ansehen dienen.[620] Die Satzung hat neben Aufgaben des Kuratoriums auch Vorgaben zum Zusammentreten des Organs zu enthalten.[621]

(2) Praxis der Sparkassen-Stiftungen

In der Praxis erfolgt häufig eine Aufteilung der Aufgaben zwischen dem Kuratorium und dem Vorstand der Stiftung, bei der dem Kuratorium eine Kontrollfunktion zukommt. Das Kuratorium hat meist die Aufgabe, die Geschäftsführung des Vorstandes zu überwachen und die Verwirklichung des Stifterwillens zu garantieren.[622] Wichtige Aufgaben sind dabei die Genehmigung des Jahresabschlusses sowie die Entlastung des Vorstandes.[623] Üblich ist es zudem, dass

---

617 *Godron,* in: Richter, Stiftungsrecht, § 6 Rn. 87; *Schiffer/Prün/Schürmann*, in: Schiffer, Die Stiftung in der Beraterpraxis, § 3 Rn. 75; *Weger/Weger*, in: Bertelsmann Stiftung, Handbuch Stiftungen, S. 797, 814; *Burgard,* Gestaltungsfreiheit im Stiftungsrecht, S. 267; *Jakob*, Schutz der Stiftung, S. 232 ff.; *Saenger*, ZStV 2012, 94, 95; *Sieger/Bank*; NZG 2010, 641, 643. Zu den Zustimmungsrechten und zur Entlastungsbefugnis auch *Kilian,* Die Stellung des Beirats in der Stiftung, S. 55 ff. und zur Vertretung der Stiftung gegenüber den Vorstandsmitgliedern S. 89 ff.

618 *Godron,* in: Richter, Stiftungsrecht, § 6 Rn. 86.

619 *Hof,* in: v. Campenhausen/Richter, Stiftungsrechts-Handbuch, 2014, § 8 Rn. 83.

620 *Götz/Pach-Hanssenheimb,* Handbuch der Stiftungen, Rn. 238; *Kilian,* Die Stellung des Beirats in der Stiftung, S. 58 f.

621 *Hof,* in: v. Campenhausen/Richter, Stiftungsrechts-Handbuch, 2014, § 8 Rn. 82.

622 Siehe z. B. *Sportstiftung der Kreissparkasse Steinfurt*, Satzung in der Fassung vom 21. Januar 2016, § 6 II Satz 1, https://www.sparkassenstiftungen.de/index.php?id=4434 (06.02.2021); *Stiftung Zukunft der Sparkasse Koblenz,* Satzung in der Fassung vom 27. November 2000, § 11 I, https://www.sparkasse-koblenz.de/de/home/ihre-sparkasse/Stiftungen.html?n=true (06.02.2021).

623 Vgl. z. B. *SK Stiftung Kultur der Sparkasse KölnBonn,* Satzung in der Fassung vom Dezember 2018, § 11 II Nr. 2 und Nr. 3, https://www.sk-kultur.de/stiftung/

dem Kuratorium Entscheidungsbefugnisse zukommen. So bestimmt das Kuratorium in der Regel über die Änderung der Satzung sowie die Auflösung der Stiftung.[624] Weiterhin wird dem Kuratorium häufig die Möglichkeit eingeräumt, Förderrichtlinien zu erlassen, was eine zentrale Ausgestaltung des Förderprozesses darstellt und dem Organ daher eine besondere Bedeutung zukommen lässt.[625] Ausnahmsweise werden dem Kuratorium umfassendere Entscheidungskompetenzen übertragen. Je nach Ausgestaltung der Stiftung obliegen ihm z. B. wichtige Entscheidungen wie der Beschluss über die Inanspruchnahme des Stiftungsvermögens unter Abweichung vom Gebot der Werterhaltung des Vermögens, über die Aufnahme von Krediten und Darlehen[626] sowie über die Verwendung des Vermögens ab bestimmten Summen[627]. Dies geht sogar so weit, dass teilweise eine Beschlussfassung über den Jahresplan durch das Kuratorium erfolgt.[628] Schließlich finden sich in den Satzungen der Sparkassen-Stiftungen

---

veroeffentlichungen/satzung/ (06.02.2021); *Sparkassenstiftung Südliche Weinstraße*, Satzung in der Fassung vom 01. Oktober 2012, § 11 II Nr. 1, 2, https://www.sparkasse-suew.de/content/dam/myif/spk-suedliche-weinstrasse-landau/work/dokumente/Kommunikation/Satzung_ Sparkassenstiftung_2011.pdf (06.02.2021).

624 Siehe z. B. *Stiftung der Sparkasse Münsterland Ost*, Satzung in der Fassung vom 09. August 2016, § 8 III Nr. 4, 5, https://stiftungen-sparkasse-mslo.sparkasseblog.de/files/2016/08/20160809_Satzung-Stiftung-SK-MSLO.pdf (06.02.2021); *Sportstiftung der Kreissparkasse Steinfurt*, Satzung in der Fassung vom 21. Januar 2016, § 2 II b), c), https://www.sparkassenstiftungen.de/index.php?id=4434 (06.02.2021).

625 Vgl. z. B. *Stiftung der Sparkasse Münsterland Ost*, Satzung in der Fassung vom 09. August 2016, § 8 III Nr. 1, 2, 6, https://stiftungen-sparkasse-mslo.sparkasseblog.de/files/2016/08/20160809_Satzung-Stiftung-SK-MSLO.pdf (06.02.2021); *Stiftung der Sparkasse Herford,* Satzung in der Fassung vom 01. Januar 2005, § 7 IX, https://www.sparkassenstiftungen.de/index.php?id=11905 (06.02.2021).

626 Siehe z. B. *Stiftung der Sparkasse Münsterland Ost*, Satzung in der Fassung vom 09. August 2016, § 8 III Nr. 1, 2, 6, https://stiftungen-sparkasse-mslo.sparkasseblog.de/files/2016/08/20160809_Satzung-Stiftung-SK-MSLO.pdf (06.02.2021).

627 *Stiftung Zukunft der Sparkasse Koblenz*, Satzung in der Fassung vom 27. November 2000, § 11 II 1, https://www.sparkasse-koblenz.de/de/home/ihre-sparkasse/Stiftungen.html?n=true (06.02.2021); *Sparkassen-stiftung Zukunft Elbe-Elster-Land*, Satzung in der Fassung vom 15. Dezember 2015, § 7 II Nr. 1, https://www.spk-elbe-elster.de/de/home/ihre-sparkasse/Sparkassenstiftung/stiftung.html?n=true (06.02.2021).

628 *Stiftung der Sparkasse Mecklenburg-Nordwest*, Satzung in der Fassung vom 20. November 2009, § 12 I c), https://www.sparkassenstiftungen.de/index.php?id=7507 (06.02.2021); *Sparkassenstiftung Zukunft Elbe-Elster-Land*, Satzung in der Fassung vom 15. Dezember 2015, § 7 II Nr. 1, https://www.spk-elbe-elster.de/de/home/ihre-sparkasse/Sparkassenstiftung/stiftung.html?n=true (06.02.2021).

Regelungen zur Häufigkeit der Sitzungen des Kuratoriums. Das Kuratorium tritt mindestens ein bis zweimal im Jahr zusammen.[629]

cc. Personelle Besetzung des Kuratoriums

Sofern in der Satzung die Bildung eines Kuratoriums vorgesehen ist, hat sie eine Regelung zur personellen Besetzung des Kuratoriums zu enthalten.

(1) Satzungsrechtliche Regelungen

In Anlehnung an die Vorgaben für die personelle Besetzung des Vorstandes sind auch für das Kuratorium die Anzahl der Mitglieder des Kuratoriums, die Berufung sowie Abberufung, die Amtsdauer und Wiederwahl sowie Kriterien für die Auswahl der Mitglieder festzulegen.[630] Das Kontrollorgan kann grundsätzlich aus beliebig vielen natürlichen oder juristischen Personen bestehen, dies liegt im Willen des Stifters.[631] Die konkrete Berufung in das Kuratorium kann durch die Satzung erfolgen.[632] Die Satzung kann weiterhin das Kuratorium oder einen Dritten zur Bestellung der Organmitglieder ermächtigen.[633] Die Bestellung der Organmitglieder durch den Vorstand als anderes Stiftungsorgan sollte vermieden werden, um eine Unabhängigkeit der Mitglieder der Stiftung sicherzustellen.[634] Der Stifter kann für die Mitglieder des Kuratoriums bestimmte Qualifikationen oder die Zuordnung zu bestimmten Berufsgruppen oder Ämtern vorsehen.[635] Dabei sollte er auf die fachliche Kompetenz der Mitglieder sowie eine ausgewogene Kompetenzverteilung achten.[636]

---

629 Das Kuratorium tritt einmal im Jahr zusammen z. B. bei der *Stiftung Zukunft der Sparkasse Koblenz*, Satzung in der Fassung vom 27. November 2000, § 12 I 1, https://www.sparkasse-koblenz.de/de/home/ihre-sparkasse/Stiftungen.html?n=true (06.02.2021). Zweimal im Jahr erfolgt dies z. B. bei der *Stiftung der Sparkasse Mecklenburg-Nordwest*, Satzung in der Fassung vom 20. November 2009, § 13 I 1, https://www.sparkassen-stiftungen.de/index.php?id=7507 (06.02.2021).

630 *Weger/Weger*, in: Bertelsmann Stiftung, Handbuch Stiftungen, S. 797, 815.

631 *Jakob*, Schutz der Stiftung, S. 237; *Kilian*, Die Stellung des Beirats in der Stiftung, S. 50.

632 *Kilian*, Die Stellung des Beirats in der Stiftung, S. 52, 58.

633 *Kilian*, Die Stellung des Beirats in der Stiftung, S. 52, 58.

634 *Kilian*, Die Stellung des Beirats in der Stiftung, S. 58.

635 *Götz/Pach-Hanssenheimb*, Handbuch der Stiftungen, Rn. 247; *Kilian*, Die Stellung des Beirats in der Stiftung, S. 50 f.

636 *Götz/Pach-Hanssenheimb*, Handbuch der Stiftungen, Rn. 239; *Jakob*, Schutz der Stiftung, S. 237; *Kilian*, Die Stellung des Beirats in der Stiftung, S. 51.

Weiterhin ist eine Personalunion von Exekutivorgan und Kontrollorgan zu vermeiden.[637]

(2) Praxis der Sparkassen-Stiftungen

Die Größe des Kuratoriums bei Sparkassen-Stiftungen variiert in der Praxis. Von fünf bis zu 14 Mitgliedern finden sich die verschiedensten Gestaltungen in den Satzungen.[638] Es lässt sich jedoch feststellen, dass das Kuratorium in der Regel mehr Mitglieder aufweist als der Vorstand.[639] Die höhere Anzahl der Mitglieder kann eine bessere Kontrolle des Vorstandes gewährleisten. Dies beruht zum einen darauf, dass durch den Einsatz von Personen mit unterschiedlichen Fähigkeiten und Sachkunde eine umfangreichere Kontrolle der Stiftung im Hinblick auf die verschiedenen stiftungsrechtlichen, bilanzrechtlichen oder gemeinnützigen Aspekte erreicht wird. Die Amtszeit der Mitglieder ist in den Satzungen geregelt. Hier findet sich häufig eine Amtszeit von fünf Jahren.[640]

637 *Godron*, in: Richter, Stiftungsrecht, § 6 Rn. 86; *Hof*, in: Hopt/Reuter, Stiftungsrecht in Europa, S. 301, 311; *v. Holt/Koch*, Stiftungssatzung, S. 28 f., 79, 128; *Jakob*, Schutz der Stiftung, S. 237; *Wernicke*, ZEV 2003, 303, 304.

638 Fünf Personen kennt z. B. die *Sparkassenstiftung zur Förderung der Wissenschaft im Landkreis Barnim*, Satzung in der Fassung vom 13. Dezember 2011, § 8 I 1, https://www.stiftungen-der-sparkasse-barnim.de/downloads-wissenschaftsstiftung (06.02.2021). 14 Mitglieder umfasst das Kuratorium bei der *Stiftung der Sparkasse Münsterland Ost*, Satzung in der Fassung vom 09. August 2016, § 6 I, https://stiftungen-sparkasse-mslo.sparkasseblog.de/files/2016/08/20160809_Satzung-Stiftung-SK-MSLO.pdf (06.02.2021).

639 So besteht z. B. bei der *Stiftung der Sparkasse Münsterland Ost* das Kuratorium aus vierzehn Personen, wogegen der Vorstand in der Regel zwei bis drei Mitglieder aufweist, siehe Satzung in der Fassung vom 09. August 2016, §§ 6 I, 9 I, https://stiftungen-sparkasse-mslo.sparkasseblog.de/files/2016/08/20160809_Satzung-Stiftung-SK-MSLO.pdf (06.02.2021). Bei der *Sportstiftung der Kreissparkasse Steinfurt* besteht das Kuratorium aus sechs Mitgliedern und der Vorstand aus zwei Personen, vgl. Satzung in der Fassung vom 21. Januar 2016, § 6 I 1, 7 I 1, https://www.sparkassenstiftungen.de/index.php?id=4434 (06.02.2021).

640 *Stiftung der Sparkasse Mecklenburg-Nordwest*, Satzung in der Fassung vom 20. November 2009, § 11 VI, https://www.sparkassenstiftungen.de/index.php?id=7507 (06.02.2021); *Sparkassenstiftung Südliche Weinstraße*, Satzung in der Fassung vom 01. Oktober 2012, § 10 III, https://www.sparkasse-suew.de/content/dam/myif/spk-suedliche-weinstrasse-landau/work/dokumente/Kommunikation/Satzung_Sparkassenstiftung_2011.pdf (06.02.2021); *Sparkassenstiftung zur Förderung der Wissenschaft im Landkreis Barnim*, Satzung in der Fassung vom 13. Dezember 2011, § 8 I 3, https://www.stiftungen-der-sparkasse-barnim.de/downloads-wissenschaftsstiftung (06.02.2021).

Zum Teil handelt es sich bei den Mitgliedern des Kuratoriums um geborene Mitglieder. So erfolgt in der Satzung z. B. die explizite Berufung des Oberbürgermeisters oder des Vorsitzenden des Verwaltungsrats der Sparkassen in das Kuratorium.[641] Nach vielen Satzungen ist der Hauptverwaltungsbeamte des Trägers (Bürgermeister, Oberbürgermeister bzw. Landrat) in das Kuratorium zu bestellen.[642] Die restlichen Mitglieder des Kuratoriums sind gekorene Mitglieder. Ihre Berufung in das Organ der Stiftung erfolgt zumeist durch Dritte. Vielfach beruft der Verwaltungsrat der Sparkassen die Mitglieder des Kuratoriums durch Wahl.[643] Eine andere Gestaltungsvariante ist die Bestellung des Kuratoriums durch den Sparkassenvorstand.[644] Sofern eine Berufung der Mitglieder durch Dritte erfolgt, enthalten die Satzungen Kriterien für die Auswahl der zu bestellenden Mitglieder. Die Satzungen legen in der Regel fest, dass Dritte Mitglieder des Verwaltungsrats der Sparkassen in die Stiftung bestellen können.[645]

---

641 Eine explizite Nennung des Oberbürgermeister findet sich z. B. bei der *Stiftung der Sparkasse Münsterland Ost*, Satzung in der Fassung vom 09. August 2016, § 6 I, https://stiftungen-sparkasse-mslo.sparkasseblog.de/files/2016/08/20160809_Satzung-Stiftung-SK-MSLO.pdf (06.02.2021). Eine Berufung des Vorsitzenden des Verwaltungsrats erfolgt hingegen z. B. bei der *Stiftung Zukunft der Sparkasse Koblenz*, Satzung in der Fassung vom 27. November 2000, § 10 I 1, https://www.sparkasse-koblenz.de/de/home/ihre-sparkasse/Stiftungen.html?n=true (06.02.2021).

642 Siehe z. B. *Sparkassenstiftung Südliche Weinstraße*, Satzung in der Fassung vom 01. Oktober 2012, § 10 I, https://www.sparkasse-suew.de/content/dam/myif/spk-suedliche-weinstrasse-landau/work/dokumente/Kommunikation/Satzung_Sparkassenstiftung_2011.pdf (06.02.2021); *Stiftung der Sparkasse Mecklenburg-Nordwest*, Satzung in der Fassung vom 20. November 2009, § 11 I a), b), https://www.sparkassenstiftungen.de/index.php?id=7507 (06.02.2021); *Stiftung der Sparkasse Münsterland Ost*, Satzung in der Fassung vom 09. August 2016, § 6 I, https://stiftungen-sparkasse-mslo.sparkasseblog.de/files/2016/08/20160809_Satzung-Stiftung-SK-MSLO.pdf (06.02.2021).

643 *Stiftung der Sparkasse Herford*, Satzung in der Fassung vom 01. Januar 2005, § 6 II, https://www.sparkassenstiftungen.de/index.php?id=11905 (06.02.2021); *Stiftung der Sparkasse Münsterland Ost*, Satzung in der Fassung vom 09. August 2016, § 6 III, https://stiftungen-sparkasse-mslo.sparkasseblog.de/files/2016/08/20160809_Satzung-Stiftung-SK-MSLO.pdf (06.02.2021); *Sparkassenstiftung Zukunft Elbe-Elster-Land*, Satzung in der Fassung vom 15. Dezember 2015, § 6 III, https://www.spk-elbe-elster.de/de/home/ihre-sparkasse/Sparkassenstiftung/stiftung.html?n=true (06.02.2021).

644 Siehe z. B. bei der *Stiftung der Sparkasse Mecklenburg-Nordwest*, Satzung in der Fassung vom 20. November 2009, § 11 II, https://www.sparkassenstiftungen.de/index.php?id=7507 (06.02.2021).

645 *Sparkassenstiftung Allgäu*, Satzung in der Fassung vom 17. Oktober 2006, § 10 I, https://www.sparkasse-allgaeu.de/stiftung (06.02.2021); *Stiftung der Sparkasse Münsterland*

Mitglieder des Verwaltungsrats der Sparkassen sind Mitglieder des Gemeinderats oder sachkundige Bürger, die durch die Gemeinden als Träger der Sparkassen bestellt werden.[646] Es können auch Mitglieder des Vorstandes der Sparkassen in das Organ eingesetzt werden.[647] Zusätzlich finden sich als weitere Mitglieder Vertreter des öffentlichen Lebens.[648] Teilweise finden sich auch Mitglieder mit besonderen fachlichen Kenntnissen wie z. B. ein Vertreter für Kulturangelegenheiten im Landesministerium oder Fachkuratoren.[649]

Aufgrund der Verknüpfung von der Ausübung eines Amtes in den Sparkassen endet die Mitgliedschaft mit dem Ende der Amtsausübung. Dies wird in den

---

Ost, Satzung in der Fassung vom 09. August 2016, § 6 I, https://stiftungen-sparkasse-mslo.sparkasseblog.de/files/2016/08/20160809_Satzung-Stiftung-SK-MSLO.pdf (06.02.2021); *Sparkassenstiftung Zukunft Elbe-Elster-Land*, Satzung in der Fassung vom 15. Dezember 2015, § 6 III Nr. 1, https://www.spk-elbe-elster.de/de/home/ihre-sparkasse/Sparkassenstiftung/stiftung.html?n=true (06.02.2021); *Stiftung Zukunft der Sparkasse Koblenz*, Satzung in der Fassung vom 27. November 2000, § 10 I, https://www.sparkasse-koblenz.de/de/home/ihre-sparkasse/Stiftungen.html?n=true (06.02.2021).

646 *Lüttmann*, Aufgaben und Zusammensetzung der Verwaltungsräte der kommunalen Sparkassen, S. 251.

647 *Stiftung der Sparkasse Mecklenburg-Nordwest*, Satzung in der Fassung vom 20. November 2009, § 11 I d), https://www.sparkassenstiftungen.de/index.php?id=7507 (06.02.2021); *Stiftung der Sparkasse Münsterland Ost*, Satzung in der Fassung vom 09. August 2016, § 6 I, https://stiftungen-sparkasse-mslo.sparkasseblog.de/files/2016/08/20160809_Satzung-Stiftung-SK-MSLO.pdf (06.02.2021).

648 In der *SK Stiftung Kultur der Sparkasse KölnBonn* werden diverse Mitglieder aus Gemeinde, Kirche, Gewerkschaft, Stadtverwaltung sowie Wissenschaft und Kultur in das Kuratorium berufen, vgl. Satzung in der Fassung vom Dezember 2018, § 10 I, https://www.sk-kultur.de/stiftung/veroeffentlichungen/satzung/ (06.02.2021). Vertreter der Öffentlichkeit finden sich ebenfalls in der *Stiftung der Sparkasse Mecklenburg-Nordwest*, Satzung in der Fassung vom 20. November 2009, § 11 I c), https://www.sparkassenstiftungen.de/index.php?id=7507 (06.02.2021).

649 Fachkuratoren bzw. sachkundige Persönlichkeiten findet man z. B. bei der *Stiftung der Sparkasse Münsterland Ost*, Satzung in der Fassung vom 09. August 2016, § 6 I, https://stiftungen-sparkasse-mslo.sparkasseblog.de/files/2016/08/20160809_Satzung-Stiftung-SK-MSLO.pdf (06.02.2021) sowie bei der *Sparkassenstiftung Zukunft Elbe-Elster-Land*, Satzung in der Fassung vom 15. Dezember 2015, § 6 III Nr. 2, https://www.spk-elbe-elster.de/de/home/ihre-sparkasse/Sparkassenstiftung/stiftung.html?n=true (06.02.2021).

Satzungen der Stiftungen oftmals ausdrücklich bestimmt.[650] Die Organmitglieder sind grundsätzlich ehrenamtlich tätig.[651]

dd. Ergebnis

In Bezug auf eine Selbstkontrollstruktur der Stiftung sehen die Sparkassen-Stiftungen regelmäßig neben dem Vorstand ein Kontrollorgan vor. Sie setzen insofern die vielfach geforderte Etablierung einer Struktur von ‚checks and balances' um. Sowohl die Etablierung des Organs als auch seine Aufgabenwahrnehmung und Besetzung liegt im Ermessen des Stifters. Bei der personellen Besetzung des Kuratoriums findet sich – wie bereits bei der Besetzung des Vorstandes – eine Besetzung der Organe mit Personen mit Verbindung zur Sparkasse. In der Regel sind im Kuratorium hauptsächlich Gemeindevertreter sowie Personen des öffentlichen Lebens und Fachkuratoren vertreten, während der Vorstand der Stiftung mit Mitarbeitern und Vorstandsmitgliedern der Sparkassen besetzt ist. In Bezug auf die Inkompatibilitätsvorschriften gibt es keine Ausübung eines Amtes im Vorstand und im Kontrollorgan.

d. Weitere fakultative Organe sowie Hilfspersonen

Neben dem Vorstand und dem Kuratorium können weitere Organe bestellt sowie Hilfspersonen zur Erfüllung bestimmter Aufgaben in der Stiftung herangezogen werden.

aa. Weitere fakultative Organe

Die Satzung kann für bestimmte Geschäfte besondere Vertreter nach §§ 86, 30 BGB vorsehen.[652] Die besonderen Vertreter sind Organe, die die Stellung eines gesetzlichen Vertreters innehaben.[653] Sie können alle Rechtsgeschäfte

650 *Sparkassenstiftung Allgäu*, Satzung in der Fassung vom 17. Oktober 2006, § 10 I, https://www.sparkasse-allgaeu.de/stiftung (06.02.2021); *Stiftung der Sparkasse Herford*, Satzung in der Fassung vom 01. Januar 2005, § 6 II, https://www.sparkassen-stiftungen.de/index.php?id=11905 (06.02.2021).

651 Siehe dazu als Beispiel die *Sparkassenstiftung Allgäu*, Satzung in der Fassung vom 17. Oktober 2006, § 6 II, https://www.sparkasse-allgaeu.de/stiftung (06.02.2021) und *Stiftung der Sparkasse Herford*, Satzung in der Fassung vom 01. Januar 2005, § 8, https://www.sparkassenstiftungen.de/index.php?id=11905 (06.02.2021).

652 *Godron*, in: Richter, Stiftungsrecht, § 6 Rn. 114; *Burgard*, Gestaltungsfreiheit im Stiftungsrecht, S. 261 ff., 265 ff.; *Ebersbach*, Handbuch des Stiftungsrechts, S. 99.

653 *Ellenberger*, in: Palandt, BGB, § 30 Rn. 1; *Weick*, in: Staudinger, BGB, § 30 Rn. 4.

vornehmen, die der ihnen zugewiesene Geschäftskreis üblicherweise mit sich bringt.[654] Voraussetzung der Bestellung besonderer Vertreter ist, dass die Satzung ihre Bestellung vorsieht.[655] Zur Unterstützung der Tätigkeiten der Stiftung bei komplexen Sachfragen kann diese weiterhin auf externe Gutachter sowie stiftungsinterne beratende Gremien zurückgreifen.[656] Charakteristisch für die Tätigkeit eines beratenden Gremiums ist die Beurteilung der Eignung von Maßnahmen zur Erfüllung des Stiftungszwecks.[657] Gründe für die Einrichtung eines beratenden Gremiums ist die Einbindung fachlichen Sachverstands.[658]

Bei den Sparkassen-Stiftungen wird die Struktur der Stiftungen in der Regel einfach gehalten. Neben dem Kontrollgremium sind üblicherweise keine weiteren Organe wie besondere Vertreter oder feste beratende Gremien eingerichtet.

bb. Hilfspersonen

Die Stiftung kann in ihrer Organisation je nach Art der Zweckverwirklichung, Umfang der Geschäfte sowie Finanzkraft einzelne Aufgaben an außenstehende Personen übertragen.[659] Die Einstellung von Hilfskräften zählt zur laufenden Verwaltung der Stiftung.[660] Die Satzung muss insofern nicht zwingend Regelungen zu Hilfspersonen enthalten. Dennoch sind Satzungsvorgaben zur Bestellung bestimmter Hilfspersonen, insbesondere des Geschäftsführers, sinnvoll. Konkrete Vorgaben zur Tätigkeit der Hilfspersonen sollten in der Satzung vermieden werden.[661]

---

654 *Weick,* in: Staudinger, BGB, § 30 Rn. 3; *Godron,* in: Richter, Stiftungsrecht, § 6 Rn. 114; *Ebersbach,* Handbuch des Stiftungsrechts, S. 108; *Schlüter/Stolte*, Stiftungsrecht, 2. Kap. Rn. 68.

655 *Ellenberger,* in: Palandt, BGB, § 30 Rn. 4; *Weick,* in: Staudinger, BGB, § 30 Rn. 3; *Westermann*, in: Ermann, BGB, § 30 Rn. 2; *Godron,* in: Richter, Stiftungsrecht, § 6 Rn. 114; *Ebersbach,* Handbuch des Stiftungsrechts, S. 99.

656 *Hof/Bianchini-Hartmann/Richter,* Stiftungen, S. 44; *Kaper,* Bürgerstiftungen, S. 128; zu beratenden Gremien *Godron,* in: Richter, Stiftungsrecht, § 6 Rn. 90 ff.

657 *Godron,* in: Richter, Stiftungsrecht, § 6 Rn. 91; *Kilian,* Die Stellung des Beirats in der Stiftung, S. 48 ff.

658 *Kilian,* Die Stellung des Beirats in der Stiftung, S. 48 ff.; *Stickrodt,* Stiftungsrecht, S. 808; *Fischer/Ihle,* DStR 2008, 1692, 1697.

659 *Werner,* in: Werner/Saenger/Fischer, Die Stiftung, § 10 Rn. 47.

660 *Werner,* in: Werner/Saenger/Fischer, Die Stiftung, § 10 Rn. 47.

661 *Werner,* in: Werner/Saenger/Fischer, Die Stiftung, § 10 Rn. 48.

Die Stiftung kann die laufende Geschäftstätigkeit auf einen Geschäftsführer auslagern.[662] Der Geschäftsführer ist kein Organmitglied, sondern Leiter der Verwaltung unter Aufsicht des Vorstandes. Insofern ist er von diesem weisungsabhängig.[663] Die Hauptaufgaben des Geschäftsführers sind die Vermögensverwaltung, die Durchführung der täglichen Arbeit, die Leitung des Personals und die Vorbereitung der Gremiensitzungen.[664] Der Vorstand kann ihm für manche Geschäfte Untervollmacht bis zu einem bestimmten Geldwert erteilen, sodass er diese für die Stiftung abschließen kann.[665] Entscheidungen von großer Tragweite bleiben jedoch dem Vorstand vorbehalten.[666] Dabei besitzt der Geschäftsführer einen Geschäftsführervertrag, wie er auch bei anderen juristischen Personen üblich ist.[667] Die Einrichtung eines Geschäftsführers ist vor allem in größeren Sparkassen-Stiftungen verbreitet.[668] Auch in Stiftungen, die nur einen Vorstand als Organ besitzen, werden Geschäftsführer eingesetzt.[669] Der Geschäftsführer erhält in der Satzung der Sparkassen-Stiftungen typsicherweise die Ermächtigung zur Vornahme der laufenden Geschäfte.[670]

Jedes Stiftungsorgan kann für spezielle Aufgaben Fachgemeinschaften (sog. Arbeitsgemeinschaften) bilden.[671] Diese Hilfspersonen dienen der Beratung der Stiftungsorgane. Die Möglichkeit der Errichtung einer Arbeitsgemeinschaft

---

662 *Hof,* in: v. Campenhausen/Richter, Stiftungsrechts-Handbuch, 2014, § 8 Rn. 56; *Werner,* in: Werner/Saenger/Fischer, Die Stiftung, § 10 Rn. 49; *Ebersbach,* Handbuch des Stiftungsrechts, S. 103.

663 *Werner,* in: Werner/Saenger/Fischer, Die Stiftung, § 10 Rn. 49.

664 *Werner,* in: Werner/Saenger/Fischer, Die Stiftung, § 10 Rn. 50.

665 *Werner,* in: Werner/Saenger/Fischer, Die Stiftung, § 10 Rn. 49.

666 *Hof/Bianchini-Hartmann/Richter,* Stiftungen, S. 41.

667 *Werner,* in: Werner/Saenger/Fischer, Die Stiftung, § 10 Rn. 49.

668 Siehe z. B. *SK Stiftung Kultur der Sparkasse KölnBonn,* Satzung in der Fassung vom Dezember 2018, § 9, https://www.sk-kultur.de/stiftung/veroeffentlichungen/satzung/ (06.02.2021).

669 Siehe z. B. die Möglichkeit zur Bestellung eines Geschäftsführers bei der *Sozialstiftung der Kreissparkasse Heilbronn*, Satzung in der Fassung vom 23. Juli 2014, § 7 III, https://module.sparkasse-heilbronn.de/de/home/ihre-sparkasse/stiftungen_lp.html/stiftungen_20210113/sozialstiftung.html (06.02.2021).

670 Siehe z. B. *SK Stiftung Kultur der Sparkasse KölnBonn,* Satzung in der Fassung vom Dezember 2018, § 9, https://www.sk-kultur.de/stiftung/veroeffentlichungen/satzung/ (06.02.2021) sowie *Sozialstiftung der Kreissparkasse Heilbronn*, Satzung in der Fassung vom 23. Juli 2014, § 7 III, https://module.sparkasse-heilbronn.de/de/home/ihre-sparkasse/stiftungen_lp.html/stiftungen_20210113/sozialstiftung.html (06.02.2021).

671 *Werner,* in: Werner/Saenger/Fischer, Die Stiftung, § 10 Rn. 51.

durch ein Organ besteht unproblematisch, sofern mit der Tätigkeit der Arbeitsgemeinschaft keine zusätzlichen Kosten für die Stiftung entstehen.[672] Ansonsten hat eine Vereinbarung des jeweiligen Organs die Kosten festzulegen.[673] Arbeitsgemeinschaften sind in der Regel nicht in den Satzungen geregelt, da sie nur bei Bedarf gebildet werden.[674] Bei den Sparkassen gibt es Stiftungen mit umfangreichen Fördertätigkeiten, die eine besondere Sachkunde für das Treffen von Förderentscheidungen erfordern. Insbesondere bei ihnen bietet sich die Errichtung einer Arbeitsgemeinschaft an. Beispielsweise die SK Stiftung Kultur der Sparkasse KölnBonn hat von dieser Möglichkeit Gebrauch gemacht.[675]

cc. Ergebnis

Zusammenfassend lässt sich feststellen, dass bei Sparkassen-Stiftungen in der Regel keine weiteren fakultativen Organe vorgesehen sind. Wenn es die Art der Zweckverwirklichung, der Umfang der Geschäfte sowie die Finanzkraft gebieten, werden Hilfspersonen in die Arbeit der Stiftung einbezogen. Dies ist bei Sparkassen-Stiftungen die Anstellung eines Geschäftsführers zur Wahrnehmung der laufenden Geschäfte sowie die Bildung einer Arbeitsgemeinschaft zur fachlichen Beratung eines Stiftungsorgans.

e. Besondere Einflussmöglichkeiten des Stifters bei der Besetzung der Organe

Der Stifter hat regelmäßig ein Interesse daran, seiner Stiftung verbunden zu bleiben. Er möchte auf diese Weise die effektive Arbeit der Stiftung sicherstellen und Fehlentwicklungen vorbeugen. Sofern sich der Stifter jedoch besondere Rechte vorbehält, kann dies Einfluss auf die Eigenständigkeit der Stiftung haben. Die weitestgehende Einflussmöglichkeit in der Stiftung erhält der Stifter, sofern er selbst oder ihm nahestehende Personen in den Organen der Stiftung tätig werden. Weiterhin kann er Einfluss auch über die Festlegung der Besetzung der Organe der Stiftung ausüben. Es stellt sich jedoch bei der satzungsrechtlichen

---

672 *Werner*, in: Werner/Saenger/Fischer, Die Stiftung, § 10 Rn. 51.

673 *Werner*, in: Werner/Saenger/Fischer, Die Stiftung, § 10 Rn. 51.

674 *Werner*, in: Werner/Saenger/Fischer, Die Stiftung, § 10 Rn. 51.

675 Ein beratendes Organ stellt der Beirat dar bei der *SK Stiftung Kultur der Sparkasse KölnBonn*, Satzung in der Fassung vom Dezember 2018, § 12, https://www.sk-kultur.de/stiftung/veroeffentlichungen/satzung/ (06.02.2021). Ausnahmsweise ist diese Fachgemeinschaft sogar in der Satzung vorgesehen.

Ausgestaltung der Organisation der Sparkassen-Stiftungen die Frage, welche Rechte dem Stifter in der Satzung vorbehalten sind.

aa. Besetzung der Organe mit dem Stifter nahestehenden Personen (Doppelmandatsmodell)

Ist der Stifter eine juristische Person, kann er sich den Einfluss auf die von ihm gegründete Stiftung zum einen dadurch vorbehalten, dass er sich als juristische Person zum Organ bestimmt (Identitätsmodell).[676] Zum anderen kann der Stifter auch natürliche Personen in den Vorstand der Stiftung bestellen, die beim Stifter tätig sind (Doppelmandatsmodell).[677] Bei den Sparkassen-Stiftungen tritt der Stifter als juristische Person nicht selbst auf. Stattdessen sind die Organe zu einem großen Teil mit Vorstandsmitgliedern, Mitarbeitern sowie Verwaltungsratsmitgliedern der Sparkassen besetzt.[678] Die personelle Besetzung der Organe der Stiftung mit Vertretern der Sparkassen hat den Vorteil, dass die Organe der Stiftung unkompliziert erneut besetzt werden können, denn die Vertreter der Sparkassen werden im Grundsatz die Berufung in ein Organ der Stiftung annehmen. Weiterhin profitiert die Stiftung von der Kompetenz der Vertreter der Sparkassen im Bereich der Verwaltung von Vermögen sowie im Bereich der regionalen Öffentlichkeitsarbeit. Es stellt sich jedoch im Hinblick auf die Unabhängigkeit der Stiftung die Frage der Zulässigkeit der Besetzung der Organe mit Personen mit Nähe zum Stifter.

(1) Vorgaben zur personellen Besetzung der Organe mit dem Stifter und Personen mit Nähe zum Stifter

Das BGB kennt keine Vorschriften, die eine Tätigkeit des Stifters in der Stiftung verbieten. Die Übernahme der Organtätigkeit durch den Stifter sowie durch Personen mit Nähe zu ihm ist in Deutschland üblich.[679] Die Tätigkeit des Stifters selbst sowie von Personen mit Nähe zu ihm wird legitimiert durch die Regelung in der Satzung. Der Satzung kommt eine besondere Legitimationswirkung zu, denn in ihr verobjektiviert sich der Stifterwille.[680] Sofern der Stifter in der

---

676 *Wanka*, Juristische Personen und ihre Organe als Vorstand der Stiftung, S. 5 f.

677 *Wanka*, Juristische Personen und ihre Organe als Vorstand der Stiftung, S. 6.

678 Siehe dazu für den Vorstand unter Teil 2 B.II.2.b.bb.(2) sowie für das Kuratorium unter Teil 2 B.II.2.c.cc.(2).

679 *Jakob*, Schutz der Stiftung, S. 223 f., 487 ff., 514 f.

680 *Aigner*, Schutz der Stiftung, S. 30; *Wanka*, Juristische Personen und ihre Organe als Vorstand der Stiftung, S. 99.

Satzung eine Besetzung des Vorstandes mit ihm oder Personen mit Nähe zu ihm vorgesehen hat, entsteht mit der Rechtsfähigkeit eine Stiftung mit fortlaufender Einflussmöglichkeit als immanenter Eigenschaft.[681] Die Übernahme eines Amtes in der Stiftung durch den Stifter oder Personen mit Nähe zu ihm ist zulässig.[682]

Für die Arbeit des Stifters als Organ der Stiftung ist jedoch herauszustellen, dass dieser seine Tätigkeit als Dritter wahrnimmt.[683] Nachdem die Stiftung durch die Anerkennung eine eigenständige Person im Rechtsverkehr geworden ist, steht er in keinem besonderen rechtlichen Bezug zur Stiftung. Er unterliegt den gleichen Handlungsvorgaben und Pflichten wie andere Organmitglieder.[684] Als solcher hat er den ursprünglichen Stifterwillen zu vollziehen.[685] Der Stifter sowie auch Personen mit Nähe zum ihm können somit in den Stiftungsorganen nicht frei handeln, sondern sind an den ursprünglichen – in der Satzung zum Ausdruck gebrachten – Stifterwillen gebunden. Auf diesem Wege wird die Eigenständigkeit der Stiftung gewahrt.

Es können jedoch Interessenkonflikte bei der Aufgabenwahrnehmung durch Personen mit Nähe zum Stifter bestehen. Dies ist zurückzuführen auf die doppelte Pflichtenbindung der Mitglieder einerseits gegenüber dem Stifter und andererseits gegenüber der Stiftung. Es besteht die Gefahr der Verfolgung von Drittinteressen in der Stiftung durch die Personen mit Nähe zum Stifter, die sich positiv auf eine Karriere dieser Personen im Unternehmen des Stifters auswirken.[686] Stiftungsorgane haben die Pflicht, ihr Handeln an den Interessen der

---

681 *Wanka*, Juristische Personen und ihre Organe als Vorstand der Stiftung, S. 100.

682 *Jakob/Picht,* in: BeckOGK BGB, § 85 Rn. 17; *Hüttemann/Rawert,* in: Staudinger, BGB, § 86 Rn. 8; *Godron,* in: Richter, Stiftungsrecht, § 6 Rn. 105; *Jakob*, Schutz der Stiftung, S. 223 f., 487 ff., 514 f.; *Jeß*, Das Verhältnis des lebenden Stifters zur Stiftung, S. 130; *Muscheler,* in: Hüttemann/Rawert/Schmidt/Weitemeyer, Non Profit Law Yearbook 2007, S. 149, 163; *Muscheler,* ZStV 2003, 99; *Saenger,* ZStV 2012, 94, 96.

683 *Jakob/Picht,* in: BeckOGK BGB, § 85 Rn. 18; *Aigner,* Schutz der Stiftung, S. 30; *Burgard*, Gestaltungsfreiheit im Stiftungsrecht, S. 447; *Rawert,* in: FS Priester, S. 647, 656; *Saenger,* ZStV 2010, 94, 96.

684 *Jakob/Picht,* in: BeckOGK BGB, § 85 Rn. 18; *Hüttemann/Rawert*, in: Staudinger, BGB, § 86 Rn. 8; *Weitemeyer*, in: MüKo BGB, § 85 Rn. 35; *Ebersbach*, Handbuch des Stiftungsrechts, S. 67; *Schauhoff,* in: Schauhoff, Handbuch der Gemeinnützigkeit, § 3 Rn. 45; *Jakob*, Schutz der Stiftung, S. 140; *Jeß*, Das Verhältnis des lebenden Stifters zur Stiftung, S. 75 ff.; *Wanka*, Juristische Personen und ihre Organe als Vorstand der Stiftung, S. 99; *Muscheler,* ZStV 2003, 99.

685 *Jakob/Picht,* in: BeckOGK BGB, § 85 Rn. 17 f.; *Hüttemann/Rawert*, in: Staudinger, BGB, § 85 Rn. 34, § 86 Rn. 8.

686 *Wanka*, Juristische Personen und ihre Organe als Vorstand der Stiftung, S. 171 ff.

Stiftung auszurichten, was beinhaltet, dass sie grundsätzlich Interessenkonflikte zu vermeiden haben.[687] Nach Jakob setzt ein Interessenkonflikt jedoch voraus, dass sich die Belange der Stiftung und die anderweitigen Interessen unvereinbar gegenüberstehen. Allein das Bestehen weiterer Belange oder geringfügige Abweichungen der Interessen, die in dieselbe Richtung gehen, reichen dafür nicht aus.[688] Eine Interessenüberschneidung ist, sofern sie vom Stifter gewollt ist, zu tolerieren.[689] Insofern spricht die Gefahr von Interessenkonflikten nicht grundsätzlich gegen die Wahrnehmung von Organtätigkeiten durch den Stifter oder Personen mit Nähe zu ihm. Zu ähnlichen Ergebnissen gelangt Wanka. Dieser sieht Doppelmandate grundsätzlich als zulässig an, da sie die Grundprinzipien der Stiftung wie das Primat des Stiftungszwecks, den Grundsatz der Eigenständigkeit der Stiftung sowie das Verbot korporativer Elemente wahren.[690] Die Doppelmandatsträger können die Aufgaben des Vorstandes übernehmen, sofern bei der konkreten Ausgestaltung auf die immanenten Interessenkonflikte eingegangen und diese durch institutionalisierte Maßnahmen bewältigt werden.[691] Er sieht das Kuratorium in der Position, den Vorstand zu überwachen und die im Einzelfall auftauchenden Interessenkonflikte zu erkennen.[692] Im Falle eines Interessenkonfliktes sieht er Stimmverbote und Zustimmungsvorbehalte als Mittel zur Lösung der widerstreitenden Interessen an.[693] Diese sind in deren Satzung zu regeln.[694] Stimmverbote bedeuten die Enthaltung der Betroffenen bei Abstimmungen im Organ.[695] Zustimmungsvorbehalte meinen, dass bei Entscheidungen, bei denen ein Interessenkonflikt des Vorstandsmitglieds

---

687 *Jakob/Picht*, in: BeckOGK BGB, § 85 Rn. 70; *Jakob*, Schutz der Stiftung, S. 213 ff.

688 *Jakob/Picht*, in: BeckOGK BGB, § 85 Rn. 71; ähnlich zu Interessenkonflikten in der Aktiengesellschaft *Koch*, in: Hüffer/Koch, AktG, § 108 Rn. 12.

689 *Jakob/Picht*, in: BeckOGK BGB, § 85 Rn. 71.

690 *Wanka*, Juristische Personen und ihre Organe als Vorstand der Stiftung, S. 378, 83 ff.

691 *Wanka*, Juristische Personen und ihre Organe als Vorstand der Stiftung, S. 378, 149 ff., 169 ff., 333 ff.

692 *Wanka*, Juristische Personen und ihre Organe als Vorstand der Stiftung, S. 335 ff.

693 *Wanka*, Juristische Personen und ihre Organe als Vorstand der Stiftung, S. 337 ff. Ein Abberufungsrecht zur Lösung des Interessenkonfliktes ist nicht zweckmäßig, da durch die Abberufung des Doppelmandatsträgers die vom Stifter bezweckte Anbindung der Stiftung an den Stifter aufgehoben würde, dazu siehe *Wanka*, Juristische Personen und ihre Organe als Vorstand der Stiftung, S. 340 ff.

694 *Wanka*, Juristische Personen und ihre Organe als Vorstand der Stiftung, S. 337, 339, für Zustimmungsvorbehalte auch *Schwintek*, Vorstandskontrolle, S. 370 ff.

695 *Wanka*, Juristische Personen und ihre Organe als Vorstand der Stiftung, S. 321.

besteht, das Kontrollorgan zu entscheiden hat, ob diese unter einem Vorbehalt bestehen.[696]

(2) Personelle Besetzung der Organe der Sparkassen-Stiftungen

Anhand der dargestellten Vorgaben ist zu prüfen, inwieweit eine personelle Besetzung der Organe der Sparkassen-Stiftungen mit Vertretern der Sparkassen möglich ist.

(a) Doppelte Pflichtenbindung von Vertretern der Sparkassen

In der Regel sind Vorstandsmitglieder und Mitarbeiter der Sparkassen im Vorstand der Stiftungen tätig.[697] Es liegt insofern das Doppelmandatsmodell vor. Die Sparkassen als Stifter bestellen natürliche Personen in den Vorstand der Sparkassen-Stiftungen, die für sie tätig sind. Bei Vertretern der Sparkassen, die in den Sparkassen-Stiftungen tätig sind, besteht eine doppelte Pflichtenbindung. Im Rahmen des Dienstvertrages bzw. des Arbeitsvertrages haben die Vorstandsmitglieder und Mitarbeiter der Sparkassen insbesondere den betriebswirtschaftlichen Erfolg der Sparkassen, aber auch ihr Ansehen in der Bevölkerung zu fördern.[698] Im Rahmen der Tätigkeit in der Stiftung haben sie ihr Handeln am Interesse der Stiftung zur bestmöglichen Verfolgung der Stiftungszwecke auszurichten.[699] Insofern sind sie auf der einen Seite den Sparkassen gegenüber verpflichtet und haben auf der anderen Seite die Interessen der Sparkassen-Stiftungen zu wahren.

Auch bei den Verwaltungsratsmitgliedern der Sparkassen-Stiftungen liegt bei einer Tätigkeit im Kuratorium ebenfalls ein Doppelmandat mit einer Pflichtenbindung gegenüber den Sparkassen sowie den Sparkassen-Stiftungen vor. Es sind die ihnen auferlegten Rechte und Pflichten in Bezug auf die Sparkassen auf der einen Seite zu befolgen. Die Mitglieder der Verwaltungsräte der Sparkassen werden zu einem Großteil von den Gemeinden gewählt.[700] Sie sind

---

696 *Wanka*, Juristische Personen und ihre Organe als Vorstand der Stiftung, S. 338.

697 Vgl. Teil 2 B.2.b.bb.(2).

698 Siehe zu den Pflichten des Vorstandes der Sparkassen unter anderem *Geisler*, Gewinnausschüttungen der kommunalen Sparkassen, S. 53, der die betriebswirtschaftliche und kreditwirtschaftliche Verantwortung als wesentliche Pflicht des Vorstandes ansieht.

699 Organmitglieder sind erstrangig auf den Stiftungszweck und das Interesse der Stiftung verpflichtet, vgl. z. B. *Fiedler*, Staatliches Engagement im Stiftungswesen, S. 159 f.

700 Dazu vertiefend Teil 1 B.II.2.

insofern bei ihrer Berufung von den Gemeinderäten abhängig. Die berufenen Verwaltungsratsmitglieder nehmen ihr Mandat frei und als eigene, von Funktionen des Trägers unabhängige Aufgabe wahr.[701] Insofern besteht kein Einfluss der Gemeinden auf die Verwaltungsratsmitglieder nach ihrer Berufung. Die Mitglieder der Verwaltungsräte sind jedoch bei ihrer Tätigkeit den Interessen der Sparkassen verpflichtet. Dies ist darauf zurückzuführen, dass sie in einem Treueverhältnis zu den Sparkassen stehen und der Ausrichtung ihrer Tätigkeit auf das öffentliche Wohl und die Aufgaben der Sparkassen verbunden sind.[702] Die Verwaltungsratsmitglieder nehmen vor allem Kontrolltätigkeiten wahr. Ihre Aufgaben bestehen in der Sicherung der wirksamen Überwachung des Vorstandes, der Vorgabe der Richtlinien der Geschäftspolitik sowie in einzelnen Entscheidungsbefugnissen.[703] Ihre Treuepflicht bezieht sich insofern vor allem auf eine effektive Ausübung der Kontrollfunktion. Dies unterscheidet sich von der Treuepflicht des Vorstandes sowie der Mitarbeiter der Sparkassen, bei denen die Wahrung der betriebswirtschaftlichen Interessen eine wichtige Rolle spielt. Auf der anderen Seite trifft sie wie alle Organmitglieder der Stiftung die Pflicht zur Wahrung der Interessen der Stiftung.[704]

(b) Bestmögliche Verfolgung der Stiftungszwecke als Überschneidung der Interessen von Sparkassen und Sparkassen-Stiftungen

Im Grundsatz sind die Interessen der Sparkassen sowie die Interessen der Sparkassen-Stiftungen auf eine bestmögliche Verfolgung von gemeinnützigen Zwecken gerichtet. Insofern liegt eine Interessenübereinstimmung vor. Eine Interessenüberschneidung bei Organmitgliedern in einer Stiftung ist daher grundsätzlich zulässig.[705] Weiterhin sind die Doppelmandate in den Satzungen der Sparkassen-Stiftungen angelegt. Eine Satzungsregelung, wie die Organe zu besetzen sind, stellt eine zulässige Gestaltung der Organisation dar.[706]

---

701 *Aus der Fünten*, Der Verwaltungsrat der Sparkasse, S. 262; *Geisler*, Gewinnausschüttungen der kommunalen Sparkassen, S. 55; *Schlierbach/Püttner*, Das Sparkassenrecht in der Bundesrepublik Deutschland, S. 177; *Völter,* Aufgaben und Pflichten von Verwaltungsräten, S. 142 f. Dies ist auch in den Sparkassengesetzen der Länder geregelt siehe z. B. 15 VI 2 SpkG NRW.

702 *Geisler,* Gewinnausschüttungen der kommunalen Sparkassen, S. 55; *Heinevetter/Engau/Menking*, Kommentar zum SpkG NRW, § 15 Rn. 9.2; *Völter,* Aufgaben und Pflichten von Verwaltungsräten, S. 101 ff., 142 ff.

703 Siehe dazu unter Teil 2 A.III.2.a.bb.(1)(a).

704 Vgl. dazu z. B. *Fiedler,* Staatliches Engagement im Stiftungswesen, S. 159.

705 Siehe bereits Teil 2 B.II.2.e.aa.(1).

706 Dazu ausführlich Teil 2 B.II.2.e.aa.(1).

(c) Verhinderung von Interessenkonflikten im Einzelfall

Auch bei der grundsätzlichen Zulässigkeit von Doppelmandaten in einer Stiftung muss gewährleistet sein, dass keine Interessenkonflikte auftreten bzw. das hinreichende Vorkehrungen zur Vermeidung von Interessenkonflikten im Einzelfall getroffen sind, sodass keine Gefahr für die Verwirklichung der Stiftungszwecke besteht.

(aa) Vorstand der Sparkassen-Stiftungen

Im Einzelfall kann die Gefahr von Interessenkonflikten zwischen den Interessen der Sparkassen und der Sparkassen-Stiftungen bei den Mitgliedern des Vorstandes der Stiftungen bestehen. So könnten die Vertreter der Sparkassen im Vorstand der Sparkassen-Stiftungen sich bei der Auswahl der Projekte nicht allein vom Zweck des zu fördernden Projektes sowie dessen Umsetzungskonzept leiten lassen, sondern sie könnten Kunden der Sparkassen bevorzugt fördern oder bei der Auswahl der Projekte Interessen der Sparkassen an der Zusammenarbeit überproportional gewichten. Es stellt sich die Frage, ob diese Gefahren durch die Organisation der Sparkassen-Stiftungen gesehen und hinreichende Maßnahmen ergriffen werden.

Wanka misst deshalb dem Kuratorium eine wichtige Rolle bei der Abhilfe von Interessenkonflikten des Vorstandes einer Stiftung zu.[707] Dieses kann die Arbeit des Vorstandes überwachen und bei Interessenkonflikten einschreiten. Das Kuratorium muss für die Ausübung einer effektiven Kontrolle über den Vorstand jedoch unabhängig sein.[708] Das Kuratorium der Sparkassen-Stiftungen besteht in der Regel aus Mitgliedern des Verwaltungsrates der Sparkassen sowie aus Vertretern des öffentlichen Lebens.[709] Die Gefahr der Ausübung einer Organstellung in Vorstand und Kuratorium durch dieselbe Person, was eine effektive Kontrolle verhindern würde, besteht folglich nicht. Allerdings ergibt sich das Problem, dass das Kontrollorgan durch die Besetzung des Organs mit Verwaltungsratsmitgliedern ebenfalls eine Nähe zu den Sparkassen besitzt. Es stellt sich die Frage, ob die Verwaltungsratsmitglieder insofern unabhängig genug sind für eine Kontrolle der Sparkassen-Stiftungen. Die Treuepflicht der Verwaltungsratsmitglieder gegenüber den Sparkassen bezieht sich vor allem auf eine effektive Ausübung der Kontrollfunktion.[710] Insofern liegt bei den

---

707 Siehe bereits Teil 2 B.II.2.e.aa.(1).

708 Ausführlich dazu Teil 2 B.II.2.e.aa.(1).

709 Vgl. Teil 2 B.II.2.c.cc.(2).

710 Dazu bereits Teil 2 B.II.2.e.aa.(2)(a).

Verwaltungsratsmitgliedern bei der Ausübung ihrer Tätigkeiten im Kuratorium von Sparkassen-Stiftungen eine andere Interessenlage vor als bei den Vertretern der Sparkassen, die im Vorstand der Sparkassen-Stiftungen handeln. Aus der Pflicht der Verwaltungsratsmitglieder zur Kontrolle des Vorstandes in den Sparkassen entstehen keine Konflikte mit den Pflichten als Organmitglieder der Sparkassen-Stiftungen zur Wahrung der bestmöglichen Verwirklichung der Stiftungszwecke. Weiterhin sind die Verwaltungsratsmitglieder aufgrund ihrer Erfahrungen im Kontrollgremium der Sparkassen für die Wahrnehmung von Kontrollbefugnissen in den Sparkassen-Stiftung besonders geeignet. Schließlich ist die Unabhängigkeit des Kontrollorgans durch die Tätigkeiten der unabhängigen Vertreter des öffentlichen Lebens im Kontrollorgan gesichert. Aufgrund der unterschiedlichen Interessenlage bei den Verwaltungsratsmitgliedern besteht zwischen dem Vorstand und dem Kuratorium von Sparkassen-Stiftungen eine ausreichende Distanz und damit zugleich die Unabhängigkeit für eine wirksame Kontrolle des Vorstandes der Stiftungen durch das Kuratorium.

Es stellt sich jedoch daran anknüpfend die Frage, welche Mittel im Einzelfall zur Vermeidung von Interessenkonflikten im Vorstand von Sparkassen-Stiftungen anzuwenden sind. Wanka schlägt hierzu verschiedene Möglichkeiten vor.[711] Ein Stimmverbot ist im Vorstand der Sparkassen-Stiftungen nicht geeignet, da in der Regel der gesamte Vorstand durch Vertreter der Sparkassen gestellt wird.[712] Es würden im Vorstand bei Stimmverboten der Vertreter der Sparkassen nicht genügend stimmberechtigte Vorstandsmitglieder bleiben, die in keiner Beziehung zum Unternehmen stehen.[713] Es besteht jedoch die Möglichkeit der Zustimmungsvorbehalte des Kontrollorgans bei Interessenkonflikten. Sofern die Satzungen der Sparkassen-Stiftungen solche nicht vorsehen, können sie in den Geschäftsanweisungen des Vorstandes geregelt werden. Die Geschäftsanweisungen können vorsehen, dass die Mitglieder des Vorstandes sich dazu verpflichten, bei Interessenkonflikten die Zustimmung des Kuratoriums einzuholen.

(bb) Kuratorium der Sparkassen-Stiftungen

Schließlich liegt auch bei den Verwaltungsratsmitgliedern der Sparkassen bei einer Tätigkeit im Kuratorium der Sparkassen-Stiftungen eine Doppelbindung gegenüber den Sparkassen sowie den Sparkassen-Stiftungen vor. Auch

711 Vgl. Teil 2 B.II.2.e.aa.(1).

712 Siehe zur Besetzung des Vorstandes der Stiftung Teil 2 B.II.2.b.bb.(2).

713 Zu demselben Ergebnis kommend in Bezug auf Doppelmandate in Unternehmen *Wanka*, Juristische Personen und ihre Organe als Vorstand der Stiftung, S. 337.

hier könnten sich aus dieser Doppelbindung Interessenkonflikte ergeben. Wie bereits im vorherigen Abschnitt dargestellt, sind Interessenkonflikte aufgrund einer Doppelbindung der Verwaltungsratsmitglieder nicht zu befürchten.[714] Die Treuepflicht der Verwaltungsratsmitglieder gegenüber den Sparkassen bezieht sich vor allem auf eine effektive Ausübung der Kontrollfunktion. Diese steht nicht im Konflikt mit der Pflicht im Kuratorium der Sparkassen-Stiftungen, denn sie bezieht sich auf die Kontrolle der Stiftungen zur Gewährleistung der bestmöglichen Verwirklichung der Stiftungszwecke. Vielmehr sind die beiden Aufgaben ähnlich ausgestaltet und bieten insofern Synergieeffekte.[715]

(3) Ergebnis

Die Übernahme von Organtätigkeiten durch die Vertreter der Sparkassen ist zulässig. Sie ist typischerweise in den Satzungen verankert. Für die Mitglieder des Vorstandes sowie die Mitarbeiter der Sparkassen ist aufgrund der Kontrolle der Arbeit des Stiftungsvorstandes durch das Kuratorium der Sparkassen-Stiftungen ein wirksamer Mechanismus zur Verhinderung von Interessenkonflikten im Einzelfall getroffen. Bei Verwaltungsratsmitgliedern besteht trotz doppelter Pflichtenbindung keine Gefahr von Interessenkonflikten. Alle Organmitglieder der Sparkassen-Stiftungen haben ihr Handeln am ursprünglichen Stifterwillen auszurichten. Die Einflussnahme der Sparkassen als Stifter auf die Sparkassen-Stiftungen durch Doppelmandate ist insofern nur in einem begrenzten Rahmen möglich.

bb. Recht des Stifters zur Bestellung von Organmitgliedern

Die Besetzung der Organe der Stiftung mit Personen mit Nähe zum Stifter kann sich zum einen direkt aus der Satzung ergeben. Es kann jedoch auch dem Stifter das Recht eingeräumt werden, Organmitglieder der Stiftung zu bestellen. Dieses Recht stellt eine besondere Art der Einflussnahme auf die Stiftung durch den Stifter dar und ist daher ebenfalls auf seine Zulässigkeit zu prüfen.

(1) Vorgaben zur Berufung von Organmitgliedern durch den Stifter

Nach herrschender Meinung können dem Stifter die Berufung und Abberufung von Organmitgliedern in der Satzung der Stiftung zugewiesen werden.[716] Dies

---

714 Siehe dazu die Ausführungen zum Verwaltungsrat in Teil 2 B.II.2.e.aa.(2)(c)(aa).

715 Vgl. Teil 2 B.II.2.e.aa.(2)(c)(aa).

716 *Hüttemann/Rawert*, in: Staudinger, BGB, § 81 Rn. 77; *Burgard*, Gestaltungsfreiheit im Stiftungsrecht, S. 393 ff.; *Jeß*, Das Verhältnis des lebenden Stifters zur Stiftung, S. 131 f.; *Lunk/Rawert*, in: Walz/Kötz/Rawert/Schmidt, Non Profit Law Yearbook 2001, S. 91,

sei darauf zurückzuführen, dass der Stifter bei der Gründung die Möglichkeit besitze, über die Gestaltung der Stiftung zu verfügen.[717] Dabei habe er sich bei der späteren Ausübung dieses Rechts lediglich dem Primat seines ursprünglichen Stifterwillens zu unterwerfen.[718] Teilweise wird das Recht des Stifters zur Bestellung und Abberufung der Organe abgelehnt. Aufgrund des Bestellungsrechts eines externen Dritten werde ein Einfluss auf die Stiftung ausgeübt, der sich der Rechtsaufsicht der Stiftung entziehe.[719] Die Ansicht, welche dem Stifter ein Berufungsrecht für die Organmitglieder zubilligt, ist zu favorisieren. Die Autonomie der Stiftung verbietet nicht jede Einflussnahme von Dritten. Jegliches Handeln des Stifters, unabhängig davon, ob als Teil des Organs oder als externer Dritter, hat sich allerdings dem in der Satzung gefestigten Stifterwillen unterzuordnen. Daher kann dem Stifter die Bestellung und Abberufung von Organmitglieder ermöglicht werden.

(2) Berufungsrechte durch die Sparkassen

In den Satzungen der Sparkassen-Stiftungen finden sich teilweise Rechte der Sparkassen zur Berufung von Organmitgliedern. Es gibt neben den geborenen eine Vielzahl von gekorenen Organmitglieder. Oftmals gibt die Satzung für die Berufung lediglich Merkmale vor. So kann in Satzungen typischerweise bestimmt werden, dass der Vorstand der Stiftung durch Mitglieder des Vorstandes der Sparkassen besetzt wird. Dabei räumt die Satzung dem Vorstand der Sparkassen das Recht ein, Vorstände oder Mitarbeiter der Sparkassen als Vorstandsmitglieder der Stiftung zu benennen.[720] Die Berufung der Organmitglieder erfolgt dabei nicht nur beim Vorstand der Stiftung. Auch bei Organmitgliedern des Kuratoriums wird die Berufung auf Dritte übertragen. Die Vertreter des Kuratoriums werden jedoch in der Regel vom Verwaltungsrat der Sparkassen bestimmt.[721] Der Verwaltungsrat ist ein Organ der Sparkassen und handelt

---

96; *Muscheler*, in: Hüttemann/Rawert/Schmidt/Weitemeyer, Non Profit Law Yearbook 2007, S. 149, 163; *Saenger*, ZStV 2012, 94, 98.

717 *Burgard*, Gestaltungsfreiheit im Stiftungsrecht, S. 393.

718 *Hüttemann/Rawert*, in: Staudinger, BGB, § 81 Rn. 77; *Burgard*, Gestaltungsfreiheit im Stiftungsrecht, S. 393 ff.; *Lunk/Rawert*, in: Walz/Kötz/Rawert/Schmidt, Non Profit Law Yearbook 2001, S. 91, 96; *Saenger*, ZStV 2012, 94, 98. Dies stimmt auch mit der Praxis der Stiftungsbehörden überein, welche die Erklärung der berufenen Instanz zur Übernahme des Amtes als Voraussetzung für die Anerkennung der Stiftung ansieht.

719 *Weitemeyer*, in: MüKo BGB, § 86 Rn. 6.

720 Siehe Teil 2 B.II.2.b.bb.(2).

721 Vgl. Teil 2 B.II.2.c.cc.(2).

somit ebenfalls bei der Ausübung seiner Befugnisse mit einer Nähe zum Stifter. Es lässt sich jedoch feststellen, dass bei der Berufung von Organmitgliedern durch die Sparkassen streng getrennt wird zwischen Vorstand und Verwaltungsrat. Es wird die Trennung von Geschäftsführungs- und Kontrollorgan durchgehalten. Der Vorstand der Sparkassen beruft den Vorstand der Stiftung. Der Verwaltungsrat der Sparkassen beruft das Kuratorium der Stiftung.

(3) Ergebnis

Die Berufung von Organmitgliedern durch den Stifter ist stiftungsrechtlich zulässig. In den Sparkassen-Stiftungen werden Vorstandsmitglieder der Stiftungen durch den Vorstand der Sparkassen sowie Kuratoriumsmitglieder durch den Verwaltungsrat der Sparkassen berufen.

f. Zusammenfassung

Bei der Festlegung der Stiftungsorganisation zeigt sich eindrucksvoll die Freiheit des Stifters. Die Gestaltungsmöglichkeiten beinhalten die Wahl der Organe, deren Aufgaben sowie deren personelle Besetzung. Bei der Organisation der Sparkassen-Stiftungen haben sich zwei besondere Merkmale hervorgetan. Zum einen lässt sich feststellen, dass die Sparkassen die Gestaltung der Organisation in der Satzung nutzen, um sich als Stifter einen besonderen Einfluss auf die Stiftung zu erhalten. Zum anderen findet sich neben dem Vorstand in der Regel ein weiteres Organ, das der internen Kontrolle der Sparkassen-Stiftungen dient.

3. Stiftungsvermögen

Das Stiftungsvermögen ist neben dem Stiftungszweck und der Stiftungsorganisation ein grundlegendes Strukturelement der Stiftung. Es gehört wie der Stiftungszweck zum Inhalt der Stiftungserklärung und ist zwingend durch den Stifter festzulegen.[722] § 81 I 3 Nr. 4 BGB verlangt den Erlass von Regelungen über das Vermögen in der Satzung. Es stellt sich die Frage, aus welchen Bestandteilen sich das Grundstockvermögen der Stiftung zusammensetzt und welche Höhe es aufweisen muss. Schließlich können in der Satzung das Stiftungsvermögen ergänzende Regelungen getroffen werden. So sollte der Stifter mit der Satzung die Entscheidung treffen, ob er Zustiftungen zulässt.[723] Weiterhin kann die Satzung

---

722 *Backert,* in: Bamberger/Roth/Hau/Poseck BGB, § 81 Rn. 11; *Weitemeyer,* in: MüKo BGB, § 81 Rn. 39.

723 *Backert,* in: Bamberger/Roth/Hau/Poseck BGB, § 81 Rn. 11; *Weitemeyer,* in: MüKo BGB, § 81 Rn. 39.

Vorgaben zur Art und Weise der Vermögenserhaltung, zur Vermögensanlage, zur Zulässigkeit von Vermögensumschichtungen sowie zur Rücklagenbildung enthalten[724], auf diese Regelungen wird im Folgenden bei der Verwaltung des Stiftungsvermögens eingegangen.[725]

a. Das Grundstockvermögen der Stiftung

Stiftungsvermögen i. S. d. § 81 I 3 Nr. 4 BGB sind alle Sachen und Rechte, die der Stiftung eine Grundlage für die Verfolgung des Stiftungszwecks geben, ihr dauerhaft zur Verfügung stehen und nicht verbraucht werden.[726] Das Stiftungsvermögen i. S. d. § 81 I 3 Nr. 4 BGB ist das Grundstockvermögen der Stiftung. Die Entscheidung über Art und Höhe des Stiftungsvermögens hat grundlegende Bedeutung für das erfolgreiche Wirken der Stiftung.[727]

aa. Gesetzliche Vorgaben

Es gibt keine gesetzlichen Regelungen, die bestimmen, aus welchen Wertgegenständen das Stiftungsvermögen besteht. Die Zusammensetzung des Grundstockvermögens unterliegt der freien Entscheidung des Stifters.[728] Es bieten sich jedoch vor allem Gegenstände an, die entweder zur Ertragsziehung geeignet sind oder unmittelbar als Anstaltsvermögen genutzt werden können. Dies lässt sich darauf zurückführen, dass gemäß § 80 II 1 BGB das Grundstockvermögen eine dauerhafte und nachhaltige Verwirklichung der Stiftungszwecke ermöglichen muss. Es müssen insofern eine Zweckadäquanz des Vermögensgegenstandes sowie eine Wertbeständigkeit vorliegen.[729] Aufgrund der Übertragungspflicht des Stifters nach § 82 I BGB besteht weiterhin die Anforderung, dass der vom

---

724 *Backert,* in: Bamberger/Roth/Hau/Poseck BGB, § 81 Rn. 11; *Hüttemann/Rawert,* in: Staudinger, BGB, § 81 Rn. 68; *Weitemeyer,* in: MüKo BGB, § 81 Rn. 39; *Hüttemann,* WM 2016, 625, 626.

725 Ausführlich dazu Teil 3 B.

726 *Hüttemann/Rawert*, in: Staudinger, BGB, § 81 Rn. 61; *Weitemeyer,* in: MüKo BGB, § 81 Rn. 40; *Schlüter/Stolte*, Stiftungsrecht, 2. Kap. Rn. 92.

727 *Etzrodt,* Die Vermögensausstattung der Stiftung, S. 1.

728 *Hüttemann/Rawert*, in: Staudinger, BGB, § 81 Rn. 67; *Weitemeyer,* in: MüKo BGB, § 81 Rn. 41; *Schlüter/Stolte*, Stiftungsrecht, 2. Kap. Rn. 94.

729 *Hüttemann/Rawert*, in: Staudinger, BGB, § 81 Rn. 67; *Schwalme*, Grundsätze ordnungsgemäßer Vermögensverwaltung bei Stiftungen, S. 106. Zur Bedeutung der Erzielung von Erträgen auch *Härtl,* Ist das Stiftungsrecht reformbedürftig?, S. 117 f; *Meyn*, in: Meyn/Richter/Koss, Die Stiftung, Rn. 144.

Stifter zu übertragende Gegenstand übertragbar ist.[730] Das ist der Fall, wenn das Grundstockvermögen aus Gütern und Rechten von wirtschaftlichem Wert einschließlich gesicherter Anwartschaften besteht.[731] Beispiele sind Geld, Wertpapiere, Kunstgegenstände, Immobilien, Rechte an Grundstücken, Rechte an Unternehmen und einklagbare Forderungen.[732]

Anhand des gewidmeten Kapitals der Stiftung lassen sich zwei Grundtypen unterscheiden.[733] Bei Kapitalstiftungen werden mit dem Grundstock Erträge erzielt, aus denen die Stiftungszwecke verfolgt werden.[734] Kennzeichen dieser Form der Stiftung ist die Vermögensverwaltung zur Generierung von Erträgen.[735] Eine Anstaltsstiftung setzt den Grundstock dagegen unmittelbar dazu ein, den Stiftungszweck zu verfolgen.[736] Die Funktion der Anstaltsstiftung ist die Sicherstellung und Erhaltung einer bestimmten Einrichtung.[737] Den Destinatären kommt der Betrieb der Einrichtung selbst zugute. Anders als bei der Kapitalstiftung sollen keine Erträge aus dem Stiftungsvermögen erwirtschaftet werden.[738] Die Anstaltsstiftung kommt in der Praxis sehr selten in ihrer Urform vor, denn für eine dauerhafte und nachhaltige Stiftungszweckerfüllung muss die

730 *Schwalme*, Grundsätze ordnungsgemäßer Vermögensverwaltung bei Stiftungen, S. 105.

731 *Weitemeyer*, in: MüKo BGB, § 81 Rn. 41; *Hof*, in: v. Campenhausen/Richter, Stiftungsrechts-Handbuch, 2014, § 6 Rn. 181; *Hof*, DStR 1992, 1587.

732 *Hüttemann/Rawert*, in: Staudinger, BGB, § 81 Rn. 67; *Neuhoff*, in: Soergel BGB, Vor § 80 Rn. 15; *Weitemeyer*, in: MüKo BGB, § 81 Rn. 41; *Godron*, in: Richter, Stiftungsrecht, § 7 Rn. 8; *Schlüter/Stolte*, Stiftungsrecht, 2. Kap. Rn. 94; *Schwalme*, Grundsätze ordnungsgemäßer Vermögensverwaltung bei Stiftungen, S. 109.

733 *Etzrodt*, Die Vermögensausstattung der Stiftung, S. 4.

734 v. *Campenhausen/Stumpf*, in: Richter, Stiftungsrecht, §1 Rn. 33; *Etzrodt*, Die Vermögensausstattung der Stiftung, S. 4; *Stickrodt*, Stiftungsrecht, S. 205; *Sontheimer*, Das neue Stiftungsrecht, S. 58; *Weger/Weger*, in: Bertelsmann Stiftung, Handbuch Stiftungen, S. 797, 812.

735 *Etzrodt*, Die Vermögensausstattung der Stiftung, S. 4; *Stickrodt*, Stiftungsrecht, S. 205.

736 *Neuhoff*, in: Soergel BGB, Vor § 80 Rn 62; v. *Campenhausen/Stumpf*, in: Richter, Stiftungsrecht, §1 Rn. 33; *Etzrodt*, Die Vermögensausstattung der Stiftung, S. 5; *Stickrodt*, Stiftungsrecht, S. 206.

737 *Etzrodt*, Die Vermögensausstattung der Stiftung, S. 5; *Sontheimer*, Das neue Stiftungsrecht, S. 58.

738 *Etzrodt*, Die Vermögensausstattung der Stiftung, S. 5.

Stiftung über einen zusätzlichen Kapitalstock verfügen, aus dem laufende Kosten für den Betrieb und den Unterhalt der Anstalt beglichen werden können.[739]

bb. Praxis der Sparkassen-Stiftungen

Das Stiftungsvermögen der Sparkassen-Stiftungen besteht vorwiegend aus Geld.[740] Dies lässt sich darauf zurückführen, dass die in die Stiftung eingebrachten Mittel Freigiebigkeitsleistungen der Sparkassen darstellen.[741] Die Sparkassen-Stiftungen werden fast ausschließlich als Kapitalstiftungen errichtet. Ausnahmsweise werden bei auch operativ tätigen Stiftungen Immobilien oder Kunstgegenstände in die Stiftungen eingebracht.[742]

b. Höhe des Stiftungsvermögens

Viel diskutiert wird bei der Errichtung der Stiftung die notwendige Höhe des Stiftungsvermögens. Bei einer Stiftung sind die Anforderungen an die Vermögensausstattung viel umfangreicher und schwieriger als bei anderen juristischen Personen des Privatrechts. Dies liegt an der Mitgliederlosigkeit der Stiftung im Vergleich zu anderen juristischen Personen und Gesellschaften des Privatrechts.[743] Das Fehlen eines personellen Substrats soll durch einen hinreichenden Bestand an sachlichen Mitteln ausgeglichen werden.[744] Die

---

739 *Godron*, in: Richter, Stiftungsrecht, § 7 Rn. 12; *Etzrodt*, Die Vermögensausstattung der Stiftung, S. 5; *Weger/Weger*, in: Bertelsmann Stiftung, Handbuch Stiftungen, S. 797, 812; *Hof*, DStR 1992, 1587.

740 Siehe z. B. *Sparkassenstiftung Allgäu*, Satzung in der Fassung vom 17. Oktober 2006, § 4 I, https://www.sparkasse-allgaeu.de/stiftung (06.02.2021); *Sozialstiftung der Kreissparkasse Heilbronn*, Satzung in der Fassung vom 23. Juli 2014, § 3 I 1, https://module.sparkasse-heilbronn.de/de/home/ihre-sparkasse/stiftungen_lp.html/stiftungen_20210113/ sozialstiftung.html (06.02.2021).

741 Siehe dazu bereits unter Teil 2 A.III.2.

742 Ein Beispiel hierfür stellt die *Stiftung SK Kultur der Sparkasse KölnBonn* dar, welche die Photographische Sammlung, das Deutsche Tanzarchiv Köln sowie die Bibliothek für das gesprochene Kölsch unterhält, siehe https://www.sk-kultur.de/de/stiftung/ (06.02.2021).

743 *Hüttemann/Rawert*, in: Staudinger, BGB, Vor §§ 80 ff. Rn. 10 f.; *Roth*, in: BeckOGK BGB, § 80 Rn. 241; *Ebersbach*, Handbuch des Stiftungsrechts, S. 17 ff.; *Schwake*, NZG 2008, 248.

744 *Weitemeyer*, in: MüKo BGB, § 80 Rn. 5.

Vermögensausstattung durch den Stifter muss in qualitativer Hinsicht die Gewähr für einen unbegrenzten Bestand bieten.[745]

aa. Gesetzliche Vorgaben

Bei der Frage nach der Ausstattung einer Stiftung mit Stiftungsvermögen kommt der Regelung zur Anerkennung in § 80 II 1 BGB besondere Bedeutung zu, die bestimmt, dass eine dauernde und nachhaltige Erfüllung des Stiftungszwecks gesichert erscheinen muss. Der Stifter gibt die konkrete Mittel-Zweck-Relation in der Satzung sowie dem Stiftungsgeschäft vor.[746] Es muss zwischen den voraussichtlichen Kosten für die Zweckverwirklichung und den verfügbaren Mitteln der Stiftung ein plausibles Verhältnis bestehen.[747] In Bezug auf die Erreichung dieser Zwecke hat die Stiftungsbehörde eine Prognoseentscheidung zu treffen.[748] Bezugspunkte bei der Entscheidung über die Lebensfähigkeitsprognose der Stiftung sind ihre Wirkkraft, das Stiftungsziel und die Art und Weise der Verwirklichung.[749]

Abgesehen von der Vorgabe des § 80 II 1 BGB gibt es keine Regelung zur Höhe des Stiftungskapitals. Ein Mindestkapital für die Anerkennung als Stiftung gibt es nicht.[750] Dies ist wegen der unterschiedlichen Stiftungszwecke auch folgerichtig, denn der jeweilige Zweck prägt den Kapitalbedarf, sodass keine feste

---

745 *Backert,* in: Bamberger/Roth/Hau/Poseck BGB, § 80 Rn. 49; *Jakob/Uhl,* in: BeckOGK BGB, § 80 Rn. 129; *Andrick/Suerbaum*, Stiftung und Aufsicht, § 2 Rn. 10; *Etzrodt,* Die Vermögensausstattung der Stiftung, S. 2; *Jakob,* Schutz der Stiftung, S. 61; *Rawert,* in: Hopt/Reuter, Stiftungsrecht in Europa, S. 109, 125; *Schwake,* NZG 2008, 248.

746 *Hüttemann/Rawert,* in: Staudinger, BGB, § 80 Rn. 27; *Fritz,* in: Werner/Saenger/Fischer, Die Stiftung, § 9 Rn. 12.

747 *Fritz,* in: Werner/Saenger/Fischer, Die Stiftung, § 9 Rn. 12; *Schiffer/Pruns/Schürmann,* in: Schiffer, Die Stiftung in der Beraterpraxis, § 3 Rn. 94.

748 BT-Drucks. 14/8894, S. 10; *Hüttemann/Rawert,* in: Staudinger, BGB, § 80 Rn. 23; *Roth,* in: BeckOGK BGB, § 80 Rn. 240; *Weitemeyer,* in: MüKo BGB, § 80 Rn. 121 ff.

749 *Hüttemann/Rawert,* in: Staudinger, BGB, § 80 Rn. 25; *Roth,* in: BeckOGK BGB, § 80 Rn. 244; *Weitemeyer,* in: MüKo BGB, § 80 Rn. 123; *Hüttemann,* in: FS Reuter, S. 121, 131 f.

750 *Hüttemann/Rawert,* in: Staudinger, BGB, § 80 Rn. 27; *Roth,* in: BeckOGK BGB, § 80 Rn. 244; *Weitemeyer,* in: MüKo BGB, § 80 Rn. 125; *Godron,* in: Richter, Stiftungsrecht; *Fritz,* in: Werner/Saenger/Fischer, Die Stiftung, § 9 Rn. 4; *Schlüter/Stolte,* Stiftungsrecht, 2. Kap. Rn. 95; *Jakob,* Schutz der Stiftung, S. 65; *Schwake,* NZG 2008, 248 ff.

Summe zugrunde gelegt werden kann.[751] Dennoch ist darauf zu achten, dass eine ausreichende Vermögensausstattung erfolgt. Von den Stiftungsbehörden werden in der Anerkennungspraxis Beträge von 25.000 bis 50.000 Euro als ausreichend für die Errichtung einer Stiftung angesehen.[752] Die Grenze von 25.000 Euro ergibt sich aus den Mindestkapitalanforderungen für eine GmbH nach § 5 GmbHG, die als Vergleich herangezogen werden.[753] In der Literatur ist diese Praxis jedoch stark umstritten.[754] Dies wird damit begründet, dass es in der Vergangenheit aufgrund der geringen Vermögensausstattung eine große Zahl notleidender Stiftungen gegeben und sich die Situation durch die Niedrigzinsphase weiter verschlechtert hat.[755] Weiterhin wird angeführt, dass viele Stiftungen aufgrund ihres geringen Stiftungsvermögens auf die ehrenamtliche Mitarbeit von Personen angewiesen sind.[756] Aus diesen Gründen werden in der Literatur wesentlich höhere Mindestwerte als die zuvor genannten für die Kapitalausstattung von Stiftungen gefordert.[757]

bb. Praxis der Sparkassen-Stiftungen

Bei Sparkassen-Stiftungen variiert der Betrag des Grundstockvermögens. Dies hängt auf der einen Seite von der Größe der Stiftung und den zu verwirklichenden Stiftungszwecken ab. Auf der anderen Seite ist die Größe der Sparkassen als Stifter von entscheidender Bedeutung. Die Größe der Sparkassen und die

---

751 *Roth*, in: BeckOGK BGB, § 80 Rn. 244; *Stumpf*, in: Stumpf/Suerbaum/Schulte/Pauli, B 2. Kap. § 80 Rn. 60 f.; *Wiese*, in: Ermann, BGB, § 80 Rn. 13; *Schwake*, NZG 2008, 248, 250.

752 *Weitemeyer*, in: MüKo BGB, § 80 Rn. 125; *Hof/Bianchini-Hartmann/Richter*, Stiftungen, S. 34; *Schiffer/Pruns/Schürmann*, in: Schiffer, Die Stiftung in der Beraterpraxis, § 3 Rn. 95. Zur Praxis siehe einen Überblick bei *Schwake*, NZG 2008, 248, 249.

753 *Härtl*, Ist das Stiftungsrecht reformbedürftig?, S. 116 f.; *Hof*, DStR 1992, 1587.

754 *Backert*, in: Bamberger/Roth/Hau/Poseck BGB, § 80 Rn. 50; *Ellenberger*, in: Palandt, BGB, § 80 Rn. 5; *Hüttemann/Rawert*, in: Staudinger, BGB, § 80 Rn. 28; *Hof/Bianchini-Hartmann/Richter*, Stiftungen, S. 34; *Schwalme*, Grundsätze ordnungsgemäßer Vermögensverwaltung bei Stiftungen, S. 137.

755 *Hüttemann/Rawert*, in: Staudinger, BGB, § 80 Rn. 28; *Schwalme*, Grundsätze ordnungsgemäßer Vermögensverwaltung bei Stiftungen, S. 136 f.

756 *Hüttemann/Rawert*, in: Staudinger, BGB, § 80 Rn. 28. Zur Bedeutung des Ehrenamts für die Vermögensausstattung auch *Roth*, in: BeckOGK BGB, § 80 Rn. 243.

757 *Zehentmeier*, NWB 46/2009, 3583, 3587 f., fordert einen Betrag von mehr als 200.000 Euro. *Hüttemann/Rawert*, in: Staudinger, BGB, § 80 Rn. 28, fordern einen Betrag von 1 Million bis 2 Million Euro, da sie zu Grunde legen, dass die Kapitalerträge notfalls auch bei der Beschäftigung bezahlter Organpersonen ausreichen sollen.

von ihr erzielten Jahresüberschüsse beeinflussen über die Freigiebigkeitsleistungen die Höhe des an die Stiftung zuzuwendenden Betrages. Viele Sparkassen-Stiftungen weisen ein Grundstockvermögen von einer halben Millionen bis drei Millionen auf.[758] Teilweise werden bei der Errichtung einer Stiftung jedoch weitaus größere Beträge von den Sparkassen zur Verfügung gestellt.[759] Insgesamt lässt sich jedoch feststellen, dass das Grundstockvermögen der Sparkassen-Stiftungen Beträge aufweist, die die Orientierungswerte der Stiftungsbehörden zur Mindestausstattung deutlich überschreiten.

c. *Zustiftungen und Spenden*

Neben den Bestimmungen zum Grundstockvermögen sollten sich in der Satzung der Stiftung Regelungen zu Zustiftungen und Spenden finden. Zustiftungen und Spenden sind dabei zwei unterschiedliche Zuwendungsarten.

aa. *Stiftungsrechtliche Vorgaben*

Finanzielle Zuwendungen Dritter oder des Stifters an die Stiftung können Zustiftungen sein. Eine Definition des Begriffs ‚Zustiftungen' findet sich im BGB nicht, er wird jedoch in einzelnen Landesstiftungsgesetzen verwendet z. B. in § 4 III StiftG Schl.-H.[760] Zustiftungen sind danach Vermögenswerte, die ein

---

758 Das Anfangsvermögen betrug ungefähr 500.000 Euro bei der *Sparkassenstiftung Südliche Weinstraße*, Satzung in der Fassung vom 01. Oktober 2012, § 4 I, https://www.sparkasse-suew.de/content/dam/myif/spk-suedliche-weinstrasse-landau/work/dokumente/Kommunikation/Satzung_Sparkassenstiftung_2011.pdf (06.02.2021) sowie der *Sparkassenstiftung Allgäu*, Satzung in der Fassung vom 17. Oktober 2006, § 4 I, https://www.sparkasse-allgaeu.de/stiftung (06.02.2021). Das Vermögen der *Sozialstiftung der Kreissparkasse Heilbronn*, Satzung in der Fassung vom 23. Juli 2014, § 3 I, https://module.sparkasse-heilbronn.de/ de/home/ihre-sparkasse/stiftungen_lp.html/stiftungen_20210113/sozialstiftung.html (06.02.2021) lag bei Gründung bei 1.022.584,59 Euro und bei der *Stiftung Zukunft der Sparkasse Koblenz*, Satzung in der Fassung vom 27. November 2000, § 3 I 1, https://www.sparkasse-koblenz.de/de/home/ihre-sparkasse/Stiftungen.html?n=true (06.02.2021) belief es sich auf 3 Millionen Euro.

759 Beispielhaft kann auf das Anfangsvermögen der *Stiftung Brandenburger Tor* der Berliner Sparkasse geschaut werden, welches 10 Million Euro betrug, vgl. Satzung in der Fassung vom 21. Juli 2017, § 3.1, https://stiftungbrandenburgertor.de/wp-content/uploads/2016/09/STB_Satzung__2016.pdf (06.02.2021). Bei der Stiftung Brandenburger Tor besteht eine Besonderheit, da die Trägern eine Aktiengesellschaft ist, siehe dazu Teil 1 B.II.

760 *Hüttemann/Rawert*, in: Staudinger, BGB, Vor §§ 80 ff. Rn. 366; *Jakob*, in: Hüttemann/Richter/Weitemeyer, Landesstiftungsrecht, Rn. 5.49; *Götz/Pach-Hanssenheimb*, Handbuch der Stiftung, Rn. 271.

Dritter oder der Stifter außerhalb des Stiftungsgeschäfts der Stiftung zuwendet. Sie fließen dem Grundstockvermögen zu und sind in ihrem Bestand zu erhalten.[761] Spenden demgegenüber sind Zuwendungen Dritter an die Stiftung, die der Erfüllung des Stiftungszwecks dienen und zeitnah verbraucht werden.[762] Im Gegensatz zu Zustiftungen fließen Spenden nicht dem Grundstock zu, sondern das Kapital steht für den gemeinnützigen Zweck zum laufenden Verbrauch zur Verfügung.[763] Sie können zeitnah und gezielt zur Förderung des Stiftungszwecks eingesetzt werden.[764] Ob es sich bei einer finanziellen Zuwendung an eine Stiftung um eine Zustiftung oder um eine Spende handelt, hängt von der Bestimmung des Zuwendenden ab. Sofern eine Zuwendung zum Stiftungsvermögen gewollt ist, liegt eine Zustiftung vor.[765]

In Bezug auf Zustiftungen ist fraglich, ob eine Annahme dieser durch die Stiftung besonderen Voraussetzungen unterliegt. Sofern der Stifter eine Ermächtigung in der Satzung vorgesehen hat, sind die Stiftungsorgane befugt, Zustiftungen anzunehmen.[766] Eine Regelung über die Erhöhung des Stiftungsvermögens durch Zustiftungen empfiehlt sich daher in der Satzung.[767] Ohne eine satzungsrechtliche Regelung ist die Möglichkeit zur Annahme von Zustiftungen umstritten. In den Landesstiftungsgesetzen der Länder finden sich unterschiedliche Vorgaben. Das Landesstiftungsgesetz in Bayern sieht in Art. 19 I das Erfordernis der Genehmigung der Stiftungsaufsicht im Hinblick auf Zustiftungen vor,

---

761 *Jakob/Uhl*, in: BeckOGK BGB, § 80 Rn. 183; *Stumpf*, in: Stumpf/Suerbaum/Schulte/Pauli, B 1. Kap. Vorb. Rn. 15; *Weitemeyer*, in: MüKo BGB, § 80 Rn. 249; *Godron*, in: Richter, Stiftungsrecht, § 7 Rn. 3; *Jakob*, in: Hüttemann/Richter/Weitemeyer, Landesstiftungsrecht, Rn. 5.49; *Meyn/Richter*, in: Meyn/Richter/Koss, Die Stiftung, Rn. 23.

762 *Godron*, in: Richter, Stiftungsrecht, § 7 Rn. 7; *Götz/Pach-Hanssenheimb*, Handbuch der Stiftung, Rn. 274; *Hof/Bianchini-Hartmann/Richter*, Stiftungen, S. 37; *Jakob*, Schutz der Stiftung, S. 163; *Muscheler*, WM 2008, 1669.

763 *Godron*, in: Richter, Stiftungsrecht, § 7 Rn. 7; *Götz/Pach-Hanssenheimb*, Handbuch der Stiftung, Rn. 274; *Hof/Bianchini-Hartmann/Richter*, Stiftungen, S. 37; *Meyn/Richter*, in: Meyn/Richter/Koss, Die Stiftung, Rn. 22.

764 *Meyn/Richter*, in: Meyn/Richter/Koss, Die Stiftung, Rn. 22.

765 *Jakob*, in: Hüttemann/Richter/Weitemeyer, Landesstiftungsrecht, 5.50; *Rawert*, DNotZ 2008, 5, 7.

766 *Hüttemann/Rawert*, in: Staudinger, BGB, Vor §§ 80 ff. Rn. 374; *Götz/Pach-Hanssenheimb*, Handbuch der Stiftung, Rn. 271; *Jakob*, in: Hüttemann/Richter/Weitemeyer, Landesstiftungsrecht, Rn. 5.54; *Meyn*, in: Meyn/Richter/Koss, Die Stiftung, Rn. 155; *Pues/Scheerbarth*, Gemeinnützige Stiftungen im Zivil- und Steuerrecht, S. 43.

767 *Burgard*, Gestaltungsfreiheit im Stiftungsrecht, S. 540; *Flues*, Die Zustiftung, S. 88; *Pues/Scheerbarth*, Gemeinnützige Stiftungen im Zivil- und Steuerrecht, S. 43.

die mit einer Last verknüpft sind oder die einem anderen Zweck als dem der Stiftung dienen sollen.[768] Im Stiftungsgesetz von Nordrhein-Westfalen hingegen wird in § 4 III die Annahme von Zustiftungen ohne besondere Anforderungen als zulässig angesehen. In der Literatur wird die Annahme von Zustiftungen als zulässig angesehen, wenn sich durch Auslegung des mutmaßlichen Stifterwillens das Vorhandensein einer konkludenten Gestattung der Zustiftungen in der Satzung ermitteln lässt.[769] Eine solche liege in der Regel bei Zustiftungen in Geld, Wertpapieren und anderen fungiblen Mitteln vor.[770] Unzulässig sei jedoch die Annahme von Zustiftungen, die anderen als den satzungsmäßigen Zwecken der Stiftung dienen sollen, da die Annahme solcher Zustiftungen eine Änderung des Stiftungszwecks erfordern würde und die hohen Voraussetzungen einer Zweckänderung nicht erfüllt seien.[771]

bb. Praxis der Sparkassen-Stiftungen

In den Satzungen der Sparkassen-Stiftungen wird häufig eine Regelung zur Berechtigung der Annahme von Zustiftungen getroffen.[772] Teilweise wird darüber hinaus die Vorgabe getroffen, dass bei Zuwendungen Dritter sowie der Sparkasse angenommen wird, dass es sich um Spenden handele, sollte nicht ausdrücklich die Bezeichnung der Zuwendung als Zustiftung erfolgen.[773]

---

768 Art. 19 I StiftG Bayern, dazu vertiefend *Jakob*, in: Hüttemann/Richter/Weitemeyer, Landesstiftungsrecht, Rn. 5.53.

769 *Hüttemann/Rawert*, in: Staudinger, BGB, Vor §§ 80 ff. Rn. 374; *Götz/Pach-Hanssenheimb*, Handbuch der Stiftung, Rn. 271; *Jakob*, in: Hüttemann/Richter/Weitemeyer, Landesstiftungsrecht, Rn. 5.54; *Flues*, Die Zustiftung, S. 86 f.

770 *Hüttemann/Rawert*, in: Staudinger, BGB, Vor §§ 80 ff. Rn. 374; *Rawert*, DNotZ 2008, 5, 9.

771 *Hüttemann/Rawert*, in: Staudinger, BGB, Vor §§ 80 ff. Rn. 382; *Weitemeyer*, in: MüKo BGB, § 80 Rn. 256; *Neidenbach*, Zustiftung aus rechtsgeschäftlicher Sicht, S. 64 ff.; a.A. *Werner*, Die Zustiftung, S. 74 ff.

772 Siehe z. B. *Stiftung der Sparkasse Münsterland Ost*, Satzung in der Fassung vom 09. August 2016, § 3 II 2, https://stiftungen-sparkasse-mslo.sparkasseblog.de/files/2016/08/20160809_Satzung-Stiftung-SK-MSLO.pdf (02.06.2021); *Stiftung der Sparkasse Mecklenburg-Nordwest*, Satzung in der Fassung vom 20. November 2009, § 4 III, https://www.sparkassenstiftungen.de/index.php?id=7507 (06.02.2021); *Stiftung der Sparkasse Herford*, Satzung in der Fassung vom 01. Januar 2005, § 3 III, https://www.sparkassenstiftungen.de/index.php?id=11905 (06.02.2021).

773 *Stiftung der Sparkasse Herford*, Satzung in der Fassung vom 01. Januar 2005, § 3 III, https://www.sparkassenstiftungen.de/index.php?id=11905 (06.02.2021); *Stiftung der Sparkasse Münsterland Ost*, Satzung in der Fassung vom 09. August 2016, § 3 V 1, https://stiftungen-sparkasse-mslo.sparkasseblog.de/files/2016/08/20160809_

Die Sparkassen als Stifter können der Stiftung jederzeit zusätzliche Mittel als Zustiftungen oder Spenden zukommen lassen. Für diese gilt jedoch ebenso wie bei der Erbringung des Anfangsvermögens der Sparkassen-Stiftung, dass der Grundsatz des sparsamen Finanzgebarens gewahrt werden muss und die Höhe im Hinblick auf Ertragslage und Geschäftstätigkeit der Sparkassen angemessen ist.[774] Oftmals verpflichten sich die Sparkassen, über das Anfangsvermögen hinaus in den folgenden Jahren weitere Zahlungen in die Stiftung zur Aufstockung des Grundstockvermögens vorzunehmen.[775] Die Satzung kann dazu vorsehen, dass das Anfangsvermögen der Stiftung durch weitere Zustiftungen der Sparkassen aufgestockt werden soll.[776] Die Sparkassen können in der Satzung sowohl die Modalitäten der Zustiftungen als auch die Zielgröße des Stiftungsvermögens bestimmen.[777] Zustiftungen, die bereits in der Stiftungssatzung vorgesehen oder ohne konkrete Betragsangabe gestattet sind, können die Vorstände der Sparkassen ohne Zustimmung des Verwaltungsrats tätigen. Es genügt die Billigung der Satzung durch den Verwaltungsrat im Rahmen der Errichtung der Stiftung.[778] Durch diese Zustiftungen erhöht sich das Grundstockvermögen der Stiftungen in den folgenden Jahren kontinuierlich und sorgt für eine zunehmende Leistungsfähigkeit der Sparkassen-Stiftungen.

d. Zusammenfassung

Die Sparkassen als Stifter treffen durch die Festlegung des Stiftungsvermögens in der Satzung eine wichtige Entscheidung über die späteren Möglichkeiten der

---

Satzung-Stiftung-SK-MSLO.pdf (06.02.2021); *Stiftung der Sparkasse Mecklenburg-Nordwest*, Satzung in der Fassung vom 20. November 2009, § 4 III 2, https://www.sparkassenstiftungen.de/index.php?id=7507 (06.02.2021).

774 *Heinevetter/Engau/Menking*, Kommentar zum SpkG NRW, § 15 Rn. 7.1.3.; siehe dazu bereits Teil 2 A.III.2.b.

775 So z. B. *Stiftung Zukunft der Sparkasse Koblenz*, Satzung in der Fassung vom 27. November 2000, § 3 I 1, https://www.sparkasse-koblenz.de/de/home/ihre-sparkasse/Stiftungen.html?n=true (06.02.2021), mit einer Erhöhung des Stiftungsvermögens über 5 Jahre auf einen Betrag von 10 Million Euro. Ähnlich geregelt wurde die Erhöhung des Anfangsvermögens auf 5 Million in Teilraten bei der *Sparkassenstiftung Südliche Weinstraße*, Satzung in der Fassung vom 01. Oktober 2012, § 4, https://www.sparkasse-suew.de/content/dam/myif/spk-suedliche-weinstrasse-landau/work/dokumente/ Kommunikation/Satzung_Sparkassenstiftung_2011.pdf (06.02.2021).

776 *Heinevetter/Engau/Menking*, Kommentar zum SpkG NRW, § 15 Rn. 7.1.3.

777 *Heinevetter/Engau/Menking*, Kommentar zum SpkG NRW, § 15 Rn. 7.1.3.

778 *Heinevetter/Engau/Menking*, Kommentar zum SpkG NRW, § 15 Rn. 7.1.5.

Stiftung zur Verwirklichung der Stiftungszwecke. Die Sparkassen-Stiftungen sind überwiegend Kapitalstiftungen. Die Erwirtschaftung von Erträgen spielt für sie daher eine zentrale Rolle. Die Höhe des Grundstockvermögens ist in der Regel angemessen, selten sind Sparkassen-Stiftungen mit einem Grundstockvermögen unter einer halben Million Euro zu finden. Bei jeder Stiftung ist jedoch im Einzelfall anhand der Stiftungszwecke zu prüfen, ob eine dauerhafte und nachhaltige Verfolgung der Stiftungszwecke gewährleistet ist. Weiterhin sehen die Satzungen bereits Regelungen zu den in den nächsten Jahren erfolgenden Zustiftungen durch die Sparkassen vor. Diese verbessern die finanzielle Lage der Stiftungen weiter. In den Satzungen der Sparkassen-Stiftungen finden sich darüber hinaus häufig Ermächtigungen zur Annahme von Zustiftungen. Sie dienen ebenfalls der Sicherung der Leistungsfähigkeit der Stiftungen in der Zukunft.

4. Sitz der Stiftung

Die Stiftungssatzung hat gemäß § 81 I 3 Nr. 2 BGB eine Regelung über den Sitz der Stiftung zu treffen. Der Rechtssitz bezeichnet den Standort für das Erscheinen der Stiftung im Rechtsverkehr.[779] Die Frage nach dem Sitz der Stiftung ist von besonderer Bedeutung, denn sie entscheidet darüber, welches Landesstiftungsgesetz für die Stiftung anwendbar ist, welche örtlichen Behörden für sie zuständig sind und wo der Gerichtsstand der Stiftung gemäß § 17 ZPO liegt.[780] Bei der Wahl des Sitzes der Sparkassen-Stiftungen sind die stiftungsrechtlichen sowie die sparkassenrechtlichen Vorgaben zu beachten.

a. Stiftungsrechtliche Vorgaben

Die Stiftungsgesetze haben relativ niedrige Anforderungen an die Wahl des Sitzes der Stiftung. Es findet sich keine ausdrückliche gesetzliche Vorgabe in § 81 BGB zur Wahl des Rechtssitzes. Es gilt grundsätzlich die Freiheit des Stifters bei der Wahl des Sitzes.[781] Wie weit diese Freiheit geht, ist umstritten. Teilweise wird die Freiheit zur Wahl des Sitzes als umfassend angesehen.[782] Es soll im

779 *Backert,* in: Bamberger/Roth/Hau/Poseck BGB, § 81 Rn. 7.

780 *Backert,* in: Bamberger/Roth/Hau/Poseck BGB, § 81 Rn. 7; *Hüttemann/Rawert,* in: Staudiner BGB, § 81 Rn. 41; *Stumpf,* in: Richter, Stiftungsrecht, § 4 Rn. 96; *Schlüter/Stolte,* Stiftungsrecht, 2. Kap. Rn. 45.

781 *Backert,* in: Bamberger/Roth/Hau/Poseck BGB, § 81 Rn. 7; *Weitemeyer,* in: MüKo BGB, § 81 Rn. 30; *Jakob,* in: Hüttemann/Richter/Weitemeyer, Landesstiftungsrecht, Rn. 6.9; *Schlüter/Stolte,* Stiftungsrecht, 2. Kap. Rn. 45.

782 *Wiese,* in: Ermann, BGB, § 81 Rn. 11.

Interesse eines Wettbewerbs der Stiftungsbehörden eine freie Sitzwahl erfolgen können.[783] Im Großteil der Forschung wird davon ausgegangen, dass ein sachlicher Bezug zur Stiftung vorliegen müsse.[784] Die freie Sitzwahl widerspreche der erklärten Absicht des Gesetzgebers und es fehle nach der Etablierung einheitlicher Voraussetzungen für die Anerkennung im Bundesrecht an der Notwendigkeit der freien Sitzwahl.[785] Diese Argumente können überzeugen. Ein konkreter Bezug zur Stiftung liegt grundsätzlich am Sitz der Verwaltung der Stiftung vor.[786] Der Verwaltungssitz, ist der Ort, wo die grundlegenden Entscheidungen der Unternehmensleitung effektiv in laufende Geschäftsführungsakte umgesetzt werden.[787] Sofern der Ort der Verwaltung als Sitz der Stiftung in der Satzung bestimmt wird, stimmen Verwaltungssitz und Rechtssitz überein. Der in der Stiftung festgelegte Rechtssitz muss jedoch nicht zwingend am Sitz der Verwaltung der Stiftung liegen.[788] So kann der Rechtssitz auch an einem Ort mit Bezug zur Stiftungstätigkeit selbst liegen wie z. B. dem Ort der Empfängereinrichtung einer Förderstiftung oder dem Sitz des Zweckverwirklichungsbetriebs einer operativen Stiftung.[789]

b. Vorgaben aus dem Sparkassenrecht

Als kommunale Selbstverwaltungsaufgabe ist die Tätigkeit der Sparkassen auf das Gebiet der Trägerkommune beschränkt.[790] Diese räumliche Beschränkung der Tätigkeit des Stifters entfaltet neben der Auswirkung auf den Stiftungszweck

---

783 *Wiese*, in: Ermann, BGB, § 81 Rn. 11.

784 *Hüttemann/Rawert*, in: Staudinger, BGB, § 81 Rn. 42, *Stumpf*, in: Stumpf/Suerbaum/Schulte/Pauli, Stiftungsrecht, B 2. Kap. § 81 Rn. 23; *Weitemeyer*, in: MüKo BGB, § 81 Rn. 30, *Stumpf*, in: Richter, Stiftungsrecht, § 4 Rn. 98; *Schwake*, in: MünchHdbGesR V, § 79 Rn. 156; *Burgard*, Gestaltungsfreiheit im Stiftungsrecht, S. 82.

785 Siehe BT-Drucks. 14/8765, so ebenfalls *Hüttemann/Rawert*, in: Staudinger, BGB, § 81 Rn. 42.

786 *Hüttemann/Rawert*, in: Staudinger, BGB, § 81 Rn. 42.

787 Der Verwaltungssitz einer Gesellschaft ist nicht gesetzlich geregelt, sondern wurde durch die Rechtsprechung entwickelt. Zur Definition des Begriffes vgl. u. a. BGH, Urt. v. 21.03.1986 – V ZR 10/85, BGHZ 97, 269, 272; BGH, Beschl. v. 10.03.2009 – VIII ZB 105/07, ZIP 2009, 987, 988; BGH, Urt. v. 21.06.2016 - X ZR 41/15, ZIP 2016, 1703; BGH, Beschl. v. 23.08.2017 – IV ZR 93/17, ZIP 2017, 2171, 2172.

788 Argument aus § 83 III BGB; vgl. OLG Hamburg, Beschl. v. 25. 11. 1977 – 2 W 22/77, StiftRspr. III, S. 75 ff.; *Hüttemann/Rawert*, in: Staudinger, BGB, § 81 Rn. 42.

789 *Hüttemann/Rawert*, in: Staudinger, BGB, § 81 Rn. 42.

790 Siehe dazu Teil 1 B.II.4.

auch Auswirkung auf die Festlegung des Sitzes der Stiftung. Der Sitz der Stiftung kann sich nur dort befinden, wo der Stifter die Kompetenz zur Errichtung einer solchen Stiftung hat. Der Rechtssitz der Sparkassen-Stiftungen muss sich folglich im Geschäftsgebiet der Sparkassen befinden.

c. *Praxis der Sparkassen-Stiftungen*

Bei den Sparkassen-Stiftungen fällt auf, dass der Rechtssitz der Stiftung oftmals mit dem Rechtssitz der Sparkassen übereinstimmt.[791] Sofern die Sparkassen-Stiftungen eigene Räumlichkeiten besitzen, wird hingegen ein Ort unabhängig vom Rechts- oder Verwaltungssitz der Sparkassen gewählt. Ein Beispiel ist die SK Stiftung Kultur der Sparkasse KölnBonn. Diese verfügt über Ausstellungsräume und Forschungseinrichtungen, die der Förderung des Stiftungszwecks dienen.[792]

---

791 Ein Beispiel für das Zusammenfallen von Rechtssitz der Sparkasse und Rechtssitz der Stiftung stellt die *Stiftung der Sparkasse Mecklenburg-Nordwest* dar. Diese hat ihren Sitz in Wismar gemäß § 1 II der Satzung vom 20. November 2009, https://www.sparkassenstiftungen.de/index.php?id=7507 (06.02.2021). Der Rechtssitz der Sparkasse Mecklenburg-Nordwest ist ebenfalls in Wismar, vgl. https://www.spk-mecklenburg-nordwest.de/de/home/toolbar/impressum.html (06.02.2021). Als weiteres Beispiel kann die *Stiftung Zukunft der Sparkasse Koblenz* angeführt werden. Ihr Sitz ist in Koblenz gemäß § 1 III der Satzung vom 27. November 2000, https://www.sparkasse-koblenz.de/de/home/ihre-sparkasse/Stiftungen.html?n=true (06.02.2021). Der Sitz der Sparkasse Koblenz ist ebenfalls in Koblenz, vgl. https://www.sparkasse-koblenz.de/de/home/toolbar/impressum.html?n=true&stref=footer (06.02.2021). Schließlich kann auch die *Sparkassenstiftung Allgäu* genannt werden. Die Stiftung hat ihren Sitz in Kempten nach § 1 II der Satzung vom 17. Oktober 2006, https://www.sparkasse-allgaeu.de/stiftung (06.02.2021). Der Sitz der Sparkasse Allgäu ist ebenfalls in Kempten, vgl. https://www.sparkasse-allgaeu.de/de/home/toolbar/impressum.html?n=true&stref=footer (06.02.2021).

792 Die *SK Stiftung Kultur der Sparkasse KölnBonn* hat ihren Sitz in Köln, vgl. § 1 III der Satzung in der Fassung vom Dezember 2018, https://www.sk-kultur.de/stiftung/veroeffentlichungen/satzung/ (06.02.2021). Der Sitz der Stiftung befindet sich jedoch ‚Im Mediapark 7' und nicht wie bei der Sparkasse KölnBonn in der ‚Hahnenstraße 57' in Köln, vgl. https://www.sk-kultur.de/impressum/ (06.02.2021) sowie https://www.sparkasse-koelnbonn.de/de/home/toolbar/impressum.html?n=true&stref=footer (06.02.2021). Am Rechtssitz der Stiftung befindet sich die Ausstellungen wie z. B. die Photographischen Sammlungen der Stiftung sowie das Tanzmuseum des Deutschen Tanzarchivs Köln, siehe https://www.photographie-sk-kultur.de/home/ (06.02.2021) sowie https://www.deutsches-tanzarchiv.de/ (06.02.2021).

d. *Zusammenfassung*

Die Wahl des Sitzes durch den Stifter ist bei Sparkassen-Stiftungen stark eingeschränkt. Der Sitz der Stiftung muss sich im Geschäftsgebiet der Sparkassen befinden und einen konkreten Bezug zur Stiftung aufweisen. Die Sparkassen als Stifter wählen oftmals den Rechtssitz der Sparkassen als Sitz der Stiftung.

5. *Name der Stiftung*

Als letzte zentrale Regelung in der Satzung gehört die Wahl des Namens zu den Essentialia einer Stiftung nach § 81 I 3 Nr. 1 BGB. Der Name ist ein identitätsstiftendes Merkmal und zeigt die Grundrechtssubjektivität der Stiftung.[793] Er genießt den Schutz des § 12 BGB.[794] Die Wahl eines Namens kann durch den Stifter ebenfalls grundsätzlich frei erfolgen.[795] Das BGB enthält keine Bestimmungen über den Namen der Stiftung.[796] Dieser Grundsatz ist jedoch aufgrund von Regelungen außerhalb des Stiftungsrechts wie dem Grundsatz der Namenswahrheit, den namensrechtlichen Anforderungen des § 12 BGB sowie der Wahrung der Namensrechte Dritter gewissen Einschränkungen unterworfen.[797] Es ist zu analysieren, wie die Ausgestaltung des Namens von Sparkassen-Stiftungen unter Wahrung der rechtlichen Anforderungen erfolgt.[798]

---

793 BT-Drucks. 14/8765, S. 10; *Backert*, in: Bamberger/Roth/Hau/Poseck BGB, § 81 Rn. 6; *Ellenberger*, in: Palandt, BGB, § 81 Rn. 5; *Hüttemann/Rawert*, in: Staudinger, BGB, § 81 Rn. 34 sowie Vor §§ 80 ff. Rn. 48 ff., *Stumpf*, in: Stumpf/Suerbaum/Schulte/Pauli, Stiftungsrecht, B 2. Kap. § 81 Rn. 16.; *Hof/Bianchini-Hartmann/Richter*, Stiftungen, S. 29; *Mecking*, in: MünchHdbGesR V, § 86 Rn. 2; *Stumpf*, in: Richter, Stiftungsrecht, § 4 Rn. 91.

794 *Hüttemann/Rawert*, in: Staudinger, BGB, § 81 Rn. 37; *Werner*, in: Werner/Saenger/Fischer, Die Stiftung, § 11 Rn. 105; *Ebersbach*, Handbuch des Stiftungsrechts, S. 74.

795 *Ellenberger*, in: Palandt, BGB, § 81 Rn. 5; *Hüttemann/Rawert*, in: Staudinger, BGB, § 81 Rn. 38; *Stumpf*, in: Stumpf/Suerbaum/Schulte/Pauli, Stiftungsrecht, B 2. Kap. § 81 Rn. 17; *Weitemeyer*, in: MüKo BGB, § 81 Rn. 28; *Werner*, in: Werner/Saenger/Fischer, Die Stiftung, § 11 Rn. 105.

796 *Heinrich*, in: Soergel BGB, § 12 Rn. 131.

797 *Ellenberger*, in: Palandt, BGB, § 81 Rn. 5; *Stumpf*, in: Stumpf/Suerbaum/Schulte/Pauli, Stiftungsrecht, B 2. Kap. § 81 Rn. 17; *Weitemeyer*, in: MüKo BGB, § 81 Rn. 28; *Mecking*, in: MünchHdbGesR V, § 86 Rn. 6 ff.; *Schlüter/Stolte*, Stiftungsrecht, 2. Kap. Rn. 44; *Stumpf*, in: Richter, Stiftungsrecht, § 4 Rn. 92.

798 Nach dem Gesetzesentwurf der Bundesregierung für ein Gesetz zur Vereinheitlichung des Stiftungsrechts sollen die Vorgaben im BGB zur Wahl des Namens durch einen Rechtsformzusatz ‚e. S.' sowie ‚e. VS.' ergänzt werden (§ 82 c BGB neu). Siehe

a. *Namenswahrheit*

Der Name der Stiftung unterliegt dem Gebot der Namenswahrheit.[799] Das Gebot der Namenswahrheit hat das Ziel der Verhinderung namensbezogener Täuschungen im Rechtsverkehr.[800] Zur Begründung des Grundsatzes der Namenswahrheit wird der Rechtsgedanke aus § 18 II HGB herangezogen, welcher das Gebot der Firmenwahrheit darlegt.[801] Der Grundsatz der Firmenwahrheit gibt vor, dass alle Angaben unzulässig sind, die geeignet sind, hinsichtlich geschäftlicher Verhältnisse, die für die angesprochenen Verkehrskreise wesentlich sind, irrezuführen.[802] Teilweise wird neben den Regelungen des HGB auch auf die bezeichnungs- und kennzeichenbezogenen Regelungssysteme des BGB, UWG und MarkenG für eine weitere Ausformung des Gebots der Namenswahrheit zurückgegriffen.[803]

Aus dem Gebot der Namenswahrheit sind die Ausformungen des Grundsatzes für das Stiftungsrecht herzuleiten. Wichtig ist in Bezug auf die Namenswahrheit im Stiftungsrecht, dass es sich bei den relevanten Tatsachen um stiftungsbezogene Verhältnisse handeln muss.[804] Stiftungsrechtliche Verhältnisse sind

---

vertiefend den Gesetzesentwurf der Bundesregierung für ein Gesetz zur Vereinheitlichung des Stiftungsrechts in der Fassung vom 03.02.2021, S. 15, 33, 94.

799 BT-Drucks. 14/8765, S. 10; *Mecking*, in: MünchHdbGesR V, § 86 Rn. 7; *Werner*, in: Werner/Saenger/Fischer, § 11 Rn. 105; *Schäller*, Namensbildung und Namensschutz der anerkannten Stiftung, S. 135 ff.

800 Zum Gebot der Namenswahrheit siehe zum eingetragenen Verein aus der Rspr z. B. OLG Bayern, Beschl. v. 14.08.1959 – BReg 2 Z 96/59, BayObLGZ 1959, 287 ff.; OLG Bayern, Beschl. v. 16.07.1974 – BReg 2 Z 26/74, BayObLGZ, 299 ff.; OLG Bayern, Beschl. v. 12.08.1982 – BReg 2 Z 63/82, BayObLGZ, 1982, 278 ff.; OLG Bayern, Beschl. v. 05.11.1971 – BReg 2 Z 22/71, NJW 1972, 957, 958; LG Berlin, Urt. v. 15.04.1955 – 83 T 87/55, JR 1956, 24 f.; OLG Frankfurt a.M., Beschl. v. 20.11.2000 – 20 W 192/2000, NJW-RR 2002, 176, 177; *Habermann*, in: Staudinger, BGB, § 57 Rn. 6 ff; *Leuschner*, in: MüKo BGB, § 57 Rn. 1; *van Randenborgh*, in: Schauhoff, Handbuch der Gemeinnützigkeit, § 2 Rn. 31. Zur Stiftung siehe *Schäller*, Namensbildung und Namensschutz der anerkannten Stiftung, S. 118.

801 *Ellenberger*, in: Palandt, BGB, § 81 Rn. 5; *Weitemeyer*, in: MüKo BGB, § 81 Rn. 28; *Schlüter/Stolte*, Stiftungsrecht, 2. Kap. Rn. 44.

802 Zur Firmenwahrheit nach dem HGB *Merkt*, in: Baumbach/Hopt, HGB, § 18 Rn. 9.

803 Das MarkenG sowie das UWG können als Ausformungen des Namensgrundsatzes je nach Bedarf der jeweiligen Branche angesehen werden. So wird in § 8 II Nr. 4 MarkenG eine Täuschung über die Art, die Beschaffenheit oder die geographische Herkunft der Waren oder Dienstleistungen verhindert, siehe dazu vertiefend *Schäller*, Namensbildung und Namensschutz der anerkannten Stiftung, S. 135 ff.

804 *Schäller*, Namensbildung und Namensschutz der anerkannten Stiftung, S. 139.

insbesondere Art, Größe, Alter, Haftungsverhältnisse, Bedeutung und Zweck der Stiftung.[805] Weiterhin müssen wesentliche Angaben für die jeweiligen Verkehrskreise berührt werden.[806] Als Verkehrskreis ist insbesondere die Allgemeinheit in ihrer potenziellen Rolle als Zustifter und Spender zu berücksichtigen.[807]

Im Rahmen der Namenswahrheit könnte die Stiftung dazu angehalten sein, einen Rechtsformzusatz oder das Wort ‚Stiftung' zu verwenden. Für eine solche Notwendigkeit spricht der Gedanke der Haftungsbeschränkung der Stiftung, die nach außen erkennbar sein soll. Die Stiftung haftet begrenzt auf das Stiftungsvermögen. Problematisch ist jedoch, dass nach derzeitigem Recht allein die Verwendung des Begriffs Stiftung nicht eindeutig ist. Es ist nicht erkennbar, ob es sich um eine rechtsfähige selbstständige Stiftung oder um eine unselbstständige Stiftung handelt. Aufgrund der geringen Aussagekraft allein durch das Führen des Formzusatzes Stiftung ist nach dem geltenden Recht von einer Notwendigkeit der Verwendung der Bezeichnung abzusehen.[808]

b. Namensrechtliche Anforderungen des § 12 BGB und der Namensrechte Dritter

Der Name von natürlichen und juristischen Personen sowie Bezeichnungen mit Namensfunktion sind durch § 12 BGB geschützt.[809] Ziel ist der Schutz des Namens in der Funktion als Identitätsbezeichnung der Person seines Trägers.[810] Es muss durch den Namen der Stiftung grundsätzlich eine gewisse

---

805 *Schäller,* Namensbildung und Namensschutz der anerkannten Stiftung, S. 140.

806 Dies ergibt sich sowohl aus § 18 II HGB als auch aus § 8 II Nr. 4 MarkenG, siehe dazu auch *Schäller,* Namensbildung und Namensschutz der anerkannten Stiftung, S. 137 ff.

807 *Schäller,* Namensbildung und Namensschutz der anerkannten Stiftung, S. 138 f.

808 So *Hüttemann/Rawert*, in: Staudinger, BGB, § 81 Rn. 37; *Stumpf*, in: Stumpf/Suerbaum/Schulte/Pauli, Stiftungsrecht, B 2. Kap. § 81 Rn. 18; *Weitemeyer*, in: MüKo BGB, § 81 Rn. 28. Nach dem Gesetzesentwurf der Bundesregierung für ein Gesetz zur Vereinheitlichung des Stiftungsrechts sollen die Vorgaben im BGB zur Wahl des Namens in Zukunft geändert werden. Stiftungen sollen einen Rechtsformzusatz tragen. Die rechtsfähige Stiftung soll als ‚e. S.' und die Verbrauchsstiftung als ‚e. VS.' bezeichnet werden (§ 82 c BGB neu). Siehe vertiefend den Gesetzesentwurf der Bundesregierung für ein Gesetz zur Vereinheitlichung des Stiftungsrechts in der Fassung vom 03.02.2021, S. 15, 94.

809 *Ellenberger*, in: Palandt, BGB, § 12 Rn. 5, 9, 10; *Säcker*, in: MüKo BGB, § 12 Rn. 8 ff.

810 BGH, Urt. v. 02.12.2004 – I ZR 92/02, BGHZ 161, 216, 221; BGH, Urt. v. 28.03.2002 – I ZR 235/99, GRUR 2002, 917, 919; BGH, Urt. v. 23.09.1992 – I ZR 251/90, BGHZ 119, 237, 245; *Habermann,* in: Staudinger, BGB, § 12 Rn. 2; *Säcker*, in: MüKo BGB, § 12 Rn. 97.

Individualisierung der Bezeichnung der Stiftung erkennbar sein.[811] Eine willkürliche Buchstaben- oder Zahlenkombination genügt nicht.[812] Das Namensrecht ist verletzt, wenn ein Dritter einen Namen unbefugt, d. h. ohne Befugnis des Namensinhabers[813], gebraucht und dies zu einer Zuordnungsverwirrung führt.[814] Eine Zuordnungsverwirrung besteht bei einer Verwechslungsgefahr, sofern die Verkehrskreise die Namensverwendung als Hinweis auf die geschützte Person ansehen und aufgrund der Ähnlichkeit der Namen von der Gestattung der Namensnutzung ausgegangen wird.[815]

c. *Praxis der Sparkassen-Stiftungen*

Die Sparkassen-Stiftungen können sowohl den Zusatz ‚Stiftung' als auch den Zusatz ‚Sparkasse' in ihren Namen aufnehmen. Grundsätzlich findet sich die Bezeichnung ‚Stiftung' im Namen der Sparkassen-Stiftungen.[816] Zur Darlegung der Verbindung der Stiftung zu den Sparkassen und zur Klarstellung der rechtlichen Besonderheiten legen viele Sparkassen Wert darauf, in ihrem Namen ebenfalls das Wort ‚Sparkasse' zu verwenden.[817] Die Bezugnahme auf den Namen des Stifters ist bei Stiftungen auch ohne gesetzliche Notwendigkeit weit verbreitet.[818] Die Benennung der Stiftung nach dem Stifter verschafft diesem üblicherweise sowohl Anerkennung der Allgemeinheit als auch Unsterblichkeit.[819] Fraglich ist

811 So ebenfalls zum Stiftungsrecht *Backert,* in: Bamberger/Roth/Hau/Poseck BGB, § 81 Rn. 6; *Hüttemann/Rawert,* in: Staudinger, BGB, § 81 Rn. 38.

812 BT-Drucks. 14/8765, S. 10.

813 *Habermann,* in: Staudinger, BGB, § 12 Rn. 298; *Säcker,* in: MüKo BGB, § 12 Rn. 129.

814 *Säcker,* in: MüKo BGB, § 12 Rn. 97.

815 *Habermann,* in: Staudinger, BGB, § 12 Rn. 293 ff.; *Säcker,* in: MüKo BGB, § 12 Rn. 98.

816 Siehe z. B. die Bezeichnung der Stiftungen als Sportstiftung der Kreissparkasse Steinfurt oder als Sozialstiftung der Kreissparkasse Heilbronn.

817 *Heinevetter/Engau/Menking,* Kommentar zum SpkG NRW, § 15 Rn. 7.1.3; vgl. z. B. *Stiftung der Sparkasse Münsterland Ost,* Satzung in der Fassung vom 09. August 2016, § 1 I, https://stiftungen-sparkasse-mslo.sparkasseblog.de/files/2016/08/20160809_Satzung-Stiftung-SK-MSLO.pdf (06.02.2021); *Sparkassen-stiftung Südliche Weinstraße,* Satzung in der Fassung vom 01. Oktober 2012, § 1 I, https://www.sparkasse-suew.de/content/dam/myif/spk-suedliche-weinstrasse-landau/work/dokumente/Kommunikation/Satzung_ Sparkassenstiftung_2011.pdf (06.02.2021); *Stiftung der Sparkasse Herford,* Satzung in der Fassung vom 01. Januar 2005, § 1 II, https://www.sparkassenstiftungen.de/index.php?id=11905 (06.02.2021); *Stiftung der Sparkasse Mecklenburg-Nordwest,* Satzung in der Fassung vom 20. November 2009, § 1 I, https://www.sparkassenstiftungen.de/index.php?id=7507 (06.02.2021).

818 *Werner,* in: Werner/Saenger/Fischer, Die Stiftung, § 11 Rn. 107.

819 *Werner,* in: Werner/Saenger/Fischer, Die Stiftung, § 11 Rn. 107.

jedoch, ob es eine Pflicht zur Nutzung des Namens ‚Sparkasse' gibt. Dazu müsste eine fehlende Angabe der Sparkassen als Stifter zu einer Irreführung des Rechtsverkehrs führen. Für den Zweck der Stiftung ist die Angabe der Sparkassen als Stifter nicht wesentlich. Durch die Sparkassen-Stiftungen werden gemeinnützige Zwecke verfolgt, ein Hinweis auf die Sparkassen ist in dieser Hinsicht nicht notwendig. Es könnte jedoch aus finanziellen Gründen wesentlich für die betroffenen Verkehrskreise sein. Sparkassen können laufende Zuwendungen an die Stiftungen in Form von Zustiftungen und Spenden vornehmen. Die Sparkassen-Stiftungen sind jedoch bei Anerkennung mit einem ausreichenden Vermögen ausgestattet und nicht auf laufende Zuwendungen der Sparkassen angewiesen. Von welchem Stifter das Stiftungsvermögen ist, muss die Stiftung nicht erkennen lassen. Eine Aufnahme der Sparkassen in den Namen der Stiftung ist nicht notwendig.

Von Vorteil für die spätere Öffentlichkeitsarbeit der Stiftung dürfte es bei der Wahl des Namens zudem sein, dass er einen Rückschluss auf den Stiftungszweck zulässt.[820] So findet sich bei der Bezeichnung Kulturstiftung, Sportstiftung oder Bürgerstiftung die Tätigkeit der Stiftung bereits im Namen.[821] Als weiteres Merkmal stellen viele Stiftungen in ihrem Namen einen Bezug zur Region her, in der ihre Mittel laut Satzung verwendet werden sollen.[822] Über diese Merkmale

---

820 *Backert,* in: Bamberger/Roth/Hau/Poseck BGB, § 81 Rn. 6; *Hüttemann/Rawert,* in: Staudinger, BGB, § 81 Rn. 38; *Schlüter/Stolte,* Stiftungsrecht, 2. Kap. Rn. 44; *Schäller,* Namensbildung und Namensschutz der anerkannten Stiftung, S. 119.

821 So findet bei der *Sportstiftung der Kreissparkasse Steinfurt* vor allem die Förderung des regionalen Sports statt gemäß § 2 II der Satzung in der Fassung vom 21. Januar 2016, https://www.sparkassenstiftungen.de/index.php?id=4434 (06.02.2021). Die *Sozialstiftung der Kreissparkasse Heilbronn* fokussiert sich vor allem auf die Förderung der sozialen Aspekte wie der Jugend- und Altenhilfe oder dem Wohlfahrtswesen siehe § 2 I der Satzung in der Fassung vom 23. Juli 2014, https://module.sparkasse-heilbronn.de/de/home/ihre-sparkasse/ stiftungen_lp.html/ stiftungen_20210113/sozialstiftung.html (06.02.2021). Die *SK Stiftung Kultur der Sparkasse KölnBonn* fördert die Kunst und Kultur in Köln gemäß § 2 I und § 2 II der Satzung in der Fassung vom Dezember 2018, https://www.sk-kultur.de/stiftung/veroeffentlichungen/satzung/ (06.02.2021).

822 Die *Sparkassenstiftung Allgäu* betätigt sich, wie sich aus dem Namen erkennen lässt, im Allgäu, dem Geschäftsgebiet der Sparkasse Allgäu, siehe § 2 VI der Satzung vom 17. Oktober 2006, https://www.sparkasse-allgaeu.de/stiftung (06.02.2021). Die *Stiftung der Sparkasse Münsterland Ost* verfolgt ihre Ziele auf dem Geschäftsgebiet der Sparkasse Münsterland Ost, vgl. § 2 II 2 der Satzung in der Fassung vom 09. August 2016, https://stiftungen-sparkasse-mslo.sparkasseblog.de/files/2016/08/20160809_Satzung-Stiftung-SK-MSLO.pdf (06.02.2021). Die *Sparkassenstiftung Zukunft Elbe-Elster-Land* ist im Bereich des Elbe-Elster-Land, dem gegenwärtigen Territorium des

kommt es zu einer Individualisierung der Bezeichnung der Stiftung. Die umfassenden Angaben ermöglichen es, die einzelnen Sparkassen-Stiftungen von anderen Sparkassen-Stiftungen sowie von anderen Stiftungen zu unterscheiden.

d. *Zusammenfassung*

Die Gestaltung des Namens obliegt dem Stifter. Es liegt im Ermessen der Sparkassen, als Stifter im Namen die Bezeichnung Stiftung zu verwenden. Die Sparkassen als Stifter sollten bei der Wahl des Namens darauf achten, eine Individualisierung der Stiftung zu ermöglichen. Dazu können die Region, die durch die Stiftung gefördert wird, sowie die Stiftungszwecke im Namen erwähnt werden. Weiterhin nutzen die Sparkassen ihre Gestaltungsfreiheit oftmals, um auf die besondere Verbindung zu den Sparkassen hinzuweisen.

6. *Ergebnis zum Inhalt des Stiftungsgeschäfts*

Das Stiftungsgeschäft umfasst zum einen die Abgabe der Stiftungserklärung und zum anderen den Erlass der Stiftungssatzung. Mit der Stiftungserklärung erfolgt die Widmung des Stiftungsvermögens für die Stiftungszwecke. In Bezug auf den Erlass der Satzung gewährt das Stiftungsrecht dem Stifter eine große Gestaltungsfreiheit. Es gibt Mindestvorgaben für die Ausgestaltung der Satzung einer Stiftung. Diese setzen allerdings nur einen groben Rahmen für die spätere Tätigkeit der Stiftung. Es obliegt dem Stifter, zu entscheiden, wie detailliert er in der Satzung die Grundlage für die Tätigkeiten der Stiftung regelt. Bei der Gestaltung der Satzung sind die Sparkassen aufgrund ihrer Zugehörigkeit zur öffentlichen Hand in ihrer Handlungsmöglichkeiten im Gegensatz zu anderen Stiftern eingeschränkt. Die Sparkassen-Stiftungen können als Stiftungszwecke nur regional begrenzte Tätigkeiten verfolgen. Weiterhin müssen die Stiftungszwecke gemeinnützig sein. Die Sparkassen können im Rahmen des Stiftungszwecks jedoch frei entscheiden, ob die Sparkassen-Stiftungen einen einzelnen Stiftungszweck oder verschiedene, breit aufgestellte Zwecke fördern. Bei der Organisation der Stiftung haben die Sparkassen als Stifter die Möglichkeit, sich Einfluss auf die Stiftung zu sichern. Die Organisation von Sparkassen-Stiftungen ist in der Regel durch die Etablierung eines Kuratoriums geprägt. Dies dient der internen Kontrolle der Stiftung. Weiterhin zeichnen sich die von den Sparkassen errichteten Stiftungen

---

Landkreises Elbe-Elster tätig, vgl. Satzung in der Fassung vom 15. Dezember 2015, § 2 I, https://www.spk-elbe-elster.de/de/home/ihre-sparkasse/Sparkassenstiftung/stiftung.html?n=true (06.02.2021).

durch die personelle Besetzung der Organe mit Vertretern der Sparkassen aus. Durch die Ausübung von Ämtern in der Sparkasse und in der Stiftung bestehen Doppelmandate. Diese sorgen für eine Anbindung der Stiftung an die Sparkassen als Stifter. Diese Ausgestaltung ist bei einer Regelung in der Satzung zulässig. Im Hinblick auf die Festlegung des Stiftungsvermögens besteht in den Stiftungsgesetzen keine Vorgabe für eine Mindestkapitalausstattung, das Vermögen muss nachhaltig und dauerhaft die Verfolgung des Stiftungszwecks ermöglichen. Bei der Festlegung des Vermögens durch die Sparkassen lässt sich feststellen, dass die Stiftungen grundsätzlich großzügig mit Vermögen ausgestattet sind. Die Wahl des Sitzes der Stiftung durch die Sparkassen ist durch das Regionalprinzip beschränkt. Dabei wird oft der Rechtssitz der Sparkassen gewählt. Schließlich bestehen auch nur wenige gesetzliche Vorgaben für die Wahl des Namens. Dennoch nutzen die Sparkassen häufig die Möglichkeit, einen Hinweis auf die Sparkassen sowie auf die konkret verfolgten Stiftungszwecke im Namen zu geben.

III. Zusammenfassung

Die Sparkassen als Anstalten des öffentlichen Rechts stellen eine besondere Art Stifter dar. Sie besitzen die Fähigkeit zur Errichtung einer Stiftung bürgerlichen Rechts. Dabei werden ihnen als öffentlich-rechtliche Personen besondere Vorgaben auferlegt. Die Sparkassen können die Stiftungsform wählen, soweit sie innerhalb ihrer gesetzlichen Kompetenzen handeln und die besonderen Verfahrensvorschriften für Sparkassen wahren. Diese besonderen Bindungen der Sparkassen finden sich im Zweck der Sparkassen-Stiftungen wieder. Daneben beeinflussen sie den Sitz der Stiftung. Bei der Organisation der Stiftung spielen Überlegungen zur effektiven Ausgestaltung der Stiftung eine Rolle. Weiterhin nutzen die Sparkassen die Organisation zur Anbindung der Stiftung an die Sparkassen durch die Besetzung der Organe mit Vertretern der Sparkassen. Eine solche Anbindung ist im Grundsatz zulässig.

Teil 3: Verwaltung der Sparkassen-Stiftungen

Mit der behördlichen Anerkennung nach § 80 I, II BGB erlangt die Stiftung ihre Rechtsfähigkeit. Ab diesem Zeitpunkt stehen sich Stifter und Stiftung als zwei eigenständige Rechtspersonen gegenüber.[823] Bei den von den Sparkassen errichteten Stiftungen muss das Handeln der Stiftung in der operativen Phase nicht mehr den besonderen Anforderungen des Verwaltungshandelns in Privatrechtsform genügen, sondern es stellt gesellschaftliches Handeln in Ausübung der Privatautonomie dar.[824] Der Schwerpunkt der Tätigkeit der Stiftung in dieser Phase umfasst zum einen die Tätigkeit zur Verwirklichung des Stiftungszwecks und zum anderen die Bewirtschaftung des Stiftungsvermögens.[825] Die Verwaltung der Stiftung wird bestimmt durch die gesetzlichen Regelungen, die Vorgaben des Stiftungsgeschäfts und der Satzung sowie etwaige Geschäftsordnungen und selbst gesetzte Richtlinien.[826] Die rechtlichen Rahmenbedingungen sowie häufige Gestaltungen bei Sparkassen-Stiftungen sollen im Folgenden analysiert werden. Im Rahmen der operativen Tätigkeit tauchen weiterhin Fragen zur Haftung der Stiftung, der Stiftungsorgane sowie des Stifters auf. Die Untersuchung der verschiedenen Aspekte der Verwaltung und Haftung der Sparkassen-Stiftungen steht unter dem Ziel, die Rolle der Sparkassen als Stifter in der operativen Phase zu bestimmen. Die Arbeit befasst sich ausschließlich mit dem zivilrechtlich ausgestalteten Verhältnis des Stifters zur Stiftung; die öffentlich-rechtlich ausgestaltete Stiftungsaufsicht durch die Behörden der Länder ist hingegen nicht Gegenstand der Untersuchung.

A. Erfüllung des Stiftungszwecks durch Förderung

Der Kern der Tätigkeit der Stiftung ist die Erfüllung des Stiftungszwecks. Bei einer fördernden Stiftung wird der Stiftungszweck im Wesentlichen durch die Auswahl der geförderten Projekte und die Vergabe der Fördermittel an sie

---

823 *Hof*, in: GS Walz, S. 233, 236; *Schulte*, Rechtsbeziehungen zwischen Stifter und Stiftung, S. 75.

824 Siehe dazu Teil 2 A.III.

825 *Hof*, in: v. Campenhausen/Richter, Stiftungsrechts-Handbuch, 2014, § 8 Rn. 243.

826 *Hof*, in: v. Campenhausen/Richter, Stiftungsrechts-Handbuch, 2014, § 8 Rn. 211.

verfolgt.[827] Im Gegensatz dazu wählt eine operativ tätige Stiftung eigene Projekte aus und führt diese durch.[828] In einer operativen Stiftung sind prinzipiell gleichartige Entscheidungen wie bei einer fördernden Stiftung zu treffen, wobei die Auswahl und Beurteilung potenzieller Projekte bei ihr zwischen dem Vorstand und den Mitarbeitern erfolgt.[829] Aufgrund dieser Tatsache sowie zur Reduzierung der Komplexität der Darstellung wird auf eine Betrachtung der Verwirklichung der Stiftungszwecke durch eine operative Stiftung verzichtet.

I. Aufstellung von Förderrichtlinien

Der Entscheidungsprozess über die Förderanträge bildet die Basis für die Fördertätigkeit einer Stiftung.[830] Für die Ausgestaltung des Förderprozesses durch eine Stiftung fehlen gesetzliche Vorgaben. Im Vorfeld der Vergabe der Fördermittel sollten daher stiftungsinterne Regelungen für die Fördermittelvergabe aufgestellt werden.[831] Die Ausgestaltung des Prozesses obliegt insofern dem Stifter sowie den Organen der Stiftung.[832]

1. Satzungsrechtliche Vorgaben und organinterne Regelungen der Stiftungsorgane

Zum einen kann der Stifter in der Satzung langfristige Vorgaben zum Förderprozess treffen, an denen sich der Antrag des Destinatärs orientieren muss.[833] Diese sind der Stiftungszweck, die Art der Zweckrealisierung, das regionale und zeitliche Fördergebiet sowie die zur Beschlussfassung und Begutachtung der Förderprogramme zuständigen Organe.[834]

Zum anderen können die Organe die weitere Ausgestaltung des Förderprozesses durch den Beschluss über die Grundsätze der Förderung, sogenannten Förderrichtlinien, ausgestalten.[835] Die Festlegung solcher Grundsätze liegt im

---

827 *Hof,* in: v. Campenhausen/Richter, Stiftungsrechts-Handbuch, 2014, § 8 Rn. 243; zu den Merkmalen der fördernden Stiftung siehe ausführlicher Teil 2 B.II.1.b.aa.

828 Siehe zu den Merkmalen der operativen Stiftung bereits Teil 2 B.II.1.b.aa.

829 *Breiteneicher/Marble,* in: Bertelsmann Stiftung, Handbuch Stiftungen, S. 649, 662.

830 *Grisko,* ZStV 2017, 104.

831 *Peters,* in: Strachwitz/Mercker, Stiftungen in Theorie, Recht und Praxis, S. 735 f.

832 *Grisko,* ZStV 2017, 104.

833 *Grisko,* ZStV 2017, 104.

834 *Grisko,* ZStV 2017, 104.

835 *Peters,* in: Strachwitz/Mercker, Stiftungen in Theorie, Recht und Praxis, S. 735; *Grisko,* ZStV 2017, 104.

Ermessen der Stiftung.[836] Es wird jedoch bei einer gemeinnützigen Stiftung verstärkt die Notwendigkeit des Erlasses und der Veröffentlichung von Förderrichtlinien aufgrund steuerrechtlicher Regelungen vorgebracht.[837] Dies wird darauf gestützt, dass zum Nachweis der Selbstlosigkeit der Stiftung der Zugang einer breiten Öffentlichkeit zu den Stiftungsmitteln geschaffen werden und die Entscheidung nachvollziehbar nach festen Kriterien erfolgen müsse.[838] Das Bedürfnis der öffentlichen Zugänglichkeit der Unterlagen kann überzeugen, denn die Tätigkeit der gemeinnützigen Sparkassen-Stiftungen erfolgt zum Wohl der Allgemeinheit. Aufgrund der Möglichkeit der Veröffentlichung der Informationen im Internet trifft die Stiftung auch kein unverhältnismäßiger Aufwand. Die Erstellung und Veröffentlichung von Förderrichtlinien wird darüber hinaus auch vom Bundesverband Deutscher Stiftungen in den Grundsätzen guter Stiftungspraxis empfohlen.[839] Förderrichtlinien werden grundsätzlich von dem Organ erlassen, das auch für die Beschlussfassung über die Vergabe der Fördermittel zuständig ist.[840] In ihnen sind Zielsetzung und Schwerpunkte der Förderung, Art der angebotenen Förderung (z. B. Stipendien oder Geldzuschüsse), nicht förderfähige Vorgaben, zeitliche Befristung, geografische Einschränkung, Kontaktaufnahme und Formalia für die Anträge zu regeln.[841] An den aufgestellten Förderrichtlinien haben sich die Entscheidungsträger der Stiftung sowie die Antragssteller orientieren.[842] Im Sinne der Transparenz der Stiftung und ihrer Tätigkeit werden durch sie ein faires Verfahren und eine klare Vergabeentscheidung gewährleistet.[843]

---

836 Zu Vorteilen und Risiken der Verwendung von Förderrichtlinien siehe insbesondere *Peters,* in: Strachwitz/Mercker, Stiftungen in Theorie, Recht und Praxis, S. 735 ff.

837 Befürwortend FG Thüringen, Urt. v. 26.02.2015 – 1 K 487/14, npoR 2016, 171, 172.

838 FG Thüringen, Urt. v. 26.02.2015 – 1 K 487/14, npoR 2016, 171, 172.

839 *BDS,* Grundsätze Guter Stiftungspraxis, Nummer 11, https://www.stiftungen.org/stiftungen/basiswissen-stiftungen/stiftungsgruendung/grundsaetze-guter-stiftungspraxis.html (07.02.2021).

840 *Hof,* in: v. Campenhausen/Richter, Stiftungsrechts-Handbuch, 2014, § 8 Rn. 254.

841 *Breiteneicher/Marble,* in: Bertelsmann Stiftung, Handbuch Stiftungen, S. 649, 666; *Peters,* in: Strachwitz/Mercker, Stiftungen in Theorie, Recht und Praxis, S. 735, 738 ff.

842 *Hof,* in: v. Campenhausen/Richter, Stiftungsrechts-Handbuch, 2014, § 8 Rn. 244; *Peters,* in: Strachwitz/Mercker, Stiftungen in Theorie, Recht und Praxis, S. 735, 736; *Grisko,* ZStV 2017, 104.

843 *Breiteneicher/Marble,* in: Bertelsmann Stiftung, Handbuch Stiftungen, S. 649, 666; *Peters,* in: Strachwitz/Mercker, Stiftungen in Theorie, Recht und Praxis, S. 735, 736.

2. *Praxis der Sparkassen-Stiftungen*

Das für die Aufstellung der Förderrichtlinien zuständige Organ richtet sich bei den Sparkassen-Stiftungen nach der Kompetenzverteilung zwischen Vorstand und Kuratorium.[844] Die Förderrichtlinien enthalten sehr unterschiedliche Anforderungen, die nur beispielhaft dargestellt werden können. Zum einen bestehen Vorgaben dazu, welche Projekte als besonders förderwürdig angesehen werden. So werden Projekte bevorzugt gefördert, die eine Wirkung in der gesamten Region entfalten.[845] Neben diesen Kriterien finden sich in den Förderrichtlinien auch beschränkende Vorgaben zur Förderfähigkeit. So besteht vielfach die Notwendigkeit einer angemessenen Eigenbeteiligung oder Eigenleistung des Antragsstellers.[846] Weitere Begrenzungen bestehen darin, dass die geförderten Vorhaben nicht kommerziell ausgerichtet sein dürfen.[847] Bei den Förderungen

---

844 Bei manchen Stiftungen ist das Kuratorium für den Erlass der Richtlinien zuständig, vgl. z. B. *Stiftung der Sparkasse Münsterland Ost*, Satzung in der Fassung vom 09. August 2016, § 8 III Nr. 6, https://stiftungen-sparkasse-mslo.sparkasseblog.de/files/2016/08/20160809_Satzung-Stiftung-SK-MSLO.pdf (06.02.2021) sowie *Sparkassenstiftung Zukunft Elbe-Elster-Land*, Satzung in der Fassung vom 15. Dezember 2015 ,§ 7 I, https://www.spk-elbe-elster.de/de/home/ihre-sparkasse/Sparkassenstiftung/stiftung.html?n=true (06.02.2021). Bei anderen Stiftungen fällt dies in die Kompetenz des Vorstandes, siehe dazu z. B. *Sparkassenstiftung Südliche Weinstraße*, Satzung in der Fassung vom 01. Oktober 2012, § 9 II Nr. 4, https://www.sparkasse-suew.de/content/dam/myif/spk-suedliche-weinstrasse-landau/work/dokumente/Kommunikation/Satzung_ Sparkassenstiftung_2011.pdf (06.02.2021).

845 Vgl. z. B. *Kulturstiftung der Weser-Elbe Sparkasse*, Förderleitlinien in der Fassung vom 26. Februar 2015, I.3, https://www.wespa.de/content/dam/myif/weser-elbe-spk/work/dokumente/pdf/stiftungen/Foerderrichtlinie _der_Kulturstiftung.pdf (07.02.2021); *Sparkassenstiftung für den Kreis Borken*, Förderrichtlinien, § 1 d), https://www.sparkasse-westmuensterland.de/de/home/ihre-sparkasse/ihre-sparkasse-vor-ort/sparkassenstiftung.html (07.02.2021).

846 Vgl. z. B. *Stiftung Kunst und Kultur der Stadtsparkasse Magdeburg*, Kriterien für Projekt- und Förderentscheidungen, IV.2, https://www.sparkasse-magdeburg.de/content/dam/myif/spk-magdeburg/work/dokumente/pdf/stiftungen/foerderkriterien_ks.pdf (07.02.2021); *Sparkassenstiftung für den Kreis Coesfeld*, Förderrichtlinien, 1 c), https://www.sparkasse-westmuensterland.de/de/home/ihre-sparkasse/ihre-sparkasse-vor-ort/sparkassenstiftung.html (07.02.2021).

847 Siehe z. B. *SK Stiftung Kultur der Sparkassen KölnBonn*, Fördergrundsätze in der Fassung von November 2017, 3, https://www.sk-kultur.de/fileadmin/user_upload/. www.sk-stiftung-kultur.de/inhalte/SK_Stiftung_Kultur/FoerderGrundsaetze_2018.pdf (07.02.2021); *Kulturstiftung der Weser-Elbe Sparkasse*, Förderleitlinien in der Fassung vom 26. Februar 2015, I.7., https://www.wespa.de/content/dam/myif/

handelt es sich in der Regel um Einmalleistungen.[848] Teilweise werden Minimal-[849] oder Maximalbeträge[850] der Förderung festgelegt. Die Förderrichtlinien werden in der Regel auf den Internetseiten der Sparkassen-Stiftungen veröffentlicht. Zu einer Veröffentlichung der Förderrichtlinien ist zur Erhöhung der Transparenz sowie der Informierung der Öffentlichkeit zu raten.[851]

II. Akquisition von Destinatären und Antragsstellung

Die originäre Arbeit der Stiftung beginnt mit der Akquisition von Destinatären und der Bearbeitung der Förderanträge.

---

weser-elbe-spk/work/dokumente/pdf/stiftungen/Foerderrichtlinie_der_Kulturstiftung.pdf (07.02.2021).

848 Siehe z. B. *KulturStiftung der Kreissparkasse Heilbronn,* Vergabegrundsätze in der Fassung vom 10. Oktober 2018, 1.e, https://www.sparkasse-heilbronn.de/content/dam/myif/ksk-heilbronn/work/dokumente/pdf/stiftungen/Vergabegrunds%C3%A4tze%20der%20Kulturstiftung.pdf (07.02.2021); *Sparkassenstiftung zur Förderung von Kunst, Kultur, Jugend- und Altenhilfe in der Stadt Billerbeck*, Förderrichtlinien in der Fassung vom 1. April 2012, 1, https://www.sparkasse-westmuensterland.de/content/dam/myif/spk-westmuensterland/work/dokumente/pdf/stiftungen/foerderrichtlinien_billerbeck.pdf (07.02.2021).

849 Vgl. z. B. die Mindestförderung von 250 Euro bei der *KulturStiftung der Kreissparkasse Heilbronn,* Vergabegrundsätze in der Fassung vom 10. Oktober 2018, 1.b, https://www.sparkasse-heilbronn.de/content/dam/myif/ksk-heilbronn/work/dokumente/pdf/stiftungen/Vergabegrunds%C3% A4tze%20der%20Kulturstiftung.pdf (07.02.2021).

850 Siehe z. B. die maximale Förderhöhe von 10.000 Euro bei der *SK Stiftung Kultur der Sparkassen KölnBonn,* Fördergrundsätze in der Fassung von November 2017, 4.2, https://www.sk-kultur.de/fileadmin/user_upload/www.sk-stiftung-kultur.de/inhalte/SK_Stiftung_Kultur/ FoerderGrundsaetze_2018.pdf (07.02.2021).

851 Siehe z. B. *Sparkassenstiftung für den Kreis Borken*, Förderrichtlinien, https://www.sparkasse-westmuensterland.de/de/home/ihre-sparkasse/ihre-sparkasse-vor-ort/sparkassenstiftung.html (07.02.2021); *Kulturstiftung der Weser-Elbe Sparkasse*, Förderrichtlinien, https://www.wespa.de/content/dam/myif/weser-elbe-spk/work/dokumente/pdf/stiftungen/Foerderrichtlinie_der_Kulturstiftung.pdf (07.02.2021) sowie *Stiftung Kunst und Kultur der Stadtsparkasse Magdeburg*, Förderrichtlinien, https://www.sparkasse-magdeburg.de/content/dam/myif/spk-magdeburg/work/dokumente/pdf/stiftungen/foerderkriterien_ks.pdf (07.02.2021). Teilweise sind die Förderrichtlinien nicht auf der Internetseite zu finden, sie können jedoch angeforderter werden wie z. B. bei der Sportstiftung der Kreissparkasse Steinfurt.

1. Rahmenbedingungen

Die Stiftung muss zunächst in den Medien, bei Interessengruppen sowie in der Öffentlichkeit werbend tätig werden, um auf sich aufmerksam zu machen.[852] Auf diesem Weg können möglichen Destinatäre von den Fördermöglichkeiten der Stiftung erfahren.[853] Weiterhin kann die Stiftung Destinatäre durch spezifische Ausschreibungen auffordern, einen Förderantrag bei ihr zu stellen.[854] Auch eine gezielte Ansprache durch einen Fachbeirat oder Mund-zu-Mund-Propaganda sind üblich.[855]

Zur Einreichung des Antrags sollte die Stiftung ein Antragsformular zur Verfügung stellen, in dem die relevanten Daten und Unterlagen abzufragen sind.[856] Diese Angaben umfassen Informationen zum Projektpartner wie Rechtsform, Satzungszwecke, Führungsstrukturen sowie Kontaktpersonen.[857] Weiterhin sind Informationen zu Projektart, Zielgruppe, Ort sowie Beginn und Ende des Projekts zu geben.[858] Neben diesen Daten ist dem Förderantrag ein Kosten- und Finanzierungsplan beizufügen. Dieser sollte das Verhältnis von Eigen- und Drittmitteln sowie die Personal-, Sach- und Werbungskosten enthalten.[859] Potenzielle Destinatäre haben die Anträge innerhalb der Bewilligungsfristen einzureichen. Dabei können die Anträge je nach Gestaltung des Förderprozesses das ganze Jahr oder nur zu bestimmten Terminen von der Stiftung zur Entscheidung angenommen werden.[860] Eine ganzjährige Annahme der Anträge bietet mehr Flexibilität, auf dringliche Anfragen zu reagieren und Projekte ruhen zu lassen. Andererseits macht ein einheitlicher Annahmeschluss den Zeitpunkt der Begutachtung und Entscheidung für die Antragssteller transparent.[861]

---

852 *Hüttemann/Rawert*, in: Staudinger, BGB, § 86 Rn. 47; *Hof*, in: v. Campenhausen/Richter, Stiftungsrechts-Handbuch, 2014, § 8 Rn. 248; *Hof/Bianchini-Hartmann/Richter*, Stiftungen, S. 136; *Phineo gAG*, Kursbuch Stiftungen, S. 37.

853 *Grisko*, ZStV 2017, 104, 106.

854 *Hof*, in: v. Campenhausen/Richter, Stiftungsrechts-Handbuch, 2014, § 8 Rn. 246.

855 *Grisko*, ZStV 2017, 104, 106.

856 *Grisko*, ZStV 2017, 104, 106.

857 *Phineo gAG*, Kursbuch Stiftungen, S. 36; *Grisko*, ZStV 2017, 104, 106.

858 *Phineo gAG*, Kursbuch Stiftungen, S. 36; *Grisko*, ZStV 2017, 104, 106.

859 *Grisko*, ZStV 2017, 104, 106. Allgemein auch *Phineo gAG*, Kursbuch Stiftungen, S. 36.

860 *Breiteneicher/Marble*, in: Bertelsmann Stiftung, Handbuch Stiftungen, S. 649, 664.

861 *Breiteneicher/Marble*, in: Bertelsmann Stiftung, Handbuch Stiftungen, S. 649, 664; *Phineo gAG*, Kursbuch Stiftungen, S. 38.

2. *Praxis der Sparkassen-Stiftungen*

Bei der Werbung für die Stiftung haben die Sparkassen-Stiftungen den Vorteil, dass nicht jede Sparkassen-Stiftung für sich auf ihr Angebot aufmerksam machen muss. Vielmehr treten die einzelnen Sparkassen-Stiftungen unter einer gemeinsamen Marke auf. Die Werbung für die Stiftungen der Sparkassen erfolgt deutschlandweit und wird koordiniert durch den Dachverband der Sparkassen, den Deutschen Sparkassen- und Giroverband (DSGV).[862] Sie wird unterstützt durch einen deutschlandweiten Internetauftritt.[863] Die Werbung vor Ort erfolgt durch die Sparkassen-Stiftungen vor allem mithilfe der von den Stiftungen verwirklichten Projekte.[864]

Die Förderunterlagen umfassen bei Sparkassen-Stiftungen vor allem Angaben zum Antragssteller und zu dessen Projekt, eine Darstellung der besonderen Bedeutung des Projektes in Bezug auf die Erfüllung des Stiftungszwecks sowie einen Gesamtfinanzierungsplan.[865]

---

862 *DSGV*, Handlungsprinzipen von Stiftung der Sparkassen-Stiftungen, S. 1, https://www.rsgv.de/_download_gallery/kulturstiftung/Handlungsprinzipien_Sparkassenstiftungen.pdf (07.02.2021).

863 Vgl. zum Internetauftritt www.sparkassenstiftungen.de (07.02.2021).

864 Diese Werbung mit Hilfe von bereits durchgeführten Projekten ist teilweise bereits in den Förderrichtlinien der Sparkassen-Stiftungen angelegt. So verpflichtet sich jeder Destinatär zur Darstellung seines geförderten Projekts in der Presse, vgl. z. B. *KulturStiftung der Kreissparkasse Heilbronn,* Vergabegrundsätze in der Fassung vom 10. Oktober 2018, 6.a, https://www.sparkasse-heilbronn.de/content/dam/myif/ksk-heilbronn/work/dokumente/pdf/stiftungen/Vergabegrunds%C3%A4tze%20der%20Kulturstiftung.pdf (07.02.2021) sowie *Kulturstiftung der Weser-Elbe Sparkasse*, Förderleitlinien in der Fassung vom 26. Februar 2015, V, https://www.wespa.de/content/dam/myif/weser-elbe-spk/work/dokumente/pdf/stiftungen/Foerderrichtlinie _ derKulturstiftung.pdf (07.02.2021).

865 Siehe beispielhaft *Kulturstiftung der Weser-Elbe Sparkasse*, Förderleitlinien in der Fassung vom 26. Februar 2015, II.2, https://www.wespa.de/content/dam/myif/weser-elbe-spk/work/dokumente/pdf/stiftungen/Foerderrichtlinie_der_Kulturstiftung.pdf (07.02.2021); *Sparkassenstiftung für den Kreis Borken*, Förderrichtlinien, § 2, https://www.sparkasse-westmuensterland.de/de/home/ihre-sparkasse/ihre-sparkasse-vor-ort/ sparkassenstiftung.html (07.02.2021); *KulturStiftung der Kreissparkasse Heilbronn,* Vergabegrundsätze in der Fassung vom in der Fassung vom 10. Oktober 2018, 3.a, https://www.sparkasse-heilbronn.de/content/dam/myif/ksk-heilbronn/work/dokumente/pdf/stiftungen/Vergabegrunds%C3%A4tze%20der%20Kulturstiftung.pdf (07.02.2021); S*tiftung Kunst und Kultur der Stadtsparkasse Magdeburg,* Kriterien für Projekt- und Förderentscheidungen, III.2, https://www.sparkasse-magdeburg.de/

III. Antragsprüfung und Entscheidung

Nach der Antragsstellung folgt als nächster Schritt die Antragsprüfung und Entscheidung über die Förderung als Herzstück des Förderprozesses.[866]

1. Rahmenbedingungen

Liegen geeignete Anträge durch potenzielle Begünstigte der Stiftung vor, müssen diese inhaltlich geprüft werden.[867] Dazu muss zunächst ermittelt werden, ob die Anforderungen der Förderrichtlinien erfüllt werden.[868] Der Prozess zur Bewilligung der Leistung ist bei kleinen Stiftungen in der Regel mit geringem Personalaufwand möglich.[869] Bei größeren Stiftungen ist die Einrichtung einer Verwaltung mit klaren Entscheidungskompetenzen und Kontrollmechanismen notwendig.[870] Sofern die Förderrichtlinien eingehalten werden, kann eine fachliche Begutachtung des Vorhabens durch einen externen Experten oder ein internes Organ notwendig sein. Diese Prüfung kann dabei in Form eines schriftlichen Einzelgutachtens oder einer mündlichen Entscheidung erfolgen.[871] Neben der Eignung des Projekts zur Verwirklichung des Stiftungszwecks ist auch die Persönlichkeit des Antragsstellers zu begutachten.[872] Weiterhin ist das Förderbudget anhand der kalkulierten Kosten, des Gesamtbudgets sowie der Projektschwerpunkte kritisch zu bewerten.[873]

Die Entscheidung über die Förderung des Vorhabens hat durch das zuständige Organ zu erfolgen.[874] Aus den Förderanträgen sind anhand der Grundsätze von Wirtschaftlichkeit und Sparsamkeit die dem Einzelfall angemessensten und

---

content/dam/myif/spk-magdeburg/work/dokumente/pdf/stiftungen/ foerderkriterien_ks.pdf (07.02.2021).

866 *Hof,* in: v. Campenhausen/Richter, Stiftungsrechts-Handbuch, 2014, § 8 Rn. 244; ähnlich *Grisko,* ZStV 2017, 104.

867 *Hüttemann/Rawert,* in: Staudinger, BGB, § 86 Rn. 47; *Hof,* in: v. Campenhausen/Richter, Stiftungsrechts-Handbuch, 2014, § 8 Rn. 252; *Hof/Bianchini-Hartmann/Richter,* Stiftungen, S. 136.

868 *Hof,* in: v. Campenhausen/Richter, Stiftungsrechts-Handbuch, 2014, § 8 Rn. 249.

869 *Hof,* in: v. Campenhausen/Richter, Stiftungsrechts-Handbuch, 2014, § 8 Rn. 261.

870 *Hof,* in: v. Campenhausen/Richter, Stiftungsrechts-Handbuch, 2014, § 8 Rn. 262.

871 *Hof,* in: v. Campenhausen/Richter, Stiftungsrechts-Handbuch, 2014, § 8 Rn. 249; *Hof/Bianchini-Hartmann/Richter,* Stiftungen, S. 136.

872 *Hof,* in: v. Campenhausen/Richter, Stiftungsrechts-Handbuch, 2014, § 8 Rn. 250.

873 *Phineo gAG,* Kursbuch Stiftungen, S. 47 f.

874 *Hof,* in: v. Campenhausen/Richter, Stiftungsrechts-Handbuch, 2014, § 8 Rn. 254.

effektivsten Fördermöglichkeiten auszuwählen.[875] Das zuständige Organ hat eine Vielzahl von Entscheidungsalternativen in Bezug auf den Förderantrag. Diese reichen von einer sofortigen Ablehnung bis hin zu einer Aufstockung der beantragten Förderleistung. Weiterhin kann der Antrag auch mit Bedingungen verknüpft oder das Geld zeitlich gestaffelt ausgezahlt werden.[876]

Die getroffene Entscheidung der Stiftung über den Förderantrag ist den Adressaten im Anschluss mitzuteilen.[877] Die Bewilligung von Leistungen kann dabei als einseitiges Rechtsgeschäft gestaltet sein.[878] Die Rechtsbeziehungen zwischen Destinatären und Stiftung können jedoch auch vertraglich begründet werden.[879] Der Abschluss eines Fördervertrages, der den Gegenstand der Förderung, die Mittelverwendung und den Verwendungsnachweis, die Öffentlichkeitsarbeit, Mitteilungspflichten, Vertraulichkeit, Kündigung und Haftung regelt[880], bietet sich aufgrund des Aufwands in der Vor- und Nachbereitung vor allem bei größeren Projekten und Förderungen an.[881]

2. *Praxis der Sparkassen-Stiftungen*

Die Einhaltung der Förderrichtlinien wird durch die Sparkassen-Stiftungen geprüft.[882] Ausnahmsweise erfolgt im Rahmen der Antragsprüfung eine Begutachtung durch eine Fachjury. Diese wird vor allem bei spezialisierten Stiftungen wie im Bereich der Kunst und Kultur durchgeführt.[883]

---

875 *Hof*, in: v. Campenhausen/Richter, Stiftungsrechts-Handbuch, 2014, § 8 Rn. 252; *Hof/Bianchini-Hartmann/Richter*, Stiftungen, S. 137.

876 *Hof*, in: v. Campenhausen/Richter, Stiftungsrechts-Handbuch, 2014, § 8 Rn. 255; *Hof/Bianchini-Hartmann/Richter*, Stiftungen, S. 138 f.

877 *Hof*, in: v. Campenhausen/Richter, Stiftungsrechts-Handbuch, 2014, § 8 Rn. 257; *Hof/Bianchini-Hartmann/Richter*, Stiftungen, S. 139; ähnlich *Grisko*, ZStV 2017, 104, 107.

878 *Hof*, in: v. Campenhausen/Richter, Stiftungsrechts-Handbuch, 2014, § 8 Rn. 260.

879 *Hof*, in: v. Campenhausen/Richter, Stiftungsrechts-Handbuch, 2014, § 8 Rn. 260.

880 *Phineo gAG*, Kursbuch Stiftungen, S. 49.

881 *Grisko*, ZStV 2017, 104, 107.

882 Siehe beispielhaft *Sparkassenstiftung für den Kreis Borken*, Förderrichtlinien, § 2, https://www.sparkasse-westmuensterland.de/de/home/ihre-sparkasse/ihre-sparkasse-vor-ort/ sparkassenstiftung.html (07.02.2021).

883 Vgl. z. B. *SK Stiftung Kultur der Sparkassen KölnBonn*, Fördergrundsätze in der Fassung von November 2017, 7, https://www.sk-kultur.de/fileadmin/user_upload/www.sk-stiftung-kultur.de/inhalte/SK_Stiftung_Kultur/FoerderGrundsaetze_2018.pdf (07.02.2021). Bei der *Kunst- und Kulturstiftung der Stadtsparkasse Düsseldorf* finden sich ebenfalls Fachkuratorien zu den unterschiedlichen Förderschwerpunkten, z. B.

Die Entscheidung über die Anträge erfolgt in vielen Sparkassen-Stiftungen durch das Kuratorium.[884] Dabei kann der Vorstand in der Regel einen Vorschlag zur Verwendung der Erträge unterbreiten.[885] Ihm wird in diesem Rahmen oftmals die alleinige Entscheidungskompetenz bis zu einem bestimmten Betrag zugedacht.[886] Es finden sich jedoch neben diesem Entscheidungsmodell vielfache Gestaltungsmöglichkeiten zur Aufteilung der Kompetenzen von Vorstand und Kuratorium. So ist in den Satzungen der Stiftungen teilweise dem Vorstand die Entscheidung über die Verwendung der Stiftungsmittel übertragen, wobei dem Kuratorium ein Vorschlagsrecht eingeräumt wird.[887] Weiterhin wird dem Kuratorium teilweise die Beschlussfassung über die verfügbaren Mittel und die Genehmigung des Jahresplans zur Verwendung dieser Mittel überlassen werden, wobei der Vorstand über die Förderanträge entscheidet.[888] Insgesamt

Musik, bildende Kunst, darstellende Kunst sowie Literatur, https://www.sskduesseldorf.de/kulturstiftung (07.02.2021).

884 *Stiftung der Sparkasse Münsterland Ost*, Satzung in der Fassung vom 09. August 2016, § 8 I 2, https://stiftungen-sparkasse-mslo.sparkasseblog.de/files/2016/08/20160809_Satzung-Stiftung-SK-MSLO.pdf (06.02.2021); *Sportstiftung der Kreissparkasse Steinfurt*, Satzung in der Fassung vom 21. Januar 2016, § 6 II a), https://www.sparkassenstiftungen.de/index.php?id=4434 (06.02.2021); *Stiftung Zukunft der Sparkasse Koblenz*, Satzung in der Fassung vom 27. November 2000, § 8 II 2, https://www.sparkasse-koblenz.de/de/home/ihre-sparkasse/Stiftungen.html?n=true (06.02.2021); *Stiftung der Sparkasse Herford*, Satzung in der Fassung vom 01. Januar 2005, § 6 X, https://www.sparkassenstiftungen.de/index.php?id=11905 (06.02.2021).

885 *Sportstiftung der Kreissparkasse Steinfurt*, Satzung in der Fassung vom 21. Januar 2016, § 6 II a), https://www.sparkassenstiftungen.de/index.php?id=4434 (06.02.2021); *Stiftung Zukunft der Sparkasse Koblenz*, Satzung in der Fassung vom 27. November 2000, § 8 II 2, https://www.sparkasse-koblenz.de/de/home/ihre-sparkasse/Stiftungen.html?n=true (06.02.2021); *Stiftung der Sparkasse Münsterland Ost*, Satzung in der Fassung vom 09. August 2016, § 11 IV 3, https://stiftungen-sparkasse-mslo.sparkasseblog.de/files/2016/08/20160809_Satzung-Stiftung-SK-MSLO.pdf (06.02.2021); *Stiftung der Sparkasse Herford*, Satzung in der Fassung vom 01. Januar 2005, § 6 X, https://www.sparkassenstiftungen.de/index.php?id=11905 (06.02.2021).

886 *Stiftung der Sparkasse Münsterland Ost*, Satzung in der Fassung vom 09. August 2016, § 11 IV 3, https://stiftungen-sparkasse-mslo.sparkasseblog.de/files/2016/08/20160809_Satzung-Stiftung-SK-MSLO.pdf (06.02.2021); *Stiftung der Sparkasse Herford*, Satzung in der Fassung vom 01. Januar 2005, § 6 X, https://www.sparkassenstiftungen.de/index.php?id=11905 (06.02.2021).

887 *Sparkassenstiftung Allgäu*, Satzung in der Fassung vom 17. Oktober 2006, § 7 IV, § 10 V 2, https://www.sparkasse-allgaeu.de/stiftung (06.02.2021).

888 *Stiftung der Sparkasse Mecklenburg-Nordwest*, Satzung in der Fassung vom 20. November 2009, § 12 I c), https://www.sparkassenstiftungen.de/index.php?id=7507

lässt sich feststellen, dass bei der Förderentscheidung normalerweise eine Mitwirkung von Vorstand und Kuratorium der Stiftung erfolgt. Bei größeren Förderungen kommt dem Kuratorium meist die Beschlusskompetenz zu. Zu den Entscheidungskriterien für den Antrag gehören ein durchdachtes Konzept, ein schlüssiger Kosten- und Finanzierungsplan sowie ein qualitätsvolles Vorhaben. Das Organ, welches zur Entscheidung über die vorliegenden Anträge befugt ist, tagt bei Sparkassen-Stiftungen oftmals zu einem festen Zeitpunkt. Dies erfolgt z. B. einmal[889] oder zweimal[890] im Jahr. Im Anschluss an die Sitzung des Organs werden die Bewerber über die Ablehnung oder Bewilligung ihres Förderantrags informiert, wobei Ablehnungen nicht begründet werden.[891] Bei der Bewilligung einer Förderung erhalten die Zuwendungsempfänger in der Regel einen Förderbescheid, der Art, Höhe und Umfang der Förderung sowie die Bedingungen zum Abruf des Geldes festlegt.[892]

(06.02.2021); *Sparkassenstiftung Zukunft Elbe-Elster-Land*, Satzung in der Fassung vom 15. Dezember 2015, § 7 II Nr. 1, https://www.spk-elbe-elster.de/de/home/ihre-sparkasse/Sparkassenstiftung/stiftung.html?n=true (06.02.2021).

889 Siehe z. B. *Sparkassenstiftung für den Kreis Borken*, Förderrichtlinien, § 2, https://www.sparkasse-westmuensterland.de/de/home/ihre-sparkasse/ihre-sparkasse-vor-ort/sparkassenstiftung.html (07.02.2021); *SK Stiftung Kultur der Sparkassen KölnBonn*, Fördergrundsätze in der Fassung von November 2017, 7, https://www.sk-kultur.de/fileadmin/user_upload/www.sk-stiftung-kultur.de/inhalte/SK_Stiftung_Kultur/ FoerderGrundsaetze_2018.pdf (07.02.2021).

890 Siehe z. B. *Kulturstiftung der Weser-Elbe Sparkasse*, Förderleitlinien in der Fassung vom 26. Februar 2015, II.5, https://www.wespa.de/content/dam/myif/weser-elbe-spk/work/dokumente/pdf/stiftungen/Foerderrichtlinie_der_Kulturstiftung.pdf (07.02.2021) sowie *Stiftung Kunst und Kultur der Stadtsparkasse Magdeburg*, Kriterien für Projekt- und Förderentscheidungen, V, https://www.sparkasse-magdeburg.de/content/dam/myif/spk-magdeburg/work/dokumente/pdf/stiftungen/foerderkriterien_ks.pdf (07.02.2021).

891 Vgl. z. B. *KulturStiftung der Kreissparkasse Heilbronn*, Vergabegrundsätze in der Fassung vom 10. Oktober 2018, 3.c, https://www.sparkasse-heilbronn.de/content/dam/myif/ksk-heilbronn/work/dokumente/pdf/stiftungen/Vergabegrunds%C3%A4tze%20der%20Kulturstiftung.pdf (07.02.2021) sowie *Kulturstiftung der Weser-Elbe Sparkasse*, Förderleitlinien in der Fassung vom 26. Februar 2015, I.6, https://www.wespa.de/content/dam/myif/weser-elbe-spk/work/dokumente/pdf/stiftungen/Foerderrichtlinie_der_Kulturstiftung.pdf (07.02.2021).

892 Vgl. beispielhaft *KulturStiftung der Kreissparkasse Heilbronn*, Vergabegrundsätze in der Fassung in der Fassung vom 10. Oktober 2018, 3.c, https://www.sparkasse-heilbronn.de/content/dam/myif/ksk-heilbronn/work/dokumente/pdf/stiftungen/Vergabegrunds%C3%A4tze%20der%20Kulturstiftung.pdf (07.02.2021).

IV. Transaktionsabwicklung

Schließlich erfolgt als letzter Schritt im Förderprozess eine Umsetzung der Entscheidung sowie eine anschließende Kontrolle der zweckgemäßen Verwendung der Stiftungsmittel.[893]

1. Rahmenbedingungen

Es sind nach der Entscheidung über die Förderung die ausgewählten Projekte bei der Abwicklung zu betreuen.[894] Damit die Stiftung die Erfüllung des Stiftungszwecks mit den von ihnen ausgeschütteten Mitteln nachvollziehen kann, haben die Destinatäre der Stiftung einen Nachweis über die zweckentsprechende Mittelverwendung zu erbringen.[895] Eine Kontrolle der Verwendung der Stiftungsmittel kann wahlweise durch den Vorstand, das stiftungsinterne Kontrollorgan, die Destinatäre, die Wirtschaftsprüfer sowie durch die Stiftungsaufsicht erfolgen.[896]

2. Praxis der Sparkassen-Stiftungen

Die bewilligten Mittel sind von den Destinatären unter Angabe des Verwendungszwecks bei der Stiftung anzufordern.[897] Dabei wird gelegentlich nur ein Teil der Fördersumme ausgezahlt. Die Zahlung des Restbetrags erfolgt in diesem Fall erst nach der Erbringung des Nachweises über die ordnungsgemäße Verwendung der Mittel.[898] Der Verwendungsnachweis hat grundsätzlich bei

---

893 *Hof*, in: v. Campenhausen/Richter, Stiftungsrechts-Handbuch, 2014, § 8 Rn. 244; ähnlich *Grisko*, ZStV 2017, 104.

894 *Hof*, in: v. Campenhausen/Richter, Stiftungsrechts-Handbuch, 2014, § 8 Rn. 257.

895 *Breiteneicher/Marble*, in: Bertelsmann Stiftung, Handbuch Stiftungen, S. 649, 684; *Hof*, in: v. Campenhausen/Richter, Stiftungsrechts-Handbuch, 2014, § 8 Rn. 259.

896 *Hof*, in: v. Campenhausen/Richter, Stiftungsrechts-Handbuch, 2014, § 8 Rn. 259.

897 Vgl. z. B. *Stiftung Kunst und Kultur der Stadtsparkasse Magdeburg*, Kriterien für Projekt- und Förderentscheidungen, VI.1 und VI.2, https://www.sparkasse-magdeburg.de/content/dam/myif/spk-magdeburg/work/dokumente/pdf/stiftungen/foerderkriterien_ks.pdf (07.02.2021) sowie *KulturStiftung der Kreissparkasse Heilbronn*, Vergabegrundsätze in der Fassung vom 10. Oktober 2018, 4.a, https://www.sparkasse-heilbronn.de/content/dam/myif/ksk-heilbronn/work/dokumente/pdf/stiftungen/Vergabegrunds%C3%A4tze%20der%20Kulturstiftung.pdf (07.02.2021).

898 Vgl. z. B. *Stiftung Kunst und Kultur der Stadtsparkasse Magdeburg*, Kriterien für Projekt- und Förderentscheidungen, VI.3, https://www.sparkasse-magdeburg.de/content/dam/myif/spk-magdeburg/work/dokumente/pdf/stiftungen/foerderkriterien_ks.pdf (07.02.2021).

allen Sparkassen-Stiftungen zu erfolgen. Dieser ist oftmals innerhalb eines Jahres nach der Bewilligung der Mittel einzureichen.[899] Teilweise wird ausdrücklich die Einreichung eines speziellen Formblatts verlangt.[900] Sofern die Verwendung der Mittel nicht in Übereinstimmung mit dem Antrag erfolgt oder Auflagen nicht eingehalten werden, können die Sparkassen-Stiftungen die Zuwendungen ganz oder teilweise zurückhalten und bereits ausgezahlte Beträge zurückfordern.[901] Weiterhin kann sich bei der Verringerung der Gesamtkosten des Projektes der Zuwendungsbetrag entsprechend anteilig reduzieren.[902]

V. Einfluss der Sparkassen als Stifter auf den Förderprozess

Die Sparkassen legen in der Satzung grundlegende Vorgaben zur Gestaltung der Stiftung fest, die bei der Aufstellung der Förderrichtlinien durch die Organe

---

899 Eine Frist von 3 Monaten ab Abschluss des Projektes findet sich bei der *Kulturstiftung der Weser-Elbe Sparkasse*, Förderleitlinien in der Fassung vom 26. Februar 2015, III, https://www.wespa.de/content/dam/myif/weser-elbe-spk/work/dokumente/pdf/stiftungen/Foerderrichtlinie_ der_Kulturstiftung.pdf (07.02.2021). Bei der *Stiftung Kunst und Kultur der Stadtsparkasse Magdeburg* hat bis zum 31.11 des auf Förderzusage folgenden Kalenderjahres ein Nachweis zu erfolgen, siehe Kriterien für Projekt- und Förderentscheidungen, VI.4, https://www.sparkasse-magdeburg.de/content/dam/myif/spk-magdeburg/work/dokumente/pdf/stiftungen/ foerderkriterien_ks.pdf (07.02.2021).

900 Vgl. z. B. *Stiftung Kunst und Kultur der Stadtsparkasse Magdeburg*, Kriterien für Projekt- und Förderentscheidungen, VI.4, https://www.sparkasse-magdeburg.de/content/dam/myif/spk-magdeburg/work/ dokumente/pdf/stiftungen/foerderkriterien_ks.pdf (07.02.2021).

901 Siehe z. B. *Kulturstiftung der Weser-Elbe Sparkasse*, Förderleitlinien in der Fassung vom 26. Februar 2015, II.9, https://www.wespa.de/content/dam/myif/weser-elbe-spk/work/dokumente/pdf/stiftungen/Foerderrichtlinie_der_Kulturstiftung.pdf (07.02.2021) sowie *KulturStiftung der Kreissparkasse Heilbronn*, Vergabegrundsätze in der Fassung in der Fassung vom 10. Oktober 2018, 5, https://www.sparkasse-heilbronn.de/content/dam/myif/ksk-heilbronn/work/dokumente/pdf/stiftungen/Vergabegrunds%C3%A4tze%20der%20Kulturstiftung.pdf (07.02.2021).

902 Vgl. z. B. *KulturStiftung der Kreissparkasse Heilbronn*, Vergabegrundsätze in der Fassung vom 10. Oktober 2018, 5, https://www.sparkasse-heilbronn.de/content/dam/myif/ksk-heilbronn/work/dokumente/pdf/stiftungen/Vergabegrunds%C3%A4tze%20der%20 Kulturstiftung.pdf (07.02.2021) sowie *Stiftung Kunst und Kultur der Stadtsparkasse Magdeburg*, Kriterien für Projekt- und Förderentscheidungen, VII.3, https://www.sparkasse-magdeburg.de/content/dam/myif/spk-magdeburg/work/dokumente/pdf/stiftungen/foerderkriterien_ks.pdf (07.02.2021).

sowie im Förderprozess zu beachten sind. Sie beinhalten die Anlehnung des Fördergebiets an die Region der Sparkassen sowie eine möglichst breite Wirkung der Projekte in der gesamten Region. Spezifische Anordnungen zum Förderprozess enthalten die Satzungen jedoch in der Regel nicht. Insofern nehmen sie auf den Aufbau und die Abwicklung des Förderprozesses im Einzelnen keinen Einfluss. Den Organen der Stiftung obliegt die Ausgestaltung. Es kommt somit dem Vorstand und dem Kuratorium aufgrund der Entscheidung über den Förderantrag eine wichtige Rolle bei der Fördertätigkeit der Stiftung zu. Bei den Sparkassen-Stiftungen sind sowohl der Vorstand als auch das Kuratorium durch Vertreter der Sparkassen besetzt. Dabei finden sich im Vorstand vor allem Mitarbeiter und Vorstandsmitglieder der Sparkassen, wobei im Kuratorium Verwaltungsratsmitglieder der Sparkassen vertreten sein können.[903] Die Vertreter der Sparkassen können somit im Einzelfall über die von den Sparkassen-Stiftungen durchzuführenden Projekte entscheiden. Aus diesem Grund ist davon auszugehen, dass die Interessen der Sparkassen in der Stiftung im laufenden Förderprozess Gehör finden. Insofern besteht eine Anbindung der Stiftung an die Sparkassen bei der täglichen Arbeit über die Doppelmandate der in den Organen der Stiftung tätigen Personen.

VI. Zusammenfassung

Der Förderprozess ist in vier Phasen unterteilt.[904] Zuerst erfolgt die Aufstellung von Förderrichtlinien, im zweiten Schritt die Antragsstellung der Destinatäre, im dritten Schritt die Antragsprüfung und Entscheidung über die Förderung sowie schließlich viertens die Abwicklung des Antrags. Die Sparkassen nehmen nur in geringem Maße Einfluss auf den Förderprozess. Ihre Einwirkungsmöglichkeiten ergeben sich allerdings zum einen aus den satzungsmäßigen Vorgaben zur Ausgestaltung des Stiftungszwecks sowie zum anderen durch die personelle Besetzung der Organe durch Personen mit Nähe zum Stifter.

---

903 Vgl. für den Vorstand Teil 2 B.II.2.b.bb.(2) sowie für das Kuratorium Teil 2 B.II.2.c.cc.(2).

904 Ebenso *Hüttemann/Rawert*, in: Staudinger, BGB, Vor §§ 80 ff. Rn. 188; *Hof*, in: v. Campenhausen/Richter, Stiftungsrechts-Handbuch, 2014, § 7 Rn. 82, 8 Rn. 244; *Hof/Bianchini-Hartmann/Richter*, Stiftungen, S. 135 ff.; *Grisko*, ZStV 2017, 104.

B. Verwaltung des Stiftungsvermögens

Neben der Verwirklichung des Stiftungszwecks durch den Förderprozess der Stiftung kommt der ertragsorientierten Verwaltung und der zweckgerechten Verwendung der Erträge eine wichtige Rolle zu.[905] Das Stiftungsvermögen ist von den Organen, in erster Linie vom Geschäftsführungsorgan der Stiftung, zu verwalten.[906] Dabei soll das Vermögen erhalten und vermehrt werden.[907] Weiterhin ist über die Verwendung der Erträge sowie von Spenden zur Verfolgung des Stiftungszwecks zu entscheiden. Es ist anhand der gesetzlichen Grundlagen zu untersuchen, inwieweit Gestaltungsspielräume des Stifters bestehen und welche Erkenntnisse sich bei der Verwaltung des Stiftungsvermögens für das Verhältnis von Stifter und Stiftung gewinnen lassen.

I. Grundlagen der Anlage des Vermögens

Im BGB finden sich keine Regelungen zur Verwaltung des Stiftungsvermögens, lediglich die Stiftungsgesetze der Länder legen einzelne Vorgaben fest.[908]

1. Vermögenstrennung

Die Stiftungsorgane haben nach den Stiftungsgesetzen der Länder bei der Verwaltung der Stiftung das Stiftungsvermögen von anderem Vermögen getrennt zu halten.[909] Die Vermögenstrennung führt dazu, dass eine gesonderte

905 *Burgard*, Gestaltungsfreiheit im Stiftungsrecht, S. 530.

906 *Hüttemann/Rawert*, in: Staudinger, BGB, § 86 Rn. 29; *Burgard*, Gestaltungsfreiheit im Stiftungsrecht, S. 530.

907 *Hüttemann/Rawert*, in: Staudinger, BGB, § 86 Rn. 29; *Weitemeyer*, in: MüKo BGB, § 86 Rn. 34.

908 Nach dem Gesetzesentwurf der Bundesregierung für ein Gesetz zur Vereinheitlichung des Stiftungsrechts soll die Vermögensverwaltung erstmals im BGB bundeseinheitlich geregelt werden. Es soll eine Bestimmung zum Gebot der Vermögenstrennung (§ 83 b IV 1 BGB neu) und der Vermögenserhaltung (§ 83 c I 2 BGB neu) sowie zur Verwaltung des Stiftungsvermögens mit der Sorgfalt eines ordentlichen Geschäftsführers (§ 84 a II 1 BGB neu) getroffen werden. Vertiefend zur Vermögensverwaltung nach der Reform des Stiftungsrechts siehe den Gesetzesentwurf der Bundesregierung für ein Gesetz zur Vereinheitlichung des Stiftungsrechts in der Fassung vom 03.02.2021, S. 6 ff., 30, 58 ff. sowie auch *Mehren,* DStR 2018, 1773, 1774; *Zimmermann/Raddatz*, NJW 2019, 485, 486.

909 Vgl. § 7 II 2 StiftG BW, Art. 6 I 2 StiftG Bayern, § 7 II StiftG Bremen, § 6 II StiftG Hessen, § 6 I 3 StiftG Niedersachsen, § 4 II StiftG Hamburg, § 7 II 2 StiftG Rh-Pf, § 6 I 3 StiftG Saar, § 4 II 2 StiftG Schl-H, § 4 III 2 StiftG Sachsen, § 7 II 2 StiftG Sa-Ah,

Vermögensaufstellung, Vermögensrechnung sowie Buch- und Kassenführung durchzuführen ist.[910] Ziel der Vermögenstrennung ist es, darzustellen, welches Vermögen der Verfolgung des Stiftungszwecks unterliegt. Die Stiftung soll vor unklaren Vermögensdispositionen geschützt und die Vermögenserhaltung kontrolliert werden.[911]

2. *Vermögenserhaltung*

Einer der wichtigsten Grundsätze der Verwaltung der Stiftung ist der Erhalt ihres Vermögens auf Dauer.[912] Dabei bezieht sich die Kapitalerhaltung nur auf das Grundstockvermögen, nicht auf das zeitnah zu verwendende sonstige Vermögen.[913] Der konkrete Inhalt der Kapitalerhaltungspflicht soll nun anhand der gesetzlichen Vorgaben bestimmt und im Hinblick auf die Sparkassen-Stiftungen konkretisiert werden.

a. Gesetzliche Vorgaben

Für die Ausformung des Grundsatzes der Vermögenserhaltung gilt nach derzeitigem Recht zunächst § 80 II BGB, wonach das Stiftungsvermögen so zu gestalten ist, dass es die dauernde und nachhaltige Erfüllung des Stiftungszwecks gesichert erscheint. Darüber hinaus gibt es landesgesetzliche Verankerungen des Vermögenserhaltungsgebots.[914] Die Stiftungsgesetze der Länder sehen bis auf zwei Bundesländer den Grundsatz der Vermögenserhaltung vor. Im Wortlaut wird dabei die Formulierung verwendet, dass das Stiftungsvermögen ‚ungeschmälert' oder ‚in seinem Bestand' zu erhalten ist.[915] Er beschreibt, dass das

---

§ 8 II 2 StiftG Thüringen. In Nordrhein-Westfalen, Brandenburg und Mecklenburg-Vorpommern fehlt eine Regelung zur Vermögenstrennung.

910 *Godron,* in: Richter, Stiftungsrecht, § 7 Rn. 27; *Burgard,* Gestaltungsfreiheit im Stiftungsrecht, S. 531; *Schlüter/Stolte,* Stiftungsrecht, 5. Kap. Rn. 8.

911 *Godron,* in: Richter, Stiftungsrecht, § 7 Rn. 27; *Hüttemann,* in: Hüttemann/Richter/Weitemeyer, Landesstiftungsrecht, Rn. 14.46 f.; *Schlüter/Stolte,* Stiftungsrecht, 5. Kap. Rn. 8; *Burgard,* Gestaltungsfreiheit im Stiftungsrecht, S. 531; *Carstensen,* Vermögensverwaltung, Vermögenserhaltung und Rechnungslegung gemeinnütziger Stiftungen, S. 67 f.

912 *Hüttemann,* in: Hüttemann/Richter/Weitemeyer, Landesstiftungsrecht, Rn. 14.21; *Ebersbach,* Handbuch Stiftungsrecht, S. 17.

913 *Schlüter/Stolte,* Stiftungsrecht, 5. Kap. Rn. 9.

914 *Hüttemann/Rawert,* in: Staudinger, BGB, § 86 Rn. 36; *Hüttemann,* in: Hüttemann/Richter/Weitemeyer, Landesstiftungsrecht, Rn. 14.20.

915 § 7 I 1 StiftG Bremen, § 3 I StiftG Berlin, § 6 I 1 StiftG Hessen, § 6 I 1 StiftG Niedersachsen, § 6 I 1 StiftG Saar, § 8 II 1 StiftG Thüringen geben vor, dass Stiftungsvermögen

Grundstockvermögen grundsätzlich nicht verschenkt, verbraucht, beträchtlich unter Wert veräußert oder in anderer Weise verringert werden darf.[916] Es soll der Stiftung auf Dauer als Einkommensquelle zur Verfügung stehen.[917] Zusammenfassend lässt sich feststellen, dass die gesetzlichen Regelungen nur allgemeine Vorgaben für das Vermögenserhaltungsgebot geben. Es bedarf einer weiteren Konkretisierung.

b. Konkretisierung des Vermögenserhaltungsgebots

Für die Verwirklichung der Stiftungszwecke ist insbesondere bei einer Förderstiftung nicht das Vorhandensein bestimmter Sachen und Rechte, sondern die Erwirtschaftung von Erträgen mit den vorhandenen Vermögensgegenständen von Bedeutung.[918] Beim Inhalt der Vermögenserhaltungspflicht kann auf den Nominalwert, den realen Wert oder einen individuell stiftungsrechtlich zu bestimmenden Wert abgestellt werden. Teilweise wird in der Literatur eine Konkretisierung der Pflicht der Vermögenserhaltung zum Nominalwert vertreten.[919] Die Erhaltung des Nominalwertes bezeichnet die rein bilanzielle Vermögenserhaltung.[920] Gegen das Verständnis der Erhaltung des Nominalwertes spricht

---

sei ‚in seinem Bestand ungeschmälert' zu erhalten. Art. 6 II StiftG Bayern, § 4 II 2, 3 StiftG Hamburg, § 4 II 1 StiftG NRW, § 7 II 1 StiftG Rh-Pf geben den ‚(möglichst) ungeschmälerten' Bestand vor. Teilweise wird eine Erhaltung des Vermögens in ‚seinem Bestand' vorgesehen wie in § 7 II 1 StiftG BW, § 4 II 1 Schl-H sowie § 7 II 1 StiftG Thüringen. § 4 III StiftG Sachsen besagt, dass das Vermögen ‚wertmäßig in seinem Bestand und seiner Ertragskraft zu erhalten ist'. In Mecklenburg-Vorpommern und Brandenburg fehlt eine Regelung zur Vermögenserhaltung.

916 *Godron*, in: Richter, Stiftungsrecht, § 7 Rn. 21; *Carstensen*, in: Bertelsmann Stiftung, Handbuch Stiftungen, S. 535, 538; *Carstensen*, Vermögensverwaltung, Vermögenserhaltung und Rechnungslegung gemeinnütziger Stiftungen, S. 43; *Schwintowski*, in: FS Hadding, S. 271, 281; *Carstensen*, WPg 1996, 781, 782; ferner *Burgard*, Gestaltungsfreiheit im Stiftungsrecht, S. 480, der das Kapitalerhaltungsgebot nicht als so umfassend ansieht und ein Verbot erst dann annimmt, sofern eine Unterbilanz erzeugt wird.

917 *Meyn*, in: Meyn/Richter/Koss, Die Stiftung, Rn. 146.

918 *Hüttemann*, in: Hüttemann/Richter/Weitemeyer, Landesstiftungsrecht, Rn. 14.23.

919 In diese Richtung gehend *Götz/Pach-Hanssenheimb*, Handbuch der Stiftung, Rn. 270. An den nominalen Wert knüpfte auch der Zwischenbericht der Reformvorschläge zum Stiftungsrecht an, vgl. *BMJ*, Bericht der Bund-Länder-Arbeitsgruppe Stiftungsrecht vom 09.09.2016, S. 43. Dieser wurde jedoch nicht in den Gesetzesentwurf der Bundesregierung für ein Gesetz zur Vereinheitlichung des Stiftungsrechts in der Fassung vom 03.02.2021 übernommen.

920 *Hüttemann/Rawert*, in: Staudinger, BGB, § 86 Rn. 37.

jedoch, dass zur dauerhaften und nachhaltigen Zweckverfolgung bei einer auf Dauer angelegten Stiftung die Bildung von Rücklagen zum Inflationsausgleich geboten ist, um die wirtschaftliche Grundlage der Stiftung zu erhalten.[921] Ein Teil der Literatur vertritt die Erhaltung des realen Wertes, d. h. die Kaufkrafterhaltung.[922] Das Gebot der realen Werterhaltung leidet allerdings darunter, dass es die Stiftung in Zeiten niedriger Vermögenserträge zwingen würde, die Vermögenserträge nahezu vollständig zu thesaurieren, und dies könnte die nachhaltige Verfolgung des Stiftungszwecks gefährden.[923] Weiterhin könnte eine Stiftung auch nicht wachsen, da Umschichtungsgewinne zwingend ausgeschüttet werden müssten.[924] In den letzten Jahren hat sich aufgrund der Kritik an den vorgenannten Auffassungen die Ansicht durchgesetzt, dass der Inhalt des Vermögenserhaltungsgebots nicht allgemein bestimmbar sei.[925] Es seien bei der Konkretisierung der Vermögenserhaltungspflicht die Vorgaben des Stifters und die Erfordernisse des Stiftungszwecks zu berücksichtigen.[926] Sofern andere Anhaltspunkte fehlten, könne z. B. die Zusammensetzung des Grundstockvermögens wichtige Anhaltspunkte liefern.[927] Für diese Lösung spricht, dass der Stifter im Stiftungsgeschäft nach § 81 I 2 BGB selbst festlegen kann, welche Vermögensgegenstände das Stiftungsvermögen bilden.[928] Insofern erscheint es folgerichtig, dass er auch die Werterhaltungspflicht konkretisieren sollte. Die Vermögenserhaltungspflicht

---

921 Ebenso *Hüttemann/Rawert*, in: Staudinger, BGB, § 86 Rn. 37; *Weitemeyer*, in: MüKo BGB, § 85 Rn. 25.

922 *Carstensen*, in: Bertelsmann Stiftung, Handbuch Stiftungen, S. 535, 538; *Carstensen*, WPg 1996, 781, 783; zustimmend *Godron*, in: Richter, Stiftungsrecht, § 7 Rn. 21; *Burgard*, Gestaltungsfreiheit im Stiftungsrecht, s. 481 ff; *Rodloff/Drabe*, ZIP 2003, 2284 ff.

923 Ähnlich *Hüttemann/Rawert*, in: Staudinger, BGB, § 86 Rn. 38; *Weitemeyer*, in: MüKo BGB, § 85 Rn. 25; *Hüttemann*, in: Hüttemann/Richter/Weitemeyer, Landesstiftungsrecht, Rn. 14.31.

924 Dies vorbringend auch *Hüttemann/Rawert*, in: Staudinger, BGB, § 86 Rn. 38; *Hüttemann*, in: Hüttemann/Richter/Weitemeyer, Landesstiftungsrecht, Rn. 14.33.

925 *Hüttemann/Rawert*, in: Staudinger, BGB, § 86 Rn. 39; *Weitemeyer*, in: MüKo BGB, § 85 Rn. 24; *Hüttemann*, in: Hüttemann/Richter/Weitemeyer, Landesstiftungsrecht, Rn. 14.34; im Anschluss an *Hüttemann*, in: FG Flume, S. 59, 68 ff.; *Schwintowski*, in: FS Hadding, S. 271, 281; *Friedrich*, Die Anlage des Stiftungsvermögens, S. 96 ff.

926 *Hüttemann/Rawert*, in: Staudinger, BGB, § 86 Rn. 39; *Hüttemann*, in: FG Flume, S. 59, 68 ff. sowie *Friedrich*, Die Anlage des Stiftungsvermögens, S. 96 ff. stellen auf den Stifter ab. *Weitemeyer*, in: MüKo BGB, § 85 Rn. 24 stellt auf den Stiftungszweck ab.

927 *Hüttemann*, in: Hüttemann/Richter/Weitemeyer, Landesstiftungsrecht, Rn. 14.36.

928 So ebenfalls *Hüttemann*, in: Hüttemann/Richter/Weitemeyer, Landesstiftungsrecht, Rn. 14.35.

ist als Pflicht zur Erhaltung des individuell stiftungsrechtlich zu bestimmenden Wertes zu verstehen.

c. Praxis der Sparkassen-Stiftungen

In den Satzungen der Sparkassen-Stiftungen findet sich in der Regel das Gebot der Vermögenserhaltung.[929] Eine Konkretisierung des Wertes, an den im Vermögenserhaltungsgebot geknüpft wird, enthalten die Satzungsbestimmungen jedoch meist nicht.[930] Insofern werden von den Sparkassen als Stifter in der Satzung keine über die stiftungsrechtlichen Vorgaben hinausgehenden Aussagen getroffen, sondern allein die Bedeutung des Gebots der Vermögenserhaltung unterstrichen. Ausnahmsweise geben Satzungen konkrete Vorgaben zur Interpretation des Vermögenserhaltungsgebots vor, so z. B. bei der Sozialstiftung der Kreissparkasse Heilbronn durch die Anordnung der nominalen Erhaltung des Bestandes.[931] Sofern keine Bestimmung zur Art der Werterhaltung getroffen worden ist, ist durch Auslegung der Wille des Stifters zu ermitteln. Dazu kann unter anderem auf die Zusammensetzung des Grundstockvermögens abgestellt werden. Es ist im Einzelfall für die Sparkassen-Stiftungen zu bestimmen, wie das Gebot der Vermögenserhaltung im Sinne des Stifters zu konkretisieren ist.

3. Erwirtschaftung von Erträgen

Schließlich hat als drittes Merkmal eine bestimmungsgemäße Verwaltung des Stiftungsvermögens zu erfolgen.[932] Es ist zu untersuchen, welches Stiftungsorgan

---

929 *Stiftung der Frankfurter Sparkasse*, Satzung in der Fassung vom 30. April 2010, § 3 I 1, https://www.sparkassenstiftungen.de/fileadmin/stiftungen/stiftung_der_frankfurter_sparkasse/public/downloads/Stiftungssatzung_neues_Logo.pdf (06.02.2021); *Stiftung der Sparkasse Münsterland Ost*, Satzung in der Fassung vom 09. August 2016, § 3 II 1, https://stiftungen-sparkasse-mslo.sparkasseblog.de/files/2016/08/20160809_Satzung-Stiftung-SK-MSLO.pdf (06.02.2021); *Stiftung Zukunft der Sparkasse Koblenz*, Satzung in der Fassung vom 27. November 2000, § 3 I 4, https://www.sparkasse-koblenz.de/de/home/ihre-sparkasse/Stiftungen.html?n=true (06.02.2021); *Stiftung der Sparkasse Mecklenburg-Nordwest*, Satzung in der Fassung vom 20. November 2009, § 4 II, https://www.sparkassenstiftungen.de/index.php?id=7507 (06.02.2021).

930 Es fehlt bei einer Erwähnung des Vermögenserhaltungsgebots an einer weiteren Konkretisierung z. B. bei der Stiftung Zukunft der Sparkasse Koblenz.

931 *Sozialstiftung der Kreissparkasse Heilbronn*, Satzung in der Fassung vom 23. Juli 2014, § 3 II 1, https://module.sparkasse-heilbronn.de/de/home/ihre-sparkasse/stiftungen_lp.html/stiftungen_20210113/ sozialstiftung.html (06.02.2021).

932 *Hüttemann*, in: Hüttemann/Richter/Weitemeyer, Landesstiftungsrecht, Rn. 14.1.

für die Verwaltung des Stiftungsvermögens zuständig ist, welche rechtlichen Anforderungen für die Anlage des Stiftungsvermögens gelten und wie die daraus folgende Umsetzung in den Sparkassen-Stiftungen aussieht.

a. Pflicht der Stiftungsorgane zur Vermögensanlage

Das BGB trifft in den §§ 80 ff. BGB keine näheren Maßstäbe für die laufende Verwaltung des Stiftungsvermögens.[933] Allerdings lässt sich aus der Verweisung von § 86 auf die § 27 III i. V. m. § 664 ff. BGB entnehmen, dass sich die Stiftungsorgane im Verhältnis zur Stiftung in einem auftragsähnlichen Verhältnis befinden. Aus der Funktion des Stiftungsvermögens als sachliches Mittel zur Erfüllung des Stiftungszwecks lässt sich die fortlaufende Pflicht des Stiftungsvorstandes zur Anlage des Stiftungsvermögens entnehmen. Denn erst durch die Erzielung von laufenden Erträgen kann der Stiftungszweck erreicht werden.[934] Weiterhin bestimmt das Landesrecht eine Verwendung der Stiftungserträge für satzungsmäßige Zwecke, was impliziert, dass eine ertragsbringende Vermögensanlage zu erfolgen hat.[935] Daher trifft die Stiftungsorgane die Pflicht, den Stifterauftrag zu erfüllen.[936]

b. Maximen der Vermögensanlage

Die Anlage des Stiftungsvermögens verfolgt zwei Zwecke. Zum einen soll die Leistungsfähigkeit der Stiftung erhalten werden. Zum anderen sollen möglichst viele Erträge zur Verwirklichung des Stiftungszwecks erzielt werden.[937] Bei der Anlage des Grundstocks steht der geschäftsführenden Organ somit vor einem Zielkonflikt aus Rentabilität und Sicherheit.[938]

933 *Hüttemann*, in: Hüttemann/Richter/Weitemeyer, Landesstiftungsrecht, Rn. 14.3.

934 *Hüttemann/Rawert*, in: Staudinger, BGB, § 86 Rn. 30; *Hüttemann*, in: Hüttemann/Richter/Weitemeyer, Landesstiftungsrecht, Rn. 14.6; *Hüttemann*, WM 2016, 673, 679; zur Bewirtschaftungspflicht des Vorstandes, *Hüttemann*, in: FG Flume, S. 59, 80 f.; zur Anlagepflicht *Burgard*, Gestaltungsfreiheit im Stiftungsrecht, S. 531 ff.

935 *Hüttemann*, in: Hüttemann/Richter/Weitemeyer, Landesstiftungsrecht, Rn. 14.6.

936 *Hüttemann*, in: Hüttemann/Richter/Weitemeyer, Landesstiftungsrecht, Rn. 14.5; *Hüttemann/Schön*, Vermögensverwaltung, S. 9.

937 *Godron*, in: Richter, Stiftungsrecht, § 7 Rn. 30; *Meyn*, in: Meyn/Richter/Koss, Die Stiftung, Rn. 153.

938 *Hüttemann/Rawert*, in: Staudinger, BGB, § 86 Rn. 30.

aa. *Gesetzliche Vorgaben*

Vorgaben für die Anlage des Stiftungsvermögens ergeben sich aus verschiedenen gesetzlichen Regelungen. Für die Anlage des Stiftungsvermögens gilt zunächst der Grundsatz des § 80 II 1 BGB, nach dem die Anlage der dauernden und nachhaltigen Erfüllung des Stiftungszwecks zu dienen hat.[939] Weiterhin kann der Stifter in der Satzung gemäß § 85 BGB Vorgaben für die Vermögensanlage für das geschäftsführende Organ machen.[940] Neben den Vorgaben in der Satzung kann der Stifter Anlagerichtlinien verwenden, um die Satzung nicht ausufern zu lassen.[941] Werden in ihnen Grundlagenentscheidungen getroffen wie die Anordnung des Vermögensverbrauchs, sind sie als Bestandteil der Satzung im materiellen Sinn zu verstehen.[942] Der Stifter kann individuelle Vorgaben zur Anlage treffen wie den Ausschluss des Erwerbs oder Höchstgrenzen bestimmter Anlageklassen, wobei diese von einer optimalen Vermögensstruktur abweichen können.[943] Weiterhin kann der Stifter dem geschäftsführenden Organ verdeutlichen, welchem Ziel zwischen Rendite und Sicherheit er im Zweifel den Vorrang gibt.[944] Unabhängig von konkreten Vorgaben durch den Stifter finden sich grundsätzliche Regelungen zur Vermögensverwaltung in den Stiftungsgesetzen der Länder. Von dem vormals verankerten Gebot der mündelsicheren Anlage sind die Landesstiftungsgesetze abgerückt.[945] Es finden sich jedoch Bestimmungen, nach denen das Stiftungsvermögen ‚sicher und wirtschaftlich'[946] oder ‚ordnungsgemäß'[947] zu verwalten ist. Diesen allgemeinen Regelungen lassen sich allerdings keine ausdrücklichen Vorgaben zur Vermögensanlage entnehmen.

939 *Hüttemann*, WM 2016, 625, 626.

940 *Hüttemann/Rawert*, in: Staudinger, BGB, § 86 Rn. 31; *Meyn*, in: Meyn/Richter/Koss, Die Stiftung, Rn. 151; *Richter*, Rechtsfähige Stiftung und Charitable Corporation, S. 362 ff., welcher vorschlägt, die wirtschaftlichen Anordnungen der Vermögensanlage durch den Stifter auf 30 Jahre zu beschränken.

941 *Fritz*, in: Werner/Saenger/Fischer, Die Stiftung, § 14 Rn. 136 ff.

942 *Fritz*, in: Werner/Saenger/Fischer, Die Stiftung, § 14 Rn. 140 f.; *Friedrich*, Die Anlage des Stiftungsvermögens, S. 135.

943 *Jakob/Picht*, in: BeckOGK BGB, § 86 Rn. 49; *Hüttemann*, WM 2016, 625, 626.

944 *Meyn*, in: Meyn/Richter/Koss, Die Stiftung, Rn. 152.

945 So z. B. das Stiftungsgesetz in Bayern in Art. 14 a.F., vgl. *Hüttemann*, WM 2016, 625, 627.

946 Siehe z. B. Art. 6 I 2 StiftG Bayern, dazu *Hüttemann/Rawert,* in: Staudinger, BGB, § 86 Rn. 34.

947 § 8 I 1 StiftG Hessen oder § 6 III StiftG Niedersachsen, dazu auch *Hüttemann/Rawert,* in: Staudinger, BGB, § 86 Rn. 34.

Sie verbieten keine Investition in bestimmte Anlageklassen oder gebieten den Vorrang der Risikovermeidung vor der Ertragserzielung.[948] Folglich obliegt dem geschäftsführenden Organ unter Berücksichtigung des Stiftungszwecks die Entwicklung einer wirtschaftlich angemessenen Anlagestrategie.[949] Dies beinhaltet allerdings ein Spekulationsverbot. Anlagen, die das Risiko beinhalten, sich auf den Bestand des Stiftungsvermögens auszuwirken, sind ausgeschlossen.[950] Neben den stiftungsrechtlichen Anforderungen muss sich das geschäftsführende Organ von allgemeinen Regelungen zur Geldanlage bei der Vermögensverwaltung der Stiftung leiten lassen.[951] Aus der modernen Portfoliotheorie ergibt sich, dass Anlagen ein angemessenes Risiko-Rendite-Verhältnis aufweisen müssen und eine Risikodiversifikation stattzufinden hat.[952] Ein Anlagerisiko darf nur eingegangen werden, wenn eine zusätzliche Renditechance besteht.[953] Weiterhin ist das Risiko über verschiedene Anlageklassen zu streuen.[954] Im Rahmen der Portfoliotheorie gibt es keine verbotenen Anlageklassen, sondern jede Anlage ist auf ihr Potenzial zur Verbesserung der Rendite-Risikostruktur hin zu prüfen.[955] Insofern sind der Portfoliotheorie grundsätzliche Aussagen zur

---

948 *Schwalme*, Grundsätze ordnungsgemäßer Vermögensverwaltung bei Stiftungen, S. 460; *Hüttemann*, WM 2016, 625, 627.

949 *Hüttemann/Rawert*, in: Staudinger, BGB, § 86 Rn. 27; *Richter*, in: Hüttemann/Richter/Weitemeyer, Landesstiftungsrecht, Rn. 15.31 ff.; *Hüttemann*, WM 2016, 625, 626.

950 *Schwalme*, Grundsätze ordnungsgemäßer Vermögensverwaltung bei Stiftungen, S. 460.

951 *Jakob/Picht*, in: BeckOGK BGB, § 86 BGB Rn. 53; *Weitemeyer*, in: MüKo BGB, § 86 Rn. 34; *Carstensen*, Vermögensverwaltung, Vermögenserhaltung und Rechnungslegung gemeinnütziger Stiftungen, S. 73 ff.

952 *Jakob/Picht*, in: BeckOGK BGB, § 86 BGB Rn. 54; *Hüttemann/Rawert*, in: Staudinger, BGB, § 86 Rn. 32; *Weitemeyer*, in: MüKo BGB, § 86 Rn. 34; *Helios/Friedrich*, in: MünchHdbGesR V, § 96 Rn. 20 m.w.N.; *Friedrich*, Die Anlage des Stiftungsvermögens, S. 56; *Reuter*, NZG 2005, 649, 654.

953 *Jakob/Picht*, in: BeckOGK BGB, § 86 BGB Rn. 55; *Hüttemann/Schön*, Vermögenserhaltung und Vermögensverwaltung, S. 10 f.

954 *Hüttemann/Rawert*, in: Staudinger, BGB, § 86 Rn. 30; *Richter*, in: Hüttemann/Richter/Weitemeyer, Landesstiftungsrecht, Rn. 15.49; *Godron*, in: Richter, Stiftungsrecht, § 7 Rn. 30; *Friedrich*, Die Anlage des Stiftungsvermögens, S. 51.

955 *Hüttemann/Rawert*, in: Staudinger, BGB, § 86 Rn. 32; *Richter*, in: Hüttemann/Richter/Weitemeyer, Landesstiftungsrecht, Rn. 15.50 f.; *Friedrich*, Die Anlage des Stiftungsvermögens, S. 187 ff.; *Hüttemann/Schön*, Vermögenserhaltung und Vermögensverwaltung, S. 10 f.

Vermögensverwaltung zu entnehmen, die vom geschäftsführenden Organ bei der Vermögensanlage zu beachten sind.

bb. Praxis der Sparkassen-Stiftungen

In den Satzungen der Sparkassen-Stiftungen finden sich oftmals allgemeine Bestimmungen zur Anlage des Vermögens wie das Gebot der ordentlichen Wirtschaftsführung[956] sowie die Anlage mit der Sorgfalt eines ordentlichen Kaufmannes[957]. Diese Vorgaben ähneln den gesetzlichen Regelungen, die sich derzeit in den Landesstiftungsgesetzen sowie nach der Reform des Stiftungsrechts im BGB finden. Konkrete Bestimmungen in den Satzungen zur Anlage des Vermögens durch die Sparkassen als Stifter sind nicht üblich. Die Sparkassen machen somit von ihrem Recht, eine Anlagestrategie für die Stiftung vorzugeben, in der Regel keinen Gebrauch. Es wird dem geschäftsführenden Organ überlassen, Grundsätze für die Vermögensverwaltung aufzustellen.

4. Vermögensumschichtungen

Der Begriff der Vermögensumschichtung bezeichnet die Veränderung der Zusammensetzung des Grundstocks der Stiftung.[958] Die Änderung der Anlageform kann erforderlich sein, um nicht mehr rentable Vermögensanlagen gegen vielversprechendere Vermögenswerte zu tauschen und somit eine Diversifizierung bei den Anlagen der Stiftung zu erreichen oder Risiken zu mindern.[959]

---

956 Vgl. z. B. *Stiftung Zukunft der Sparkasse Koblenz*, Satzung in der Fassung vom 27. November 2000, § 3 V, https://www.sparkasse-koblenz.de/de/home/ihre-sparkasse/Stiftungen.html?n=true (06.02.2021).

957 Siehe dazu z. B. *Stiftung der Frankfurter Sparkasse*, Satzung in der Fassung vom 30. April 2010, § 9 I, https://www.sparkassenstiftungen.de/fileadmin/stiftungen/stiftung_der_frankfurter_sparkasse/public/downloads/Stiftungssatzung_neues_Logo.pdf (06.02.2021); *Sparkassenstiftung Zukunft Elbe-Elster-Land*, Satzung in der Fassung vom 15. Dezember 2015, § 11 II Nr. 1, https://www.spk-elbe-elster.de/de/home/ihre-sparkasse/Sparkassenstiftung/stiftung.html?n=true (06.02.2021).

958 *Fritz*, in: Werner/Saenger/Fischer, Die Stiftung, § 14 Rn. 107; *Godron*, in: Richter, Stiftungsrecht, § 7 Rn. 41; *Hof/Bianchini-Hartmann/Richter*, Stiftungen, S. 100; *Schiffer/Pruns*, in: NK BGB, § 81 Rn. 73 ff..

959 *Godron*, in: Richter, Stiftungsrecht, § 7 Rn. 41; *Hof/Bianchini-Hartmann/Richter*, Stiftungen, S. 100; ähnlich *Fritz*, in: Werner/Saenger/Fischer, Die Stiftung, § 14 Rn. 125, welcher die Optimierung der Vermögensstruktur auf das stiftungsspezifische Vermögensverwendungskonzept zurückführt.

Die Vermögensumschichtung stellt dabei ein Mittel zum Werterhalt des Grundstocks sowie zur Erwirtschaftung von Erträgen dar.[960]

a. *Gesetzliche Vorgaben*

In manchen Landesstiftungsgesetzen werden Vermögensumschichtungen ‚nach den Regeln ordentlicher Wirtschaftsführung' als zulässig angesehen.[961] In der Literatur wird zum Teil eine Vermögensumschichtung erlaubt, sofern die alternativen Möglichkeiten der Anlage dauernd und nachhaltig besser für die Erfüllung des Stiftungszwecks sind.[962] Teilweise wird angenommen, die Vermögensumschichtung müsse in der Satzung vorgesehen oder eine Satzungsänderung zulässig sein sowie diese dem Stifterwillen entsprechen.[963] Wieder andere sehen die zulässige Möglichkeit der Vermögenumschichtung, sofern kein Vermögen der Stiftung abfließt und der Vermögenserlös vollständig in der Vermögenssphäre der Stiftung bleibt.[964] Aufgrund der unübersichtlichen Rechtslage empfiehlt es sich, durch den Stifter eine ausdrückliche Regelung zu Vermögensumschichtungen in der Satzung zu treffen.[965] Einschränkungen der Vermögensumschichtung sind sinnvoll, wenn einzelne Teile des Stiftungsvermögens der Verwirklichung des Stiftungszwecks unmittelbar dienen, wie es z. B. Kunstwerke in einer von der Stiftung unterhaltenen Kunsthalle tun.[966]

Sofern Vermögensumschichtungen erfolgt sind, können Gewinne und Verluste für die Stiftung entstehen. Die realisierten Gewinne aus Vermögensumschichtungen sind nach derzeitigem Recht nach der herrschenden Meinung dem Grundstockvermögen zuzuführen.[967] Vermögensverluste können im gleichen

---

960 *Godron*, in: Richter, Stiftungsrecht, § 7 Rn. 41; *Hof/Bianchini-Hartmann/Richter*, Stiftungen, S. 100; *Burgard*, Gestaltungsfreiheit im Stiftungsrecht, S. 538.

961 § 4 II 2 StiftG NRW, § 7 I 2 Stiftung Rh-Pf, ähnlich § 4 II 2 StiftG Hamburg.

962 *Reuter*, NZG 2005, 649, 653.

963 *Burgard*, Gestaltungsfreiheit im Stiftungsrecht, S. 538.

964 *Schiffer/Pruns*, in: NK BGB, § 81 Rn. 77; *Hüttemann*, in: Hüttemann/Richter/Weitemeyer, Landesstiftungsrecht, Rn. 14.50; *Fritz*, in: Werner/Saenger/Fischer, Die Stiftung, § 14 Rn. 125 ff.; *Schwake*, in: MünchHdbGesR V, § 79 Rn. 330.

965 *Hüttemann*, in: Hüttemann/Richter/Weitemeyer, Landesstiftungsrecht, Rn. 14.50; *Burgard*, Gestaltungsfreiheit im Stiftungsrecht, S. 537 f.

966 *Godron*, in: Richter, Stiftungsrecht, § 7 Rn. 41; mit Beispiel dazu bereits *Hof*, in: v. Campenhausen/Richter, Stiftungsrechts-Handbuch, 2014, § 9 Rn. 130.

967 *Hof*, in: v. Campenhausen/Richter, Stiftungsrechts-Handbuch, 2014, § 9 Rn. 132; *Hüttemann*, in: Hüttemann, Gemeinnützigkeits- und Spendenrecht, 5.127 ff.; *Schwake*, in: MünchHdbGesR V, § 79 Rn. 333.

Geschäftsjahr durch die Umschichtungsrücklage ausgeglichen werden.[968] Sofern der Stifter seine Mittel zur Zweckverfolgung am Kapitalmarkt auch aus der Erzielung von Umschichtungsgewinnen generiert, sollte er dies daher bereits in der Satzung bestimmen.[969]

b. Praxis der Sparkassen-Stiftungen

In den Satzungen der Sparkassen-Stiftungen findet sich teilweise die Vorgabe, dass Vermögensumschichtungen zulässig sind.[970] Die Sparkassen als Stifter sorgen insofern für Rechtsklarheit im Hinblick auf die Umschichtung des Vermögens. Weitergehende Vorgaben bestehen dagegen in der Regel nicht.

5. Ergebnis

Sparkassen-Stiftungen geben in der Satzung selten Grundsätze zur Anlage des Vermögens insbesondere zur Vermögenstrennung, zur Konkretisierung des Vermögenserhaltungsgebots oder zur Erwirtschaftung von Erträgen vor. Dies ist darauf zurückzuführen, dass sie den Stiftungsorganen die Festlegung von Anlagegrundsätzen sowie deren Anpassung an die aktuellen Gegebenheiten ermöglichen möchten. Sofern Regelungen zur Anlage des Vermögens in der Satzung getroffen würden, müssten die Organe bei einer Änderung dieser die hohen Anforderungen der Stiftungsgesetze in Bezug auf Satzungsänderungen einhalten. Insofern sind bei der Vermögensanlage in der Regel nur die stiftungsgesetzlichen Vorgaben zu wahren. Vermögensumschichtungen als Maßnahme der Verwaltung sind bei Sparkassen-Stiftungen nach den Bestimmungen der Satzungen oftmals erlaubt.

---

968 *Hof*, in: v. Campenhausen/Richter, Stiftungsrechts-Handbuch, 2014, § 9 Rn. 132.

969 *Zimmermann/Raddatz*, NJW 2019, 485, 486.

970 *Stiftung der Frankfurter Sparkasse*, Satzung in der Fassung vom 30. April 2010, § 3 I 2, https://www.sparkassenstiftungen.de/fileadmin/stiftungen/stiftung_der_frankfurter_sparkasse/public/downloads/Stiftungssatzung_neues_Logo.pdf (06.02.2021); *Stiftung der Sparkasse Mecklenburg-Nordwest*, Satzung in der Fassung vom 20. November 2009, § 4 II 2, https://www.sparkassenstiftungen.de/index.php?id=7507 (06.02.2021); *Sozialstiftung der Kreissparkasse Heilbronn*, Satzung in der Fassung vom 23. Juli 2014, § 3 III, https://module.sparkasse-heilbronn.de/ de/home/ihre-sparkasse/stiftungen_lp.html/stiftungen_20210113/sozialstiftung.html (06.02.2021).

II. Grundprinzipien der Verwendung der Erträge

Zur Verwaltung des Stiftungsvermögens gehört nicht nur die Erhaltung des Stiftungsvermögens, sondern vornehmlich auch die Verwendung der Erträge. Diese beiden Komponenten bilden die entscheidenden Voraussetzungen zur dauernden und nachhaltigen Verwirklichung des Stiftungszwecks.[971] Ausschüttungsfähige Erträge einer Stiftung sind zum einen die Erträge aus der Anlage des Vermögens der Stiftung.[972] Damit sind hauptsächlich Zinsen und Dividenden aus der Anlage des Stiftungsvermögens gemeint.[973] Zum anderen gehören zu den ausschüttungsfähigen Erträgen die Zuwendungen Dritter an die Stiftung, die zeitnah zu verbrauchen sind.[974]

1. *Pflicht zur zeitnahen und zweckkonformen Verwendung der ausschüttungsfähigen Mittel*

Nach den Landesstiftungsgesetzen dürfen Stiftungserträge nur zur Erfüllung des Stiftungszwecks eingesetzt werden.[975]

Die Kernaussage dieser Vorgabe ist zum einen, dass die Erträge nicht für stiftungsfremde Zwecke verwendet werden dürfen.[976] Weiterhin müssen die

971 *Hüttemann*, in: Hüttemann/Richter/Weitemeyer, Landesstiftungsrecht, Rn. 16.2.

972 Es fehlt an einer gesetzlichen Definition der Erträge. Eine Anlehnung an die Definitionen in §§ 99, 100 BGB erscheint möglich, vgl. *Hüttemann*, in: Hüttemann/Richter/Weitemeyer, Landesstiftungsrecht, Rn. 16.4; *Schwake*, in: MünchHdbGesR V, § 79 Rn. 261 ff.; *Schwalme*, Grundsätze ordnungsgemäßer Vermögensverwaltung bei Stiftungen, S. 98 f.

973 *Hüttemann*, in: Hüttemann/Richter/Weitemeyer, Landesstiftungsrecht, Rn. 16.7; *Schwake*, in: MünchHdbGesR V, § 79 Rn. 263; *Schwalme*, Grundsätze ordnungsgemäßer Vermögensverwaltung bei Stiftungen, S. 98 f.

974 *Schwake*, in: MünchHdbGesR V, § 79 Rn. 265.

975 Art. 6 III StiftG Bayern, § 7 III StiftG Bremen, § 4 III StiftG Hamburg, § 6 III StiftG Hessen, § 6 II StiftG Niedersachsen, § 4 III StiftG NRW, § 7 III StiftG Rh-Pf, § 6 II StiftG Saar, § 4 III 2,3 StiftG Schl-H, § 7 III StiftG Sa-Ah, § 8 III 2 StiftG Thüringen; siehe insgesamt dazu *Hüttemann*, in: Hüttemann/Richter/Weitemeyer, Landesstiftungsrecht, Rn. 16.9 sowie 16.10; *Schauhoff*, in: Schauhoff, Handbuch der Gemeinnützigkeit, § 3 Rn. 146. Nach dem Gesetzesentwurf der Bundesregierung für ein Gesetz zur Vereinheitlichung des Stiftungsrechts soll die Regelung zur Erfüllung der Stiftungszwecke mit den Stiftungserträgen im BGB Eingang finden (§ 83 b IV 2 BGB neu). Siehe dazu vertiefend den Gesetzesentwurf der Bundesregierung für ein Gesetz zur Vereinheitlichung des Stiftungsrechts in der Fassung vom 03.02.2021, S. 60 ff.

976 *Carstensen*, in: Bertelsmann Stiftung, Handbuch Stiftungen, S. 535, 539; *Carstensen*, Vermögensverwaltung, Vermögenerhaltung und Rechnungslegung gemeinnütziger

erwirtschafteten Erträge möglichst effektiv für die Stiftungszwecke eingesetzt werden.[977] Auf welche Weise die Stiftung die Verfolgung der Zwecke verwirklicht, liegt jedoch im Ermessen des geschäftsführenden Organs.[978] Die Verfolgung des Stiftungszwecks bezeichnet nicht nur deren unmittelbare Erfüllung, sondern umfasst alle Aufwendungen der Zweckerreichung, wie z. B. Verwaltungskosten.[979]

Weiterhin verbietet der Einsatz der Stiftungserträge zur Erfüllung des Stiftungszwecks, Vermögenserträge ohne besondere Begründung zu sammeln, um sie dem Grundstockvermögen zuzuführen.[980] Das steuerrechtliche Gebot der zeitnahen Mittelverwendung für gemeinnützige Organisationen in § 55 I Nr. 5 AO verlangt, dass eine gemeinnützige Körperschaft ihre Mittel grundsätzlich zeitnah für ihre steuerbegünstigten satzungsmäßigen Zwecke verwenden muss.[981] Die Verwendung der Mittel muss gemäß § 55 I Nr. 5 Satz 3 AO spätestens in dem auf den Zufluss folgenden Kalender- oder Wirtschaftsjahr erfolgen.[982] Für die in der Mehrzahl gemeinnützig tätigen Stiftungen sind die steuerrechtlichen Vorgaben verbindlich.[983]

Stiftungen, S. 50 ff.; *Carstensen*, WPg 1996, 781, 784; *Schwake*, in: MünchHdbGesR V, § 79 Rn. 251; *Schwintek*, Vorstandskontrolle, S. 112.

977 *Jakob/Picht*, in: BeckOGK BGB, § 86 Rn. 41; *Schwintek*, Vorstandskontrolle, S. 111 ff.; *Hüttemann*, WM 2016, 625, 629.

978 *Schauhoff*, in: Schauhoff, Handbuch der Gemeinnützigkeit, § 3 Rn. 146; *Schwake*, in: MünchHdbGesR V, § 79 Rn. 252.

979 *Schauhoff*, in: Schauhoff, Handbuch der Gemeinnützigkeit, § 3 Rn. 146; *Carstensen*, Vermögensverwaltung, Vermögenerhaltung und Rechnungslegung gemeinnütziger Stiftungen, S. 51.

980 *Hüttemann/Rawert*, in: Staudinger, BGB, § 81 Rn. 58; *Godron*, in: Richter, Stiftungsrecht, § 7 Rn. 24; *Schwake*, in: MünchHdbGesR V, § 79 Rn. 250; *Schwintek*, Vorstandskontrolle, S. 111 f.; *Fischer/Ihle*, DStR 2008, 1692, 1693 f.

981 *Pauli*, in: Stumpf/Suerbaum/Schulte/Paul, Stiftungsrecht, E Vorb. AO Rn. 35; *Carstensen*, in: Bertelsmann Stiftung, Handbuch Stiftungen, S. 535, 539; *Richter*, in: Meyn/Richter/Koss, Die Stiftung, Rn. 771.

982 Ausführlich *Gersch*, in: Klein, AO, § 55 Rn. 26; *Koenig*, in: Koenig, AO, § 55 Rn. 31.

983 *Jakob/Picht*, in: BeckOGK BGB, § 86 Rn. 43; *Götz/Pach-Hanssenheimb*, Handbuch der Stiftung, Rn. 283; *Richter*, in: Meyn/Richter/Koss, Die Stiftung, Rn. 771; *Schauhoff*, in: Schauhoff, Handbuch der Gemeinnützigkeit, § 3 Rn. 148; *Schmitt-Homann*, in: Otto, Handbuch der Stiftungspraxis, Rn. 127; *Schlüter/Schulte*, Stiftungsrecht, 7. Kap. Rn. 61.

2. Zulässigkeit der Bildung von Rücklagen

Die Vorgabe zur zeitnahen Verwendung der Mittel der Stiftung stellt jedoch nur einen Grundsatz der Ertragsverwendung dar. Mit der darüber hinausgehenden Möglichkeit der Rücklagenbildung soll die Leistungskraft der Stiftung in Zukunft garantiert werden.[984] Bedeutung kommt zunächst der zweckgebundenen Rücklage gemäß § 62 Nr. 1 AO zu. Diese hat den Zweck, Gelder für konkrete, in der Stiftungssatzung vorgesehene Maßnahmen zur Erfüllung des Stiftungszwecks bereitzustellen.[985] Weiterhin kann die Stiftung eine freie Rücklage nach § 62 I Nr. 3 AO bilden, die der Erhaltung der Leistungskraft der Stiftung dient und maximal ein Drittel des Überschusses aus der Vermögensverwaltung und höchstens 10 % der sonstigen von der Stiftung zeitnah zu verwendenden Mittel beträgt.[986]

3. Praxis der Sparkassen-Stiftungen

Die Satzungen der Sparkassen-Stiftungen enthalten die gesetzlichen Anforderungen wiederholende Vorgaben zur Verwendung der Erträge und Rücklagenbildung. So greifen sie das Gebot der Verwendung der Erträge zur Erfüllung des Stiftungszwecks teilweise explizit auf.[987] Damit unterstreichen sie die Bedeutung des Mitteleinsatzes für den Stiftungszweck. Weiterhin enthalten viele Satzungen bei Wahrung der gemeinnützigkeitsrechtlichen Vorschriften die Erlaubnis zur Rücklagenbildung.[988] Bei der Rücklagenbildung kommt der freien Rücklage eine

---

984 *Hüttemann*, in: Hüttemann/Richter/Weitemeyer, Landesstiftungsrecht, Rn. 16.2.

985 *Gersch*, in: Klein, AO, § 62 Rn. 3; *Koenig*, in: Koenig, AO, § 62 Rn. 5 f.; *Schlüter/Schulte*, Stiftungsrecht, 7. Kap. Rn. 70; *Friedrich*, Die Anlage des Stiftungsvermögens, S. 118.

986 *Gersch*, in: Klein, AO, § 62 Rn. 7 f.; *Koenig*, in: Koenig, AO, § 62 Rn. 12 ff.; *Schmitt-Homann*, in: Otto, Handbuch der Stiftungspraxis, Rn. 179 ff.; *Schlüter/Schulte*, Stiftungsrecht, 7. Kap. Rn. 73 f.

987 Vgl. z. B. *Stiftung Zukunft der Sparkasse Koblenz*, Satzung in der Fassung vom 27. November 2000, § 3 II, https://www.sparkasse-koblenz.de/de/home/ihre-sparkasse/Stiftungen.html?n=true (06.02.2021); *Stiftung der Frankfurter Sparkasse,* Satzung in der Fassung vom 30. April 2010, § 4 I, https://www.sparkassenstiftungen.de/fileadmin/stiftungen/stiftung_der_frankfurter_sparkasse/public/downloads/Stiftungssatzung_neues_Logo.pdf (06.02.2021).

988 Siehe z. B. *Sozialstiftung der Kreissparkasse Heilbronn*, Satzung in der Fassung vom 23. Juli 2014, § 3 IV, https://module.sparkasse-heilbronn.de/de/home/ihre-sparkasse/stiftungen_lp.html/stiftungen_20210113/ sozialstiftung.html (06.02.2021); *Sparkassenstiftung Südliche Weinstraße*, Satzung in der Fassung vom 01. Oktober 2012, § 4 III, https://www.sparkasse-suew.de/content/dam/myif/spk-suedliche-weinstrasse-landau/work/dokumente/Kommunikation/Satzung_Sparkassenstiftung_2011.pdf (06.02.2021); *Sportstiftung der Kreissparkasse Steinfurt*, Satzung in der Fassung vom

besondere Bedeutung zu. Diese wird häufig bereits in der Satzung durch den Stifter vorgesehen.[989] Die Satzungen der Stiftungen legen jedoch auch besondere Vorgaben fest. Es gibt Regelungen zur Aufteilung der Erträge in den einzelnen Regionen im Wirkungsbereich der Stiftung. So findet sich bei der Stiftung der Sparkasse Münsterland Ost die Aufteilung der Vermögenserträge von 69,22 % an das Stadtgebiet Münster, 23,08 % an die Region Warendorf und 7,70 % an die Region Ahlen.[990] Eine Verteilung der Stiftungsmittel zwischen den verschiedenen Stiftungszwecken der Stiftung liegt jedoch weiterhin im Ermessen des Vorstandes. Außerdem gibt es auch Beschränkungen durch den Stifter bezüglich der Höchstgrenzen der jährlichen Erträge, die einem einzelnen Förderprojekt zugewendet werden dürfen. So können auf ein Förderprojekt maximal 50 % der auszuschüttenden Förderung verwendet werden.[991]

4. *Ergebnis*

Bei den Stiftungserträgen haben die Sparkassen-Stiftungen den Schwerpunkt der Verwendung der Mittel auf die Verwirklichung des Stiftungszwecks zu legen. Weiterhin sind die Erträge grundsätzlich zeitnah auszuschütten, wobei die Rücklagenbildung zulässig ist. Die Satzungen der Sparkassen-Stiftungen enthalten nur ausnahmsweise neben den gesetzlichen Anforderungen eigene Regelungen zur Verteilung der Stiftungsmittel.

---

21. Januar 2016, § 3 IV 1, https://www.sparkassenstiftungen.de/index.php?id=4434 (06.02.2021); *SK Stiftung Kultur der Sparkasse KölnBonn*, Satzung in der Fassung vom Dezember 2018, § 3 VI, https://www.sk-kultur.de/stiftung/veroeffentlichungen/satzung/ (06.02.2021).

989 Beispielhaft *Stiftung Zukunft der Sparkasse Koblenz*, Satzung in der Fassung vom 27. November 2000, § 3 IV 2, https://www.sparkasse-koblenz.de/de/home/ihre-sparkasse/Stiftungen.html?n=true (06.02.2021); *Stiftung der Sparkasse Münsterland Ost*, Satzung in der Fassung vom 09. August 2016, § 3 V 3, https://stiftungen-sparkasse-mslo.sparkasseblog.de/files/2016/08/20160809_Satzung-Stiftung-SK-MSLO.pdf (06.02.2021).

990 Siehe z. B. *Stiftung der Sparkasse Münsterland Ost*, Satzung in der Fassung vom 09. August 2016, § 3 IV, https://stiftungen-sparkasse-mslo.sparkasseblog.de/files/2016/08/20160809_Satzung-Stiftung-SK-MSLO.pdf (06.02.2021); *Sparkassenstiftung Südliche Weinstraße*, Satzung in der Fassung vom 01. Oktober 2012, § 4 I, https://www.sparkasse-suew.de/content/dam/myif/spk-suedliche-weinstrasse-landau/work/dokumente/ Kommunikation/Satzung_Sparkassenstiftung_2011.pdf (06.02.2021).

991 Bespielhaft *Stiftung der Sparkasse Herford*, Satzung in der Fassung vom 01. Januar 2005, § 3 V, https://www.sparkassenstiftungen.de/index.php?id=11905 (06.02.2021).

III. Zusammenfassung

Die Verwaltung des Stiftungsvermögens verfolgt zwei Ziele. Zum einen soll das Stiftungsvermögen so verwaltet werden, dass es auf Dauer erhalten bleibt und der Stiftung zur Verfügung steht. Zum anderen sollen den Destinatären möglichst viele Erträge sowie Spenden ausgeschüttet werden. Die gesetzlichen Regelungen legen ausschließlich einen Mindeststandard der Verwaltung des Stiftungsvermögens dar. Dem Stifter ist es möglich, eigene Regelungen zur Verwaltung und Verwendung der Erträge zu treffen. Diese hat er in der Satzung zu treffen. Die Sparkassen machen von der Möglichkeit der Einflussnahme auf die Verwaltung des Stiftungsvermögens durch Satzungsvorgaben selten Gebrauch. Aufgrund der wenigen gesetzlichen Regelungen sowie Satzungsvorgaben des Stifters kommt den Organen der Sparkassen-Stiftungen großer Handlungsspielraum bei der Verwaltung der Stiftung zu. Der Vorstand hat die Aufgabe, vor dem Hintergrund des verobjektivierten Stifterwillens die Verwaltung der Stiftung zu konkretisieren.[992] Der Vorstand kann je nach Anforderungen des Marktes eine passende Strategie zur Anlage wählen und über die Verwendung der Erträge anhand der konkreten Bedürfnisse der Stiftung entscheiden. Dies birgt die Gefahr dass die Verwaltung, insbesondere die Anlage des Stiftungsvermögens, dem Willen des Stifters zuwider laufen kann. In den Sparkassen-Stiftungen ist allerdings regelmäßig eine interne Kontrolle des Vorstandes durch das Kuratorium vorgesehen, das auch die Vermögensverwaltung durch den Vorstand überwacht. Weiterhin haben die Sparkassen als Stifter die Möglichkeit, auf den Handlungsspielraum des Vorstandes einzuwirken. So ist der Vorstand mit Vorstandsmitgliedern und Mitarbeitern der Sparkassen besetzt. Aufgrund dieser personellen Gegebenheiten ist davon auszugehen, dass die Vertreter der Sparkassen bei der Vermögensanlage die Interessen der Sparkassen als Stifter berücksichtigen, auch ohne das die Sparkassen in der Satzung Vorgaben zur Verwaltung des Stiftungsvermögens machen.

C. Haftungsfragen

Haftungsfragen bei einer Stiftung umfassen die Haftung der Stiftung, der Stiftungsorgane und des Stifters. Im Folgenden ist die zivilrechtliche Haftung dieser verschiedenen Akteure zu untersuchen. Dies erfolgt unter der Zielsetzung, die Besonderheiten der Haftung bei den Sparkassen-Stiftungen darzulegen, die sich

992 *Jakob/Picht*, in: BeckOGK BGB, § 85 Rn. 18.

aufgrund des Einflusses der Sparkassen als Stifter ergeben. Die steuerrechtliche sowie strafrechtliche Haftung werden nicht betrachtet.

I. Haftung der Stiftung

Die vertragliche Haftung der Stiftung gegenüber Dritten richtet sich nach § 280 I BGB und die deliktische Haftung nach § 823 ff. BGB.[993] Der Stiftung wird dabei das Verhalten ihrer Organe und Angestellten zugerechnet. Zum einen haftet die Stiftung nach §§ 86, 31 BGB gegenüber Dritten für die Schäden, die ein Organ oder Organmitglied in Ausführung seiner Aufgaben verursacht hat.[994] Dazu ist ein innerer Zusammenhang zwischen der Organtätigkeit und der schädigenden Handlung notwendig.[995] Zum anderen haftet die Stiftung für ihre Angestellten und Bevollmächtigten nach den allgemeinen Vorschriften gemäß § 278 BGB bei vertraglichen Schuldverhältnissen und gemäß § 831 BGB außerhalb von Schuldverhältnissen.[996] Die Sparkassen-Stiftungen sind in der operativen Phase unabhängige rechtsfähige Rechtssubjekte. Ihre Haftung richtet sich allein nach den stiftungsrechtlichen Vorschriften, es bestehen keine Besonderheiten.

993 *Fischer*, in: Werner/Saenger/Fischer, Die Stiftung, § 20 Rn. 9 f.; 38 ff.; *Ebersbach*, Handbuch des Stiftungsrechts, S. 118.

994 *Ellenberger*, in: Palandt, BGB, § 31 Rn. 1 ff.; *Hadding*, in: Soergel BGB, § 31 Rn. 11, § 86 Rn. 15; *Hüttemann/Rawert*, in: Staudinger, BGB, § 86 Rn. 85; *Ebersbach*, Handbuch des Stiftungsrechts, S. 118; *Friederich*, in: Graf Strachwitz/Mercker, Stiftungen in Theorie, Recht und Praxis, S. 814, 823; *Godron*, in: Richter, Stiftungsrecht, § 6 Rn. 224. *Meyn*, in: Meyn/Richter/Koss, Die Stiftung, Rn. 648; *Otto*, in: Otto, Handbuch der Stiftungspraxis, Rn. 308; *Schlüter/Stolte*, Stiftungsrecht, 2. Kap. Rn. 74. A.A. *Fischer*, in: Werner/Saenger/Fischer, Die Stiftung, § 20 Rn. 20; *Fritsche*, ZStV 2004, 209, 213 sowie *Burgard*, Gestaltungsfreiheit im Stiftungsrecht, S. 219 - 222, 261 f., die nur den Vorstand und verfassungsmäßig berufene Vertreter nach § 31 BGB als zurechenbar ansehen und nicht das Kuratorium als fakultatives Stiftungsorgan.

995 *Ellenberger*, in: Palandt, BGB, § 31 Rn. 10; *Leuschner* in: MüKo BGB, § 31 Rn. 22; *Schöpflin*, in: Bamberger/Roth/Hau/Poseck BGB, § 31 Rn. 17 f.; *Offenloch*, in: BeckOGK BGB, § 31 Rn. 125 ff.

996 *Godron*, in: Richter, Stiftungsrecht, § 6 Rn. 229; *Meyn*, in: Meyn/Richter/Koss, Die Stiftung, Rn. 649; *Schlüter/Stolte*, Stiftungsrecht, 2. Kap. Rn. 75.

II. Haftung der Organmitglieder

Bei der Haftung der Stiftungsorgane ist zwischen der Außenhaftung gegenüber Dritten und der Innenhaftung gegenüber der Stiftung zu unterscheiden.[997] Im Rahmen der Innenhaftung sind die Organe bei Pflichtverletzungen im Rahmen ihrer Tätigkeit zum Ersatz möglicher von ihnen verursachter Schäden gegenüber der Stiftung verpflichtet.[998] Die Außenhaftung bezeichnet die Verantwortlichkeit der Organmitglieder unmittelbar gegenüber dem geschädigten Dritten.[999] In den Sparkassen-Stiftungen sind die Organe unter anderem mit Mitarbeitern der Sparkassen sowie Vertretern der Gemeinden besetzt. Die Organmitglieder sind weiterhin ehrenamtlich tätig.[1000] Es stellt sich die Frage, welche Besonderheiten die Haftung aufgrund dieser Eigenschaften aufweist. In Betracht kommen Freistellungsansprüche und Einschränkungen des Haftungsmaßstabs für die Organmitglieder.

1. Haftung gegenüber Dritten

Die direkte Außenhaftung der Organwalter bei juristischen Personen ist im deutschen Recht grundsätzlich nicht vorgesehen.[1001] Eine Haftung gegenüber Dritten besteht jedoch, sofern sie in den gesetzlichen Regelungen explizit angeordnet ist.[1002] Es ist dabei zwischen der Haftung des Vorstandes und derjenigen der fakultativen Organe zu unterscheiden.

a. Grundlagen der Haftung

Vorstandsmitglieder auf der einen Seite haften gegenüber Dritten zunächst aus vertraglichen Beziehungen gemäß § 179 BGB, sofern sie ihre Vertretungsmacht

---

997 *Hüttemann/Rawert*, in: Staudinger, BGB, § 86 Rn. 79; *Schlüter/Stolte*, Stiftungsrecht, 2. Kap. Rn. 73.

998 *K. Schmidt*, Gesellschaftsrecht, § 14 V 1; *Wanka*, Juristische Personen und ihre Organe als Vorstand der Stiftung, S. 263; *Küntzel*, DB 2004, 2303.

999 *K. Schmidt*, Gesellschaftsrecht, § 14 V 2; *Wanka*, Juristische Personen und ihre Organe als Vorstand der Stiftung, S. 263 f.; *Küntzel*, DB 2004, 2303.

1000 Zur ehrenamtlichen Tätigkeit des Vorstandes siehe Teil 2 B.II.2.b.bb.(2) und zur ehrenamtlichen Tätigkeit des Kuratoriums siehe Teil 2 B.II.2.c.cc.(2).

1001 *K. Schmidt*, Gesellschaftsrecht, § 14 V 1, 2; *Wanka*, Juristische Personen und ihre Organe als Vorstand der Stiftung, S. 264.

1002 *K. Schmidt*, Gesellschaftsrecht, § 14 V 2; *Wanka*, Juristische Personen und ihre Organe als Vorstand der Stiftung, S. 264.

überschritten haben.[1003] Diese Haftung stellt eine ausschließliche Haftung zu Lasten des Vertreters dar.[1004] Darüber hinaus haften die Vorstände gegenüber Dritten aus culpa in contrahendo gemäß §§ 311, 241 II, 280 I BGB bei der Inanspruchnahme besonderen Vertrauens, z. B. wenn zu Unrecht behauptet wird, die Anerkennung der Stiftungsbehörde stehe unmittelbar bevor.[1005] Weiterhin haben die Mitglieder des Vorstandes für Schäden einzutreten, die durch schuldhafte Verletzungen von Rechtsgütern Dritter nach § 823 ff. BGB entstehen.[1006] Bei einer Haftung nach den Grundsätzen der culpa in contrahendo sowie des Deliktsrechts sind die Stiftung und der Vorstand Gesamtschuldner.[1007]

Die Haftung der fakultativen Stiftungsorgane auf der anderen Seite orientiert sich im Grundsatz an der Haftung des Vorstandes.[1008] Entscheidend für den Umfang der Haftung sind jedoch die dem fakultativen Organ in der Satzung übertragenen Aufgaben. Dabei können diese sehr unterschiedlich ausgestaltet sein.[1009] Sofern etwa dem Kuratorium vorwiegend beratende oder kontrollierende Tätigkeiten übertragen werden, ist das Kuratorium der Stiftung mit dem Aufsichtsrat einer Aktiengesellschaft vergleichbar.[1010] Insofern können die für die Aktiengesellschaft entwickelten Grundsätze der Haftung des Aufsichtsrats

---

1003 *Hüttemann/Rawert*, in: Staudinger, BGB, § 86 Rn. 79; *Jakob/Picht*, in: BeckOGK BGB, § 86 Rn. 81; *Roth*, in: Hüttemann/Richter/Weitemeyer, Landesstiftungsrecht, Rn. 17.78; *Friederich*, in: Strachwitz/Mercker, Stiftungen in Theorie, Recht und Praxis, S. 814, 823; *Wanka*, Juristische Personen und ihre Organe als Vorstand der Stiftung, S. 264.

1004 *Friederich*, in: Strachwitz/Mercker, Stiftungen in Theorie, Recht und Praxis, S. 814, 823.

1005 *Jakob/Picht*, in: BeckOGK BGB, § 86 Rn. 81; *Hüttemann/Rawert*, in: Staudinger, BGB, § 86 Rn. 79; *Roth*, in: Hüttemann/Richter/Weitemeyer, Landesstiftungsrecht, Rn. 17.78; *Friederich*, in: Strachwitz/Mercker, Stiftungen in Theorie, Recht und Praxis, S. 814, 823.

1006 *Jakob/Picht*, in: BeckOGK BGB, § 86 Rn. 82; *Hüttemann/Rawert*, in: Staudinger, BGB, § 86 Rn. 79; *Roth*, in: Hüttemann/Richter/Weitemeyer, Landesstiftungsrecht, Rn. 17.79; *Friederich*, in: Strachwitz/Mercker, Stiftungen in Theorie, Recht und Praxis, S. 814, 823; *Schlüter/Stolte*, Stiftungsrecht, 2. Kap. Rn. 75; *Wanka*, Juristische Personen und ihre Organe als Vorstand der Stiftung, S. 264.

1007 *Friederich*, in: Strachwitz/Mercker, Stiftungen in Theorie, Recht und Praxis, S. 814, 823; *Meyn*, in: Meyn/Richter/Koss, Die Stiftung, Rn. 651; für das Deliktsrecht *Wanka*, Juristische Personen und ihre Organe als Vorstand der Stiftung, S. 264.

1008 *Jakob*, Schutz der Stiftung, S. 236.

1009 Siehe dazu bereits unter Teil 2 B.II.2.c.aa.

1010 *Jakob*, Schutz der Stiftung, S. 236 f.; *Fischer/Ihle*, DStR 2008, 1692, 1696.

herangezogen werden. Bei einer Aktiengesellschaft haften die Mitglieder des Aufsichtsrats in der Regel nicht für vertragliche Verpflichtungen der Gesellschaft, da allein der Vorstand vertretungsberechtigt ist.[1011] Sie können jedoch aus den Grundsätzen der culpa in contrahendo gemäß § 311, 241 II, 280 I BGB sowie dem Deliktsrecht haften.[1012] Werden die Grundsätze des Aktienrechts auf die Haftung der fakultativen Organe übertragen, besteht grundsätzlich keine vertragliche Haftung der Mitglieder des Kuratorium der Stiftung aus § 280 ff. BGB. Das beratende oder kontrollierende Organ repräsentiert die Stiftung nicht nach außen, nur der Vorstand ist vertretungsberechtigt.[1013] Das Verhalten des Kuratoriums hat jedoch dann Außenwirkung, wenn die Vertretungsmacht des Vorstandes die Zustimmung des Kuratoriums erfordert. In diesem Fall kann mit seiner Zustimmung beeinflusst werden, ob das Geschäft durchgeführt wird. Durch die Verweigerung der Zustimmung und die daraus folgende Unterlassung des Geschäfts können Dritten Schäden entstehen.[1014] Nur sofern ein Kuratoriumsmitglied bei Vertragsverhandlungen auftritt und ein besonderes Vertrauen des Vertragspartners begründet, besteht ein Anspruch gemäß §§ 311, 241 II, 280 I BGB.[1015] In Betracht kommt weiterhin eine deliktische Haftung aufgrund der Verletzung eines Schutzgesetzes nach § 823 II BGB sowie einer vorsätzlichen und sittenwidrigen Schädigung Dritter gemäß § 826 BGB.[1016] Eine Haftung im Außenverhältnis ist jedoch selten, da Vertreter des Kuratoriums in der Regel nicht für die Stiftung im Außenverhältnis handeln.[1017] Im Ergebnis lässt

1011 *Hopt/Roth*, in: Großkommentar AktG, § 116 Rn. 327; *Spindler*, in: Spindler/Stiltz AktG, § 116 Rn. 225.

1012 Zur Haftung des Aufsichtsrats aus culpa in contrahendo siehe *Hopt/Roth*, in: Großkommentar AktG, § 116 Rn. 327; *Spindler*, in: Spindler/Stiltz AktG, § 116 Rn. 225. Zur deliktische Haftung des Aufsichtsrats vgl. *Habersack*, in: MüKo AktG, § 116 Rn. 84; *Hopt/Roth*, in: Großkommentar AktG, § 116 Rn. 328; *Spindler*, in: Spindler/Stiltz AktG, § 116 Rn. 228 ff.

1013 *Fischer*, in: Werner/Saenger/Fischer, Die Stiftung, § 20 Rn. 26 f.

1014 *Kilian*, Die Stellung des Beirats in der Stiftung, S. 111.

1015 Zum Aktienrecht siehe vertiefend *Hopt/Roth*, in: Großkommentar AktG, § 116 Rn. 327; *Spindler*, in: Spindler/Stiltz AktG, § 116 Rn. 225.

1016 *Kilian*, Die Stellung des Beirats in der Stiftung, S. 111; zur vergleichbaren Situation im Aktienrecht *Habersack*, in: MüKo AktG, § 116 Rn. 84; *Hopt/Roth*, in: Großkommentar AktG, § 116 Rn. 328; *Spindler*, in: Spindler/Stiltz AktG, § 116 Rn. 228 ff.

1017 *Kilian*, Die Stellung des Beirats in der Stiftung, S. 111; zur vergleichbaren Situation im Aktienrecht *Habersack*, in: MüKo AktG, § 116 Rn. 84; *Hopt/Roth*, in: Großkommentar AktG, § 116 Rn. 328; *Spindler*, in: Spindler/Stiltz AktG, § 116 Rn. 228.

sich feststellen, dass die Mitglieder eines beratenden oder kontrollierenden Stiftungsorgans im Außenverhältnis nur ausnahmsweise haften.

b. Ansprüche auf Freistellung von Schadenersatzansprüchen Dritter

Die Außenhaftung der Stiftung wird durch gesetzliche Haftungsprivilegierungen sowie sonstige Haftungsbeschränkungen nicht berührt.[1018] Eine Beschränkung der Haftung der Organmitglieder der Sparkassen-Stiftungen aufgrund der ehrenamtlichen Tätigkeit sowie aufgrund der Ausübung eines bestimmten Amtes erfolgt somit nicht. Für eine solche Haftungsbeschränkung besteht auch keine Rechtfertigung, da die Dritten nicht von der ehrenamtlichen Tätigkeit profitieren.[1019] Die Organmitglieder könnten jedoch gegenüber der Stiftung Ansprüche auf Freistellung von den gegenüber ihnen geltend gemachten Schadenersatzansprüchen besitzen.

aa. Freistellungsanspruch gegenüber der Stiftung nach §§ 86, 31 a II BGB

Als eine Möglichkeit kommt aufgrund der ehrenamtlichen Tätigkeit der Organmitglieder ein Freistellunganspruch gemäß §§ 86, 31 a II BGB in Betracht.

(1) Gesetzlicher Freistellungsanspruch nach §§ 86, 31 a II BGB

Der Freistellungsanspruch gemäß §§ 86, 31 a II BGB setzt voraus, dass Organmitglieder zum Ersatz eines Schadens verantwortlich sind, den sie bei Wahrnehmung ihrer Pflichten verursacht haben. Dabei kommt ihnen die gesetzliche Haftungsprivilegierung aus §§ 86, 31 a I BGB zu.[1020] Die Haftungsprivilegierung knüpft an die ehrenamtliche Tätigkeit an. Ehrenamtliche Tätigkeit bezeichnet dabei jede Tätigkeit, bei der das Organmitglied unentgeltlich tätig ist oder dafür eine Vergütung erhält, die 720 Euro nicht übersteigt.[1021] § 31 a I BGB bezieht den

---

1018 *Hüttemann/Rawert,* in: Staudinger, BGB, § 86 Rn. 79; *Arnold,* in: Hüttemann/Rawert/Schmidt/Weitemeyer, Non Profit Law Yearbook 2009, S. 89, 109.

1019 *Arnold,* in: Hüttemann/Rawert/Schmidt/Weitemeyer, Non Profit Law Yearbook 2009, S. 89, 109.

1020 Siehe dazu vertiefend *Ellenberger,* in: Palandt, BGB, § 31 a Rn. 5; *Leuschner,* in: MüKo BGB, § 31 a Rn. 3 ff.; *Mansel,* in: Jauernig BGB, § 31 a Rn. 3; *Offenloch,* in: BeckOGK BGB, § 31 a Rn. 8 ff., 35 f.; *Roth,* in: Hüttemann/Richter/Weitemeyer, Landesstiftungsrecht, Rn. 17.38.

1021 *Ellenberger,* in: Palandt, BGB, § 31 a Rn. 2; *Leuschner,* in: MüKo BGB, § 31 a Rn. 7; *Mansel,* in: Jauernig BGB, § 31 a Rn. 1; *Offenloch,* in: BeckOGK BGB, § 31 a Rn. 27 ff.; *Hüttemann,* DB 2013, 774, 777.

Freistellungsanspruch nach dem Wortlaut auf Organmitglieder. Der Vorstand ist Organ der Stiftung i. S. d. § 31 a I BGB. Fraglich ist, ob Mitglieder von bloßen Aufsichts- und Beratungsgremien ebenfalls erfasst sind. Die herrschende Meinung bejaht das für den Fall, dass das Organ in der Satzung vorgesehen ist und dessen Mitglieder bei der Leitung der Stiftung mitwirken.[1022] Dieses Erfordernis ist erfüllt, sofern das Organ mittelbar zur Willensbildung beiträgt.[1023] Sofern die Voraussetzungen für den Anspruch nach §§ 86, 31 a II BGB erfüllt sind, besteht ein Anspruch auf Freistellung nach § 86, 31 a II 2 BGB nur dann nicht, wenn grob fahrlässig oder vorsätzlich gehandelt wurde.[1024] Der Freistellungsanspruch wandelt sich in einen Zahlungsanspruch um, wenn das Organmitglied bereits an den Dritten Schadenersatz geleistet hat.[1025]

(2) Haftungsprivilegierung bei Sparkassen-Stiftungen

Vorstandsmitglieder und Mitarbeiter der Sparkassen sind sowohl im Vorstand als auch im Kuratorium von Sparkassen-Stiftungen tätig.[1026] Diese Organtätigkeiten üben sie stets ehrenamtlich aus.[1027] Insofern sind die Voraussetzungen der Haftungserleichterung aus §§ 86, 31 a I BGB erfüllt. Ein Freistellunganspruch dieser Personen gemäß § 86, 31 a II BGB besteht, sofern in Wahrnehmung einer Organpflicht gehandelt wurde und keine grobe Fahrlässigkeit oder Vorsatz bestand. Damit kommen für Mitglieder des Vorstandes und des Kuratoriums von Sparkassen-Stiftungen grundsätzlich Ansprüche auf Freistellung von der Schadenersatzpflicht gegenüber der Stiftung in Betracht.

1022 *Ellenberger*, in: Palandt, BGB, § 31 a Rn. 1; *Leuschner*, in: MüKo BGB, § 31 a Rn. 4; *Mansel*, in: Jauernig, BGB, § 31 a Rn. 2; *Hüttemann*, DB 2013, 774, 777; *Leuschner*, NZG 2014, 281, 285.

1023 *Leuschner*, NZG 2014, 281, 285.

1024 *Arnold*, in: Hüttemann/Rawert/Schmidt/Weitemeyer, Non Profit Law Yearbook 2009, S. 89, 109.

1025 *Ellenberger*, in: Palandt, BGB, § 31 a Rn. 5; *Mansel*, in: Jauernig, BGB, § 31 a Rn. 3; *Arnold*, in: Hüttemann/Rawert/Schmidt/Weitemeyer, Non Profit Law Yearbook 2009, S. 89, 109.

1026 Siehe dazu unter Teil 2 B.II.2.b sowie Teil 2 B.II.2.c.

1027 Zur ehrenamtlichen Tätigkeit des Vorstandes siehe Teil 2 B.II.2.b.bb.(2) und zur ehrenamtlichen Tätigkeit des Kuratoriums siehe Teil 2 B.II.2.c.cc.(2).

bb. Freistellungsanspruch gegenüber einem Versicherungsunternehmen aufgrund einer D&O-Versicherung der Stiftung

Eine Stiftung kann Organmitglieder zur Absicherung der Haftungsrisiken bei ihrer Tätigkeit versichern. Aufgrund des Abschlusses einer solchen Directors-and-Officers-Liablity-Versicherung (D&O-Versicherung) könnten die Organmitglieder als zweite Möglichkeit einen Freistellungsanspruch gegenüber einem Versicherungsunternehmen besitzen.

(1) Inhalt einer D&O-Versicherung

Für die Mitglieder des Vorstandes und des Kuratoriums einer Stiftung kann eine D&O-Versicherung abgeschlossen werden. Diese Versicherung dient dazu, Haftungsansprüche gegenüber Organmitgliedern wegen unternehmerischer Fehlentscheidungen zu übernehmen.[1028]

Für die D&O-Versicherung gelten die allgemeinen Bestimmungen des BGB, des VVG sowie die Vorschriften über die Vermögensschaden-Haftpflichtversicherung gemäß §§ 100 ff. VVG.[1029] Die Versicherung umfasst Vermögensschäden aufgrund beruflicher Tätigkeit sowohl von außenstehenden Dritten als auch zwischen Organmitglied und Gesellschaft.[1030] Unter beruflicher Tätigkeit ist grundsätzlich die Erfüllung der einem Organmitglied nach Gesetz, Satzung, Anstellungsvertrag sowie unternehmensinternen Regelungen obliegenden Aufgaben zu verstehen.[1031] Die Versicherung kommt bei fahrlässigem Verhalten für Schäden auf, eine Haftung für Vorsatz erfolgt in der Regel nicht.[1032] Dabei ist der Umfang der Haftung der Versicherung abhängig von der

---

1028 *Sieg*, in: MAH VersR, § 17 Rn. 38; *Hof*, in: v. Campenhausen/Richter, Handbuch des Stiftungsrechts, 2014, § 8 Rn. 304; *Fischer*, in: Werner/Saenger/Fischer, Die Stiftung, § 20 Rn. 90; *Otto*, in: Otto, Handbuch der Stiftungspraxis, Rn. 352; *Schlüter/Stolte*, Stiftungsrecht, 2. Kap. Rn. 85; *Kilian*, Die Stellung des Beirats in der Stiftung, S. 144 f.

1029 *Ihlas*, D&O, S. 53; *Lange*, in: Veith/Gräfe/Gebert, Der Versicherungsprozess, § 21 Rn. 2; *Lenz*, in: Handbuch Versicherungsrecht, § 25 Rn. 40; *Scholl*, Vorstandshaftung und Vorstandsermessen, S. 504.

1030 *Ihlas*, D&O, S. 53 f., zur Innenhaftung S. 190 ff., zur Außenhaftung S. 250 ff.; *Lange*, in: Veith/Gräfe/Gebert, Der Versicherungsprozess, § 21 Rn. 4 ff.; *Sieg*, in: MAH VersR, § 17 Rn. 58 f.; *Otto*, in: Otto, Handbuch der Stiftungspraxis, Rn. 351.

1031 *Lange*, in: Veith/Gräfe/Gebert, Der Versicherungsprozess, § 21 Rn. 26; *Lenz*, in: Handbuch Versicherungsrecht, § 25 Rn. 82 ff.

1032 *Ihlas*, D&O, S. 55; *Sieg*, in: MAH VersR, § 17 Rn. 153 ff.; *Hof*, in: v. Campenhausen/Richter, Handbuch des Stiftungsrechts, 2014, § 8 Rn. 304; *Otto*, in: Otto, Handbuch der Stiftungspraxis, Rn. 352; *Schlüter/Stolte*, Stiftungsrecht, 2. Kap. Rn. 85.

jeweiligen Police, da diese trotz der Musterbedingungen des Gesamtverbands der deutschen Versicherungswirtschaft (GDV) für D&O-Versicherungen unterschiedlich ausgestaltet sind.[1033] Bei ehrenamtlichen Organmitgliedern in einer Stiftung ist streitig, ob die Stiftung die Kosten der D&O-Versicherung übernehmen kann oder ob dies eine unzulässige Vergütung des Ehrenamts darstellt. Für die Einordnung der D&O-Versicherung als Vergütung spricht, dass die Stiftung die Kosten für ihre Vorstandsmitglieder übernimmt.[1034] Auch Sachleistungen sind Vergütungen i. S. d. § 31 a BGB.[1035] Sofern der Abschluss der D&O-Versicherung eine unzulässige Vergütung darstellt, könnte sich das Erfordernis eines Selbstbehalts des Organmitglieds an der Versicherungsprämie für die D&O-Versicherung ergeben. Gegen die Einordnung der D&O-Versicherung als Vergütung spricht jedoch das Ziel des § 31 a BGB, das Haftungsrisiko für ehrenamtliche Vorstände zu verringern.[1036] Dies wird durch die Genese des § 31 a BGB unterstrichen: die Bundesregierung hat in ihrer Stellungnahme zum Entwurf von § 31 a BGB vorgeschlagen, dass die Vereine bzw. Stiftungen die Kosten für die Pflichtversicherung für Vorstände tragen sollen.[1037] Gegen die Einordnung als Vergütung spricht zudem, dass ansonsten der ‚Wert' der D&O-Versicherung zu bestimmen wäre, um die gesetzlich zulässige Vergütung bis zu 720 Euro pro Jahr zu überprüfen.[1038] Dies wäre aufwendig und müsste nach einem einheitlichen Verfahren erfolgen. Es ist folglich davon auszugehen, dass der Abschluss einer D&O-Versicherung auch für ehrenamtliche Mitglieder möglich ist. Der Abschluss einer D&O-Versicherung steht im Ermessen der Stiftung.[1039]

(2) D&O-Versicherungen bei Sparkassen-Stiftungen

Die Organmitglieder der Sparkassen-Stiftungen könnten aufgrund einer D&O-Versicherung Freistellungsansprüche gegen die Versicherung besitzen. Dazu

---

1033 *Scholl*, Vorstandshaftung und Vorstandsermessen, S. 512; siehe dazu auch *Ihlas*, D&O, S. 321 ff, 656 ff.

1034 *Wanka*, Juristische Personen und ihre Organe als Vorstand der Stiftung, S. 309.

1035 *Leuschner*, in: MüKo BGB, § 31 a Rn. 7; *Offenloch*, in: BeckOGK BGB, § 31 a Rn. 28.

1036 BT-Drucks.16/10120, S. 7; *Wanka*, Juristische Personen und ihre Organe als Vorstand der Stiftung, S. 309.

1037 BT-Drucks.16/10120, S. 10; *Wanka*, Juristische Personen und ihre Organe als Vorstand der Stiftung, S. 309.

1038 *Wanka*, Juristische Personen und ihre Organe als Vorstand der Stiftung, S. 310.

1039 *Fischer*, in: Werner/Saenger/Fischer, Die Stiftung, § 20 Rn. 90, befürwortet dabei den Abschluss einer Versicherung zum Schutz des Vermögens der Stiftung; ebenso *Kilian*, Die Stellung des Beirats in der Stiftung, S. 145 f.

müssten die Sparkassen-Stiftungen D&O-Versicherungen für ihre Organmitglieder abschließen. Ob ein solcher Abschluss geboten ist, ergibt sich aus einer Abwägung der Haftungsrisiken der Organmitglieder mit den Kosten der Versicherung. Die Entscheidung über den Abschluss einer D&O-Versicherung hat im Einzelfall zu erfolgen. Die Haftungsrisiken der Organmitglieder in Sparkassen-Stiftungen sind in der Regel aufgrund der begrenzten Höhe des verwalteten Barvermögens überschaubar. Weiterhin ist der Förderprozess bei Kapitalstiftungen gut zu überschauen und erfordert bei regional tätigen Stiftungen mit breit angelegten Stiftungszwecken vielfach keine umfassenden speziellen fachlichen Kenntnisse. Die jährliche Versicherungsprämie der Versicherung auf der anderen Seite führt zu nicht unerheblichen Kosten. Daher ist der Abschluss einer D&O-Versicherung für die Organmitglieder bei den Sparkassen-Stiftungen im Hinblick auf eine möglichst effektive Verwirklichung der Stiftungszwecke der Stiftung in der Regel nicht geboten. Sofern eine Versicherung jedoch für ein Organmitglied ausnahmsweise abgeschlossen wird, besitzt dieses gegen das Versicherungsunternehmen einen Freistellungsanspruch bei einer Haftung gegenüber Dritten.

cc. Freistellungsansprüche gegenüber den Sparkassen und den Gemeinden

Als dritte Möglichkeit könnten die Organmitglieder Freistellungsansprüche gegen die Sparkassen oder die Gemeinden besitzen. In den Sparkassen-Stiftungen werden die Organe der Stiftung zum Teil durch Personen besetzt, die bestimmte Tätigkeiten in den Sparkassen ausüben. Es könnte sich aufgrund der Verknüpfung der Tätigkeit in den Sparkassen mit der in den Stiftungen ein Freistellungsanspruch aus dem Arbeitsvertrag bzw. Anstellungsvertrag gegenüber den Sparkassen ergeben. Weiterhin finden sich in den Sparkassen-Stiftungen als Organmitglieder die Bürgermeister der Gemeinden. Aufgrund der Wahrnehmung der Aufgabe in der Stiftung im Interesse der Gemeinden könnten gegen diese ebenfalls Freistellungsansprüche bestehen.

(1) Freistellungsansprüche der Vertreter der Sparkassen gegenüber den Sparkassen

Als Vertreter der Sparkassen finden sich in den Organen der Stiftung Mitglieder des Vorstandes sowie Mitarbeiter der Sparkassen.[1040] Aufgrund der unter-

1040 Siehe zur Besetzung des Vorstandes der Stiftung Teil 2 B.II.2.b.bb.(2).

schiedlichen Rechtsbeziehung dieser zu den Sparkassen ist bei den Freistellungsansprüchen zu differenzieren.

(a) *Freistellungsansprüche der Vorstandsmitglieder gegenüber den Sparkassen*

Dem Rechtsverhältnis zwischen den Sparkassen und ihren Vorstandsmitgliedern liegt ein Dienstvertrag zugrunde, der Geschäftsbesorgungen nach §§ 675, 611 ff. BGB zum Gegenstand hat.[1041] Die Vorstandsmitglieder sind in ihrer Rechtsstellung mit denen des Vorstandes einer Aktiengesellschaft vergleichbar.[1042] Die Sparkassen können zur Abdeckung der Haftungsrisiken des Vorstandes bei unternehmerischen Entscheidungen für diese eine D&O-Versicherung abschließen.[1043] Eine Pflicht zum Abschluss einer solchen besteht weder aus dem Dienstvertrag noch aus der Fürsorgepflicht für das Organmitglied.[1044]

Es stellt sich die Frage, ob die D&O-Versicherung der Sparkassenvorstände auch Haftungsrisiken aus einer Tätigkeit in den Sparkassen-Stiftungen umfasst. Die Vorstandsmitglieder sind in den Stiftungen sowohl in den Vorständen[1045] als auch in den Kuratorien[1046] tätig. Die D&O-Versicherung zielt auf die berufliche Tätigkeit der Vorstandsmitglieder ab. Ohne einschränkende oder erweiternde Vereinbarungen im Versicherungsvertrag erfasst die berufliche Tätigkeit die Erfüllung der nach Gesetz, Anstellungsvertrag und unternehmensinternen Vorgaben übertragenen Aufgaben.[1047] Eine berufliche Tätigkeit erfasst insofern

---

1041 *Hauschka*, Die Dienstrechtsstellung der Vorstandsmitglieder der öffentlich-rechtlichen Sparkassen, S. 53; *Lutter*, Pflichten und Haftung von Sparkassenorganen, S. 61.

1042 BGH, Hinweis v. 15.09.2014 – II ZR 112/13, NZG 2015, 310; *Scholl*, Vorstandshaftung und Vorstandsermessen, S. 399 f.

1043 *Lutter*, Pflichten und Haftung von Sparkassenorganen, S. 63. Zum Abschluss einer D&O-Versicherung bei einer Aktiengesellschaft *Fleischer*, in: Spindler/Stiltz, AktG, § 93 Rn. 225; *Hopt/Roth*, Großkommentar AktG, § 93 Rn. 450; *Spindler*, in: MüKo AktG, § 93 Rn. 223 ff.; *Scholl*, Vorstandshaftung und Vorstandsermessen, S. 492 f.

1044 *Fleischer*, in: Spindler/Stiltz, AktG, § 93 Rn. 238; *Hopt/Roth*, Großkommentar AktG, § 93 Rn. 455; *Spindler*, in: MüKo AktG, § 93 Rn. 225; *Scholl*, Vorstandshaftung und Vorstandsermessen, S. 495.

1045 Beispielhaft *Sparkassenstiftung Zukunft Elbe-Elster-Land*, Satzung in der Fassung vom 15. Dezember 2015, § 9 I 3, https://www.spk-elbe-elster.de/de/home/ihre-sparkasse/Sparkassenstiftung/stiftung.html?n=true (06.02.2021); *Stiftung der Sparkasse Herford*, Satzung in der Fassung vom 01. Januar 2005, § 7 I, https://www.sparkassen-stiftungen.de/index.php?id=11905 (06.02.2021); dazu bereits unter Teil 2 B.II.2.b.bb.(2).

1046 Siehe dazu Teil 2 B.II.2.c.cc.(2).

1047 Ausführlich Teil 3 C.II.1.b.bb.(1).

auch die Übernahme von Aufsichtsrats- oder sonstigen Mandaten in Non-Profit-Organisationen, sofern sie im Interesse des Unternehmens wahrgenommen werden.[1048] Sparkassen-Stiftungen zählen als gemeinnützige Stiftungen zu den Non-Profit-Organisationen.[1049] Die Formulierung der D&O-Versicherungen bezüglich der Gremientätigkeit ist in der Regel weit gefasst und erfasst den Aufsichtsrat sowie sonstige Organe. Insofern ist die Tätigkeit sowohl im Vorstand als auch im Kuratorium einer Stiftung als berufliche Tätigkeit von der D&O-Versicherung umfasst. Die Vorstände der Sparkassen haben somit einen Freistellungsanspruch gegenüber der D&O-Versicherung für Schadensansprüche außenstehender Dritter aufgrund ihrer Tätigkeit in den Sparkassen-Stiftungen, sofern den Vorständen bei ihrem Handeln kein vorsätzliches Handeln zur Last gelegt werden kann.

(b) Freistellungsansprüche der Sparkassenmitarbeiter gegenüber den Sparkassen

Zwischen den Sparkassenmitarbeitern und den Sparkassen besteht ein Arbeitsvertrag.[1050] Aus diesem könnte sich die Pflicht der Sparkassen ergeben, die Sparkassenmitarbeiter von einer Haftung für das Handeln als Organmitglied der Sparkassen-Stiftungen freizustellen. Der Freistellungsanspruch findet seine Grundlage in § 670 BGB bzw. in der Fürsorgepflicht des Arbeitsgebers.[1051] Voraussetzung ist, dass der Arbeitnehmer im Falle einer Schädigung des Arbeitgebers in den Genuss des Haftungsprivilegs gekommen wäre.[1052] Ein Freistellungsanspruch besteht somit, sobald und soweit die Voraussetzungen des innerbetrieblichen Schadensausgleichs erfüllt sind. Es muss eine betrieblich veranlasste Tätigkeit vorliegen, d. h. die Tätigkeit muss arbeitsvertraglich geschuldet

1048 *Lange*, in: Veith/Gräfe/Gebert, Der Versicherungsprozess, § 21 Rn. 26.

1049 Zur Gemeinnützigkeit der Sparkassen-Stiftungen ausführlich Teil 2 B.II.1.a.bb.

1050 Zum Arbeitsvertrag zwischen Sparkassen und Mitarbeiters im Überblick *Rischar*, Arbeitsrecht in Banken und Sparkassen, S. 1, vertiefend S. 18 ff.

1051 Die Rechtsprechung stellt auf die Fürsorgepflicht ab, z. B. BAG, Urt. v. 23.06.1988 – 8 AZR 300/85, NJW 1989, 854. Die Literatur hingegen nimmt mehrheitlich einen Anspruch aus § 670 BGB an, z. B. *Preis*, in: Erfurter Kommentar ArbR, § 619a BGB Rn. 26. Die dogmatische Begründung des Freistellungsanspruchs ist dabei ohne praktische Relevanz, ebenso *Henssler*, in: MüKo BGB, § 619a Rn. 25; *Linck*, in: Schaub, Arbeitsrechts-Handbuch, § 59 Rn. 49.

1052 *Henssler*, in: MüKo BGB, § 619a Rn. 25; *Reichold*, in: MünchHdbArbR, Band I, § 58 Rn. 14.

sein oder im Interesse des Arbeitsgebers für den Betrieb ausgeführt werden.[1053] Die Ausfüllung der arbeitsvertraglich geschuldeten Tätigkeit erfolgt vor allem durch Weisungen des Arbeitgebers bzw. den von ihr ermächtigten Personen in Bezug auf Art, Qualität, Ort und Zeit der Arbeitsleistung.[1054] Der Umfang des Ersatzanspruchs bemisst sich an der Höhe, nach der bei unmittelbarer Schädigung des Arbeitgebers der Schadenersatzanspruch herabgesetzt wäre.[1055] Zur Ermittlung des Umfangs des Freistellungsanspruchs muss eine Gesamtschau der Risikofaktoren, Zurechnungskriterien und Abfederungsmöglichkeiten zwischen Arbeitgeber und Arbeitnehmer erfolgen, wobei dem Verschulden die größte Bedeutung zukommt.[1056] Nach den Grundsätzen des innerbetrieblichen Schadensausgleichs haftet der Arbeitnehmer in vollem Umfang bei Vorsatz und grober Fahrlässigkeit.[1057] Daneben kommt es zu einer quotenmäßigen Haftung im Falle der Fahrlässigkeit des Arbeitnehmers.[1058] Eine umfassende Freistellung von den Schäden erfolgt nur bei leichter Fahrlässigkeit.[1059]

Ein Freistellungsanspruch der Sparkassenmitarbeiter gegenüber den Sparkassen besteht folglich, sobald und soweit die Voraussetzungen des innerbetrieblichen Schadensausgleichs erfüllt sind. Dazu muss die Organtätigkeit betrieblich veranlasst sein. Die Satzungen der Sparkassen-Stiftungen sehen oftmals Mitarbeiter der Sparkassen als Teil des Vorstandes vor. Dabei überlassen die Satzungen es in der Regel den Sparkassen, bestimmte Mitarbeiter auszuwählen. Diese Mitarbeiter werden durch den Vorstand der Sparkassen in das Organ der Stiftung

---

1053 *Linck,* in: Schaub, Arbeitsrechts-Handbuch, § 59 Rn. 27 f.; *Preis,* in: Erfurter Kommentar ArbR, § 619a BGB Rn. 12; *Reichold,* in: MünchHdbArbR, Band I, § 57 Rn. 32.

1054 *Reichold,* in: MünchHdbArbR, Band I, § 40 Rn. 5.

1055 *Fuhlrott,* in: Tschöpe, Arbeitsrecht Handbuch, 2. Teil I Rn. 68; *Linck,* in: Schaub, Arbeitsrechts-Handbuch, § 59 Rn. 49; *Preis,* in: Erfurter Kommentar ArbR, § 619a BGB Rn. 26.

1056 *Maties,* in: BeckOGK BGB, § 611 a Rn. 1710 ff.

1057 *Fuhlrott,* in: Tschöpe, Arbeitsrecht Handbuch, 2. Teil I Rn. 22, 68; *Maties,* in: BeckOGK BGB, § 611 a Rn. 1715 ff.; *Preis,* in: Erfurter Kommentar ArbR, § 619a BGB Rn. 14 f.

1058 *Fuhlrott,* in: Tschöpe, Arbeitsrecht Handbuch, 2. Teil I Rn. 22, 68; *Maties,* in: BeckOGK BGB, § 611 a Rn. 1722 f.; *Preis,* in: Erfurter Kommentar ArbR, § 619a BGB Rn. 16.

1059 *Fuhlrott,* in: Tschöpe, Arbeitsrecht Handbuch, 2. Teil I Rn. 22, 68; *Maties,* in: BeckOGK BGB, § 611 a Rn. 1724 ff.; *Preis,* in: Erfurter Kommentar ArbR, § 619a BGB Rn. 17.

berufen.[1060] Der Vorstand weist einen Mitarbeiter insofern an, die Organtätigkeit in den Sparkassen-Stiftungen wahrzunehmen. Folglich handelt es sich um eine arbeitsvertraglich geschuldete Tätigkeit. Beim Umfang des Ersatzanspruches besteht bei Sparkassenmitarbeitern jedoch eine Besonderheit. Bei Mitarbeitern im öffentlichen Dienst, die dem Tarifvertrag für den Öffentlichen Dienst (TVöD) unterliegen, ist die Haftung nach § 3 VI und VII TVöD auf Vorsatz und grobe Fahrlässigkeit begrenzt. Gemäß § 1 TVöD Besonderer Teil Sparkassen (TVöD-S) sind vom Tarifvertrag alle Beschäftigten der Sparkassen erfasst, die der Vereinigung der kommunalen Arbeitgeberverbände (VKA) angehören. Dies trifft auf nahezu alle Sparkassen in Deutschland zu.[1061] Aufgrund des Arbeitsverhältnisses bestehen Freistellungsansprüche der Sparkassenmitarbeiter gegenüber den Sparkassen bei der Wahrnehmung von Organtätigkeiten in Sparkassen-Stiftungen, sofern nicht Vorsatz und grober Fahrlässigkeit vorliegen.

(2) Freistellungsansprüche der Bürgermeister gegenüber den Gemeinden

Schließlich werden neben den Sparkassenvertretern die Bürgermeister als Organmitglieder in die Sparkassen-Stiftungen berufen. Die Bürgermeister sind kommunale Wahlbeamte auf Zeit.[1062] Es kommt eine Wahrnehmung der Aufgaben in den Organen der Sparkassen-Stiftungen durch die Bürgermeister als Teil ihres Hauptamtes in Betracht. Aufgrund der Wahrnehmung der Aufgaben in der Stiftung im Interesse der Gemeinden könnten die Bürgermeister gegen die Gemeinden ebenfalls Freistellungsansprüche besitzen.

Für die Bürgermeister bestehen besondere Regelungen in Bezug auf ihre Haftung. Bei der Wahrnehmung von Aufgaben im Rahmen ihres Amtes sind diese bei der Haftung privilegiert. Sofern eine Wahrnehmung hoheitlicher Aufgaben als Teil des Amtes durch die Bürgermeister erfolgt, sind sie von einer persönlichen Haftung befreit, die Gemeinden haften direkt gegenüber der Stiftung nach § 839 I BGB i. V. m. Art. 34 I GG.[1063] Bei einer Wahrnehmung

---

1060 Beispielhaft siehe *Sportstiftung der Kreissparkasse Steinfurt*, Satzung in der Fassung vom 21. Januar 2016, § 7 I, https://www.sparkassenstiftungen.de/index.php?id=4434 (06.02.2021). Siehe dazu ebenfalls Teil 2 B.II.2.b.bb.(2).

1061 Übersicht der Mitglieder der Vereinigung der kommunalen Arbeitgeberverbände (VKA), https://www.vka.de/schwerpunkte/sparten/sparkassen (03.03.2019).

1062 *Burgi*, Kommunalrecht, § 13 Rn. 4; *Röhl*, in: Schoch, Besonderes Verwaltungsrecht, 2. Kap. Rn. 112.

1063 Die Gemeinden sind Dienstherren der Bürgermeister. Die Bürgermeister sind Beamte im staatsrechtlichen Sinne. Zu den Grundsätzen der Haftung bei der Wahrnehmung hoheitlicher Aufgaben durch Beamte *Sprau*, in: Palandt, BGB, § 839 Rn. 12,

von privatrechtlichen Aufgaben als Teil ihres Amtes haften die Gemeinden als Dienstherren und die Bürgermeister nebeneinander.[1064] Sofern die Bürgermeister bei privatrechtlichen Aufgaben jedoch nur fahrlässig handeln, erfolgt eine alleinige Haftung der Gemeinden.[1065]

(a) Zuordnung der Tätigkeiten in den Organen der Sparkassen-Stiftungen zum Hauptamt der Bürgermeister

Zur Beantwortung der Frage, ob die Gemeinden für die Handlungen der Bürgermeister in den Sparkassen-Stiftungen haften, kommt es somit darauf an, ob die in den Stiftungen übernommenen Aufgaben zum Hauptamt der Bürgermeister gehören. Die Bürgermeister können in den Vorstand einer Stiftung berufen werden.[1066] In der Regel gehören sie jedoch dem Kuratorium an.[1067] Für die Zuordnung der Tätigkeit als Organmitglied der Sparkassen-Stiftungen zum Hauptamt gelten verschiedene Kriterien. Mit dem Begriff Hauptamt wird an das konkret-funktionelle Amt, also den Dienstposten des Beamten, angeknüpft.[1068] Die Aufgaben, die zum Hauptamt zählen, werden durch Gesetz, Verordnung oder Satzung sowie durch die Organisationsgewalt des Dienstherren durch Verwaltungsvorschrift, Geschäftsplan oder Einzelanweisung festgelegt.[1069]

16; *Lange,* Kommunalrecht, Kap. 8 Rn. 234; *Rotermund,* Haftungsrecht in der kommunalen Praxis, S. 104.

1064 Die Dienstherren haften für die unerlaubten Handlungen der Beamten nach § 823 I BGB. Dabei wird ihnen das Handeln der Beamten zugerechnet nach § 31, 89 BGB. Die Beamten im statusrechtlichen Sinne haften daneben grundsätzlich persönlich nach § 839 I BGB. Diese Haftung der Beamten besteht neben der Haftung der Dienstherren, vgl. dazu *Sprau,* in: Palandt, BGB, § 839 Rn. 16; *Lange,* Kommunalrecht, Kap. 8 Rn. 229 ff.; *Rotermund,* Haftungsrecht in der kommunalen Praxis, S. 104.

1065 Die persönliche Haftung des Beamten nach § 839 I BGB ist bei Fahrlässigkeit des Bürgermeisters nach § 839 I 2 BGB ausgeschlossen, vgl. BGH, Urt. v. 17.02.2004 – VI ZR 39/03, NVwZ 2004, 1526, 1527; BGH, Urt. v. 30.11.1982 – VI ZR 77/81, NJW 1983, 1374, 1377; *Dörr,* in: BeckOGK BGB, § 839 Rn. 606, 615; *Sprau,* in: Palandt, BGB, § 839 Rn. 16; *Geis,* Kommunalrecht, § 13 Rn. 7.

1066 Vgl. dazu Teil 2 B.II.2.b.bb.(2). Dies ist bei einer Stiftung mit einem Organ in der Regel der Fall sowie gelegentlich auch bei Stiftungen mit mehreren Organen.

1067 Dazu bereits Teil 2 B.II.2.c.cc.(2).

1068 *Wichmann,* in: Schneider, Handbuch Kommunalpolitik NRW, S. 69 f.; *Wichmann/Langer,* Öffentliches Dienstrecht, Rn. 218.

1069 BVerwG, Urt. v. 23.09.1975 – I C 19/71, BVerwGE 49, 184, 187; *Wichmann,* in: Schneider, Handbuch Kommunalpolitik NRW, S. 69; *Thiedemann,* in: Birk/Kunig/Sailer, Zwischen Abgabenrecht und Verfassungsrecht, S. 409, 414; *Schnelle/Hopkins,* NVwZ 2010, 1333, 1337.

Dienstherren der kommunalen Wahlbeamten sind dabei die Gemeinden.[1070] Werden Bürgermeister von Dritten gebeten, bei ihnen eine Funktion zu übernehmen, steht es ausschließlich dem Dienstherren zu, zu prüfen, ob er diese Tätigkeit zum Amt zählen möchte.[1071] Sofern die Dienstherren keine ausdrückliche Bestimmung treffen, ist von der Vermutung auszugehen, dass Dritte die Tätigkeit regelmäßig im Hinblick auf die dienstliche Stellung der Beamten, also in Bezug auf das Hauptamt, anbieten.[1072]

Eine ausdrückliche Regelung der Aufgaben in den Sparkassen-Stiftungen als Teil des Hauptamtes der Bürgermeister wird nicht durch Gesetz, Verordnung oder Satzung getroffen. Es könnte jedoch aufgrund der Ausübung der Organisationsgewalt der Dienstherren von einer Zugehörigkeit zum Hauptamt der Bürgermeister auszugehen sein. Die Sparkassen-Stiftungen berufen die Bürgermeister in ihre Organe auf der Grundlage ihrer Satzungsregelungen. Dabei werden ‚Bürgermeister' teilweise ausdrücklich als Bestandteil des Organs in den Satzungen der Sparkassen-Stiftungen benannt.[1073] Teilweise werden die Bürgermeister durch die Satzungen in ihrer Funktion als ‚Vorsitzende des Verwaltungsrats der Sparkassen' in das Organ bestellt.[1074] Für die Zuordnung der Organtätigkeit in den Sparkassen-Stiftungen zum Hauptamt der Bürgermeister durch die Dienstherren spricht, dass ohne

---

1070 Siehe z. B. § 159 I SächsBG sowie *Schnelle/Hopkins*, NVwZ 2010, 1333, 1337.

1071 *Wichmann*, in: Schneider, Handbuch Kommunalpolitik NRW, S. 72; *Thiedemann*, in: Birk/Kunig/Sailer, Zwischen Abgabenrecht und Verfassungsrecht, S. 409, 414. Das OVG Nordrhein-Westfalen, Urt. v. 17.12.2008 – 1 A 2938/07, Rn. 29 (zit. nach juris), hält es bei einer Tätigkeit des Bürgersmeisters im RWE-Beirat für wahrscheinlich, dass diese Tätigkeit zum Pflichtenkreis des Hauptamtes zählt.

1072 *Wichmann*, in: Schneider, Handbuch Kommunalpolitik NRW, S. 70, 72; *Wichmann/Langer*, Öffentliches Dienstrecht, Rn. 218.

1073 Vgl. z. B. *Sparkassenstiftung Südliche Weinstraße*, Satzung in der Fassung vom 01. Oktober 2012, § 10 I, https://www.sparkasse-suew.de/content/dam/myif/spk-suedliche-weinstrasse-landau/work/dokumente/ Kommunikation/Satzung_Sparkassenstiftung_2011.pdf (06.02.2021); *Stiftung der Sparkasse Mecklenburg-Nordwest*, Satzung in der Fassung vom 20. November 2009, § 11 I a), b), https://www.sparkassenstiftungen.de/index.php?id=7507 (06.02.2021); *Sparkassenstiftung Allgäu*, Satzung in der Fassung vom 17. Oktober 2006, § 10 I, https://www.sparkasse-allgaeu.de/stiftung (06.02.2021).

1074 Beispielhaft vgl. *Stiftung Zukunft der Sparkasse Koblenz*, Satzung in der Fassung vom 27. November 2000, § 10 I 1, https://www.sparkasse-koblenz.de/de/home/ihre-sparkasse/Stiftungen.html?n=true (06.02.2021); *Sparkassenstiftung Zukunft Elbe-Elster-Land*, Satzung in der Fassung vom 15. Dezember 2015, § 6 II 1, https://www.spk-elbe-elster.de/de/home/ihre-sparkasse/Sparkassenstiftung/stiftung.html?n=true (06.02.2021).

ausdrückliche Bestimmungen grundsätzlich davon ausgegangen werden muss, dass die Tätigkeit im Hinblick auf die dienstliche Stellung der Beamten angeboten wird. Weiterhin wird mit der Bezeichnung ‚Bürgermeister' sowie ‚Vorsitzenden des Verwaltungsrats' eine bestimmte Position in der Gemeinde als Voraussetzung für die Berufung bezeichnet. Die Bestellung des ‚Vorsitzenden des Verwaltungsrats' ist in der Regel an das Hauptamt der Bürgermeister geknüpft.[1075] Weiterhin spricht für eine Zuordnung der Tätigkeit der Bürgermeister in den Organen der Sparkassen-Stiftungen zum Hauptamt, dass die Tätigkeit in den Sparkassen-Stiftungen nicht aufgrund der persönlichen Fähigkeiten der Bürgermeister, vielmehr aufgrund ihrer gemeinderechtlichen Stellung, ausgeführt werden. Die Bürgermeister handeln demnach zur Förderung und Wahrung der Interessen der Gemeinden bei ihrer Tätigkeit in den Sparkassen-Stiftungen. Schließlich ist für eine Wahrnehmung der Aufgaben der Bürgermeister aufgrund ihres Hauptamtes anzuführen, dass die Organmitgliedschaft in den Sparkassen-Stiftungen in der Regel mit dem Ende der Amtszeit als Bürgermeister endet. Einige Satzungen der Sparkassen-Stiftungen regeln beispielsweise ausdrücklich, dass die Organmitgliedschaft in der Stiftung mit dem Ende der Mitgliedschaft im Verwaltungsrat endet.[1076] Dies ist abstrakt auch ein Hinweis für die Zuordnung der Aufgabe zum Hauptamt.[1077]

1075 Vorsitzender des Verwaltungsrats ist in den Gemeinden in der Regel der Hauptverwaltungsbeamte des Trägers, vgl. § 14 I 1 SpkG BW, Art. 7 I SpkG Bayern, § 10 I Nr. 1 SpkG Bremen, § 5 d I 1 SpkG Hessen, § 5 I Nr. 1 SpkG Rh-Pf, § 9 I 1 SpkG Saar, § 8 I SpkG Schl-H, § 10 I 1 SpkG Brandenburg, § 10 I 1 SpkG Meck-Vp, § 10 I 1 GörKI Sachsen, § 10 I 2 SpkG Sa-Ah, § 10 I 1 SpkG Thüringen. Dies gilt auch für Zweckverbandssparkassen. Die Bürgermeister und die Landräte sind die gesetzliche Vertreter der Gemeinden und der Kreise in der Zweckverbandsversammlung. Dort wird der Vorsitzende der Zweckverbandsversammlung in der Regel aus dem Kreis der gesetzlichen Vertreter der Gemeinden und der Kreise gewählt, vgl. z. B. § 11 I 2 SpkG NRW, § 10 II 1 SpkG Brandenburg, § 10 II 1 SpkG Sa-Ah. Der Hauptverwaltungsbeamte des Trägers ist nur in Nordrhein-Westfalen und Niedersachsen nicht automatisch der Vorsitzende des Verwaltungsrats. In Nordrhein-Westfalen und Niedersachsen besteht die Besonderheit, dass alle Vertreter des Trägers sowie der Vorsitzende im Verwaltungsrat durch Wahl bestimmt werden, vgl. § 12 I 1 SpkG Niedersachsen sowie § 11 I 1 SpkG NRW. Diese wenigen Ausnahmen ändern jedoch nichts an dem Grundsatz, dass die Grundlage der Berufung in die Stiftung die dienstliche Stellung ist.

1076 Siehe dazu Teil 2 B.II.2.c.cc.(2).

1077 *Wichmann*, in: Schneider, Handbuch Kommunalpolitik NRW, S. 72.

(b) Wahrnehmung privatrechtlicher Aufgaben in den Sparkassen-Stiftungen

Nachdem die Tätigkeiten der Bürgermeister in den Sparkassen-Stiftungen dem Hauptamt der Bürgermeister zuzuordnen sind, stellt sich die Frage der Haftung der Gemeinden für die von den Bürgermeistern wahrgenommenen Aufgaben. Dazu ist zu ermitteln, ob das Handeln der Bürgermeister im Kuratorium der Sparkassen-Stiftungen öffentlich-rechtliches Handeln oder privatrechtliches Handeln darstellt. Die Abgrenzung zwischen der Wahrnehmung hoheitlicher Aufgaben und privatrechtlicher Tätigkeiten erfolgt danach, ob die Zielsetzung einer hoheitlichen Tätigkeit zuzurechnen ist und ob zwischen Zielsetzung und schädigender Handlung ein äußerer und innerer Zusammenhang besteht.[1078] Handeln die Bürgermeister in einer speziellen öffentlichen Rechtsform, ist von einer hoheitlichen Tätigkeit auszugehen.[1079] Nehmen die Bürgermeister typische Aufgaben der Hoheitsverwaltung wahr, sind diese ebenfalls als öffentlich-rechtlich zu qualifizieren.[1080] In den Sparkassen-Stiftungen richten sich die Tätigkeiten der Organe der Stiftungen bürgerlichen Rechts nach den Vorgaben des BGB sowie den Satzungen der Stiftungen. Insofern handeln die Bürgermeister nicht in einer öffentlich-rechtlichen Rechtsform. Weiterhin werden den Sparkassen-Stiftungen keine öffentlich-rechtlichen Tätigkeiten übertragen. Vielmehr richten sich die wahrgenommenen Tätigkeiten im Rahmen der Organmitgliedschaft nach bürgerlichem Recht. Sofern die Bürgermeister Aufgaben der Sparkassen-Stiftungen als deren Organmitglieder wahrnehmen, handeln sie folglich bei der Wahrnehmung ihres Hauptamtes privatrechtlich.

(c) Ergebnis zu den Ansprüchen der Bürgermeister gegenüber den Gemeinden

Die Ausübung der Tätigkeiten in der Sparkassen-Stiftungen erfolgt bei den Bürgermeistern im Rahmen ihres Hauptamtes. Die Haftung der Bürgermeister erstreckt sich aufgrund der privatrechtlichen Tätigkeiten in den Sparkassen-Stiftungen nach § 839 I BGB auf grob fahrlässiges und vorsätzliches Verhalten in den Stiftungsorganen. Für fahrlässiges Verhalten haften allein die Gemeinden aufgrund der Haftungsfreistellung nach § 839 I 2 BGB.

1078 *Sprau,* in: Palandt, BGB, § 839 Rn. 17; *Papier/Shirvani,* in: MüKo BGB, § 839 Rn. 198 f.; *Reinert,* in: Bamberger/Roth/Hau/Poseck BGB, § 839 Rn. 15.

1079 *Dörr,* in: BeckOGK BGB, § 839 Rn. 69 ff.; *Sprau,* in: Palandt, BGB, § 839 Rn. 18.

1080 *Dörr,* in: BeckOGK BGB, § 839 Rn. 72 f.; *Sprau,* in: Palandt, BGB, § 839 Rn. 18.

(3) Ergebnis

Die Vorstandsmitglieder der Sparkassen haben bei ihrer Tätigkeit in den Sparkassen-Stiftungen einen Anspruch gegen das Versicherungsunternehmen der für sie als Vorstand abgeschlossenen D&O-Versicherung, sofern nicht vorsätzlich gehandelt wurde. Sparkassenmitarbeiter besitzen einen Freistellungsanspruch gemäß §§ 670, 675 BGB analog bzw. aus dem Arbeitsvertrag i. V. m. § 242 BGB gegenüber den Sparkassen außer bei Vorsatz und grober Fahrlässigkeit. Bürgermeister sind als gesetzliche Vertreter der Gemeinde in den Organen bei Fahrlässigkeit von der Haftung ausgeschlossen.

c. Zusammenfassung

Im Außenverhältnis haften die Sparkassen-Stiftungen und die Organmitglieder für die Pflichtverletzungen der Organmitglieder als Gesamtschuldner. Die Mitglieder des Vorstandes der Stiftungen haften gegenüber Dritten persönlich für Schadenersatzansprüche, insbesondere aufgrund von deliktischen Ansprüchen aus §§ 823 ff. BGB. Für Mitglieder des Kuratoriums kommt eine Haftung gegenüber Dritten nur selten in Betracht. Die Haftung der Mitglieder der Stiftungsorgane ist im Außenverhältnis nicht beschränkbar. Sie besitzen jedoch Freistellungsansprüche. Die Organmitglieder haben außer bei Vorsatz und grober Fahrlässigkeit einen Anspruch auf Freistellung von der Haftung gegen die Sparkassen-Stiftungen gemäß §§ 86, 31 a II BGB. Sofern eine D&O-Versicherung durch die Stiftungen abgeschlossen wurde, besitzen die Organmitglieder darüber hinausgehend auch einen Anspruch auf Freistellung von den Schadenersatzansprüchen gegenüber dem Versicherungsunternehmen, welcher eine Freistellung auch für grobe Fahrlässigkeit beinhaltet. Neben den Ansprüchen gegenüber den Sparkassen-Stiftungen bestehen für in den Stiftungen tätige Vertreter der Sparkassen weitere Freistellungsansprüche. Vorstandsmitglieder der Sparkassen können einen Anspruch auf Freistellung von der Haftung aus der Arbeit als Organmitglied der Stiftungen aufgrund einer von den Sparkassen abgeschlossenen D&O-Versicherung besitzen. Sparkassenmitarbeiter haben Freistellungsansprüche gegenüber den Sparkassen aufgrund ihres Arbeitsverhältnisses außer bei Vorsatz und grober Fahrlässigkeit. Die persönliche Haftung der Bürgermeister ist bei fahrlässigem Handeln aufgrund der Regelung des § 839 I 2 BGB ausgeschlossen, es haften nur die Gemeinden.

2. Haftung gegenüber der Stiftung

Im Rahmen der Innenhaftung können die Organmitglieder gegenüber der Stiftung persönlich haften, wenn sie ihre Pflichten verletzen.

a. *Grundlagen der Haftung*

Bei der Haftung der Organmitglieder kommt der Haftung wegen schuldhafter Pflichtverletzung nach § 280 BGB die größte Bedeutung zu.[1081] Es gibt keine gesetzlichen Organhaftungsvorschriften für die Stiftung, sondern es gelten gemäß § 86 i. V. m. § 27 III die allgemeinen Vorschriften des BGB.[1082]

Zunächst ist für eine Haftung die Verletzung einer der vielfältigen Pflichten von Vorstand und Aufsichtsorgan erforderlich.[1083] Die Pflichten des Vorstandes

---

1081 *Godron,* in: Richter, Stiftungsrecht, § 6 Rn. 174; *Roth*, in: Hüttemann/Richter/Weitemeyer, Landesstiftungsrecht, Rn. 17. 5.

1082 *Weitemeyer*, in: MüKo BGB, § 86 Rn. 44; *Friederich*, in: Strachwitz/Mercker, Stiftungen in Theorie, Recht und Praxis, S. 814; *Burgard,* Gestaltungsfreiheit im Stiftungsrecht, S. 593 f.; *Kohnke,* Die Pflichten des Stiftungsvorstands aus Bundes- und Landesrecht, S. 190; *Schmidt-Schmiedebach*, Stiftung und Governance Kodex, S. 296; *Hüttemann/Herzog*, in: Walz/Hüttemann/Rawert/Schmidt, Non Profit Law Yearbook 2006, S. 33, 36.

1083 *Schmidt-Schmiedebach*, Stiftung und Governance Kodex, S. 296; in Bezug auf den Vorstand *Kiethe*, NZG 2007, 810, 811 f.; *Werner,* ZEV 2009, 366, 367.
In Bezug auf die Pflichtverletzung der Stiftungsorgane wird über das Handlungsermessen des Vorstandes bei bestimmten Entscheidungen unter Unsicherheit insbesondere bei der Vermögensanlage sowie bei der Erfüllung des Stiftungszwecks diskutiert. Es besteht die Überlegung, ob sich der Stiftungsvorstand bei solchen Entscheidungen auf die Grundsätze der Business Judgement Rule analog § 93 I 2 AktG berufen können soll. Nach der Business Judgement Rule handelt ein Vorstandsmitglied ordnungsgemäß, wenn es auf der Grundlage ausreichender Informationen bei unternehmerischen Entscheidungen davon ausgehen durfte, es handle zum Wohl der Gesellschaft, vgl. *Fleischer*, in: Spindler/Stiltz, AktG, § 93 Rn. 59 ff. sowie *Hopt/Roth*, in: Großkommentar AktG, § 93 Rn. 61 ff. Teilweise wird die Anwendung der Business Judgement Rule im Stiftungsrecht abgelehnt, da die Leitungstätigkeit des Stiftungsvorstandes erheblich weniger risikogeneigt sei als die von Leitungsorganen von Wirtschaftsunternehmen, so z. B. *Holtwiesche,* Der Stiftungsvorstand bei der Vermögensverwaltung, S. 179 ff. Andere Teile der Literatur gehen von einer Anwendung der Grundgedanken der Business Judgement Rule aus, da bei einer Entscheidung unter Unsicherheit eine zurückhaltende richterliche Beurteilung der Situation erforderlich sei und über die Business Judgement Rule die Vorstandsmitglieder zur Übernahme von Verantwortung ermutigt würden, vgl. u. a. *Backert,* in: Bamberger/Roth/Hau/Poseck BGB, § 86 Rn. 7; *Weitemeyer,* in: MüKo BGB, § 86 Rn. 49; *Hüttemann/Rawert,* in: Staudinger, BGB, § 86 Rn. 68; *Arnold,* in: Hüttemann/Rawert/Schmidt/Weitemeyer, Non Profit Law Yearbook 2009, S. 89, 95 f.; *Hüttemann/Herzog*, in: Walz/Hüttemann/Rawert/Schmidt, Non Profit Law Yearbook 2006, S. 33, 37 ff.; *Werner,* ZEV 2009, 366, 368.

richten sich im Wesentlichen nach den Vorgaben des Stiftungsgeschäfts und der Stiftungssatzung sowie den gesetzlichen Regelungen des BGB und der Landesstiftungsgesetze.[1084] Die wichtigste Pflicht des Vorstandes besteht in der Verwirklichung des Stiftungszwecks.[1085] Die Pflichten der Mitglieder des Kuratoriums ergeben sich aus der Satzung, da es dem Stifter obliegt, die Aufgaben im Einzelnen festzulegen. Zu diesen gehört vor allem die Bestellung und Überwachung des Vorstandes sowie die Ausübung von Mitentscheidungsbefugnissen.[1086] Neben die Pflichten aus dem organschaftlichen Rechtsverhältnis können für die Mitglieder der Organe die vertraglichen Pflichten aus dem Anstellungsvertrag treten, sofern ein solcher besteht.[1087] Das anstellungsvertragliche und das organschaftliche Verhältnis beeinflussen sich jedoch gegenseitig, sodass sich grundsätzlich in Haftungsinhalt und Umfang keine Unterschiede ergeben.[1088] Es soll im Folgenden nur das organschaftliche Rechtsverhältnis betrachtet werden.

Grundsätzlich haften die Organmitglieder gemäß § 276 BGB für Vorsatz und Fahrlässigkeit.[1089] Es gelten im Stiftungsrecht jedoch Haftungserleichterungen bei ehrenamtlich tätigen Organmitgliedern. Danach haben alle Organmitglieder bei ehrenamtlichen Tätigkeiten gemäß §§ 86, 31 a I BGB nur bei Vorsatz und grober Fahrlässigkeit zu haften.[1090] Dies gilt nicht nur für den Vorstand, sondern auch für sonstige Organmitglieder.[1091]

1084 *Gollan*, Vorstandshaftung, S. 215; *Schwintek*, Vorstandskontrolle, S. 96; *Schmidt-Schmiedebach*, Stiftung und Governance Kodex, S. 296; *Kiethe*, NZG 2007, 810, 811.

1085 *Friederich*, in: Strachwitz/Mercker, Stiftungen in Theorie, Recht und Praxis, S. 814, 815; *Werner*, ZEV 2009, 366, 367; *Kiethe*, NZG 2007, 810, 811.

1086 Die Pflichten des fakultativen Organs werden in der Literatur nur selten behandelt. Vgl. die Ausführungen bei *Kilian*, Die Stellung des Beirats in der Stiftung, S. 127 f.; *Küntzel*, DB 2004, 2303, 2304.

1087 *Hüttemann/Rawert*, in: Staudinger, BGB, § 86 Rn. 27; *Schwintek*, Vorstandskontrolle, S. 199; *Wanka*, Juristische Personen und ihre Organe als Vorstand der Stiftung, S. 265; für das Kuratorium *Kilian*, Die Stellung des Beirats in der Stiftung, S. 134 ff.

1088 *Gollan*, Vorstandshaftung, S. 212; ähnlich *Schwintek*, Vorstandskontrolle, S. 199; *Wanka*, Juristische Personen und ihre Organe als Vorstand der Stiftung, S. 265.

1089 *Schmidt-Schmiedebach*, Stiftung und Governance Kodex, S. 298; für den Vorstand *Kiethe*, NZG 2007, 810, 812 und *Werner*, ZEV 2009, 366, 368 und für das Kuratorium *Kilian*, Die Stellung des Beirats in der Stiftung, S. 129.

1090 *Hüttemann/Rawert*, in: Staudinger, BGB, § 86 Rn. 70; *Weitemeyer*, in: MüKo BGB, § 86 Rn. 44; *Götz/Pach-Hanssenheimb*, Handbuch der Stiftung, Rn. 233; *Godron*, in: Richter, Stiftungsrecht, § 6 Rn. 201; *Schlüter/Stolte*, Stiftungsrecht, 2. Kap. Rn. 78.

1091 *Weitemeyer*, in: MüKo BGB, § 86 Rn. 46; *Godron*, in: Richter, Stiftungsrecht, § 6 Rn. 202; *Götz/Pach-Hanssenheimb*, Handbuch der Stiftung, Rn. 233.

Neben der vertraglichen Haftung kann auch eine deliktische Haftung gegenüber der Stiftung bestehen.[1092] Die Haftung nach § 823 I BGB hat nur geringe Bedeutung, da die Organe bei ihrem pflichtwidrigen Verhalten in der Regel reine Vermögensschäden und keine Eigentumsschäden verursachen.[1093] Die Organe haften jedoch nach § 823 II BGB bei der Verletzung eines Schutzgesetzes, das z. B. die in den Stiftungsgesetze der Länder festgelegte Pflicht zur Vermögenstrennung[1094] sowie die Untreue in § 266 StGB darstellen.[1095] Weiterhin kommt eine Haftung bei sittenwidriger Schädigung nach § 826 BGB in Betracht.[1096]

b. Möglichkeiten der Befreiung von der Haftung

Trotz des reduzierten Haftungsmaßstabs könnte den Organmitgliedern der Sparkassen die Möglichkeiten zur umfassenden Befreiung von der Haftung gegenüber der Stiftung zustehen. Zum einen kommt eine Haftungsbefreiung für Mitglieder des Vorstandes der Stiftung in Betracht bei einer Entlastung des Vorstandes durch ein Kontrollorgan, welche zu einem Verzicht auf die Geltendmachung von Schadenersatzansprüchen führen könnte. Zum anderen könnte sich beim Abschluss einer D&O-Versicherung für die Stiftungsorgane ein Anspruch gegenüber dem Versicherungsunternehmen auf Freistellung von der Haftung auch bei grober Fahrlässigkeit ergeben.

aa. Entlastung des Stiftungsvorstandes und Verzicht der Stiftung auf die Geltendmachung von Schäden

Die Stiftung könnte von der Geltendmachung der Haftung gegenüber dem Stiftungsvorstand absehen. In den Stiftungsgesetzen finden sich keine Regelungen zur Entlastung der Organe und dem draus möglicherweise folgenden Verzicht auf die Geltendmachung von Schadenersatzansprüchen gegenüber den

---

1092 *Kohnke*, Die Pflichten des Stiftungsvorstands aus Bundes- und Landesrecht, S. 200 ff.; *Werner*, ZEV 2009, 366, 369.

1093 *Kohnke*, Die Pflichten des Stiftungsvorstands aus Bundes- und Landesrecht, S. 200.

1094 § 7 II 2 StiftG BW, Art. 6 I 2 StiftG Bayern, § 7 II StiftG Bremen, § 6 I 3 StiftG Niedersachsen, § 4 II StiftG Hamburg, § 6 II StiftG Hessen, § 7 II 2 StiftG Rh-Pf, § 6 I 3 StiftG Saar, § 4 II 2 StiftG Schl-H, § 4 III 2 StiftG Sachsen, § 7 II 2 StiftG Sa-Ah, § 8 II 2 StiftG Thüringen. Zur Pflicht zur Vermögenstrennung siehe vertiefend Teil 3 B.I.1.

1095 *Kohnke*, Die Pflichten des Stiftungsvorstands aus Bundes- und Landesrecht, S. 201 f.; *Werner*, ZEV 2009, 366, 369.

1096 *Kohnke*, Die Pflichten des Stiftungsvorstands aus Bundes- und Landesrecht, S. 203; *Werner*, ZEV 2009, 366, 369.

Organmitgliedern.[1097] Daher richtet sich die Möglichkeit der Entlastung nach den allgemeinen zivil- bzw. gesellschaftsrechtlichen Vorgaben.[1098] Im Gesellschaftsrecht kann das Kontrollorgan einer Gesellschaft von der Geltendmachung von Schäden gegenüber der Geschäftsführung absehen.[1099] Dazu kann es die Geschäftsführung entlasten. Je nach Rechtsform kann die Entlastung die Wirkung des Verzichts auf Schadenersatzansprüche gegenüber der Geschäftsführung haben. In der GmbH beinhaltet ein Entlastungsbeschluss einen Verzicht zur Geltendmachung von Schadenersatzansprüchen gegenüber der Geschäftsführung nach § 46 Nr. 8 GmbHG. In der Aktiengesellschaft hingegen beinhaltet die Entlastung keinen Verzicht auf die Geltendmachung von Schadenersatzansprüchen nach § 120 II 2 AktG gegenüber dem Vorstand. Im Verein bewirkt die Entlastung auch den Verzicht des Vereins auf etwaige Schadenersatzansprüche gegen dem Vorstand.[1100] Der Verzicht gilt nur für solche Tatsachen, die dem Kontrollorgan bekannt waren oder bekannt sein mussten. Zunächst besteht bei einer Stiftung das Problem, dass sie kein klassisches Kontrollorgan wie der Verein, die Aktiengesellschaft und die GmbH besitzen. Bei einer Stiftung fehlt es an einem zur autonomen Willensbildung befugten Organ. Dies ist darauf zurückzuführen, dass das Kontrollorgan einer Stiftung, sofern eines eingerichtet ist, bei der Entscheidung an das Interesse der Stiftung gebunden ist. Trotz des Fehlens der autonomen Willensbildung ist nach der überwiegenden Ansicht der Literatur eine Entlastung durch ein vom Stifter eingesetztes Kontrollorgan im Stiftungsrecht möglich.[1101] Dies gilt jedoch unter der Einschränkung, dass eine

---

1097 Zum Landesrecht siehe *Roth*, in: Hüttemann/Richter/Weitemeyer, Landesstiftungsrecht, Rn. 17.49.

1098 *Roth*, in: Hüttemann/Richter/Weitemeyer, Landesstiftungsrecht, Rn. 17.49.

1099 Siehe z. B. § 46 Nr. 8 GmbHG sowie § 93 IV AktG für den Verzicht.

1100 BGH, Urt. v. 21.03.1957 – II ZR 172/55, NJW 1957, 832, 833; BGH, Urt. v. 21.04.1986 – II ZR 165/85, NJW 1986, 2250 ff.; *Schöpflin*, in: Bamberger/Roth/Hau/Poseck, BGB, § 27 Rn. 27.

1101 Die Möglichkeit der Selbstentlastung des Vorstandes annehmend allein *Schwintek*, Vorstandskontrolle, S. 203. Dies überzeugt nicht, denn das Gesellschaftsrecht kennt eine Selbstentlastung eines Organs nicht. Eine Entlastung durch ein vom Stifter eingesetztes Kontrollorgan bejahend *Backert*, in: Bamberger/Roth/Hau/Poseck BGB, § 86 Rn. 7; *Burgard*, in: Krieger/Schneider, Hdb Managerhaftung, § 6 Rn. 176; *Burgard*, Gestaltungsfreiheit im Stiftungsrecht, S. 608 ff.; *Hof*, in: v. Campenhausen/Richter, Stiftungsrechts-Handbuch, 2014, § 8 Rn. 310; *Hüttemann/Rawert*, in: Staudinger, BGB, § 86 Rn. 77 f.; *Hüttemann/Herzog*, in: Walz/Hüttemann/Rawert/Schmidt, Non Profit Law Yearbook 2006, 33, 49; *Reuter*, in: Kötz/Rawert/Schmidt/Walz, Non Profit Law Yearbook 2002, S. 157, 166 f. *Weitemeyer*, in: MüKo BGB, § 86 Rn. 52, erkennt eine Entlastung an, sieht die Voraussetzungen jedoch nur in

Entscheidung des Kontrollgremiums nur zur Entlastung führen kann, wenn sich das Kontrollorgan bei seiner Entscheidung über die Entlastung am Stiftungszweck orientiert. Im Einzelfall muss durch Abwägung der Vor- und Nachteile entschieden werden, ob eine Entlastung des Stiftungsvorstandes dem Wohl der Stiftung und damit dem Stifterwillen entspricht.[1102] Falls diese Anforderungen gewahrt werden, ist eine Entlastung des Vorstandes zulässig.

Fraglich bleibt dann jedoch, ob der Entlastung eine Verzichtswirkung zukommen kann. Dies wird abgelehnt mit der Begründung, dass die Verzichtswirkung der Entlastung mit einer endgültigen Einschränkung der Befugnisse der Stiftungsbehörden einhergehe. Die Billigung des Vorstandes durch das Kontrollgremium habe zur Folge, dass die Stiftungsaufsicht die Möglichkeit verliere, etwaige Schadenersatzansprüche gegen den Vorstand durchzusetzen.[1103] Gegen diese Argumentation und die Ablehnung der Verzichtswirkung wird von Teilen der Literatur vorbracht, der Stifter sei in seiner Autonomie bei der Stiftungserrichtung befugt dem Kontrollorgan eine Verzichtsmöglichkeit auf die Geltendmachung von Schadenersatzansprüchen einzuräumen, denn die Lebensfähigkeit der Stiftung sei durch diese Maßnahme nicht gefährdet.[1104] Die Stiftungsaufsicht habe nur die Kompetenz zur Prüfung der Unvertretbarkeit der Entscheidung über den Verzicht.[1105] Die Möglichkeit der Entlastung mit Verzichtswirkung ist jedoch zweifelhaft. Die Stiftungsgesetze der Länder z. B. § 11 StiftG NRW sehen vor, dass die Stiftungsbehörde im Namen und Interesse der Stiftung Ansprüche gegenüber Organmitgliedern geltend machen können. Diese Norm zeigt die

---

Ausnahmefällen als gegeben an. *Fischer*, in: Werner/Saenger/Fischer, Die Stiftung, § 20 Rn. 76, stimmt dem zu, fordert jedoch eine entsprechende Satzungsbestimmung durch den Stifter. *Werner*, ZEV 2009, 366, 370, sieht die Möglichkeit des Verzichts auf Ansprüche durch den Restvorstand, er lehnt jedoch eine Entlastung durch das Kontrollorgan ab.

1102 *Hüttemann/Rawert*, in: Staudinger, BGB, § 86 Rn. 77; *Hüttemann/Herzog*, in: Walz/Hüttemann/Rawert/Schmidt, Non Profit Law Yearbook 2006, S. 33, 49; *Reuter*, in: Kötz/Rawert/Schmidt/Walz, Non Profit Law Yearbook 2002, S. 157, 166 f.

1103 Die Entlastung mit Verzichtswirkung ablehnend *Rösing*, Die Entlastung im Stiftungsrecht, S. 64 ff.

1104 Die Verzichtswirkung aufgrund der Satzungsautonomie annehmend *Hüttemann/Rawert*, in: Staudinger, BGB, § 86 Rn. 78; *Hüttemann/Kapermann*, npoR 2014, 143, 145; *Burgard/Heimann*, NZG 2016, 166, 167. Teilweise wird der Verzicht als möglich angesehen, sofern er keinen gläubigerschützenden Charakter hat, dazu *Graewe*, ZStV 2014, 103, 105.

1105 *Hüttemann/Rawert*, in: Staudinger, BGB, § 86 Rn. 78; *Hüttemann/Kapermann*, npoR 2014, 143, 145.

umfangreichen Kompetenzen der Stiftungsbehörden. Diese sprechen dagegen, dass durch Handlungen der Stiftungsorgane die Stiftungsaufsicht die Möglichkeit verlieren soll etwaige Schadenersatzansprüche gegen den Vorstand durchzusetzen. Weiterhin dienen die Stiftungsbehörden nach ihrem Sinn und Zweck in Abwesenheit von Mitgliedern bei einer Stiftung der Überwachung der Tätigkeiten der Stiftungsorgane in der operativen Phase.

Weiterhin bleibt zu überlegen, ob bei der Stiftung eine Entlastung neben dem Kontrollorgan auch durch die Stiftungsbehörde erfolgen kann. Die Stiftungsbehörde kann aufgrund ihrer Rolle als Aufsicht über die Stiftungen jedoch nicht eine Entlastung von Organmitgliedern mit Verzichtswirkung beschließen. Sie ist als Rechtsaufsicht nur zur Durchsetzung von Rechten der Stiftung und nicht zum Verzicht auf sie ermächtigt.[1106]

bb. Freistellungsansprüche von Vorstand und Kuratorium gegenüber einer Versicherungsgesellschaft

Eine D&O-Versicherung umfasst oftmals auch die Freistellung von Ansprüchen bei grober Fahrlässigkeit der Versicherten.[1107] Insofern kann sich über eine D&O-Versicherung eine weitere Reduzierung des Haftungsrahmens der Organmitglieder ergeben. Die Sparkassen-Vorstände können sich, sofern für sie im Rahmen ihrer Tätigkeit eine D&O Versicherung von den Sparkassen abgeschlossen wurde, im Einzelfall auf einen Freistellungsanspruch berufen.[1108]

c. Zusammenfassung

Die Mitglieder des Vorstandes und des Kuratoriums haften der Stiftung gegenüber für die Verletzung ihrer vertraglichen Pflichten. Im Innenverhältnis ist die Haftung der Stiftungsorgane dabei weitgehend eingeschränkt. Aufgrund der ehrenamtlichen Tätigkeit sind die Mitglieder der Organe bei der Haftung

---

1106 *Burgard,* in: Krieger/Schneider, Hdb Managerhaftung, § 6 Rn. 178; *Fischer,* in: Werner/Saenger/Fischer, Die Stiftung, § 20 Rn. 76; *Godron,* in: Richter, Stiftungsrecht, § 6 Rn. 222; *Schwintek,* Vorstandskontrolle, S. 204; *Werner,* ZEV 2009, 366, 370; im Ergebnis ablehnend wohl auch *Hüttemann/Rawert,* in: Staudinger, BGB, § 86 Rn. 77; *Weitemeyer,* in: MüKo BGB, § 86 Rn. 52; *Gollan,* Vorstandshaftung, S. 246 f.; *Rösing,* Die Entlastung im Stiftungsrecht, S. 39 ff.; *Graewe,* ZStV 2014, 103, 105; a.A. *Neuhoff,* in: Soergel BGB, § 86 Rn. 13, nach dem das Schweigen der Aufsicht nach Einreichung der Jahresrechnung als Entlastung ausreicht.

1107 Vgl. Teil 3 C.II.1.b.bb.(1).

1108 Vgl. Teil 3 C.II.1.b.cc.(1)(a).

privilegiert. Sie haften gemäß §§ 86, 31 a I BGB nur für Vorsatz und grobe Fahrlässigkeit. Die Haftungsrisiken der Organmitglieder bei Sparkassen-Stiftungen gegenüber der Stiftung sind insofern begrenzt. Eine über die gesetzliche Regelung hinausgehende Haftungsbefreiung für die Mitglieder des Vorstandes und des Kuratoriums kommt dagegen nur ausnahmsweise in Betracht. Eine Entlastung des Vorstandes der Stiftung durch das Kontrollorgan mit einem Verzicht auf die Geltendmachung von Ansprüchen ist im Einzelfall möglich. Sofern eine D&O-Versicherung für die Organe abgeschlossen wurde, kann sich das Organ bei grober Fahrlässigkeit auf eine Befreiung berufen.

III. Haftungsfragen zwischen Stifter und Stiftung

Stifter und Stiftung stehen in einem besonderen Rechtsverhältnis. Der Stifter entäußert sich seines Vermögens und errichtet eine Stiftung, um dieses Vermögen der Verfolgung eines bestimmten Zwecks zu widmen. Die rechtsfähige Stiftung kann aufgrund des zugewendeten Vermögens als juristische Person entstehen und ihre Tätigkeiten wahrnehmen. Aus diesem Verhältnis können sich für beide Akteure Verpflichtungen gegenüber dem jeweils anderen ergeben. Es stellt sich die Frage, welche Ansprüche der Stifter und die Stiftung gegenüber dem jeweils anderen besitzen.

1. Ansprüche der Stiftung gegenüber dem Stifter

Die Ansprüche der Stiftung gegenüber dem Stifter richten sich nach den vom Stifter im Rahmen der Errichtung eingegangenen Verpflichtungen. Der Stifter hat sich verpflichtet, das im Stiftungsgeschäft zugesagte Vermögen zu übertragen (vgl. § 82 BGB). Er haftet für die stiftungsgeschäftlich zugesicherten Vermögenswerte.[1109] Bei der Haftung des Stifters ist jedoch umstritten, welche rechtlichen Grundlagen heranzuziehen sind und ab welchem Zeitpunkt die Haftung entsteht.

Zunächst besteht eine Diskussion über die Rechtsnatur der Vermögenszusage des Stifters. Zum Teil wird die Meinung vertreten, dass die Vermögenszusage ein Rechtsgeschäft sui generis sei, welches in vollem Umfang dem Schenkungsrecht unterliege.[1110] Insofern kämen dem Stifter die Haftungserleichterungen nach

---

1109 *Hüttemann/Rawert*, in: Staudinger, BGB, § 82 Rn. 6; *Tolksdorf*, in: BeckOGK BGB, § 82 Rn. 33; *Götz/Pach-Hanssenheimb*, Handbuch der Stiftung, Rn. 68; *Otto*, in: Otto, Handbuch der Stiftungspraxis, Rn. 366.

1110 *Ellenberger*, in: Palandt, BGB, § 82 Rn. 1; *Hüttemann/Rawert*, in: Staudinger, BGB, § 81 Rn. 27 ff.; *Neuhoff*, in: Soergel BGB, § 80 Rn. 9; *Schiffer/Pruns*, in: NK BGB, § 82 Rn. 12; *Stickrodt*, Stiftungsrecht, S. 46 f.; *Tolksdorf*, in: BeckOGK BGB, § 82 Rn. 33;

§§ 521 ff. BGB zugute. Für eine Heranziehung der schenkungsrechtlichen Vorschriften spreche, dass bei der Errichtung einer Stiftung wie bei der Schenkung eine Freigiebigkeit einer Person vorliege, für die diese keinen rechtlichen Vorteil erhalte.[1111] Demgegenüber sieht eine andere Meinung das Schenkungsrecht mangels Unentgeltlichkeit des Erwerbs nicht als anwendbar an. Insofern bestehe für den Stifter keine Haftungserleichterung.[1112] Nach einer vermittelnden Meinung finden die schenkungsrechtlichen Vorschriften Anwendung im Verhältnis von Stiftung und Stifter, sofern es um den Schutz von Dritten geht.[1113] Als Begründung wird angeführt, dass das eingeschränkte schenkungsrechtliche Haftungsregime keine sachgerechten Vorkehrungen im Zusammenhang mit dem Entstehen einer rechtsfähigen juristischen Person treffen könne.[1114] Der ersten Ansicht ist zuzustimmen. Für die Anwendung des Schenkungsrechts bei der Haftung des Stifters spricht, dass der Stifter bei seiner Zuwendung an die Stiftung eines besonderen Schutzes bedarf, der durch die Anwendung der Vorschriften des Schenkungsrechts gewährleistet werden kann. Die eingeschränkte Haftung für Sach- und Rechtsmängel bei Schenkungen ist der Annahme geschuldet, das der Schenker den Schenkungsgegenstand nur so zu leisten verspricht, wie er sich in seinem Vermögen befindet.[1115] Die Annahme, der Stifter wolle für Mängel zugesagter Sachwerte weitergehend als nach dem Schenkungsrecht haften, wird zurecht als lebensfremd angesehen.[1116] Weiter ist es Zweck der §§ 521 ff. BGB, dass die durch Schenkung eingetretene Gesamtbelastung sicher und endgültig bestimmbar für den Schenker ist.[1117] Bei einer Stiftung besteht für den Stifter

---

Flume, Allgemeiner Teil des BGB, S. 141; *Muscheler,* AcP 2003, 469, 507 ff. Dabei wird jedoch die Anwendung der §§ 530 ff. BGB über das Widerrufsrecht überzeugenderweise abgelehnt, siehe dazu *Muscheler,* AcP 2003, 469, 498 ff.

1111 *Muscheler,* AcP 2003, 469, 507.

1112 *Hinz,* Die Haftung der Stiftung für Verbindlichkeiten des Stifters, S. 42 ff., 127 f.; *Jakob,* Schutz der Stiftung, S. 118 ff.

1113 *Weitemeyer*, in: MüKo BGB, § 81 Rn. 22; *Hof,* in: v. Campenhausen/Richter, Stiftungsrechts-Handbuch, 2014, § 6 Rn. 36; *Burgard,* Gestaltungsfreiheit im Stiftungsrecht, S. 585 ff.

1114 *Weitemeyer*, in: MüKo BGB, § 81 Rn. 24.

1115 Dies ebenfalls vorbringend *Hüttemann/Rawert*, in: Staudinger, BGB, § 81 Rn. 30; *Mugdan,* Die gesamten Materialien zum Bürgerlichen Gesetzbuch für das Deutsche Reich II, S. 164; *Muscheler,* AcP 2003, 469, 508.

1116 So auch *Backert*, in: Bamberger/Roth/Hau/Poseck BGB, § 80 Rn. 50.1; *Hüttemann/Rawert*, in: Staudinger, BGB, § 81 Rn. 30.

1117 Ebenso *Muscheler,* AcP 2003, 469, 508.

darüber hinaus ein besonderes Risiko bei der Vermögenszusage, denn das Vermögen bei der Errichtung einer Stiftung ist in der Regel höher als bei ‚normalen' Schenkungen.[1118] Zusammenfassend lässt sich daher feststellen, dass der Stifter gemäß § 280 ff. BGB der Stiftung gegenüber haftet, wobei er sich jedoch auf die schenkungsrechtlichen Haftungserleichterungen berufen kann. Er ist nur für Schäden aufgrund von Vorsatz und grober Fahrlässigkeit nach § 521 BGB verantwortlich und hat nach § 522 BGB auch keine Verzugszinsens zu zahlen.

Neben der Frage der anzuwendenden Haftungsregelungen stellt sich die Frage, ab welchem Zeitpunkt die Haftung des Stifters beginnt. Der Beginn der Haftung des Stifters knüpft grundsätzlich an die Anerkennung der Stiftung an.[1119] Bis zur Anerkennung der Stiftung kann der Stifter seine nach § 81 I 2 BGB abgegebene verbindliche Willenserklärung, ein Vermögen zur Erfüllung eines bestimmten Zwecks zu widmen, gemäß § 81 II 2 BGB widerrufen.[1120] Der relevante Zeitpunkt des Endes der Widerrufsmöglichkeit und des Beginns der Haftung wird dabei in der Literatur diskutiert. Nach früherer Ansicht sollte mit der Anerkennung der Stiftung als rechtsfähig die Widerrufsmöglichkeit des Stifters enden und er ab diesem Zeitpunkt zur Verfügungstellung des Vermögens verpflichtet sein.[1121] Nach neuerer Ansicht wird davon ausgegangen, dass der Beginn der Haftung bereits die Stellung des Antrags auf Anerkennung der Stiftung ist. Der Widerruf der Willenserklärung sei jedoch noch bis zur Anerkennung durch die Stiftungsbehörde möglich.[1122] Ab der Stellung des Antrags auf Anerkennung sei der Widerruf der Stiftungserklärung jedoch nach § 81 II 2 BGB nur noch durch amtsempfangsbedürftige Willenserklärung gegenüber

1118 Dies vorbringend *Hüttemann/Rawert*, in: Staudinger, BGB, § 81 Rn. 29; *Muscheler*, AcP 2003, 469, 508.

1119 *Backert*, in: Bamberger/Roth/Hau/Poseck BGB, § 82 Rn. 3; *Hüttemann/Rawert*, in: Staudinger, BGB, § 82 Rn. 6; *Weitemeyer*, in: MüKo BGB, § 82 Rn. 5, *Muscheler*, ZStV 2017, 172, 175.

1120 Ausführlich zum Widerruf *Muscheler*, ZStV 2017, 172 ff. Siehe ebenso *Backert*, in: Bamberger/Roth/Hau/Poseck BGB, § 81 Rn. 15; *Hüttemann/Rawert*, in: Staudinger, BGB, § 81 Rn. 84 ff.; *Weitemeyer*, in: MüKo BGB, § 81 Rn. 52 ff.

1121 *Steffen*, in: RGRK BGB, § 82 Rn. 3; *Wiese*, in: Ermann, BGB, § 82 Rn. 2; *Flume*, Allgemeiner Teil BGB, S. 139.

1122 *Backert*, in: Bamberger/Roth/Hau/Poseck BGB, § 82 Rn. 3; *Hüttemann/Rawert*, in: Staudinger, BGB, § 82 Rn. 7 ff.; *Neuhoff*, in: Soergel BGB, § 80 Rn. 9; *Weitemeyer*, in: MüKo BGB, § 82 Rn. 5; *Burgard*, Gestaltungsfreiheit im Stiftungsrecht, S. 85; *Ebersbach*, Handbuch des Stiftungsrechts, S. 69 f.; *Muscheler*, JR 2003, 441, 446.

der zuständigen Stiftungsbehörde realisierbar.[1123] Nach diesem Zeitpunkt seien weiterhin alle Zwischenverfügungen des Stifters der Stiftungsbehörde anzuzeigen. Diese Anzeigepflicht solle verhindern, dass die Stiftungsbehörde eine Stiftung als rechtsfähig anerkennt, welche nicht das ihr versprochene Vermögen erhält.[1124] Wenn eine Verfügung des Stifters ohne Anzeige bei der Stiftungsbehörde erfolgt, könne die Stiftung ab Wirksamwerden der Anerkennung analog § 160 BGB auf Schadenersatz klagen und Zwischenverfügungen des Stifters über Rechte nach § 82 II BGB seien analog § 161 BGB unwirksam.[1125] Die Haftung kann insofern unter bestimmten Voraussetzungen bereits mit der Stellung des Antrags auf Anerkennung beginnen.

2. *Ansprüche des Stifters gegenüber der Stiftung*

Es stellt sich die Frage, ob der Stifter aufgrund des besonderen Verhältnisses in wirtschaftlich schwierigen Zeiten auf das Vermögen der Stiftung zugreifen kann. Das Schenkungsrecht ist nach überwiegender Ansicht auf das Verhältnis von Stifter und Stiftung grundsätzlich anwendbar.[1126] So kann der Stifter bis zur Anerkennung der Stiftung bei Zwischenverfügungen gemäß § 519 BGB die

---

1123 Zum Widerruf gegenüber der Stiftungsbehörde ausführlicher *Muscheler*, ZStV 2017, 172, 175. Ebenso *Weitemeyer*, in: MüKo BGB, § 81 Rn. 55 f.

1124 *Backert*, in: Bamberger/Roth/Hau/Poseck BGB, § 82 Rn. 3; *Hüttemann/Rawert*, in: Staudinger, BGB, § 82 Rn. 8; *Weitemeyer*, in: MüKo BGB, § 82 Rn. 5.

1125 *Backert*, in: Bamberger/Roth/Hau/Poseck BGB, § 82 Rn. 3; *Hüttemann/Rawert*, in: Staudinger, BGB, § 82 Rn. 8; *Weitemeyer*, in: MüKo BGB, § 82 Rn. 5; nur zur Haftung analog § 160 *Burgard*, Gestaltungsfreiheit im Stiftungsrecht, S. 85.

1126 Siehe dazu soeben Teil 3 C.III. Für die Anwendung von Schenkungsrecht spricht im Verhältnis von Stifter zu Stiftung insbesondere, dass das Schenkungsrecht den Interessen des Schenkers gerecht wird. Der Stifter möchte wie ein Schenker die unterhaltsberechtigten Angehörigen trotz der Schenkung dauerhaft versorgt wissen und bedarf deshalb der Rechtsbehelfe des § 518 BGB sowie des § 528 BGB. Dies wird befürwortet von *Backert*, in: Bamberger/Roth/Hau/Poseck BGB, § 80 Rn. 50.1; *Ellenberger*, in: Palandt, BGB, § 82 Rn. 1; *Hüttemann/Rawert*, in Staudinger, BGB, § 81 Rn. 29; *Schiffer/Pruns*, in: NK BGB, § 82 Rn. 12; *Muscheler*, AcP 2003, 496, 503; ebenfalls *Weitemeyer*, in: MüKo BGB, § 81 Rn. 25, wegen des drittschützenden Charakters der Normen; a.A. *Jakob*, Schutz der Stiftung, S. 121 ff. und *Burgard*, Gestaltungsfreiheit im Stiftungsrecht, S. 586, welche dem § 519 und dem § 528 keinen drittschützenden Charakter zusprechen und ihre Vereinbarung individuell-rechtlich verlangen; ferner *Hof*, in: v. Campenhausen/Richter, Stiftungsrechts-Handbuch, 2014, § 6 Rn. 37, aufgrund der Beratungsfunktion der Stiftungsbehörde.

Einrede des Notbedarfs geltend machen sowie nach der Anerkennung der Stiftung sich auf die Verarmung gemäß § 528 BGB berufen.

3. *Haftungsrisiken im Verhältnis von Sparkassen und Sparkassen-Stiftungen*

Es stellt sich die Frage, wie hoch das Risiko der Haftung sowohl der Sparkassen als auch der Sparkassen-Stiftungen aufgrund der dargelegten rechtlichen Vorgaben ist. Mit der Verpflichtung zur Erbringung des Stiftungsvermögens haften die Sparkassen gegenüber den Sparkassen-Stiftungen bei Nichteinbringung des zugesagten Vermögens. Das mit dieser Verpflichtung eingegangene Haftungsrisiko für die Sparkassen ist jedoch begrenzt. Dies ist zum einen auf die Anwendung des Schenkungsrechts zurückzuführen, das die Haftung auf Vorsatz und grobe Fahrlässigkeit beschränkt und durch den Ausschluss der Zahlung von Verzugszinsen den Umfang begrenzt. Zum anderen wird von der Möglichkeit des Rückgriffs des Stifters auf die Sparkassen-Stiftungen bei wirtschaftlichen Schwierigkeiten selten Gebrauch gemacht. Seit dem Wegfall der Gewährträgerhaftung und der Anstaltslast sind die Sparkassen in einem Sicherungssystem der Sparkassen-Finanzgruppe organisiert.[1127] Zur Sicherung der Mitgliedssparkassen werden regionale Sparkassen-Stützungsfonds unterhalten; die Mittel dafür werden von den Mitgliedssparkassen aufgebracht.[1128] Zusätzlich findet ein überregionaler Ausgleich unter den Sparkassenstützungsfonds statt, wenn bei einem regionalen Sparkassen- und Giroverband keine ausreichenden Mittel für die Regelung eines Stützungsfalls bestehen.[1129] Bei den Sparkassen als Stifter gibt es somit die Besonderheit, dass sie gegen eine wirtschaftliche Schieflage besonders gut abgesichert sind. Es besteht nur ein geringes Risiko, dass der Stifter in der operativen Phase auf das Stiftungsvermögen wegen einer finanziellen Schieflage zurückgreift.

IV. Zusammenfassung

Bei den Haftungsfragen in einer Stiftung muss unterschieden werden zwischen der Haftung der Stiftung selbst, der Haftung ihrer Organe sowie der Haftung des Stifters. Bei der Haftung der Stiftungsorgane ergeben sich in Sparkassen-Stiftungen Besonderheiten. Die Haftung der ehrenamtlich tätigen

1127 *Pehla*, Der Haftungsverbund der Sparkassen-Finanzgruppe, S. 75.
1128 *Pehla*, Der Haftungsverbund der Sparkassen-Finanzgruppe, S. 75.
1129 *Pehla*, Der Haftungsverbund der Sparkassen-Finanzgruppe, S. 80 f.

Organmitglieder ist durch die gesetzlichen Vorschriften der §§ 86, 31 a BGB sowohl im Innen- als auch im Außenverhältnis privilegiert und auf Vorsatz und grobe Fahrlässigkeit beschränkt. Bei einer Haftung gegenüber Dritten besitzen sie einen Freistellungsanspruch nach §§ 86, 31 a II BGB gegenüber der Stiftung. Im Innenverhältnis können sie sich auf eine Beschränkung ihrer Haftung nach §§ 86, 31 a I BGB berufen. Die gesetzlichen Regelungen sehen insofern einen besonderen Schutz der ehrenamtlich tätigen Mitglieder der Organe vor. Weiterhin besitzen die Mitarbeiter der Sparkassen aufgrund der Wahrnehmung eines Doppelmandats einen Freistellungsanspruch gegenüber den Sparkassen. Im Verhältnis von Stifter und Stiftung spielt die Vermögenszusage des Stifters eine große Rolle bei der Haftung. Es finden schenkungsrechtliche Ansprüche auf die Haftung Anwendung. Die Risiken sowohl der Haftung des Stifters als auch der Stiftung gegenüber dem jeweils anderen sind begrenzt.

Teil 4: Besondere Rechtsfragen bei Sparkassen-Stiftungen

Zwei aktuelle Phänomene, die die Sparkassen-Stiftungen betreffen, werfen Rechtsfragen auf, die sich durch die Interaktion der Sparkassen als Stifter mit der rechtsfähigen Stiftung bürgerlichen Rechts ergeben. Zum einen geht es um Gebietsänderungen bei Sparkassen. Es sollen die Auswirkungen einer Änderung des Geschäftsgebiets der Sparkassen auf die Sparkassen-Stiftungen und ihre Handlungsmöglichkeiten untersucht werden. Zum zweiten unterliegen Sparkassen als öffentlich-rechtliche Anstalten besonderen Auskunftsansprüchen gegenüber der Öffentlichkeit sowie gegenüber ihren Trägern. Aufgrund der besonderen Verbindung der Sparkassen-Stiftungen zu den Sparkassen ist zu erörtern, inwieweit Auskunftsansprüche bei der Errichtung sowie in der operativen Phase einer Stiftung bestehen.

A. Gestaltungsmöglichkeiten der Sparkassen-Stiftungen bei Änderungen des Geschäftsgebiets der Sparkassen

Während der Lebensdauer einer Stiftung kann es zu vielfältigen Änderungen der rechtlichen, wirtschaftlichen und sozialpolitischen Rahmenbedingungen kommen. Ein wesentliches Merkmal der rechtsfähigen Stiftung ist die grundsätzlich unbefristete Zweckverwirklichung. Die Natur der Stiftung birgt die Herausforderung, den perpetuierten Willen des Stifters auf unbestimmte Zeit unter sich verändernden äußeren und inneren Umständen zu verwirklichen. Sofern eine Stiftung sich einer Änderung ihrer Rahmenbedingungen gegenübersieht, sind die Gestaltungsmöglichen der Stiftung zur Anpassung an die neuen Verhältnisse zu untersuchen.

I. Änderungen des Geschäftsgebiets bei Sparkassen

Von den vielfältigen Änderungen der Rahmenbedingungen bei Sparkassen-Stiftungen werden im Folgenden die Gebietsänderungen der Sparkassen als Stifter betrachtet. Diese stellen einen wichtigen Fall der Änderung der Rahmenbedingungen von Sparkassen-Stiftungen dar. Die Änderungen des Geschäftsgebiets der Sparkassen sind entweder auf die Fusionen der Sparkassen oder auf Gebietsänderungen der Kommunen zurückzuführen.

1. Fusionen von Sparkassen

Es lässt sich in den vergangenen Jahren ein Trend zu Fusionen innerhalb der Sparkassenfinanzgruppe feststellen.[1130] Dieser Trend basiert zu einem großen Teil auf der Änderung der betriebswirtschaftlichen Rahmenbedingungen.[1131] Die Banken haben durch die fortschreitende Technik bei den Informations- und Kommunikationstechnologien sowie die Globalisierung mit einer Veränderung des Kundenverhaltens zu kämpfen.[1132] Eine Fusion bietet für die Sparkassen den Vorteil, dass sie mit wachsender Institutsgröße den umfangreicheren staatlichen Aufsichtsanforderungen besser gerecht werden können und Kosten- sowie Ertragssynergien durch die Straffung der Organisationsstrukturen und des Personals entstehen.[1133] Unter einer Fusion von Sparkassen ist eine Vereinigung von Sparkassen zu verstehen, die sich auf Grundlage der Vorgaben der Landesgesetze vollzieht.[1134] Sie kann auf der einen Seite als Vereinigung durch Neubildung erfolgen, indem das Vermögen der beteiligten Sparkassen als Ganzes auf eine neugebildete Sparkasse übergeht. Diese Sparkasse ist dann eine Zweckverbandssparkasse.[1135] Die andere Variante der Fusion ist die Vereinigung durch Aufnahme, bei der die eine Sparkasse das gesamte Vermögen der anderen aufnimmt und deren Gesamtrechtsnachfolger wird. Das neu gegründete oder aufnehmende Institut tritt in alle privatrechtlichen und öffentlich-rechtlichen Pflichten der bisherigen Sparkassen ein.[1136] Bei einer Vereinigung durch Neubildung ist eine neue Satzung zu erlassen, während bei der Vereinigung durch Aufnahme

---

1130 Zum Trend der Fusion von Sparkassen siehe unter anderem *Radomski*, Fusionen deutscher Sparkassen, S. 72; sowie Handelsblatt vom 01.07.2018, https://www.handelsblatt.com/finanzen/bankenversicherungen/regionalbanken-die-kleinste-deutsche-sparkasse-steht-vor-der-fusion/22752864.html?ticket=ST-580039-bByq5UUbg1fCiE4EAW66-ap2 (07.02.2021).

1131 *Niggemeyer*, Zulässigkeit und Grenzen von Sparkassenfusionen, S. 5; *Radomski*, Fusionen deutscher Sparkassen, S. 69.

1132 *Niggemeyer*, Zulässigkeit und Grenzen von Sparkassenfusionen, S. 7 ff.; *Radomski*, Fusionen deutscher Sparkassen, S. 69.

1133 *Niggemeyer*, Zulässigkeit und Grenzen von Sparkassenfusionen, S. 14 f., *Staats*, Fusionen bei Sparkassen und Landesbanken, S. 110.

1134 *Rumpf/Dohmen*, in: PdK, SpkG NRW, Rn. 10; *Staats*, Fusionen von Sparkassen, S. 111.

1135 *Rumpf/Dohmen*, in: PdK, SpkG NRW Rn. 10; *Rümker*, in: FS Steindorff, S. 449, 451; *Staats*, Fusionen von Sparkassen, S. 111.

1136 *Rumpf/Dohmen*, in: PdK, SpkG NRW Rn. 10; *Rümker*, in: FS Steindorff, S. 449, 451; *Staats*, Fusionen von Sparkassen, S. 111.

die bestehende Satzung an die neuen Gegebenheiten angepasst wird.[1137] Zu den in diesem Rahmen erfolgenden Änderungen gehört das geänderte Geschäftsgebiet der Sparkasse.

2. Kommunale Gebietsänderungen

Neben den Fusionen der Sparkassen kann sich das Geschäftsgebiet der Sparkassen durch kommunale Gebietsänderungen wandeln. Eine Neugliederung der Gemeinden erfolgte z.B. kürzlich in Thüringen, wo es in den Jahren 2018 und 2019 zu einer Vielzahl von freiwilligen Zusammenschlüssen der Kommunen kam.[1138] Eine Gebietsänderung bezeichnet die Änderung des Verlaufs der Gemeindegrenzen, d. h. die Änderung des territorialen Zuschnitts der bestehenden Verwaltungsstrukturen.[1139] Die Gebietsänderung erfolgt in Form von Gemeindeauflösungen, Gemeindezusammenschlüssen, Eingemeindungen, Ausgliederungen und sonstigen Grenzänderungen.[1140] Sie können freiwillig oder zwangsweise erfolgen.[1141] Das Ziel der kommunalen Gebietsänderung ist es, die Effizienz der Kommunalregierung zu erhöhen.[1142] Da eine enge Verbindung zwischen Sparkassen und ihren Trägern besteht[1143], wirken sich kommunale Gebietsreformen der Träger auf die Sparkassen aus. Das Regionalprinzip der Sparkassen ist bei Gebietsänderungen streng zu beachten und die Kongruenz von Gewährträgergebiet und Geschäftsgebiet herzustellen.[1144]

1137 *Staats,* Fusionen von Sparkassen, S. 128.

1138 Zu der Gebietsreform 2018 siehe z. B. MDR vom 11.10.2016, https://www.mdr.de/thueringen/wahlen-politik/gebietsreform/gebietsreform-kreisgrenzen-thueringen-100_zc-7e126a79_zs-fe2a9449.html (07.02.2021). Zur Gebietsreform 2019 siehe z. B. MDR vom 01.01.2019, https://www.mdr.de/thueringen/gebietsreform-stufe-zwei-100.html (07.02.2021).

1139 *Gern/Brüning,* Deutsches Kommunalrecht, Rn. 224; *Druschel,* LKV 2010, 253; *Schmidt,* LKV 2017, 487, 488.

1140 *Schmidt,* LKV 2017, 487, 488; ebenfalls *Gern/Brüning,* Deutsches Kommunalrecht, Rn. 232 ff.

1141 *Gern/Brüning,* Deutsches Kommunalrecht, Rn. 232.

1142 *Mehde,* in: Maunz/Düring, GG, Art. 28 Abs. II Rn. 151.

1143 Siehe dazu bereits unter Teil 1 B.II.

1144 VerfGH Nordrhein-Westfalen, Urt. v. 11.07.1980 – VerfGH 8/79, NJW 1980, 2699; *Raskin,* Das Regionalprinzip und (neue) elektronische Vertriebswege im Retailbanking, S. 89, 91; *Stober,* in: FS Stern, S. 799, 809; generell anerkennend auch *Winters,* NJW 1980, 2685, 2687; a.A. VGH Bayern, Urt. v. 25.02.1981 – Nr. 235 IV 78, zit. nach *Weides/Bosse,* Rspr. Sparkassenrecht I, S. 359 ff.

Daher ist die Sparkassenorganisation auch vor dem Hintergrund der optimalen Verfolgung des öffentlich-rechtlichen Versorgungsauftrags an das Ergebnis der Gebietsreform anzupassen.[1145] Die Sparkassengesetze haben diesem Bedürfnis Rechnung getragen und spezielle Vorschriften für die Vereinigung von Sparkassen nach Änderungen im Hoheitsgebiet des Trägers aufgenommen.[1146] Der Gebietsänderung des Trägers folgt somit die Änderung des Geschäftsgebiets der Sparkassen.

II. Auswirkungen der Änderungen des Geschäftsgebiets auf Sparkassen-Stiftungen

Es stellt sich die Frage, welche Konsequenzen sich aus den Änderungen des Geschäftsgebiets der Sparkassen für die Sparkassen-Stiftungen ergeben. Dem Geschäftsgebiet der Sparkassen kommt bei den Sparkassen-Stiftungen eine zentrale Bedeutung zu. Es legt den regionalen Wirkungsbereich von Sparkassen-Stiftungen fest. Zum Zeitpunkt der Errichtung müssen räumlicher Wirkungsbereich der Stiftung und Geschäftsgebiet der Sparkassen übereinstimmen. Das Geschäftsgebiet der Sparkassen wird dabei in der Satzung der Sparkassen-Stiftungen verankert.[1147] Zum einen ist die regionale Tätigkeit der Sparkassen-Stiftungen im Zweck zu finden,[1148] zum anderen spielt sie für die Festlegung des Sitzes der Stiftung eine wichtige Rolle.[1149] Auch der Name der Stiftung kann einen ausdrücklichen Hinweis auf die zu fördernde Region enthalten.[1150]

Nach der Anerkennung der Stiftung hat der Stifter auf deren Satzung, Geschäftstätigkeit sowie Bestand keinen Einfluss mehr.[1151] Die Stiftung ist ein selbstständiges Rechtssubjekt. Sie ist dem in der Satzung objektivierten Stifterwillen verpflichtet. Sofern sich der Stifterwille nachträglich ändert, lässt dies die Stiftung im Grundsatz unberührt.[1152] Aufgrund der Unabhängigkeit der Stiftung ab dem Zeitpunkt ihrer

1145 *Raskin,* Das Regionalprinzip und (neue) elektronische Vertriebswege im Retailbanking, S. 91.

1146 Siehe z. B. § 4 SpkG BW, § 18 SpkG Hessen, § 29 SpkG NRW, § 23 SpkG Rh-Pf, § 29 SpkG Schl-H. In den neuen Bundesländern lassen sich entsprechende Regelungen außerhalb der jeweiligen Sparkassengesetze finden z. B. in § 41 Landkreisneuordnungsgesetz Meck-Vp sowie § 22 Kreisgebietsreformgesetz Sachsen. Vgl. zum Ganzen *Staats,* Fusionen von Sparkassen, S. 131.

1147 Vgl. Teil 2 A.III.1.a.

1148 Siehe Teil 2 B.II.1.a.bb.(1).

1149 Vgl. Teil 2 B.II.4.c.

1150 Siehe Teil 2 B.II.5.c.

1151 *Godron,* in: Richter, Stiftungsrecht, § 6 Rn. 102; *Hof,* in: GS Walz, S. 233, 236.

1152 *Hof,* in: v. Campenhausen/Richter, Stiftungsrechts-Handbuch, 2014, § 8 Rn. 120.

Anerkennung ist für die Sparkassen-Stiftungen der regionale Wirkungsbereich, der in der Satzung der Stiftungen festgelegt ist, verbindlich. Eine Änderung der Satzungen ist bei einer nachträglichen Änderung der Verhältnisse nur unter Wahrung der strengen gesetzlichen Anforderungen möglich.[1153]

Eine Änderung des Geschäftsgebiets der Sparkassen könnte in Bezug auf die Sparkassen-Stiftungen Handlungsbedarf bei den Stiftungsbehörden auslösen. Eine hoheitliche Pflicht zur Änderung des Stiftungszwecks durch die zuständigen Stiftungsbehörden besteht unter den Voraussetzungen des § 87 BGB. Dazu ist eine Unmöglichkeit der Verfolgung der Stiftungszwecke oder die Gemeinwohlgefährdung durch die Verwirklichung des Stiftungszwecks notwendig. Die Unmöglichkeit der Verfolgung der Stiftungszwecke meint, dass der Zweck unter den gegebenen Umständen (also mit den noch vorhandenen Mitteln) auf Dauer nicht erfüllt werden kann.[1154] Aufgrund der Änderung des Geschäftsgebiets der Sparkassen können die bestehenden Stiftungen jedoch ihre Arbeit im bisherigen Geschäftsgebiet weiterhin fortsetzen. Den Stiftungen stehen ausreichend Stiftungsmittel zur Verfügung, um die Arbeit in einem Teilgebiet der neuen Sparkasse zu verfolgen. Eine Gemeinwohlgefährdung bezeichnet die Gefahr eines Umschlags in rechtswidriges Handeln.[1155] Eine solche Gemeinwohlgefährdung ist aufgrund der gemeinnützigen Stiftungszwecke der Sparkassen-Stiftungen ebenfalls fernliegend. Es bestehen damit keine Handlungspflichten der Stiftungsbehörden zur Änderung der Satzung.[1156]

Neben der hoheitlichen Änderung der Satzung könnte eine Änderung des Tätigkeitsbereichs der Stiftung durch die Organe erfolgen. Die Sparkassen-Stiftungen könnten sich dazu entscheiden, den im Stiftungszweck festgelegten räumlichen Wirkungsbereich an das Geschäftsgebiet der neu entstandenen Sparkasse anzupassen. Die Änderung des Wirkungsbereichs der Sparkassen-Stiftungen bringt verschiedene Vorteile mit sich. Die Vergrößerung des regionalen Wirkungsbereiches bietet den Sparkassen-Stiftungen ein erhöhtes öffentliches Ansehen und einen umfassenderen Auftritt in der Öffentlichkeit.

1153 So ebenfalls *Winkler*, in: Andrick u. a., Die Stiftung – Jahreshefte zum Stiftungswesen 2011, S. 67, 80, welcher jedoch nur den Fall der Fusion von Sparkassen untersucht anhand der Vorgaben des Landes Sachsen-Anhalt.

1154 *Hüttemann/Rawert*, in: Staudinger, BGB, § 87 Rn. 5.

1155 Der Begriff der Gemeinwohlgefährdung ist wie in § 80 II 1 BGB zu verstehen, vgl. *Hüttemann/Rawert*, in: Staudinger, BGB, § 87 Rn. 7. Für die Definition der Gemeinwohlgefährdung siehe unter Teil 1 A.II.1.

1156 Ähnlich *Winkler*, in: Andrick u. a., Die Stiftung – Jahreshefte zum Stiftungswesen 2011, S. 67, 80.

Weiterhin kann eine Ausweitung des Stiftungszwecks bei einer zukünftigen Zustiftung der Sparkassen eine faire und angemessene Verteilung der Gelder im gesamten neuen Geschäftsgebiet sicherstellen. Sofern die Sparkassen-Stiftungen zusammengeführt werden, bestehen Vorteile durch eine effizientere Verwaltung der Stiftung sowie ein größeres Stiftungsvermögen. Weiterhin wird durch eine Zusammenführung vermieden, dass in einem auf Dauer wachsenden Geschäftsgebiet viele einzelne Stiftungen bestehen bleiben.

III. Gestaltungsmöglichkeiten der Organe der Sparkassen-Stiftungen

Bei Änderungen des Geschäftsgebiets besitzen die Organe der Sparkassen-Stiftungen zwei unterschiedliche Gestaltungsmöglichkeiten. Erstens kann eine Ausweitung der räumlichen Tätigkeit der bisherigen Sparkassen-Stiftungen auf das neue Geschäftsgebiet erfolgen.[1157] Für eine Ausweitung des räumlichen Tätigkeitsbereichs der Stiftungen ist eine Änderung der Satzung notwendig. Sofern nur eine der bisherigen Sparkassen eine Sparkassen-Stiftung errichtet hat, kann durch die Ausweitung der Satzung der bestehenden Stiftung eine Förderung der gesamten Region erreicht werden. Sofern beide bisherigen Sparkassen Stiftungen errichtet haben, können durch die Ausweitung des jeweiligen räumlichen Tätigkeitsbereichs mehrere nebeneinander tätige Sparkassen-Stiftungen entstehen.[1158] Zweitens besteht die Möglichkeit des Zusammenschlusses der Stiftungen, sofern beide bisherigen Sparkassen eine Stiftung errichtet haben.[1159]

1. Ausweitung der Tätigkeit der bestehenden Sparkassen-Stiftungen durch die Stiftungsorgane

Der regionale Wirkungsbereich der Stiftung ist in Satzungen typischerweise im Stiftungszweck, im Sitz sowie im Namen verankert. Um eine Änderung des

---

1157 So bereits *Winkler*, in: Andrick u. a., Die Stiftung – Jahreshefte zum Stiftungswesen 2011, S. 67, 79 ff.

1158 *Winkler*, in: Andrick u. a., Die Stiftung – Jahreshefte zum Stiftungswesen 2011, S. 67, 79 ff., zog nur die Möglichkeit der Ausweitung des Tätigkeitsbereichs bei einer Stiftung in Betracht und nicht die Ausweitung bei mehreren bestehenden Sparkassen-Stiftungen.

1159 Ebenso *Winkler*, in: Andrick u. a., Die Stiftung – Jahreshefte zum Stiftungswesen 2011, S. 67, 79, 83 ff.

Tätigkeitsbereichs der Stiftung zu erreichen, müssten diese Satzungsregelungen angepasst und der Tätigkeitsbereich ausgeweitet werden.

a. *Gesetzliche Vorgaben*

Für die Feststellung der Zulässigkeit sowie der Voraussetzungen für die Änderung der Satzung durch die Stiftungsorgane sind die Vorgaben des BGB sowie der Landesstiftungsgesetze zu betrachten.[1160]

aa. *Zulässigkeit und Voraussetzungen der Änderung der Satzung*

De lege lata wird bei der Änderung der Satzung über ihre Zulässigkeit und deren Voraussetzungen sowie die Möglichkeit, diese durch Satzungsbestimmungen zu erleichtern oder zu erschweren, diskutiert.

(1) Meinungsstand

Bundesrechtlich ist für die Fälle der Änderung der Zweckbestimmung ausschließlich die hoheitliche Satzungsänderung durch die Stiftungsaufsicht in § 87 I BGB geregelt. Die Möglichkeit der Satzungsänderung durch die Organe ist im Bundesgesetz nicht vorgesehen. Im Gegensatz dazu werden in den Landesstiftungsgesetzen Regelungen zu Satzungsänderungen getroffen.

Aus der fehlenden Regelung der Satzungsänderung im Bundesrecht leiten einigen Stimmen in der Literatur ab, dass eine nachträgliche Änderung weder aufgrund einer Satzungsregelung noch auf gesetzlicher Grundlage zulässig sei.[1161] Muscheler folgert das Verbot der nachträglichen Neuregelung der Satzung durch die Stiftungsorgane aus der Vergleichbarkeit mit dem

1160 Nach dem Gesetzesentwurf der Bundesregierung für ein Gesetz zur Vereinheitlichung des Stiftungsrechts sollen die Zulässigkeit und die Voraussetzungen einer Satzungsänderung durch Stiftungsorgane im BGB geregelt werden. Danach soll der Stifter in der Satzung Vorgaben zu Satzungsänderungen treffen können (§ 85 IV BGB neu). Ohne Satzungsermächtigung sollen sich die Anforderungen an die Satzungsänderung nach der Art der Änderung richten. Es soll differenziert werden zwischen Satzungsänderungen, die den Stiftungszweck betreffen, Satzungsbestimmungen, die für die Stiftung prägend sind, und sonstigen Satzungsänderungen (§ 85 I, II, III BGB neu). Siehe vertiefend dazu den Gesetzesentwurf der Bundesregierung für ein Gesetz zur Vereinheitlichung des Stiftungsrechts in der Fassung vom 03.02.2021, S. 9 ff., 30 ff., 71 ff.

1161 *Muscheler*, ZStV 2004, 3, 7 = Beiträge, S. 280 ff.; 293 ff.

Erbrecht nach § 2065 II 1. Alt BGB.[1162] Eine Ermächtigung der Organe in der Satzung sei dem Stifter nicht möglich, da die Änderung des Stiftungszwecks als Unterfall der Aufhebung nicht zur Verfassung der Stiftung im Sinne von § 85 BGB gehöre.[1163]

Demgegenüber wird vom Großteil der Literatur bei einer satzungsrechtlichen Regelung die Möglichkeit der Organe zur nachträglichen Änderung der Satzung angenommen.[1164] Die Zulässigkeit wird darauf zurückgeführt, dass dem Stifter die Entscheidung über die Voraussetzungen der Anpassung der Satzung an die neuen Gegebenheiten zustehe.[1165] Einige Stimmen in der Literatur stellen dabei keine Anforderungen an die Satzungsermächtigung.[1166] Demgegenüber schränken andere Stimmen die statutarische Änderungskompetenz durch inhaltliche Kriterien ein.[1167] Der Stifter müsse aufgrund des Vorbehalts des Stiftungsgeschäfts sowohl die Tatbestandsvoraussetzungen als auch die Rechtsfolgen der Satzungsänderung zumindest in groben Zügen beschreiben.[1168]

1162 *Muscheler*, ZStV 2003, 67, 73; *Muscheler*, ZStV 2004, 3, 8 = Beiträge S. 89 f.; 286 ff., 300 ff.

1163 *Muscheler*, ZStV 2004, 3 = Beiträge S. 87 f.; 299 ff.

1164 *Backert*, in: Bamberger/Roth/Hau/Poseck BGB, § 85 Rn. 4; *Wiese*, in: Ermann, BGB, § 81 Rn. 17; *Hüttemann/Rawert*, in: Staudinger, BGB, § 85 Rn. 14 ff.; *Weitemeyer*, in: MüKo BGB, § 85 Rn. 8; *Andrick/Suerbaum*, Stiftung und Aufsicht, § 7 Rn. 15; *Andrick*, in: Andrick/Suerbaum, StiftG NRW, § 5 Rn. 11; *Burgard*, Gestaltungsfreiheit im Stiftungsrecht, S. 351 ff.; *Dutta*, in: Richter, Stiftungsrecht, § 5 Rn. 67; *Hahn*, Organschaftliche Änderung der Stiftungssatzung, S. 129 ff.

1165 Statt vieler siehe *Mecking*, in: MünchHdbGesR V, § 89 Rn. 12.

1166 *Wiese*, in: Ermann, BGB, § 81 Rn. 17. Nach *Burgard*, Gestaltungsfreiheit im Stiftungsrecht, S. 351 ff., muss der Handelnde in seinen eigenen Interessen unmittelbar selbst betroffen sein, sodass nur der Stifter oder die Destinatäre zu Satzungsänderungen befugt seien.

1167 *Backert*, in: Bamberger/Roth/Hau/Poseck BGB, § 85 Rn. 4; *Hüttemann/Rawert*, in: Staudinger, BGB, § 85 Rn. 14 ff.; § 85 Rn. 4; *Weitemeyer*, in: MüKo BGB, § 85 Rn. 8; *Andrick/Suerbaum*, Stiftung und Aufsicht, § 7 Rn. 15; *Andrick*, in: Andrick/Suerbaum, StiftG NRW, § 5 Rn. 11; *Dutta*, in: Richter, Stiftungsrecht, § 5 Rn. 67; *Hahn*, Organschaftliche Änderung der Stiftungssatzung, S. 129 ff.

1168 Dazu unter anderem *Backert*, in: Bamberger/Roth/Hau/Poseck BGB, § 85 Rn. 4; *Hüttemann/Rawert*, in: Staudinger, BGB, § 85 Rn. 14 ff.; *Weitemeyer*, in: MüKo BGB, § 85 Rn. 8.

Sofern keine Satzungsermächtigung vorliegt, kann die Satzung nur auf der Grundlage einer gesetzlichen Regelung geändert werden. Ob eine solche gesetzliche Regelung nach geltendem Recht vorliegt, ist umstritten.

Von einem Teil der Literatur werden die Landesstiftungsgesetze als gesetzliche Grundlage für eine Satzungsänderung abgelehnt.[1169] So soll eine Änderung des Zwecks durch die Organe nicht möglich sein, da die bundesgesetzliche Regelung sowohl die hoheitliche Zweckänderung als auch diejenige durch Organbeschluss abschließend regele.[1170] § 87 BGB sei das Ergebnis der Abwägung des Gesetzgebers zwischen Allgemeininteresse und Stifterwillen.[1171] Die Änderung des Stiftungszwecks würde weiterhin zu einer Willensbildung von unten führen und dem Numerus clausus des Stiftungsrechts widersprechen.[1172] Ausnahmsweise zulässig sei jedoch die Satzungsänderung ohne Änderung des Zwecks. Aus dem Recht und der Pflicht zur Verfolgung des Stiftungszwecks ergebe sich bei einer wesentlichen Änderung der Verhältnisse und der Übereinstimmung mit dem tatsächlichen oder mutmaßlichen Willen des Stifters die Möglichkeit zur Änderung der Satzung.[1173]

Demgegenüber sehen andere Stimmen der Literatur sowohl die Änderung des Zwecks als auch andere Änderungen der Satzung auf der Grundlage der Landesstiftungsgesetze als zulässig an.[1174] Dies wird damit begründet, dass § 87 BGB

1169 *Backert,* in: Bamberger/Roth/Hau/Poseck BGB, § 87 Rn. 2; *Hüttemann/Rawert,* in: Staudinger, BGB, § 85 Rn. 16 ff.; *Weitemeyer,* in: MüKo BGB, § 85 Rn. 4 ff.; *Dutta,* in: Richter, Stiftungsrecht, § 5 Rn. 65; *Happ,* Stifterwille und Zweckänderung, S. 138 ff.; *Jakob,* Schutz der Stiftung, S. 33; *Rawert,* in: FS Priester, S. 647, 657 f.

1170 *Backert,* in: Bamberger/Roth/Hau/Poseck BGB, § 87 Rn. 2; *Hüttemann/Rawert,* in: Staudinger, BGB, 85 Rn. 28; § 87 Rn. 4; *Weitemeyer,* in: MüKo BGB, § 85 Rn. 7, § 87 Rn. 5 f.; *Dutta,* in: Richter, Stiftungsrecht, § 5 Rn. 65; *Happ,* Stifterwille und Zweckänderung, S. 138 ff.; *Jakob,* Schutz der Stiftung, S. 33.

1171 *Happ,* Stifterwille und Zweckänderung, S. 143 ff.

1172 Dazu unter anderem *Hüttemann/Rawert,* in: Staudinger, BGB, § 85 Rn. 11; *Weitemeyer,* in: MüKo BGB, § 85 Rn. 4 ff.

1173 *Hüttemann/Rawert,* in: Staudinger, BGB, § 85 Rn. 19; *Weitemeyer,* in: MüKo BGB, § 85 Rn. 12.

1174 *Ellenberger,* in: Palandt, BGB, § 85 Rn. 3; *Neuhoff,* in: Soergel BGB, § 87 Rn. 7; *Suerbaum,* in: Stumpf/Suerbaum/Schulte/Pauli, Stiftungsrecht, C 1. Kap. Rn. 92; *Ebersbach,* Handbuch Stiftungsrecht, S. 90; *v. Hippel,* in: Hüttemann/Richter/Weitemeyer, Landesstiftungsrecht, Rn. 23.27 ff.; *Hof,* in: v. Campenhausen/Richter, Stiftungsrechts-Handbuch, 2014, § 7 Rn. 136. Nach *Hahn,* Organschaftliche Änderung der Stiftungssatzung, S. 152 ff., ist eine Änderung der Satzung anhand der Landesgesetze grundsätzlich möglich, viele Landesstiftungsgesetze halten jedoch die bundesgesetzlichen Vorgaben für eine solche nicht ein. *Burgard,* Gestaltungsfreiheit

allein auf die Grundfälle der hoheitlichen Änderung beschränkt sei, in denen die Erfüllung des Stiftungszwecks unmöglich geworden oder das Gemeinwohl gefährdet sei, sodass ihm eine weitreichendere Wirkung nicht zugeschrieben werden könne.[1175]

Die Voraussetzungen der Landesstiftungsgesetze an eine Satzungsänderung sind in den Bundesländern unterschiedlich geregelt. Ein Teil der Landesstiftungsgesetze sieht jede Satzungsänderung als eine Änderung des Stiftungszwecks an.[1176] Der überwiegende Teil der Landesstiftungsgesetze unterscheidet ‚qualifizierte' und ‚einfache' Satzungsänderungen und stellt an sie unterschiedliche Anforderungen.[1177] Voraussetzung für eine qualifizierte Satzungsänderung ist eine wesentliche Änderung der Verhältnisse.[1178] Teilweise wird für die Zulässigkeit der Änderung des Stiftungszwecks einschränkend angenommen, dass keine vollständige Auswechselung des Zwecks stattfindet.[1179] Nach den landesgesetzlichen Regelungen muss als weitere Voraussetzung die Änderung

---

im Stiftungsrecht, S. 351 ff., hält die landesgesetzlichen Vorschriften für anwendbar, allerdings unter der Einschränkung, dass das Recht zur Satzungsänderung nur dem Stifter und den Destinatären zukommt.

1175 *Suerbaum*, in: Stumpf/Suerbaum/Schulte/Pauli, Stiftungsrecht, C 1. Kap. Rn. 92; *v. Hippel*, in: Hüttemann/Richter/Weitemeyer, Landesstiftungsrecht, Rn. 23.27 ff.; *Ebersbach*, Handbuch Stiftungsrecht, S. 90; *Hof*, in: v. Campenhausen/Richter, Stiftungsrechts-Handbuch, 2014, § 7 Rn. 136.

1176 § 7 I, IV StiftG Hamburg, § 9 I StiftG Meck-Vp, § 9 I StiftG Sachsen, § 9 StiftG Sa-Ah, § 9 I StiftG Thüringen.

1177 § 6 StiftG BW, § 8 I StiftG Bremen, § 5 I, II StiftG Berlin, § 9 I, II 1 StiftG Hessen, § 7 I, III StiftG Niedersachsen, § 5 StiftG NRW, § 8 StiftG Rh-Pf, § 7 I StiftG Saar, § 5 I StiftG Schl-H, § 10 StiftG Brandenburg. In Bayern als einziges Bundesland wurde in Art. 8 I 1 StiftG Bayern ausdrücklich auf eine Regelung des Stiftungszwecks verzichtet, das Landesstiftungsrecht verweist auf den § 87 BGB.

1178 § 6 II StiftG BW, § 8 I 1 StiftG Bremen, § 5 II StiftG Berlin, § 9 II 1 StiftG Hessen, § 7 I StiftG Niedersachsen, § 5 II 2 Nr. 1 StiftG NRW, § 8 II StiftG Rh-Pf, § 7 I 1 StiftG Saar, § 5 I Nr. 2 StiftG Schl-H, § 9 I 2 StiftG Meck-Vp, § 9 I 1 Nr. 2 StiftG Sachsen, § 9 I StiftG Sa-Ah, § 9 I 2 StiftG Thüringen. Dabei sind landesgesetzliche Unterschiede festzustellen, siehe *v. Hippel*, in: Hüttemann/Richter/Weitemeyer, Landesstiftungsrecht, Rn. 23.12.

1179 *Andrick*, in: Andrick/Suerbaum, StiftG NRW, § 5 Rn. 12. Sofern jedoch nur eine Modifikation, Erweiterung oder Begrenzung des Stiftungszwecks erfolgt, kann die Stiftungszweckänderung im ursprünglichen Stifterwillen liegen.

der Satzung mit dem ausgedrückten und mutmaßlichen Stifterwillen übereinstimmen.[1180]

(2) *Stellungnahme*

Es ist der überwiegenden Ansicht der Literatur zu folgen, die die Möglichkeit der Ermächtigung der Stiftungsorgane zur Änderung der Satzung annimmt. Diese Befugnis zur Satzungsänderung kann sich aus einer statutarischen Ermächtigung der Organe ergeben. Darüber hinaus kann die Änderungsmöglichkeit auch aufgrund der Stiftungsgesetze der Länder bestehen. Es muss bei der Beurteilung der Zulässigkeit einer Satzungsänderung grundsätzlich zwischen statutarischer und gesetzlicher Ermächtigung zur Änderung unterschieden werden.

Für eine statutarische Änderungsmöglichkeit durch die Organe spricht, dass der Stifter mit einer Regelung in der Satzung seinen Willen zum Ausdruck bringt, die Stiftung an sich ändernde Verhältnisse anzupassen. Einer solchen stehen auch nicht die Bestimmungen des Erbrechts entgegen. Dies ist darauf zurückzuführen, dass die Situation einer Erbeinsetzung nicht mit einer Satzungsänderung vergleichbar ist. Bei der Erbeinsetzung handelt es sich um eine Bestimmung der Erben durch Dritte, während es sich bei der Satzungsänderung der Stiftung um eine Änderung der Verfassung einer juristischen Person handelt. Es bleibt insofern die Frage, welche Anforderungen an die in der Satzung festgelegte Möglichkeit der Satzungsänderung zu stellen sind. Die statutarische Änderungskompetenz darf entgegen Burgard nicht in das freie Belieben des Stifters gestellt werden. Dies ist darin begründet, dass die Stiftungsorgane nicht frei über die Zweck-Vermögensbindung der Stiftung verfügen können. Vielmehr überzeugt es, die Anforderungen an eine statutarische Änderungskompetenz von der Art der Satzungsänderung abhängig zu machen. Es ist bei Satzungsänderungen daher zwischen der Änderung der Identität der Stiftung und sonstigen Änderungen zu unterscheiden. Es ist nicht mit der Autonomie der Stiftung zu vereinbaren, den Organen der Stiftung die Änderung ihrer Identität zu ermöglichen. Eine Stiftung zeichnet sich gerade dadurch aus, dass ihre Identität durch den perpetuierten

---

1180 Siehe zur ausdrücklichen Anordnung der Übereinstimmung mit dem Stifterwillen § 7 I Nr. 3 StiftG Hamburg, § 5 I 2 StiftG Berlin, § 9 I 2 StiftG Hessen, § 7 II StiftG Niedersachsen, § 7 II 1 StiftG Saar, § 9 I StiftG Sa-Ah. Auch ohne Anordnung gilt der Stifterwillen als Auslegungsgrundsatz, siehe dazu *Ellenberger,* in: Palandt, BGB, § 85 Rn. 3; *Ebersbach*, Handbuch des Stiftungsrechts, S. 87, 91 f.; *v. Hippel*, in: Hüttemann/Richter/Weitemeyer, Landesstiftungsrecht, Rn. 23.36, 23.55, 24.45.

Stifterwillen bestimmt wird. Die Identität der Stiftung wird angetastet, sofern die Stiftung grundlegend verändert wird. Zu den grundlegenden Änderungen gehören die Auflösung, der Zusammenschluss, die Zulegung sowie die grundlegende Änderung des Stiftungszwecks. Etwas anderes gilt jedoch für Satzungsänderungen, die unterhalb der Änderung der Identität eine Modifikation, Erweiterung oder Begrenzung des Stiftungszwecks bewirken. Eine solche Satzungsänderung kann im ursprünglichen Stifterwillen liegen. Weiterhin können unwesentliche Änderungen der Satzung geboten sein, um die Arbeit der Stiftung zu verfolgen oder zu erleichtern.

Für eine Zulässigkeit der Änderung der Satzung anhand der Vorgaben des Landesstiftungsrechts, sofern der Stifter keine statutarische Ermächtigung getroffen hat, spricht die Gesetzgebungskompetenz der Länder zum Erlass dieser Bestimmungen. Bei der Änderung nicht grundlegender Bestandteile der Stiftung besteht die Befugnis der Länder zum Erlass ergänzender Vorgaben. Das Bundesgesetz regelt nur die Änderung grundlegender Bestandteile der Stiftung. Die landesgesetzlichen Bestimmungen für Änderungen der Satzung durch Stiftungsorgane sind außer für den Fall der wesentlichen Änderung des Stiftungszwecks, welche die Identität der Stiftung betrifft, als gesetzliche Grundlage heranzuziehen. Eine besondere Voraussetzung für eine Satzungsänderung ist je nach Bundesland teilweise nicht erforderlich, teilweise muss eine wesentliche Änderung der Verhältnisse vorliegen. Die Ausformung der besonderen Voraussetzungen wird von den Ländern im Rahmen ihrer Gesetzgebungskompetenz getroffen und ist insofern zulässig. Schließlich ist grundsätzlich zu fordern, dass die Änderung der Satzung im Willen des Stifters liegt.

bb. Verfahren der Satzungsänderung

Das Verfahren der Satzungsänderung durch die Stiftungsorgane besteht im Wesentlichen aus zwei Teilen. Zum einen müssen die Stiftungsorgane einen Beschluss über die Satzungsänderung fassen.[1181] Zum anderen muss die Satzungs-

---

1181 § 14 II 1 StiftG BW für Änderungen des Stiftungszwecks sowie § 6 I StiftG BW für sonstige Änderungen, § 5 I StiftG Berlin, § 7 I StiftG Hamburg, § 7 III 1, 2 StiftG Niedersachsen, § 5 I 1 StiftG NRW, § 8 I, II StiftG Rh-Pf, § 7 III 1 StiftG Saar, § 5 I 1 StiftG Schl-H, § 10 I 1 StiftG Brandenburg, § 9 I 2 StiftG Sachsen, § 9 III StiftG Sa-Ah für Änderungen des Stiftungszwecks sowie § 6 I StiftG Sa-Ah für sonstige Änderungen, § 9 I StiftG Thüringen. Die Regelung in § 8 I StiftG Bremen, in § 9 I 1 StiftG Meck-Vp sowie in Art. 5 IV StiftG Bayern erwähnen einen solchen Beschluss

änderung durch die Stiftungsbehörde genehmigt werden.[1182] Nach derzeitiger Rechtslage ist der Stifter teilweise an der Satzungsänderung zu beteiligen.[1183] So kann eine Anhörung des Stifters[1184] oder seine Zustimmung[1185] erforderlich sein.

cc. Zusammenfassung

Nach der hier vertretenen Ansicht ist eine Änderung der Satzung zum einen möglich, sofern diese auf der Grundlage einer statutarischen Änderungskompetenz erfolgt und die gewünschte Änderung keine grundlegende Änderung des Stiftungszwecks betrifft. Zum anderen ist eine Satzungsänderung anhand der Bestimmungen der Landesstiftungsgesetze möglich. Eine Vielzahl von Stiftungsgesetzen unterscheiden bei den Anforderungen an eine Änderung der Satzung zwischen einfachen und qualifizierten Satzungsänderungen. Verfahrensrechtlich ist für eine Satzungsänderung der Stiftungsorgane nach dem Beschluss der Organe über die Änderung der Satzung die Genehmigung der Stiftungsbehörde einzuholen.

b. Änderung der Satzung bei Fusionen von Sparkassen sowie Gebietsänderungen

Die Möglichkeiten der Änderung des Zwecks, des Sitzes und des Namens bei Sparkassen-Stiftungen bei kommunalen Gebietsänderungen sowie bei Fusionen von Sparkassen sind anhand der gesetzlichen Vorgaben zu untersuchen. Dies

---

nicht ausdrücklich, setzen ihn aber ebenfalls voraus. Siehe zum Ganzen *v. Hippel*, in: Hüttemann/Richter/Weitemeyer, Landesstiftungsrecht, Rn. 23.7, 24.6.

1182 § 14 II 2 StiftG BW für Änderungen des Stiftungszwecks sowie § 6 I StiftG BW für sonstige Änderungen, § 8 II 2 StiftG Bremen, § 5 I 3 StiftG Berlin, § 7 III StiftG Hamburg, § 7 III 3 StiftG Niedersachsen, § 5 II 3 StiftG NRW, § 8 III StiftG Rh-Pf, § 7 III 2 StiftG Saar, § 5 II 1 StiftG Schl-H, § 10 I 2 StiftG Brandenburg, § 9 I 1 StiftG Meck-Vp, § 9 I 2 StiftG Sachsen, § 9 III StiftG Sa-Ah, § 9 III StiftG Thüringen.

1183 *v. Hippel*, in: Hüttemann/Richter/Weitemeyer, Landesstiftungsrecht, Rn. 23.9, 24.6.

1184 § 9 III 2 StiftG Hamburg, § 5 II 2 StiftG NRW, § 8 II StiftG Rh-Pf, § 10 II StiftG Brandenburg, § 9 II StiftG Meck-Vp, § 9 II 1 StiftG Sachsen, § 9 II 1 StiftG Sa-Ah, § 9 II StiftG Thüringen.

1185 Eine Zustimmung erfordern § 8 I 3 StiftG Bremen, § 7 II 2 StiftG Niedersachsen, § 5 I 2 2. Hs. StiftG Schl-H. Nach § 7 II 1 StiftG Saar kann sich der Stifter ein solches Recht in der Satzung vorbehalten. In Baden-Württemberg und Sachsen bedarf nur die Zweckänderung ohne Satzungsermächtigung der Zustimmung des Stifters, vgl. § 6 II 2. Hs. StiftG BW sowie § 9 II 2 StiftG Sachsen.

soll im Hinblick auf die Frage erfolgen, welche Möglichkeiten die Sparkassen bei unterschiedlichen Szenarien der Änderung ihres Geschäftsgebiets besitzen.

aa. Unveränderlichkeit des Stiftungsvermögens

Bei einer kommunalen Gebietsänderung bleibt das Stiftungsvermögen unverändert. Ebenso wenig steht die Fusion von Sparkassen im Zusammenhang mit der Tätigkeit der Sparkassen-Stiftungen, sodass das Stiftungsvermögen ohne besondere Abreden im Falle der Fusion ebenfalls unverändert fortbesteht. Es ist somit zunächst die Änderung des Geschäftsgebiets der Sparkassen zu prüfen, bei der das Stiftungsvermögen unverändert bleibt.

(1) Änderung der Satzung aufgrund einer statutarischen Ermächtigung

Sofern die Satzung eine Regelung zu nachträglichen Änderungen der Satzung enthält, richtet sich die Möglichkeit der Änderung der Satzung nach dieser Bestimmung. Der Stifter kann in der Satzung das Recht auf nachträgliche Änderungen durch die Stiftungsorgane ausschließen.[1186] In diesem Fall ist keine Änderung des Zwecks, des Sitzes oder des Namens möglich.[1187]

(a) Wahrung der in der Satzungsermächtigung aufgestellten Vorgaben

Bei einer Satzungsermächtigung muss diese im Stiftungsgeschäft hinreichend bestimmt sein. Dazu müssen die Voraussetzungen und der Inhalt der Maßnahmen festgelegt sein.[1188] Die Satzungsermächtigungen können zum einen an ein konkretes Ereignis anknüpfen. In diesem Fall besteht bei Eintritt des Ereignisses durch die Änderung des Geschäftsgebiets die Möglichkeit der Satzungsänderung. Zum anderen können sie allgemein gehalten sein und z. B. die wesentliche Änderung der Verhältnisse verlangen. Die Sparkassen-Stiftungen müssen prüfen, ob eine wesentliche Änderung der Verhältnisse bei einer Änderung des Geschäftsgebiets vorliegt.

1186 Siehe z. B. *Andrick*, in: Suerbaum/Andrick, StiftG NRW, § 5 Rn. 6; *Mecking*, in: MünchHdbGesR V, § 89 Rn. 13; *Kohnke*, Die Pflichten des Stiftungsvorstands aus Bundes- und Landesrecht, S. 117.

1187 Insofern zutreffend *Winkler*, in: Andrick u. a., Die Stiftung – Jahreshefte zum Stiftungswesen 2011, S. 67, 80.

1188 Siehe *Backert*, in: Bamberger/Roth/Hau/Poseck BGB, § 85 Rn. 4; *Hüttemann/Rawert*, in: Staudinger, BGB, § 85 Rn. 14; *Weitemeyer*, in: MüKo BGB, § 85 Rn. 8; *Happ*, Stifterwille und Zweckänderung, S. 109 ff.

(b) Änderung entspricht dem ursprünglichen Stifterwillen

Unabhängig von den konkreten Voraussetzungen der Ermächtigung muss bei einer Satzungsänderung die Übereinstimmung der Änderung mit dem ursprünglichen Stifterwillen vorliegen.[1189]

(aa) Inhaltliche Ausfüllung des Kriteriums

Bei der Bestimmung des Stifterwillens kommt es grundsätzlich auf den im Stiftungsgeschäft und korrespondierend in der Stiftungssatzung formulierten Willen an.[1190] Der Stifterwille ist das oberste Prinzip des Stiftungsrechts.[1191] Zunächst ist auf den wirklichen Willen des Stifters abzustellen.[1192] Bestimmt er nicht ausdrücklich den Änderungsgrund, ist er durch Auslegung zu ermitteln. Bei der Auslegung ist zu beachten, dass sie nach objektiven, allgemeinen erkennbaren Gesichtspunkten erfolgen soll.[1193] Auch dem Stifterwillen aus dem Stiftungsgeschäft kommt für die Auslegung Bedeutung zu, allerdings nur, soweit er dem objektiven durchschnittlichen Betrachter verständlich ist.[1194] Sofern der wirkliche Stifterwille sich nicht ermitteln lässt, ist an dessen Stelle auf den

---

1189 Ausdrücklich § 7 II 1 StiftG Saar, § 5 I 2 StiftG Berlin, § 9 I 2 StiftG Hessen, § 7 II 1 StiftG Niedersachsen, § 7 I Nr. 3 StiftG Hamburg, § 9 I StiftG Sa-Ah, § 5 I 1, II 1 StiftG NRW, für eine Anwendung auf alle Länder *v. Hippel*, in: Hüttemann/Richter/Weitemeyer, Landesstiftungsrecht, Rn. 23.36. Zum Erfordernis der Übereinstimmung der Satzungsänderung mit dem erklärten oder mutmaßlichen Stifterwillen siehe vertiefend BGH, Urt. v. 22.01.1987 – III ZR 26/85 (Schleswig), StiftRspr. IV, S. 58, 60; BGH, Urt. v. 26.04.1976 – III ZR 21/74 (Hamm), StiftRspr. III, S. 1 f.; *Ebersbach,* Handbuch des Stiftungsrechts, S. 92; *Hahn,* Organschaftliche Änderung der Stiftungssatzung, S. 102.

1190 BVerfG, Beschl. v. 11.10.1971 – 2 BvR 209/76, BVerfGE 46, 73, 85; *Jakob,* Schutz der Stiftung, S. 134 f.

1191 BVerfG, Beschl. v. 11.10.1972 – 2 BvR 209/76, BVerfGE 46, 73, 85; BGH, Urt. v. 03.03.1977 – III ZR 10/74, BGHZ 68, 142, 146; BVerwG, Urt. v. 22.09.1972 – VII C 27/71, DÖV 1973, 272, 273 f.; *Hof,* in: v. Campenhausen/Richter, Stiftungsrechst-Handbuch, 2014, § 4 Rn. 25; *Schwake,* in: MünchHdbGesR, § 79 Rn. 15; *Burgard,* Gestaltungsfreiheit im Stiftungsrecht, S. 188 ff.

1192 *Werner,* in: v. Campenhausen/Kronke/Werner, Stiftungen in Deutschland und Europa, S. 243, 250.

1193 *Werner,* in: v. Campenhausen/Kronke/Werner, Stiftungen in Deutschland und Europa, S. 243, 251.

1194 *Jakob,* Schutz der Stiftung, S. 138 f.; *Werner,* in: v. Campenhausen/Kronke/Werner, Stiftungen in Deutschland und Europa, S. 243, 251.

mutmaßlichen Stifterwillen abzustellen.[1195] Für die Ermittlung des mutmaßlichen Stifterwillens kommt es darauf an, welche Regelung der Stifter gewählt hätte, wenn ihm die Unvollständigkeit oder Mangelhaftigkeit seiner Satzungsbestimmung bekannt gewesen wäre.[1196] Enthält die Satzung Bestimmungen, die eine Änderung der Satzung ermöglichen, lässt sich daraus der Wille des Stifters ablesen, auf geänderte Verhältnisse zu reagieren.[1197]

(bb) Stifterwille bei der Fusion von Sparkassen sowie bei kommunalen Gebietsänderungen

Sieht die Satzung eine nachträgliche Änderung der Stiftungssatzung bei einer Änderung des Geschäftsgebiets der Sparkassen vor, liegt diese ausdrücklich im Willen des Stifters.[1198] Bei einer allgemeinen Satzungsermächtigung kann davon ausgegangen werden, dass der Wille des Stifters bei der Errichtung von Sparkassen-Stiftungen darauf gerichtet ist, den Zweck gerade in dem Gebiet zu verwirklichen, in dem die Kunden leben, mit deren Einlagen die Sparkassen ihr Geschäftsergebnis erzielen. Dies spricht zunächst dafür, dass die Sparkassen als Stifter ein Interesse daran haben, dass der Geschäftsbereich der Sparkassen und der Tätigkeitsbereich der Sparkassen-Stiftungen übereinstimmen. Das Verhältnis von Stiftungen und Sparkassen muss jedoch die Besonderheiten der Rechtsform Stiftung beachten. Für die Tätigkeit der Stiftung ist der ursprüngliche Stifterwille ausschlaggebend. Daher ist der Wille der Sparkasse, der bei der Errichtung der Stiftung vorlag, entscheidend. Der ursprüngliche Wille des Stifters umfasst jedoch nur das Geschäftsgebiet der vorherigen Sparkasse, sodass es grundsätzlich nicht in diesem ursprünglichen Willen liegt, das Gebiet der Stiftung zu erweitern.[1199] Für die Ermittlung des Stifterwillens ist auch der Effekt auf die Destinatäre der Stiftung von Bedeutung. Durch eine Ausdehnung des

---

1195 *Hüttemann/Rawert*, in: Staudinger, BGB, § 85 Rn. 4; *Hof*, in: v. Campenhausen/Richter, Stiftungsrechts-Handbuch, 2014, § 6 Rn. 123; *Jakob*, Schutz der Stiftung, S. 138; *Werner*, in: v. Campenhausen/Kronke/Werner, Stiftungen in Deutschland und Europa, S. 243, 252 f.

1196 *Mecking*, in: MünchHdbGesR V, § 85 Rn. 61; *Werner*, in: v. Campenhausen/Kronke/Werner, Stiftungen in Deutschland und Europa, S. 243, 252 f.; *Werner*, ZStV 2012, 189, 191.

1197 *Mecking*, in: MünchHdbGesR V, § 89 Rn. 14.

1198 So bereits *Winkler*, in: Andrick u. a., Die Stiftung – Jahreshefte zum Stiftungswesen 2011, S. 67, 80.

1199 Ähnlich *Winkler*, in: Andrick u. a., Die Stiftung – Jahreshefte zum Stiftungswesen 2011, S. 67, 81.

räumlichen Wirkungsbereichs kommt es grundsätzlich zu einer Verschlechterung der Chancen der bisherigen Destinatäre. Das Stiftungsvermögen bleibt gleich, während sich der Wirkungsbereich der Stiftung vergrößert. Aus den unveränderten Erträgen des Vermögens muss eine größere Zahl von Personen bedacht werden. Es ist grundsätzlich nicht im Sinne des Stifters, dass die von ihm ursprünglich bedachten Destinatäre im Laufe der Zeit schlechtere Chancen auf eine Förderung erhalten. Er hatte bei der Errichtung der Stiftung nur einen bestimmten Kreis von Destinatären eingeplant, der aus den zu dem Zeitpunkt bestehenden Bewohnern des Geschäftsgebiets der Sparkassen bestand. Eine Verschlechterung der Chancen der Destinatäre im bisherigen Geschäftsgebiet widerspricht somit jedenfalls grundsätzlich dem Willen des Stifters.[1200] Im Ergebnis lässt sich feststellen, dass eine Änderung der regionalen Tätigkeit der Stiftung bei einer allgemein gehaltenen Ermächtigung in der Satzung nicht dem Willen des Stifters entspricht. Etwas anderes ergibt sich nur bei einer ausdrücklichen Vorgabe des Stifters in der Satzung, dass das Geschäftsgebiet der Sparkassen und der Tätigkeitsbereich der Stiftung übereinstimmen sollen.

(2) Änderung der Satzung nach den gesetzlichen Vorgaben

Die gesetzlichen Anforderungen an eine Änderung der Satzung richten sich danach, wie schwerwiegend diese für das Wesen der Stiftung sind.

(a) Qualifizierte Satzungsänderung

Die Sparkassen-Stiftungen verfolgen bei einer Erweiterung des Geschäftsgebiets aufgrund einer Fusion der Sparkassen oder einer Gebietsänderung weiterhin dieselben gemeinnützigen Stiftungszwecke. Es wird jedoch der räumlichen Wirkungsbereich der Stiftungszwecke erweitert, sodass fortan mehr Destinatäre von der Förderung durch die Stiftung profitieren. Dabei hat das Fördergebiet einer Stiftung eine erhebliche Auswirkung auf die Möglichkeiten zur bestmöglichen Verfolgung der Stiftungszwecke. Die Änderung des Fördergebiets einer Stiftung als Teil der Stiftungszwecke stellt insofern eine Änderung eines charakteristischen Merkmals für die Stiftung dar. Die Änderung des räumlichen Wirkungsbereichs der Stiftungszwecke stellt damit eine qualifizierte Satzungsänderung dar. Die Änderungen des Sitzes und des Namens der Stiftung im Rahmen von Fusionen und Gebietsänderungen sind ebenfalls qualifizierte Satzungsänderungen, denn sie betreffen ebenfalls charakteristische Merkmale der Stiftung.

1200 Ebenfalls auf die Destinatäre abstellend zur Ermittlung des Stifterwillens *Winkler*, in: Andrick u. a., Die Stiftung – Jahreshefte zum Stiftungswesen 2011, S. 67, 81.

Voraussetzung für die qualifizierte Änderung der Satzung ist zunächst die wesentliche Änderung der Verhältnisse.[1201] Darüber hinaus muss die Satzungsänderung im Stifterwillen liegen.[1202]

(b) Wesentliche Änderung der Verhältnisse

Zentrale Voraussetzung für die Befugnis zur Änderung der Satzung durch die Organe der Sparkassen-Stiftungen ist folglich, dass es bei der Fusion von Sparkassen sowie bei kommunalen Gebietsreformen zu einer wesentlichen Änderung der Verhältnisse kommt.

(aa) Inhaltliche Ausfüllung des Kriteriums

Zur Definition der wesentlichen Änderung der Verhältnisse gibt es nur wenige Vorgaben. Bisher galt, dass die Formulierung im Hinblick auf die wortgleiche Formulierung in den Grundsätzen über den Wegfall der Geschäftsgrundlage aus § 313 BGB zu sehen war.[1203] Danach kommt es bei der Prüfung der Änderung der Verhältnisse auf einen Vergleich der momentanen Verhältnisse mit den Verhältnissen zum Zeitpunkt der Stiftungserrichtung an.[1204] Verhältnisse können nach dem allgemeinen Sprachgebrauch dabei alle tatsächlichen und rechtlichen Umstände sein.[1205] Nicht von Relevanz ist, ob diese Umstände außerhalb der Stiftung liegen, wie z. B. die Ausrottung der nach dem Stiftungszweck zu erfüllenden Krankheit, oder sich innerhalb der Stiftung befinden, wie z. B. eine Verschlechterung des Stiftungsvermögens.[1206] Weiterhin sind auch subjektive Vorstellungen des Stifters erfasst.[1207] Eine solche subjektive Vorstellung ist z. B. die Vorstellung,

1201 Teil 4 A.III.1.a.aa.(2).

1202 Teil 4 A.III.1.a.aa.(2).

1203 *Neuhoff*, in: Soergel BGB, § 87 Rn. 4; *Fritsche*, ZStV 2009, 21, 32.

1204 *Backert*, in: Bamberger/Roth/Hau/Poseck BGB, § 85 Rn. 4; *Hüttemann/Rawert*, in: Staudinger, BGB, § 85 Rn. 18; *Werner*, ZStV 2012, 189, 190.

1205 *Hahn*, Organschaftliche Änderung der Stiftungssatzung, S. 99; ähnlich *Schwintek*, Vorstandskontrolle, S. 137. Ausführlich zum gleichlautenden Begriff der ‚wesentliche Änderung der Verhältnisse' als Voraussetzung für die Zusammenlegung und Zulegung *Hoffmann*, Zusammenlegung und Zulegung rechtsfähiger Stiftungen, S. 105 f.; *Hoffmann-Grambow*, DZWIR 2015, 301, 306.

1206 *Hahn*, Organschaftliche Änderung der Stiftungssatzung, S. 99; *Hoffmann*, Zusammenlegung und Zulegung rechtsfähiger Stiftungen, S. 105.

1207 *Hoffmann*, Zusammenlegung und Zulegung rechtsfähiger Stiftungen, S. 105 f.; *Hoffmann-Grambow*, DZWIR 2015, 301, 306.

dass es keine weitere Stiftung mit der vom Stifter verfolgten Zwecksetzung in der Region gibt.[1208]

Die eingetretene Änderung muss weiterhin ‚wesentlich' sein. Für eine wesentliche Änderung der Verhältnisse muss die weitere zweckgerichtete Stiftungstätigkeit schon erheblich beeinträchtigt sein oder sich eine solche Entwicklung konkret abzeichnen.[1209] Die Grenze zwischen wesentlicher und unwesentlicher Änderung ist anhand der Umstände des Einzelfalles und des konkreten Stifterwillens zu ermitteln.[1210] Dabei soll der Stiftungszweck eine wichtige Rolle spielen.[1211] Es ist auf das durch die Wechselbeziehung von Stiftungsvermögen, Stiftungsorganisation und Stiftungszweck geprägte Funktionsinteresse der Stiftung abzustellen.[1212] Eine wesentliche Änderung liegt nicht schon vor, wenn der Stiftungszweck nicht mehr optimal und effektiv verfolgt werden kann.[1213] Ein solches Optimierungsgebot ist nicht justiziabel und beachtet nicht den objektiven Stifterwillen.[1214] Typsicherweise liegen wesentliche Änderungen der Verhältnisse unter der Schwelle des § 87 BGB.[1215] Sie sind unter anderem anzunehmen, wenn ein Vermögensschwund wegen Geldentwertung, wegen eines unerwarteten Vermögensverlusts und wegen eines Wandels der Rechtsprechung sowie der Gesetzgebung eintritt, aufgrund dessen die Stiftung den Stiftungszweck nicht mehr alleine erfüllen kann.[1216] Weitere Beispiele sind die Erreichung des Stiftungszwecks, die objektive Unmöglichkeit seiner Erfüllung oder auch

---

1208 *Hoffmann*, Zusammenlegung und Zulegung rechtsfähiger Stiftungen, S. 106.

1209 *Hüttemann/Rawert*, in: Staudinger, BGB, § 85 Rn. 20; *Hoffmann*, Zusammenlegung und Zulegung rechtsfähiger Stiftungen, S. 107; *Werner*, ZStV 2012, 189, 190; a.A. *Burgard*, Gestaltungsfreiheit im Stiftungsrecht, S. 346 f., welche weniger auf die objektive Erheblichkeit abstellt, sondern darauf, dass der Stifter für die Stiftung einen anderen Stiftungszweck oder eine andere Satzung vorgesehen hätte, hätte er die Änderungen vorausgesehen.

1210 *Hüttemann/Rawert*, in: Staudinger, BGB, § 85 Rn. 20; *Andrick/Suerbaum*, Stiftung und Aufsicht, § 7 Rn. 95; *Andrick*, in: Andrick/Suerbaum, StiftG NRW, § 5 Rn. 13.

1211 *Weitemeyer*, in: MüKo BGB, § 85 Rn. 8.

1212 *Andrick*, in: Andrick/Suerbaum, StiftG NRW, § 5 Rn. 13.

1213 *Hüttemann/Rawert*, in: Staudinger, BGB, § 85 Rn. 20; a.A. *Mecking*, in: MünchHdbGesR V, § 89 Rn. 15, unter Hinweis auf *Kilian*, ZStV 2005, 171, 172.

1214 *Hüttemann/Rawert*, in: Staudinger, BGB, § 85 Rn. 20.

1215 *Hoffmann*, Zusammenlegung und Zulegung rechtsfähiger Stiftungen, S. 105; *Winkler*, in: Andrick u. a., Die Stiftung – Jahreshefte zum Stiftungswesen 2011, S. 67, 84.

1216 *Hof*, in: v. Campenhausen/Richter, Stiftungsrechts-Handbuch, 2014, § 7 Rn. 135; *Andrick/Suerbaum*, Stiftung und Aufsicht, § 7 Rn. 95; *Andrick*, in: Andrick/Suerbaum, StiftG NRW, § 5 Rn. 13; *Fritsche*, ZStV 2009, 21, 32.

ein Mangel an Destinatären.[1217] Die Änderung von wesentlichen Verhältnissen ergibt sich auch für den Fall der positiven Entwicklung der Stiftung. Wenn die Stiftung wesentlich höhere Mittel zur Verfügung hat, kann die Notwendigkeit bestehen, den Stiftungszweck anzupassen, um die Mittel zweckbezogen einzusetzen und die umfassenderen Aktivitäten strukturiert umzusetzen.[1218] Schließlich kann der Stifter in der Satzung Vorgaben machen, was als eine wesentliche Änderung der Verhältnisse anzusehen ist.[1219]

(bb) Änderung der Verhältnisse bei der Fusion von Sparkassen sowie bei kommunalen Gebietsänderungen

Eine Gefahr der Zweckerreichung aufgrund finanzieller Probleme besteht bei einer Änderung des räumlichen Wirkungsbereichs der Sparkassen als Stifter nicht. Die bestehenden Sparkassen-Stiftungen können auch ohne Satzungsänderung im räumlichen Wirkungsbereich weiterhin ihre jeweiligen Zwecke erfüllen.[1220] Gegen eine wesentliche Änderung der Verhältnisse bei der Änderung des räumlichen Tätigkeitsbereichs der Sparkassen-Stiftungen spricht weiterhin ein Vergleich der Bestimmungen von rechtsfähigen Stiftungen mit kommunalen Stiftungen. Dieser ist geeignet, da bei kommunalen Stiftungen der Wirkungsbereich der Stiftung mit dem Gebiet der Kommune übereinstimmt.[1221] Schließlich spricht im Zweifel gegen eine wesentliche Änderung der Verhältnisse, dass die Stiftungen wegen ihres Ewigkeitscharakters im Grundsatz von Änderungen größtenteils unberührt bleiben sollen. Sofern die Satzung hingegen bestimmt, dass die Änderung des Geschäftsgebiets der Sparkassen eine wesentliche Änderung der Verhältnisse darstellt, liegt ausnahmsweise eine wesentliche Änderung der Verhältnisse vor.

1217 *Werner*, ZStV 2012, 189, 192.

1218 *Hof*, in: v. Campenhausen/Richter, Stiftungsrechts-Handbuch, 2014, § 7 Rn. 140; *Andrick*, in: Andrick/Suerbaum, StiftG NRW, § 5 Rn. 13; *Winkler*, in: Andrick u. a., Die Stiftung – Jahreshefte zum Stiftungswesen 2011, S. 67, 82; *Werner*, ZStV 2012, 189, 190. § 8 II StiftG Rh-Pf gibt dem Stiftungsvorstand in diesen Fällen ausdrücklich die Befugnis zur Erweiterung oder Änderung des Stiftungszwecks.

1219 *Hüttemann/Rawert*, in: Staudinger, BGB, § 85 Rn. 32; *Weitemeyer*, in: MüKo BGB, § 85 Rn. 8; eingehend siehe *Happ*, Stifterwille und Zweckänderung, S. 98 ff.

1220 Ähnlich *Winkler*, in: Andrick u. a., Die Stiftung – Jahreshefte zum Stiftungswesen 2011, S. 67, 84 zum Vorliegen einer wesentlichen Änderung als gesetzliche Voraussetzung für einen Zusammenschluss der Stiftungen.

1221 Zur Tätigkeit im Gemeindegebiet bei einer kommunalen örtlichen Stiftung siehe *v. Campenhausen/Stumpf*, in: Richter, Stiftungsrecht, § 15 Rn 12.

(3) Ergebnis

Bei Fusionen von Sparkassen sowie kommunalen Gebietsreformen ohne eine Änderung des Stiftungsvermögens kann eine Satzungsänderung nur bei einer statutarischen Ermächtigung erfolgen. Dazu muss die Satzung konkret bestimmen, dass das Gebiet der Stiftung mit dem Geschäftsgebiet der Sparkassen verbunden ist und die Änderung des Geschäftsgebiets Voraussetzung einer Satzungsänderung ist. Sofern nur allgemeine Voraussetzungen in der Ermächtigung festgelegt sind, lässt sich durch Auslegung der Satzungen der Sparkassen nicht der Wille der Sparkassen als Stifter entnehmen, Personen über den Bereich des bei Errichtung der Stiftung bestehenden Geschäftsgebiets zu fördern. Nach den gesetzlichen Vorgaben ist eine wesentliche Änderung der Verhältnisse zur Änderung der Satzung notwendig. Die Wesentlichkeit der Änderung ist nicht erreicht, sofern sich lediglich der räumliche Wirkungsbereich des Stifters geändert hat. Insofern besteht auf gesetzlicher Grundlage keine Möglichkeit zur Satzungsänderung. Den Sparkassen als Stiftern ist zu raten, bei der Satzungsgestaltung im Rahmen der Errichtung der Stiftung eine Ermächtigung der Organe zur Änderung der Satzung vorzusehen. Aus dieser muss sich explizit ergeben, dass es der ursprüngliche Wille des Stifters ist, dass der Tätigkeitsbereich der Stiftung mit dem aktuellen Geschäftsgebiet der Sparkassen übereinstimmt.

bb. Wesentliche Erhöhung des Stiftungsvermögens

Bei Fusionen von Sparkassen erfolgt jedoch aufgrund besonderer Abreden oftmals eine Zustiftung an die Sparkassen-Stiftung durch eine der an der Fusion beteiligten Sparkassen.[1222] Dies kann eine nicht unwesentliche Erhöhung des Stiftungsvermögens zur Folge haben. Es stellt sich die Frage, ob die Möglichkeit der Organe zur Änderung der Satzung bei einer wesentlichen Erhöhung des Stiftungsvermögens besteht.

(1) Änderung der Satzung aufgrund einer statutarischen Ermächtigung

Für die Satzungsänderung aufgrund einer statutarischen Ermächtigung müssen zunächst die Voraussetzungen der Ermächtigung erfüllt sein. Die Änderung

---

1222 Siehe dazu unter anderem *Andrick*, in: Andrick/Suerbaum, StiftG NRW, § 5 Rn. 13; *Winkler*, in: Andrick u. a., Die Stiftung – Jahreshefte zum Stiftungswesen 2011, S. 67, 79, 82. Dies lässt sich darauf zurückführen, dass bei einer unterschiedlichen Kapitalkraft der beiden fusionierenden Sparkassen die kapitalstärkere Sparkasse ihre finanziellen Mittel für die bisherige Region auf Dauer bewahren will. Insofern kann eine Zustiftung zur Stiftung im bisherigen Geschäftsgebiet erfolgen.

der Satzung muss weiterhin im Willen des Stifters liegen. Der Stifter strebt mit der Errichtung der Stiftung danach, dass der Stiftungszweck bestmöglich verfolgt wird. Bei einem größeren Vermögen kann für eine umfängliche Nutzung der Stiftungsmittel die Ausweitung des Stiftungszwecks notwendig werden. In solchen Fällen entspricht die Änderung der Satzung dem Willen des Stifters. Weiterhin ist der Effekt auf die Destinatäre der Stiftung zu untersuchen. Grundsätzlich führt eine Ausdehnung des räumlichen Wirkungsbereichs zu einer Verschlechterung der Förderchancen der bisherigen Destinatäre der Stiftung, was an sich dem Willen des Stifters widerspricht.[1223] Im Falle einer beträchtlichen Zustiftung im Rahmen der Fusion besteht jedoch nicht das Risiko der Verschlechterung der Chancen der Destinatäre.[1224] Durch die Zustiftung wächst das Vermögen der Stiftung, es ergibt sich keine Änderung für die bisherigen Destinatäre. Vielmehr bietet die Zustiftung finanzielle Anreize. Durch die höheren Erträge steht mehr Kapital für die Erweiterung und zur Verfolgung der Stiftungszwecke zur Verfügung.

(2) Änderung der Satzung nach den gesetzlichen Vorgaben

Nach den gesetzlichen Regelungen muss eine wesentliche Änderung der Verhältnisse vorliegen und mit dem Stifterwillen übereinstimmen.

(a) Wesentliche Änderung der Verhältnisse bei einer Zustiftung im Rahmen der Fusion von Sparkassen

Die Änderung des Geschäftsgebiets der Sparkassen stellt grundsätzlich keine wesentliche Änderung der Verhältnisse dar.[1225] Eine wesentliche Änderung der Verhältnisse könnte sich jedoch durch eine qualifizierte Zustiftung der Sparkasse an die Stiftung im Rahmen einer Fusion ergeben. Durch eine Zustiftung wird das Grundstockvermögen deutlich erhöht, infolgedessen verbessert sich die Vermögenslage der Stiftung. Damit steht der Stiftung in Zukunft ein wesentlich höheres Stiftungsvermögen zur Verfolgung des Stiftungszwecks zur Verfügung. Es erfolgt demnach durch die Zustiftung eine erhebliche Verbesserung der finanziellen Verhältnisse. Weiterhin müsste diese Änderung der Verhältnisse wesentlich sein. Dazu ist das Ausmaß der Zustiftung im Vergleich zum bestehenden Stiftungsvermögen im Einzelfall zu betrachten. Sofern die Zustiftung im Vergleich zum

---

1223 Siehe dazu bereits unter Teil 4 A.III.1.b.aa.(1)(b)(bb).

1224 Ebenso *Winkler*, in: Andrick u. a., Jahreshefte zum Stiftungswesen 2011, S. 67, 83.

1225 Siehe dazu bereits unter Teil 4 A.III.1.b.aa.(2)(b)(bb).

bestehenden Stiftungsvermögen erheblich ist, sind die Voraussetzungen einer wesentlichen Änderung der Verhältnisse erfüllt.[1226]

(b) Änderung entspricht dem ursprünglichen Stifterwillen

Schließlich müsste die Änderung der Satzungsbestimmungen im Willen des Stifters liegen. Bei einer Verbesserung der Vermögenssituation liegt es im Interesse des Stifters, zur bestmöglichen Verwirklichung des Stiftungszwecks die räumliche Tätigkeit der Stiftung auszuweiten. Weiterhin stehen Interessen der Destinatäre einer räumlichen Ausweitung der Tätigkeit nicht entgegen, da sich ihre Chancen nicht verschlechtern.

(3) Ergebnis

Sofern eine qualifizierte finanzielle Zuwendung an die Stiftung im Rahmen der Fusion erfolgt, ändern sich die Verhältnisse der Stiftung wesentlich. Aus diesem Grund haben die Organe der Stiftung bei einer nicht unerheblichen Zuwendung zu einer Stiftung die Möglichkeit, die Satzung zu ändern. Sofern die in der Satzungsermächtigung festgelegten ausdrücklichen oder allgemein gehaltenen Voraussetzungen erfüllt sind, wird die Satzungsänderung grundsätzlich vom Willen des Stifters zur bestmöglichen Verwirklichung des Zwecks getragen. Es kann jedoch auch ohne eine Satzungsermächtigung eine Änderung der Satzung auf der Grundlage der gesetzlichen Regelungen vorgenommen werden. Nach den gesetzlichen Regelungen ist die Satzungsänderung zulässig, da eine wesentliche Änderung der Verhältnisse vorliegt, die mit dem Willen des Stifters übereinstimmt.

2. Errichtung einer gemeinsamen Stiftung durch Zusammenlegung und Zulegung von Stiftungen

Alternativ besteht die Gestaltungsmöglichkeit, dass die bestehenden Sparkassen-Stiftungen, deren Stifter die fusionierenden Sparkassen sind, im Gebiet der neu entstandenen Sparkasse zusammengelegt oder zugelegt werden können. In diesem Fall würde eine neue Sparkassen-Stiftung mit dem räumlichen Wirkungsbereich der fusionierten Sparkassen entstehen.

1226 Ebenso *Winkler*, in: Andrick u. a., Die Stiftung – Jahreshefte zum Stiftungswesen 2011, S. 67, 82.

a. *Gesetzliche Vorgaben*

Es gibt zwei Arten von Zusammenschlüssen bei Stiftungen. Beide Arten der Zusammenschlüsse haben das Ziel, den ursprünglichen Stiftungszweck und Stifterwillen aller Beteiligten gemeinsam und gleichberechtigt zu verfolgen.[1227] Ein Zusammenschluss kann dabei in Form einer Zusammenlegung oder einer Zulegung erfolgen.[1228] Die Zusammenlegung, teilweise auch Zusammenschluss genannt, bezeichnet die Vereinigung von zwei oder mehr Stiftungen unter Erlöschen ihrer Rechtspersönlichkeit und Übertragung ihres Vermögens auf eine neu zu gründende Stiftung.[1229] Bei einer Zulegung wird das Vermögen einer oder mehrerer bestehender Stiftung auf eine bereits bestehende Stiftung übertragen.[1230]

aa. *Zulässigkeit und Voraussetzungen für die Zusammenlegung und die Zulegung*

Bei den Sparkassen-Stiftungen ist festzustellen, ob eine Zusammenlegung sowie eine Zulegung von Stiftungen möglich sind und unter welchen Voraussetzungen diese stehen. Im BGB finden sich derzeit keine Bestimmungen über die Zusammenlegung sowie die Zulegung von Stiftungen, sofern sie durch den Beschluss eines Stiftungsorgans erfolgen. Es ist ausschließlich der durch die Stiftungsbehörde veranlasste Zusammenschluss von Stiftungen in § 87 I BGB geregelt. Im Gegensatz dazu sind die Zusammenlegung sowie die Zulegung in den Landesstiftungsgesetzen erwähnt.[1231] Ebenso wie bei der Satzungsänderung stellt sich

---

1227 *Schauer*, ZEV 2017, 613, 614.

1228 *Arnold*, in Hüttemann/Richter/Weitemeyer, Landesstiftungsrecht, Rn. 27.6; *Fritsche*, in: Werner/Saenger, Die Stiftung, 2008, Rn. 711; *Schauer*, ZEV 2017, 613.

1229 *Arnold*, in: Hüttemann/Richter/Weitemeyer, Landesstiftungsrecht, Rn. 27.6; *Fritsche*, in: Werner/Saenger, Die Stiftung, 2008, Rn. 711; *Gottschald/Knoop*, in: MünchHdbGesR V, § 106 Rn. 16; *Peters/Herms*, ZStV 2004, 323, 325; *Schauer*, ZEV 2017, 613.

1230 *Arnold*, in Hüttemann/Richter/Weitemeyer, Landesstiftungsrecht, Rn. 27.6; *Fritsche*, in: Werner/Saenger, Die Stiftung, 2008, Rn. 711; *Gottschald/Knoop*, in: MünchHdbGesR V, § 106 Rn. 18; *Peters/Herms*, ZStV 2004, 323, 326; *Schauer*, ZEV 2017, 613, 614.

1231 Für die Zusammenlegung siehe § 14 II StiftG BW, § 8 I StiftG Bremen, § 5 StiftG Berlin, § 7 I StiftG Hamburg, § 9 I StiftG Hessen, § 7 I StiftG Niedersachsen, § 5 II Nr. 1 StiftG NRW, § 8 II StiftG Rh-Pf, § 7 I StiftG Saar, § 5 I 2 Nr. 2 StiftG Schl-H, § 10 I StiftG Brandenburg, § 10 I StiftG Sachsen, § 9 I Nr. 2 StiftG Sa-Ah. Eine Regelung fehlt in Bayern, Mecklenburg-Vorpommern und Thüringen.

somit die Frage nach der Zulässigkeit und den Voraussetzungen der Zusammenlegung sowie der Zulegung von Stiftungen.[1232]

(1) Meinungsstand

Teilweise werden die Zusammenlegung sowie die Zulegung von Stiftungen durch Stiftungsorgane sowohl auf satzungsrechtlicher Anordnung als auch auf Grundlage der landesgesetzlichen Regelungen als unzulässig angesehen.[1233] Nach Muscheler regelt § 87 BGB die Möglichkeit der Zusammenlegung und Zulegung abschließend.[1234] Weiterhin sei eine statutarische Ermächtigung unzulässig, da die Zusammenlegung als Unterfall der Aufhebung nicht zur Verfassung gezählt werden könne und § 85 BGB insofern nicht anwendbar sei.[1235] Saenger hingegen stützt die Unzulässigkeit darauf, dass die Zusammenlegung die Existenz der ursprünglichen Stiftung vernichte und dem Gebot der unbedingten Aufrechterhaltung der Stiftung und des entsprechenden Stifterwillens widerspreche.[1236]

Teilweise wird die Möglichkeit der Zusammenlegung und Zulegung allein aufgrund einer Satzungsermächtigung angenommen.[1237] Das Primat des Stifterwillens eröffne ihm die Möglichkeit, eine Zusammenlegung und eine Zulegung von Stiftungen zu bestimmen.[1238] Als Argument wird angeführt, dass die

---

1232 Nach dem Gesetzesentwurf der Bundesregierung für ein Gesetz zur Vereinheitlichung des Stiftungsrechts soll im BGB eine Regelung zur Zulässigkeit und den Voraussetzungen für die Zusammenlegung und Zulegung von Stiftungen getroffen werden (§§ 86, 86 a BGB neu). Siehe vertiefend den Gesetzesentwurf der Bundesregierung für ein Gesetz zur Vereinheitlichung des Stiftungsrechts in der Fassung vom 03.02.2021, S. 10 ff., 32, 77 ff.

1233 *Muscheler*, ZStV 2004, 3, 7 = Beiträge S. 299 ff.; *Saenger*, ZStV 2007, 81, 87.

1234 *Muscheler*, ZStV 2004, 3, 7 = Beiträge S. 299 ff.

1235 *Muscheler*, ZStV 2004, 3, 7 = Beiträge S. 299 ff.

1236 *Saenger*, ZStV 2007, 81, 87.

1237 *Backert*, in: Bamberger/Roth/Hau/Poseck BGB, § 87 Rn. 2; *Hüttemann/Rawert*, in: Staudinger, BGB, § 87 Rn. 4; *Weitemeyer*, in: MüKo BGB, § 87 Rn. 21, § 85 Rn. 8; *Arnold*, in: Hüttemann/Richter/Weitemeyer, Landesstiftungsrecht, Rn. 27.50 f.; *Fritsche*, in: Werner/Saenger, Die Stiftung, 2008, Rn. 724 f., 734 ff.; *Schauer*, Die Zusammenführung rechtsfähiger Stiftungen, S. 88.

1238 *Backert*, in: Bamberger/Roth/Hau/Poseck BGB, § 87 Rn. 2; *Hüttemann/Rawert*, in: Staudinger, BGB, § 87 Rn. 4; *Weitemeyer*, in: MüKo BGB, § 87 Rn. 21, § 85 Rn. 8; *Arnold*, in: Hüttemann/Richter/Weitemeyer, Landesstiftungsrecht, Rn. 27.50 f.; *Fritsche*, in: Werner/Saenger, Die Stiftung, 2008, Rn. 724 f., 734 ff.; *Schauer*, Die Zusammenführung rechtsfähiger Stiftungen, S. 88.

Zusammenführungen die Binnenorganisation der Stiftung und damit die Verfassung nach § 85 BGB beträfen.[1239] Die Satzung müsse dabei die Möglichkeit der Zusammenlegung und der Zulegung und deren Voraussetzungen anordnen.[1240] Die Regelungen in den Stiftungsgesetzen der Länder zu Zusammenlegung und Zulegung seien unwirksam. Eine Disposition über Existenz und Identität der Stiftung sei nicht durch die Stiftungsorgane zu treffen; ihnen obliege nur das Recht und die Pflicht zur Erfüllung des Stiftungszwecks.[1241]

Demgegenüber sieht ein anderer Teil der Literatur neben den Satzungsermächtigungen die Vorschriften der Länder zur Zusammenlegung und Zulegung als anwendbar an.[1242] Zur Begründung führen sie an, dass die Zusammenlegung und Zulegung nicht Unterart der Aufhebung seien, sondern eine Form der den Stiftungsorganen zugewiesenen Zweckerfüllung.[1243] Es komme nicht zu einer Beseitigung der vom Stifter vorgegebenen Vermögens-Zweck-Beziehung.[1244] Mit Ausnahme von Bayern, Mecklenburg-Vorpommern und Thüringen enthalten alle Landesstiftungsgesetze Regelungen über die Zusammenlegung.[1245] Eine

---

1239 Unter anderem *Schauer,* Die Zusammenführung rechtsfähiger Stiftungen, S. 88.

1240 *Backert,* in: Bamberger/Roth/Hau/Poseck BGB, § 87 Rn. 2; *Hüttemann/Rawert,* in: Staudinger, BGB, § 87 Rn. 4; *Weitemeyer,* in: MüKo BGB, § 87 Rn. 21, § 85 Rn. 8; *Arnold,* in: Hüttemann/Richter/Weitemeyer, Landesstiftungsrecht, Rn. 27.50 f.; *Fritsche,* in: Werner/Saenger, Die Stiftung, 2008, Rn. 724 f., 734 ff.; *Schauer,* Die Zusammenführung rechtsfähiger Stiftungen, S. 92 ff.

1241 *Backert,* in: Bamberger/Roth/Hau/Poseck BGB, § 87 Rn. 2; *Hüttemann/Rawert,* Staudinger, BGB, § 87 Rn. 4; *Weitemeyer,* in: MüKo BGB, § 87 Rn. 21, § 85 Rn. 4 ff.; *Arnold,* in: Hüttemann/Richter/Weitemeyer, Landesstiftungsrecht, Rn. 27.55; ähnlich *Fritsche,* in: Werner/Saenger, Die Stiftung, 2008, Rn. 724 f.; *Schauer,* Die Zusammenführung rechtsfähiger Stiftungen, S. 76 ff. Vgl. auch *Happ,* Stifterwille, S. 143 ff. und *Rawert,* in: FS Priester, S. 647, 656 f., die § 87 BGB als Ausfluss der Abwägung von Allgemeininteresse und Stifterwille für Zweckänderung und Aufhebung halten.

1242 *Andrick,* in: Andrick/Suerbaum, StiftG NRW, § 5 Rn. 14 ff.; *Hof,* in: v. Campenhausen/Richter, Stiftungsrechts-Handbuch, 2014, § 10 Rn. 340 ff.; *Hoffmann,* Zusammenlegung und Zulegung rechtsfähiger Stiftungen des bürgerlichen Rechts, S. 58 ff.; *Winkler,* in: Andrick u. a., Die Stiftung – Jahreshefte zum Stiftungswesen 2011, S. 67, 75 ff.; *Hoffmann-Grambow,* DZWIR 2015, 301, 303 f.; *Peters/Herms,* ZStV 2004, 323, 326; wohl auch *Gummert/Richter,* in: MünchHdbGesR V, § 117 Rn. 16 ff.

1243 Siehe u. a. *Andrick,* in: Andrick/Suerbaum, StiftG NRW, § 5 Rn. 14; *Hoffmann,* Zusammenlegung und Zulegung rechtsfähiger Stiftungen des bürgerlichen Rechts, S. 58 ff.; *Hoffmann-Grambow,* DZWIR 2015, 301, 303 f.

1244 *Hoffmann,* Zusammenlegung und Zulegung rechtsfähiger Stiftungen des bürgerlichen Rechts, S. 58 ff.; *Hoffmann-Grambow,* DZWIR 2015, 301, 303 f.

1245 *Gottschald/Knoop,* in: MünchHdbGesR V, § 107 Rn. 4; *Hoffmann-Grambow,* DZWIR 2015, 301, 302.

Zulegung findet sich nur in Landesstiftungsgesetzen in Hamburg, Schleswig-Holstein sowie Sachsen-Anhalt.[1246] Die meisten Landesstiftungsgesetzte legen als Voraussetzung für die Zusammenlegung die wesentliche Änderung der Verhältnisse fest.[1247] Je nach landesgesetzlicher Gestaltung finden sich weitere Vorgaben wie die Verfolgung von gleichen bzw. vergleichbaren Stiftungszwecken der beteiligten Stiftungen[1248] und die Wahrung der Rechte der Destinatäre[1249]. Soweit der Stifter eine Regelung für die Zusammenlegung und die Zulegung von Stiftungen in der Satzung getroffen hat, ergeben sich Voraussetzungen aus der satzungsrechtlichen Regelung.[1250]

(2) Stellungnahme

Bei der Zusammenlegung und Zulegung von Stiftungen ist die Identität der Stiftung betroffen. Der Stiftungszweck wird zwar weitergeführt, dies geschieht jedoch nicht unter Wahrung der Verbindung von Zweck, Vermögen und Organisation. Die Stiftung als solche erlischt. In diesem Sinne grenzen sich die Zusammenlegung und die Zulegung von Stiftungen von sonstigen Änderungen der Satzung ab, solange diese nicht grundlegend den Stiftungszweck verändern. Bei der Möglichkeit der Regelung dieser Belange im Landesrecht ist problematisch, dass schwerwiegende Eingriffe in die Identität der Stiftung wie die Änderung des Stiftungszwecks und die Auflösung im Bundesrecht unter der Voraussetzung der Unmöglichkeit der Zweckverfolgung sowie der Gemeinwohlgefährdung stehen. Auch wenn die bundesrechtliche Regelung nur für hoheitliche Änderungen gilt, ist daraus der Wille des Gesetzgebers zu entnehmen, grundlegende

---

1246 § 7 I StiftG Hamburg, § 5 I StiftG Schl-H, § 9 StiftG Sa-Ah.

1247 Eine Änderung der wesentlichen Verhältnisse findet sich in § 8 I StiftG Bremen, § 5 II StiftG Berlin , § 7 I StiftG Hamburg, § 9 II 1 StiftG Hessen, § 7 I StiftG Niedersachsen, § 5 II Nr. 2 StiftG NRW, § 8 II StiftG Rh-Pf, § 7 I StiftG Saar, § 5 I StiftG Schl-H, § 10 i. V. m. § 9 I StiftG Sachsen, § 9 I StiftG Sa-Ah. Dazu siehe auch *Arnold,* in: Hüttemann/Richter/Weitemeyer, Landesstiftungsrecht, Rn. 27.53; *Kirchhain,* in: Schauhoff, Handbuch der Gemeinnützigkeit, § 19 Rn. 53; *Hoffmann*, Zusammenlegung und Zulegung, S. 104.

1248 § 7 I StiftG Hamburg sowie § 9 I StiftG Sa-Ah; für eine Notwendigkeit gleichartiger Zwecke auch *Hof,* in: v. Campenhausen/Richter, Stiftungsrechts-Handbuch, 2014, § 11 Rn. 50; *Burgard,* Gestaltungsfreiheit im Stiftungsrecht, S. 631.

1249 § 7 II 3 StiftG Niedersachsen, § 7 II 3 StiftG Saar, § 10 i. V. m. 9 I, III StiftG Sachsen, § 9 II 2 StiftG Sa-Ah.

1250 *Arnold,* in: Hüttemann/Richter/Weitemeyer, Landesstiftungsrecht, Rn. 27.50; *Schauer*, ZEV 2017, 613, 615.

Änderungen an höhere Anforderungen zu binden. Der Landesgesetzgeber kann nur Ausformungen des Stiftungsrechts konkretisieren und nicht dem Bundesrecht widersprechen. Die Landesstiftungsgesetze sind daher einschränkend auszulegen, sodass die Zusammenlegung und die Zulegung nur unter den Voraussetzungen des § 87 BGB möglich sind. Grundsätzlich besteht die Möglichkeit des Stifters, in der Satzung Regelungen über die Zusammenführung von Stiftungen zu treffen. Der Stifter darf Voraussetzungen und Inhalt der Maßnahmen im Stiftungsgeschäft bestimmen. Allerdings ist die Gestaltungsfreiheit des Stifters eingeschränkt. Aufgrund der erhöhten Anforderungen bei einer identitätsändernden Maßnahme müssen die Anforderungen wie bei einer Auflösung eingehalten werden.

bb. Verfahrensrechtliche Vorgaben

Das Verfahren der Satzungsänderung durch die Stiftungsorgane erfolgt in zwei Schritten. Die Stiftungsorgane beider Stiftungen beschließen die Zulegung oder Zusammenlegung.[1251] Im nächsten Schritt bedürfen diese Beschlüsse der Genehmigung der zuständigen Stiftungsbehörde.[1252] Darüber hinaus finden sich teilweise Regelungen zur Anhörung[1253] oder Zustimmung[1254] des Stifters.[1255]

cc. Zusammenfassung

Sofern der Stifter von der Möglichkeit Gebrauch gemacht hat, in der Satzung Bestimmungen für die Zusammenlegung und die Zulegung von Stiftungen zu treffen, können die Stiftungsorgane Stiftungen zusammenschließen. Die statutarische Ermächtigung ist jedoch nach der hier vertretenen Ansicht nur zulässig, sofern Voraussetzung für die Zusammenlegung und die Zulegung ist, dass wie nach § 87 I BGB die dauernde und nachhaltige Erfüllung des Zwecks unmöglich geworden ist oder die Erfüllung des Stiftungszwecks das Gemeinwohl gefährdet.

1251 Zur derzeitigen Rechtslage siehe *Arnold*, in: Hüttemann/Richter/Weitemeyer, Landesstiftungsrecht, Rn. 27.48; *Kirchhain*, in: Schauhoff, Handbuch der Gemeinnützigkeit, § 19 Rn. 53.

1252 *Arnold*, in: Hüttemann/Richter/Weitemeyer, Landesstiftungsrecht, Rn. 27.63; *Kirchhain*, in: Schauhoff, Handbuch der Gemeinnützigkeit, § 19 Rn. 53.

1253 § 10 I, II StiftG Brandenburg, § 7 I, III StiftG Hamburg, § 5 II StiftG NRW, § 8 II StiftG Rh-Pf, §§ 10, 9 I - III StiftG Sachsen, § 9 I - III StiftG Sa-Ah.

1254 § 8 I, II StiftG Bremen, § 7 StiftG Niedersachsen, § 5 StiftG Schl-Hol.

1255 Die Zulässigkeit der Beteiligung des Stifters am Verfahren ist sehr umstritten, siehe *Arnold*, in: Hüttemann/Richter/Weitemeyer, Landesstiftungsrecht, Rn. 27.45.

Weiterhin sind nach der hier vertretenen Ansicht die landesgesetzlichen Bestimmungen zur Möglichkeit der Zusammenlegungen und Zulegung von Stiftungen anwendbar. Allerdings stehen diese aufgrund der einschränkenden Auslegung der landesrechtlichen Regelung ebenfalls unter der Voraussetzung der Unmöglichkeit der Verfolgung der Stiftungszwecke sowie der Gemeinwohlgefährdung. Verfahrensrechtlich ist neben den Beschlüssen der Stiftungsorgane der beiden Stiftungen über die Zulegung oder Zusammenlegung die Genehmigung der Stiftungsbehörde einzuholen.

b. Zusammenlegung und Zulegung von Sparkassen-Stiftungen bei Änderungen des Geschäftsgebiets der Sparkassen

Nach den landesgesetzlichen Bestimmungen müssen für eine Zusammenlegung und eine Zulegung die Voraussetzungen des § 87 BGB erfüllt werden. Aufgrund der Änderung des Geschäftsgebiets der Sparkassen stehen den Sparkassen-Stiftungen ausreichend Stiftungsmittel zur Verfügung, um die Arbeit in einem Teilbereich der neuen Sparkassen zu verfolgen. Insofern ist keine Unmöglichkeit der Zweckverfolgung gegeben. Eine Gemeinwohlgefährdung ist fernliegend.[1256] Eine satzungsrechtliche Änderungsbefugnis steht unter denselben Anforderungen. Eine Zusammenlegung und eine Zulegung von Sparkassen-Stiftungen aufgrund der Änderung des Geschäftsgebiets der Sparkassen ist insofern unzulässig. Im Ergebnis stehen die Zusammenlegung und die Zulegung den Sparkassen-Stiftungen bei kommunalen Gebietsänderungen sowie bei Fusionen der Sparkassen nicht als Gestaltungsmöglichkeit zur Verfügung.

3. Keine Notwendigkeit einer gesetzlichen Sonderregelung

Die Problematik der Behandlung von Sparkassen-Stiftungen bei Fusionen von Sparkassen und kommunalen Gebietsreformen wirft die Frage auf, ob für diese Sachverhalte eine gesetzliche Sonderregelung getroffen werden sollte. Eine Sonderregelung könnte die Stiftungsorgane je nach Ausgestaltung zu einer Änderung der Satzung sowie zu Zusammenlegung und Zulegung von Stiftungen bei der Änderung des Wirkungsbereichs der Sparkassen ermächtigen. In der Vergangenheit wurde dieses Problem bereits bei Reformen des Stiftungsrechts in den Bundesländern, so unter anderem in Sachsen-Anhalt, aufgeworfen.[1257] Eine

---

1256 Siehe dazu bereits unter Teil 4 A.II.

1257 Siehe dazu sowie zur Ablehnung der Notwendigkeit einer gesetzlichen Sonderregelung aufgrund der Übernahme von Tätigkeiten im Bereich des dritten Sektors *Winkler*, in: Andrick u. a., Die Stiftung – Jahreshefte zum Stiftungswesen 2011, S. 67, 68.

gesetzliche Sonderregelung erfordert das Bestehen besonderer Gründe, die zu einer anderen Beurteilung der Rechtslage führen. Einen solchen Grund stellen nicht die von der Stiftung verfolgten Stiftungszwecke dar. Die Sparkassen-Stiftungen nehmen gemeinnützige Zwecke im Bereich des dritten Sektors und keine kreditwirtschaftlichen Aufgaben als Teil des öffentlichen Auftrags der Sparkassen wahr. Es fehlt daher bei den Stiftungen an der sich aus dem öffentlichen Auftrag für Sparkassen ergebenden Notwendigkeit, dass das Geschäftsgebiet mit dem Gebiet des Trägers auf Dauer übereinstimmt.[1258] Auch kann als weiterer Rechtfertigungsgrund nicht daran angeknüpft werden, dass bei den Sparkassen-Stiftungen der Wille des Stifters grundsätzlich dahingehend zu verstehen ist, dass er auf Dauer die Menschen im aktuellen räumlichen Wirkungsbereich der Sparkassen fördern möchte. Die Satzungen der Sparkassen-Stiftungen beziehen sich auf das Gebiet der Sparkassen zum Zeitpunkt der Stiftungserrichtung. Allein dieser im Stiftungsgeschäft bestehende Wille ist im Stiftungsrecht ausschlaggebend. Im Ergebnis lässt sich somit feststellen, dass es kein Bedürfnis nach einer gesetzlichen Sonderregelung gibt. Es liegt keine von den Konstellationen des Stiftungsrechts abweichende besondere Situation bei der Änderung des regionalen Tätigkeitsbereichs der Sparkassen vor.

IV. Zusammenfassung zu den Gestaltungsmöglichkeiten der Sparkassen-Stiftungen

Den Sparkassen als Stiftern sowie den Stiftungen selbst ist im Hinblick auf die Wahrnehmung der Stiftung in der Öffentlichkeit sowie auf die Generierung von Zustiftungen durch die Sparkassen daran gelegen, dass der Tätigkeitsbereich der Stiftung mit dem Geschäftsgebiet der Sparkassen übereinstimmt. Insofern ergibt sich bei Gebietsänderungen aufgrund kommunaler Gebietsänderungen sowie Fusionen von Sparkassen das Bedürfnis zur Anpassung der Satzung an die geänderten Umstände. Die Möglichkeiten der nachträglichen Änderung des räumlichen Tätigkeitsbereichs bei Sparkassen-Stiftungen sind jedoch beschränkt. Dies ist den Besonderheiten des Stiftungsrechts geschuldet. Eine Änderungskompetenz kommt den Organen der Stiftung zu. Die Sparkassen können den Orangen durch statutarische Ermächtigung die Möglichkeit der Satzungsänderung eröffnen. Dazu muss die Satzung konkret bestimmen, dass das Gebiet der Stiftung

1258 Eine Übereinstimmung des Geschäftsgebiets der Sparkasse mit dem Fördergebiet der Stiftung muss nur im Zeitpunkt der Errichtung bestehen, vgl. Teil 2 A.II.1.d sowie Teil 2 A.III.1.a.

mit dem Geschäftsgebiet der Sparkassen verbunden ist und die Änderung des Geschäftsgebiets Voraussetzung einer Satzungsänderung ist. Eine Änderung der Satzung besteht ohne Satzungsermächtigung nur im Falle einer erheblichen Zustiftung an die Sparkassen-Stiftungen im Rahmen von Fusionen von Sparkassen. Aufgrund der qualifizierten Verbesserung der finanziellen Mittel der Stiftung liegt eine wesentliche Änderung der Verhältnisse vor, die die Anpassung der Satzung zur bestmöglichen Zweckverwirklichung erfordert. Sofern nur eine Sparkassen-Stiftung im Gebiet der bisher bestehenden Sparkasse bestand, kann diese nach den genannten Regelungen ihre räumlichen Wirkungsbereich im Rahmen der Stiftungszwecke, ihren Sitz sowie ihren Namen ändern und ihre Tätigkeit damit auf das neue Geschäftsgebiet ausweiten. Im Falle mehrerer bestehender Sparkassen-Stiftungen besitzen diese die Möglichkeit, ihre Tätigkeit auf das neue Geschäftsgebiet der Sparkassen auszudehnen. Eine Zusammenlegung oder Zulegung mehrerer Sparkassen-Stiftungen als weitere Gestaltungsmöglichkeit kommt nicht in Betracht. Sie sind nach dem Sinn und Zweck des Gesetzes unter strengere Voraussetzungen gestellt als die Satzungsänderung. Schließlich besteht keine Notwendigkeit einer ausdrücklichen gesetzlichen Regelung bei Gebietsänderungen der Sparkassen. Es liegt keine spezifische Gefährdungslage vor, die eine Sonderregelung rechtfertigen würde. Die Sparkassen als Stifter besitzen weiterhin nicht die Möglichkeit, die Satzung der Stiftung autonom zu ändern. Es widerspricht dem Trennungs- und Ewigkeitsgedanken, dem Stifter die Verfügung über die Stiftung und die Anpassung an seinen derzeitigen Willen zu gewähren. Sie können sich jedoch in der Satzung ein Anhörungs- sowie Zustimmungsrecht im Änderungsprozess vorbehalten.

B. Auskunftsansprüche der Öffentlichkeit im Zusammenhang mit Sparkassen-Stiftungen

Stiftungen übernehmen in der Gesellschaft wichtige Aufgaben im sozialen, kulturellen und ökologischen Bereich. Das Interesse der Gesellschaft an der Arbeit der Stiftungen gewinnt daher zunehmend an Bedeutung. Als zweiter Aspekt des besonderen Verhältnisses von Stiftungen und Sparkassen soll die Möglichkeit der Öffentlichkeit, Einblick in die Errichtung und Tätigkeit der Sparkassen-Stiftungen zu gewinnen, untersucht werden. Bei den Sparkassen-Stiftungen besteht dabei die Besonderheit, dass bei der Errichtung der Stiftung eine juristische Person des öffentlichen Rechts als Stifter handelt. Die Sparkassen als rechtsfähige Anstalten des öffentlichen Rechts unterliegen besonderen Informationsansprüchen der Öffentlichkeit bei der Wahrnehmung ihrer Aufgaben. Die Sparkassen-Stiftungen sind demgegenüber juristische Personen des Privatrechts.

Es stellt sich die Frage, inwieweit und auf welcher Grundlage sie der Öffentlichkeit über ihre Tätigkeiten Auskünfte zu erteilen haben.

I. Auskunftsansprüche gegenüber den Sparkassen bei der Errichtung von Sparkassen-Stiftungen

Die Entscheidung über die Errichtung von Stiftungen ist eine geschäftspolitische Maßnahme der Sparkassen. Sie wird durch Beschluss des Verwaltungsrates der Sparkassen auf Vorschlag des Vorstandes getroffen.[1259] Bei der Errichtung sind für die Öffentlichkeit Informationen über die geplante Ausgestaltung der Stiftung von Bedeutung. Neben der interessierten Öffentlichkeit muss bei den Sparkassen jedoch noch eine weiterer Beteiligter betrachtet werden. Die Sparkassen werden von den Gemeinden getragen. Als Träger kommen den Gemeinden Mitwirkungsrechte zu.[1260] Problematisch ist, inwieweit sie im Rahmen der Errichtung der Stiftung besondere Auskunftsrechte besitzen. Nur sofern sie ausreichend informiert sind, können die Gemeinden ihrer Rolle als Träger der Sparkassen gerecht werden.

1. Auskunftsansprüche der Öffentlichkeit

Die Öffentlichkeit kann mit den von den Sparkassen erhaltenen Informationen Einfluss auf die Ausgestaltung derselben nehmen und eine Beachtung der Interessen der Bürger gewährleisten. Die Auskunftsansprüche können sich zum einen vor der Entscheidung über die Errichtung der Stiftung auf Informationen zu dieser beziehen, zum anderen können sie nach der Entscheidung Einblick in die Ausgestaltung der Stiftung aufgrund ihrer Satzung geben. In der Praxis veröffentlichen nicht alle Stiftungen ihre Satzungen im Internet.[1261] Ein Anspruch auf Auskunft gegenüber den Sparkassen könnte sich für natürliche Personen aufgrund der Informationsfreiheitsgesetze der Länder ergeben. Für den Bereich der Verwaltung sehen die Informationsfreiheitsgesetze der Länder einen gesetzlich geregelten Informationsanspruch zur Wahrung von demokratischen Einfluss- und Kontrollmöglichkeiten der Öffentlichkeit vor.[1262] Die Bürger sollen zur effektiven Wahrnehmung ihrer Rechte ermutigt und die Transparenz des

1259 Siehe dazu unter Teil 2 A.IV.
1260 Siehe dazu unter Teil 1 B.II.2.
1261 Siehe dazu beispielhaft die fehlende Veröffentlichung einer Satzung bei der Sparkassenstiftung für den Kreis Borken oder der Kulturstiftung der Weser-Elbe Sparkasse.
1262 *Schoch*, IFG Bund, § 1 Rn. 9; *Spannowsky*, ZfBR 2017, 112.

Verwaltungshandelns soll gesteigert werden.[1263] Voraussetzung des Auskunftsanspruchs nach den Informationsfreiheitsgesetzen der Länder ist, dass eine natürliche Person von einer auskunftsverpflichteten Stelle Auskunft über eine taugliche Information verlangen kann und diese nicht ausgeschlossen ist.[1264]

a. Sparkassen als Auskunftsverpflichtete

Auskunftsverpflichtete sind öffentliche Stellen, die Verwaltungsangelegenheiten wahrnehmen.[1265]

aa. Persönlicher Anwendungsbereich

Zunächst müsste es sich bei den Sparkassen um öffentliche Stellen handeln. Die landesgesetzlichen Regelungen definieren den Begriff der öffentlichen Stelle. Dabei weisen sie Unterschiede auf, die im Detail zu betrachten sind. Teilweise bezeichnen die landesgesetzlichen Regelungen öffentlich-rechtliche Anstalten als öffentliche Stellen. Diese Regelung findet sich in Bremen, Schleswig-Holstein, Brandenburg, Mecklenburg-Vorpommern und Sachsen-Anhalt.[1266] Die Sparkassen werden in der Rechtsform einer landesrechtlichen Anstalt des öffentlichen Rechts errichtet.[1267] Insofern sind sie öffentliche Stellen. Teilweise sind öffentliche Stellen in den Informationsfreiheitsgesetzen der Länder definiert als der Aufsicht des Landes unterworfene juristische Personen des öffentlichen

1263 BT-Drucks 15/4493 S. 6; *Schoch*, IFG Bund, § 1 Rn. 9.

1264 Zu den landesgesetzlichen Informationsansprüchen siehe § 1 II IFG BW, § 1 I 1 IFG Bremen, § 3 I IFG Berlin, § 1 II TranspG Hamburg, § 80 I DSIFG Hessen, § 4 I IFG NRW, § 2 I TranspG Rh-Pf, § 1 I IFG Saar, § 3 IZG Schl-H, § 1 AIG Brandenburg, § 1 II 2 IFG Meck-Vp, § 1 I IZG Sa-Ah, § 4 I IFG Thüringen. Es existieren noch keine Informationsfreiheitsgesetze in Bayern, Niedersachsen und Sachsen. Der Regelung im Transparenzgesetz Hamburg kommt im Rahmen dieser Arbeit keine Bedeutung zu, da die Hamburger Sparkasse in der Rechtsform der Aktiengesellschaft organisiert ist. Außerdem sind die Regelungen in Berlin nicht zu prüfen, da die Sparkasse Berlin ebenfalls eine Sonderform darstellt, die nicht betrachtet wird. Siehe zu den Sonderformen der Sparkassen Teil 1 B.II.

1265 § 2 I IFG BW, § 1 I IFG Bremen, § 81 I HSIFG Hessen, § 2 I 1 IFG NRW, § 3 I TranspG Rh-Pf, § 1 I IFG Saar, § 2 III Nr. 1 IZG Schl-H, § 2 I AIG Brandenburg, § 3 I IFG Meck-Vp, § 1 I Nr. 1 IZG Sa-Ah, § 2 I IFG Thüringen.

1266 § 1 I IFG Bremen, § 2 III Nr. 1 IZG Schl-H, § 2 I 1 AIG Brandenburg, § 3 I IFG Meck-Vp, § 1 I Nr. 1 IZG Sa-Ah. § 1 I IFG Saar ist an § 1 I 1 IFG Bund angelehnt, von den öffentlich-rechtlichen Stellen im IFG des Bundes werden auch öffentlich-rechtliche Anstalten erfasst, siehe dazu z. B. *Schoch*, IFG Bund, § 1 Rn. 92, 167.

1267 Siehe dazu bereits unter Teil 1 B.II.1.

Rechts. Diese Vorgabe besteht in Baden-Württemberg, Nordrhein-Westfalen, Rheinland-Pfalz und Thüringen.[1268] Die Sparkassen als juristische Personen des öffentlichen Rechts unterstehen der Aufsicht des Landes.[1269] Somit sind sie in diesen Ländern ebenfalls grundsätzlich öffentliche Stellen. In Baden-Württemberg und in Rheinland-Pfalz besteht jedoch die Besonderheit, dass das Informationsfreiheitsgesetz ausdrücklich nicht auf Sparkassen anwendbar ist.[1270] Der persönliche Anwendungsbereich liegt somit nicht vor. In Hessen gilt ebenfalls eine Einschränkung. Dort muss die Anwendung der Vorschriften des Informationsfreiheitsgesetzes ausdrücklich durch Satzung bestimmt werden.[1271] Die Sparkassen sind folglich in Hessen von vornherein nicht zur Auskunft verpflichtet.

bb. Sachlicher Anwendungsbereich

Das Informationsrecht gilt nach dem Regelungszweck nur, soweit die öffentlichen Stellen Verwaltungsaufgaben wahrnehmen.[1272] Der Begriff der Verwaltungstätigkeit ist weit auszulegen und umfasst das öffentlich-rechtliche Handeln ebenso wie das privatrechtliche Handeln.[1273] Die Sparkassen verfolgen bei ihrer Tätigkeit ihren öffentlich-rechtlichen Auftrag. Bestandteil dessen ist die Unterstützung der Gemeinden.[1274] Im Rahmen der Unterstützung der Gemeinden können die Sparkassen auf das Gemeindegebiet bezogene gemeinnützige Stiftungen errichten. Zwar bedienen sich die öffentlich-rechtlichen Sparkassen regelmäßig und in weiten Teilen im Rahmen ihrer Aufgabenerfüllung privatrechtlicher Handlungsformen.[1275] Dies ist jedoch unschädlich für die Anwendung der Informationsfreiheitsgesetze. Der sachliche Anwendungsbereich ist demzufolge eröffnet.

1268 § 2 I IFG BW, § 2 I 1 IFG NRW, § 3 I TranspG Rh-Pf und § 2 I IFG Thüringen.

1269 § 48 I SpkG BW, § 39 I SpkG NRW, § 27 SpkG Rh-Pf und § 24 I 1 SpkG Thüringen.

1270 § 2 III Nr. 3 IFG BW und § 3 VI TranspG Rh-Pf.

1271 § 81 I Nr. 7 DSIFG Hessen. Es soll den kommunalen Stellen überlassen werden, sich dem Informationsfreiheitsgesetz zu unterwerfen, vgl. Entwurf für ein Hessisches Datenschutz- und Informationsfreiheitsgesetz, LT-Drucks. Hessen 19/5728, S. 127.

1272 *Spannowsky*, ZfBR 2017, 112, 114; für Nordrhein-Westfalen *Franßen/Seidel*, IFG NRW, § 2 Rn. 220; *Bischopink*, NWVBl 2003, 245, 246.

1273 Siehe dazu für Nordrhein-Westfalen OVG Nordrhein-Westfalen, Urt. v. 02.6.2015 – 15 A 1997/12, Rn. 39 ff. (zit. nach juris); OVG Nordrhein-Westfalen, Urt. v. 07. 10. 2010 – 8 A 875/09, Rn. 30 ff. (zit. nach juris); *Franßen/Seidel*, IFG NRW, § 2 Rn. 220 ff.

1274 Vgl. Teil 2 B.II.3.

1275 *Huhn*, Vertraulichkeit und Transparenz der öffentlich-rechtlichen Sparkassen, S. 119.

cc. Ausnahmen vom Anwendungsbereich

Manche Länder nehmen öffentliche Stellen, die als Unternehmen am Wettbewerb teilnehmen, von der Auskunftspflicht aus.[1276] Dies ist jedoch nicht als ein vollständiger Ausschluss vom Anwendungsbereich der Informationsfreiheitsgesetze zu sehen, sondern nur als ein Ausschluss für den Bereich der Wettbewerbstätigkeit.[1277] Sparkassen fallen somit in Ländern mit Sonderregelung aus dem Anwendungsbereich der Informationsfreiheitsgesetze heraus, wenn bei ihrer Tätigkeit ein wettbewerbsrechtlicher Bezug besteht. Dieser ist bei einer bankgeschäftlichen Tätigkeit der Sparkassen gegeben. Die Errichtung der Stiftung durch Sparkassen ist jedoch nicht Teil des Bankgeschäfts, sondern betrifft die Verwendung von Sparkassenmitteln als Freigiebigkeitsleistungen für gemeinnützige Zwecke.[1278] Die Errichtung einer Stiftung gehört somit nicht zur wettbewerbsrelevanten kreditwirtschaftlichen Tätigkeit der Sparkassen. Der Ausnahmetatbestand ist nicht erfüllt.

dd. Ergebnis

Sparkassen sind zur Auskunft nach den Informationsfreiheitsgesetzen in Bremen, in Nordrhein-Westfalen, im Saarland, in Schleswig-Holstein, in Brandenburg, in Mecklenburg-Vorpommern, in Sachen-Anhalt und in Thüringen verpflichtet. In Hessen gilt dies nur bei ausdrücklicher Anordnung der Anwendung des Informationsfreiheitsgesetzes in der Satzung.

b. Auskunftsberechtigte

Die Auskunftsberechtigten richten sich nach der landesgesetzlichen Ausgestaltung der Informationsfreiheitsgesetze. So besteht in der Regel die Auskunftspflicht gegenüber jedermann, also gegenüber natürlichen und juristischen Personen des Privatrechts.[1279] Eine Besonderheit stellt das Informationsfreiheitsgesetz

---

1276 Siehe § 2 V Nr. 2 AIG Brandenburg und § 2 IV IFG Thüringen.

1277 *Huhn*, Vertraulichkeit und Transparenz der öffentlich-rechtlichen Sparkassen, S. 175. Das VG Potsdam, Urt. v. 24.09.2014 – 9 K 2044/13, Rn. 13 ff. (zit. nach juris), hat die Frage offengelassen, ob darin ein vollständiger oder nur partieller Ausschluss für wettbewerbsorientierte Unternehmen liegt.

1278 Siehe dazu unter Teil 2 A.III.

1279 § 1 I 1 IFG Bremen, § 80 I DSIFG Hessen, § 1 I IFG Saar, § 3 IZG Schl-H, § 1 AIG Brandenburg, § 1 II 2 IFG Meck-Vp, § 1 I IZG Sa-Ah, § 4 I IFG Thüringen. Dabei wird teilweise ‚jeder' berechtigt, was der Regelung des Bund entspricht, vgl. dazu *Rossi*, IFG Bund, § 1 Rn. 7. Teilweise werden die natürliche und juristische Personen

Nordrhein-Westfalen dar, nach dem nur natürliche Personen einen Auskunftsanspruch besitzen.[1280] Auskunftsberechtigt gegenüber den Sparkassen sind insofern je nach landesgesetzlicher Regelung natürliche sowie juristische Personen des Privatrechts.

c. *Taugliche Informationen*

Der Informationsanspruch erfasst vorhandene amtliche Informationen.[1281] Die Definitionen variieren im Landesrecht. Überwiegend werden amtliche Informationen unabhängig von der Art ihrer Speicherung als vorhandene, amtlichen Zwecken dienende Aufzeichnungen bezeichnet.[1282] Wichtig ist somit, dass die Information in der Erfüllung oder im Zusammenhang mit der amtlichen Tätigkeit der auskunftspflichtigen Stelle angefallen ist.[1283] Als zweites Merkmal müssen die begehrten Informationen tatsächlich vorhanden sein.[1284] Die von der Öffentlichkeit begehrten Auskünfte von den Sparkassen dürften sich in der Regel auf Informationen über die Wahl der Stiftungszwecke, die Stiftungsmittel

---

des Privatrechts genannt wie in § 3 IZG Schl-H, siehe dazu *Brink*, in: Brink/Polenz/Blatt, IFG, § 1 Rn. 164.

1280 § 4 I IFG NRW, ebenfalls *Franßen/Seidel*, IFG NRW, § 4 Rn. 384; *Bischopink*, NWVBl 2003, 245, 248.

1281 § 1 I 1 IFG Bremen, § 80 I DSIFG Hessen, § 4 I IFG NRW, § 1 I IFG Saar, § 3 IZG Schl-H, § 1 AIG Brandenburg, § 1 II 2 IFG Meck-Vp, § 1 I IZG Sa-Ah, § 4 I IFG Thüringen.

1282 § 2 Nr. 1 IFG Bremen, § 80 I 3 DSIFG Hessen, § 1 I IFG Saar i. V. m. § 2 Nr. 1 IFG Bund, § 2 Nr. 1 IFG Meck-Vp, § 2 Nr. 1 IZG Sa-Ah, § 3 Nr. 1 IFG Thüringen. Teilweise werden allein Informationen definiert als alle Aufzeichnungen in Schrift, Bild-, Ton- oder Datenverarbeitungsform, vgl. § 3 I IFG NRW, § 2 I Nr. 1 IZG Schl-H. Brandenburg gewährt statt Informationen die Einsicht in Akten. Diese umfasst laut der Gesetzesbegründung zu § 1 AIG Brandenburg das Recht auch auf sonstige amtliche Unterlagen, *Husein*, LKV 2010, 337, 339; a.A. *Brink*, in: Brink/Polenz/Blatt, IFG, § 1 Rn. 163.

1283 Diese Definitionen sind angelehnt an die gleichlautende Definition der amtlichen Information im IFG Bund, dazu vertiefend *Schoch*, IFG Bund, § 2 Rn. 50; *Rossi*, IFG Bund, § 2 Rn. 5 ff. In Nordrhein-Westfalen sind amtliche Informationen alle in dienstlichem Zusammenhang erlangten Informationen i.S.d. § 3 I IFG NRW, vgl. *Franßen/Seidel*, IFG NRW, § 4 Rn. 402.

1284 § 4 I IFG NRW, § 3 I IZG Schl-H, § 3 Nr. 3 AIG Brandenburg, § 1 II 1 IFG Meck-Vp und § 4 I IFG Thüringen stellen ausdrücklich auf eine ‚vorhandene' Information ab. Das Vorhandensein der Information erfolgt in den übrigen Ländern wie beim IFG Bund als Selbstverständlichkeit, vgl. *Schoch*, IFG Bund, § 2 Rn. 36.

sowie die Organisation der Stiftung beziehen. Dies sind tatsächlich vorhandene Informationen, die im Zusammenhang mit der Tätigkeit der Sparkassen als Stifter stehen. Sie sind in den Protokollen der Verwaltungsratssitzungen über die Beschlussvorschläge sowie in der Satzung der Stiftung zu finden, sodass sie in schriftlichen Unterlagen vorliegen. Es handelt sich bei den begehrten Informationen somit um taugliche Informationen i. S. d. Informationsfreiheitsgesetze der Länder.

d. *Begrenzung des Anspruchs durch berechtigte Interessen der Sparkassen auf Geheimhaltung*

Die Voraussetzungen für den Auskunftsanspruch bei der Errichtung einer Stiftung liegen in Bremen, Nordrhein-Westfalen, Saarland, Schleswig-Holstein, Brandenburg, Mecklenburg-Vorpommern, Sachsen-Anhalt, Thüringen und bei besonderer Anordnung auch in Hessen vor. Allerdings besteht kein uneingeschränkter Anspruch auf Auskunft. Es sind die berechtigten Interessen des Auskunftspflichtigen, der Öffentlichkeit und Dritter zu wahren.[1285] Diese Interessen können dazu führen, dass der Auskunftsanspruch abzulehnen ist. Dem Auskunftsanspruch des Einzelnen könnten die Interessen der Sparkassen an der Geheimhaltung ihrer Belange entgegenstehen.

aa. *Schutz behördlicher Entscheidungsprozesse*

Es könnte zum Ausschluss des Auskunftsanspruchs aufgrund des Schutzes eines behördlichen Entscheidungsprozesses kommen. Der Schutz des Entscheidungsprozesses innerhalb einer öffentlichen Stelle ist in den Informationsfreiheitsgesetzen aller Bundesländer enthalten.[1286] Durch den Ausnahmetatbestand soll die Effektivität des Verwaltungshandelns gewährleistet werden.[1287] Der Entscheidungsprozess der öffentlichen Stelle soll nicht beeinflusst werden durch

1285 § 4 ff. IFG Bremen, § 82 ff. DSIFG Hessen, § 6 ff. IFG NRW, § 1 I IFG Saar i. V. m. § 3 ff. IFG Bund, § 9 f. IFG Schl-H, § 4 f. AIG Brandenburg, § 5 ff. IFG Meck-Vp, § 3 ff. IZG Sa-Ah, § 7 ff. IFG Thüringen.

1286 § 4 I IFG Bremen, § 84 DSIFG Hessen, § 7 I IFG NRW, § 1 I IFG Saar i. V. m. 4 I IFG Bund, § 9 II Nr. 2 IFG Schl-H, § 4 II Nr. 1 AIG Brandenburg, § 6 I IFG Meck-Vp, § 4 I IZG Sa-Ah, § 8 I IFG Thüringen. Dazu siehe auch *Polenz*, in: Brink/Polenz/Blatt, IFG, § 4 Rn. 25.

1287 LT-Drucks. NRW 13/13111, S. 13; *Rossi*, IFG Bund, § 4 Rn. 1; *Huhn*, Vertraulichkeit und Transparenz der öffentlich-rechtlichen Sparkassen, S. 138; *Bischopink*, NWVBl 2003, 245, 249; *Husein*, LKV 2010, 337, 340.

Herausgabe von internen Meinungsverschiedenheiten an die Politik und Öffentlichkeit.[1288] Weiterhin ist keine Notwendigkeit der Kenntnis der Öffentlichkeit von Informationen gegeben, sofern sich die öffentliche Stelle noch nicht für oder gegen einen bestimmten Vorschlag entschieden hat.[1289] Schließlich stellt es eine erhebliche Schonung der Ressourcen dar, sofern während des Entscheidungsprozesses keine Auskünfte zu erteilen sind.[1290] Bei den Beratungen im Verwaltungsrat im Vorfeld der Entscheidung über die Errichtung einer Stiftung durch die Sparkassen handelt es sich um eine Willensbildung innerhalb einer öffentlichen Stelle. Das Geheimhaltungsinteresse beruht darauf, dass Informationen aus dem Verwaltungsrat, einem Organ der Sparkasse, nicht nach außen gelangen sollen, bevor eine endgültige Entscheidung getroffen worden ist. Bei Informationsverlangen vor dem Beschluss über die Errichtung der Stiftung ist der Auskunftsanspruch aufgrund des Bedürfnisses zum Schutz des behördlichen Entscheidungsprozesses ausgeschlossen.

bb. Wahrung von Betriebs- und Geschäftsgeheimnissen

Auskünfte nach dem Beschluss zur Errichtung der Stiftung im Verwaltungsrat sind nicht zu erteilen, wenn durch die Übermittlung der Informationen ein Betriebs- oder Geschäftsgeheimnis offenbart wird.[1291] Betriebs- und Geschäftsgeheimnisse sind alle auf ein Unternehmen bezogene Tataschen, Umstände und Vorgänge, die nicht offenkundig sind, sondern nur einem eng begrenzten Personenkreis zugänglich sind und an deren Nichtverbreitung der Rechtsträger ein berechtigtes Interesse hat.[1292] Es kommen bei der Errichtung von Sparkassen-Stiftungen

---

1288 Zur gleichlautenden Regelung im IFG Bund, *Rossi*, IFG Bund, § 4 Rn. 1; *Haurand/Möhring/Stollmann*, IFG NRW, § 7 Rn. 2.1; *Huhn*, Vertraulichkeit und Transparenz der öffentlich-rechtlichen Sparkassen, S. 138.

1289 *Huhn*, Vertraulichkeit und Transparenz der öffentlich-rechtlichen Sparkassen, S. 138.

1290 *Haurand/Möhring/Stollmann*, IFG NRW, § 7 Rn. 2.1; *Huhn*, Vertraulichkeit und Transparenz der öffentlich-rechtlichen Sparkassen, S. 138.

1291 § 6 II IFG BW, § 6 I IFG Bremen, § 82 Nr. 4 DSIFG Hessen, § 8 IFG NRW, § 1 IFG Saar i. V. m. § 6 I IFG Bund, § 10 I Nr. 3 IFG Schl-H, § 5 I Nr. 3 AIG Brandenburg, § 8 I IFG Meck-Vp, § 6 II IZG Sa-Ah, § 9 I IFG Thüringen, dazu *Blatt*, in: Brink/Polenz/Blatt, IFG, § 6 Rn. 73 ff.

1292 Das IFG Bund sowie die IFG der Länder verweisen auf die Definition der Bundesgerichte für Betriebs- und Geschäftsgeheimnisse, vgl. zur Definition BVerfG, Beschl. v. 14.03.2006 – 1 BvR 2087/03, BVerfGE 115, 205, 230 f.; BVerwG v. 24.09.2009 – 7 C 2/09, BVerwGE 135, 34, 44; BVerwG, Beschl. v. 09.01.2007 – 20 F 1/06, BVerwGE 127, 282, 284; BVerwG, Urt. v. 28.5.2009 – 7 C 18/08, NVwZ 2009, 1113, 1114; dazu auch *Rossi*, IFG Bund, § 6 Rn. 63; *Blatt*, in: Brink/Polenz/Blatt, IFG, § 6 Rn. 38, 48, 73 ff.; *Bischopink*, NWVBl 2003, 245, 250.

Geschäftsgeheimnisse sowohl der Sparkassen als auch der Sparkassen-Stiftungen in Betracht. Für die Sparkassen können jedoch weiterführende Informationen zur Ausgestaltung der Stiftungen keine Geschäftsgeheimnisse sein, da keine bankgeschäftlichen Tätigkeiten der Sparkassen nach § 1 KWG betroffen sind und ebenfalls keine Wettbewerbsrelevanz besteht.[1293] Die Errichtung der Stiftung wird zwar in der Öffentlichkeit positiv wahrgenommen und dient dem Ansehen der Sparkassen; sie ist aber nicht Teil der Marketingstrategie und der konkreten Geschäftstätigkeit der Sparkassen. Weiterhin verfügen die Sparkassen-Stiftungen als gemeinnützige Einrichtung nicht über geheimhaltungsbedürftiges kaufmännisches Wissen und stehen nicht im Wettbewerb mit anderen Einrichtungen.[1294] Es ist bei der Errichtung der Stiftung durch die Sparkassen kein Schutz von Betriebs- und Geschäftsgeheimnissen notwendig.

e. Ergebnis

In Bremen, Nordrhein-Westfalen, Saarland, Schleswig-Holstein, Brandenburg, Mecklenburg-Vorpommern, Sachsen-Anhalt, Thüringen und bei besonderer Vorgabe auch in Hessen kann eine natürliche Person von den Sparkassen die Herausgabe von Informationen über die Sparkassen-Stiftungen verlangen. Die Sparkassen sind auskunftsverpflichtete Stellen. Dabei besteht die Auskunftspflicht jedoch erst nach dem Beschluss über die Errichtung der Stiftung durch die Sparkassen. Eine Auskunft zu einem vorherigen Zeitpunkt ist aufgrund des Schutzes des innerbehördlichen Entscheidungsprozesses ausgeschlossen.

2. Auskunftsansprüche der Gemeinden bei der Errichtung einer Stiftung

Neben der Öffentlichkeit besitzen die Gemeinden als Träger der Sparkassen ein besonderes Interesse an deren Tätigkeiten. Ein Auskunftsanspruch der einzelnen Gemeinderatsmitglieder sowie des Gemeinderats könnte sich aus sparkassenspezifischen Regelungen sowie aus den Gemeindeordnungen der Länder ergeben.

1293 Für fehlende Betriebs- und Geschäftsgeheimnisse bei Herausgabe von Informationen zu Spenden der Sparkassen *Huhn*, Vertraulichkeit und Transparenz der öffentlich-rechtlichen Sparkassen, S. 167.

1294 Für fehlende Betriebs- und Geschäftsgeheimnisse bei gemeinnützigen Einrichtungen *Huhn*, Vertraulichkeit und Transparenz der öffentlich-rechtlichen Sparkassen, S. 167.

a. Sparkassenspezifische Informationsansprüche

Auskunftsansprüche gegenüber den Sparkassen stehen der Trägervertretung in ihrer Gesamtheit zu.[1295] Es besteht ein ungeschriebener Informationsanspruch der Trägervertretung, der sich aus dem Regelungszusammenhang der Sparkassengesetze der Länder ergibt.[1296] Dem Träger stehen Entscheidungs- und Mitwirkungskompetenzen bei der Sparkassentätigkeit zu, für deren effektive Wahrnehmung die Trägervertretung mit angemessenen Informationen zu versorgen ist.[1297] Der Anspruch auf Information und seine Grenzen ergeben sich unmittelbar aus der gesetzlichen Kompetenzzuweisung.[1298] Diese ist in den Sparkassengesetzen geregelt. Die Kompetenzen umfassen die Errichtung und Auflösung der Sparkassen sowie Änderungen der Sparkassensatzung. Weiterhin ist der Träger zum Beschluss über den Jahresabschluss in einzelnen Bundesländern befugt. Ihm obliegt zudem die Genehmigung der Bestellung von Vorstandsmitgliedern, die Abberufung der Mitglieder des Verwaltungsrates aus wichtigem Grund sowie die Entlastung der Organe.[1299] Der Beschluss über die Errichtung von Sparkassen-Stiftungen bedarf der Zustimmung des Verwaltungsrats auf Vorschlag des Vorstandes.[1300] Insofern steht der Trägervertretung zu dieser Angelegenheit kein sparkassenspezifischer Informationsanspruch zu. Spezielle Auskunftsrechte einzelner Mitglieder der Trägervertretung sind in den Sparkassengesetzen nicht festgelegt.[1301] Für ein persönliches Auskunftsrecht fehlt es dem Ratsmitglied anders als einem Aktionär in einer Aktiengesellschaft an einem eigenen wirtschaftlichen Interesse.[1302]

b. Auskunftsansprüche aus den Gemeindeordnungen der Länder

Weiterhin kommen Ansprüche der Gemeinderäte sowie einzelner Ratsmitglieder auf Auskunft über die Errichtung von Sparkassen-Stiftungen aus den Gemeindeordnungen der Länder in Betracht. Diese bestimmen in allen Ländern mit

---

1295 *Huhn*, Vertraulichkeit und Transparenz der öffentlich-rechtlichen Sparkassen, S. 258; für Nordrhein-Westfalen *Heinevetter/Engau/Menking*, Kommentar zum SpkG NRW, § 8 Rn. 4.

1296 *Huhn*, Vertraulichkeit und Transparenz der öffentlich-rechtlichen Sparkassen, S. 255.

1297 *Huhn*, Vertraulichkeit und Transparenz der öffentlich-rechtlichen Sparkassen, S. 256.

1298 *Aus der Fünten*, Verwaltungsrat der Sparkasse, S. 265; *Huhn*, Vertraulichkeit und Transparenz der öffentlich-rechtlichen Sparkassen, S. 256 f.; für Nordrhein-Westfalen *Heinevetter/Engau/Menking*, Kommentar zum SpkG NRW, § 8 Rn. 4.

1299 Siehe zur ausführlichen Darstellung der Rechte Teil 1 B.II.2.

1300 Vgl. Teil 2 A.IV.

1301 *Huhn*, Vertraulichkeit und Transparenz der öffentlich-rechtlichen Sparkassen, S. 269.

1302 *Huhn*, Vertraulichkeit und Transparenz der öffentlich-rechtlichen Sparkassen, S. 269.

Ausnahme von Bayern, dass die Bürgermeister den Gemeinderäten sowie einzelnen Ratsmitgliedern auf deren Verlangen Auskunft zu erteilen haben.[1303] Der Auskunftsanspruch weist zunächst keinen Bezug zur Erlangung von Informationen in Angelegenheiten der Sparkassen auf. Die Bürgermeister sind jedoch in der Regel Verwaltungsratsmitglieder der Sparkassen.[1304] Aufgrund ihrer Position im Verwaltungsrat haben sie Zugang zu wichtigen Informationen über die Angelegenheiten der Sparkassen. Zu diesen gehört die Errichtung der Sparkassen-Stiftungen. Die Gemeinderäte bzw. die Ratsmitglieder, die nicht dem Verwaltungsrat der Sparkassen angehören, könnten den gemeinderechtlichen Auskunftsanspruch nutzen, um Auskunft von den Bürgermeistern über die Vorgänge in den Sparkassen zu erlangen. Es stellt sich die Frage, ob ein solcher Auskunftsanspruch gegenüber den Bürgermeistern bezüglich der Errichtung von Stiftungen durch Sparkassen zulässig ist. Die Regelungen der Gemeindeordnungen zu Auskunftsansprüchen gegen die Bürgermeister sind jeweils unterschiedlich ausgestaltet. Als grundlegendes Element muss ein Anspruchsinhaber in Form des Gemeinderates sowie eines einzelnen Gemeinderatsmitglieds Auskunft verlangen.[1305] Weiterhin muss eine Angelegenheit der Gemeindeverwaltung als Anspruchsgegenstand vorliegen.[1306] Anspruchsgegner sind die Bürgermeister.[1307]

1303 § 24 III 1, IV 1 GO BW, § 56 II, 58 IV 2 KVerfG Niedersachsen, § 50 II 4 GO Hessen, § 55 I 1, 2 GO NRW, § 33 III 1, IV GO Rh-Pf, § 37 I 2 GO Saar, § 30 I 1 GO Schl-H, § 34 II , III KVerfG Meck-Vp, § 29 I , II 2 KVerfG Brandenburg, § 28 V, VI GO Sachsen, § 45 VI 1, VII Sa-Ah, § 22 III 4 KO Thüringen.

1304 Siehe dazu Teil 2 B.II.2.

1305 Dem Gemeinderat kommen Auskunftsrechte zu nach § 24 III GO BW, § 58 IV 2 KVerfG Niedersachsen, § 50 II 4 GO Hessen, § 33 III 1 GO Rh-Pf, § 34 II KVerfG Meck-Vp, § 29 II KVerfG Brandenburg, § 28 V GO Sachsen, § 45 VI 1 GO Sa-Ah, § 22 III 4 KO Thüringen. Dabei ist das erforderliche Quorum unterschiedlich. Dem Gemeinderatsmitglied allein räumen die § 24 IV GO BW, § 56 II KVerfG Niedersachsen, § 55 I 2 GO NRW, § 33 IV GO Rh-Pf, § 37 I 2 GO Saar, § 30 I 1 GO Schl-H, § 34 III KVerfG Meck-Vp, § 29 I KVerfG Brandenburg, § 28 VI GO Sachsen, § 45 VII KVerfG Sa-Ah ein Auskunftsrecht ein.

1306 § 24 IV 1 i. V. m. III 1 GO BW, § 56 II, § 58 IV 2 KVerfG Niedersachsen, § 50 II 1 i. V. m. § 50 II 4 GO Hessen, § 55 I 2 i. V. m. § 55 I 1 GO NRW, § 33 III 1 GO Rh-Pf sowie § 33 IV i. V. m. § 33 III 1 GO Rh-Pf, § 37 I 2 KVG Saar, § 30 I 1 GO Schl-H, § 29 I 2 KVG Brandenburg, § 34 II, III i. V. m. § 34 I 1 KVerfG Meck-Vp, § 28 V 1 GO Sachsen sowie § 28 VI i. V. m. § 28 V 1 GO Sachsen, § 45 VI 1 KVerfG Sa-Ah sowie 45 VII i. V. m. 45 VI 1 KVerfG Sa-Ah, § 22 III 4 i. V. m. § 22 III 1 KO Thüringen.

1307 § 24 III 1, IV 1 GO BW, § 56 II, § 58 IV 2 KVerfG Niedersachsen, § 50 II 4 GO Hessen, § 55 I 1, 2 GO NRW, § 33 III 1, IV GO Rh-Pf, § 37 I 2 GO Saar, § 30 I 1 GO

aa. Angelegenheiten der Gemeindeverwaltung

Trotz der unterschiedlichen Formulierungen in den Gemeindeordnungen bezüglich des Anspruchsgegenstandes haben die Regelungen gemeinsam, dass es sich bei der begehrten Auskunft um Angelegenheiten der Gemeindeverwaltung handeln muss.[1308] Die Errichtung von Sparkassen-Stiftungen müsste folglich eine Angelegenheit der Gemeindeverwaltung darstellen. Zu den Angelegenheiten der Gemeinden und ihrer Verwaltung gehören sowohl die Angelegenheiten, für die die Gemeinderäte und ihre Ausschüsse zuständig sind, als auch solche, die in die Zuständigkeit der Bürgermeister fallen.[1309] Allerdings wird einschränkend angenommen, dass sich die Frage auf Gegenstände beziehen muss, über die die Bürgermeister im Rahmen ihrer Zuständigkeit als Leiter der Gemeindeverwaltung oder als deren gesetzliche Vertreter nach außen Kenntnis erlangt haben oder erlangen können.[1310]

Zunächst könnte es sich um eine Angelegenheit handeln, von denen die Bürgermeister im Rahmen ihrer Zuständigkeit als Leiter der Gemeindeverwaltung Kenntnis erlangt haben. Die Sparkassen sind rechtsfähige Anstalten des öffentlichen Rechts, die das Recht der Selbstverwaltung besitzen und ihre durch die Sparkassengesetze der Länder und die Satzung zugewiesenen Aufgaben in eigener Verantwortung erfüllen können.[1311] Interne Angelegenheiten der Sparkassen stellen keine Angelegenheiten in der Gemeinden dar.[1312] Etwas anderes

---

Schl-H, § 34 II, III KVerfG Meck-Vp, § 29 I , II 2 KVerfG Brandenburg, § 28 V, VI GO Sachsen, § 45 VI 1, VII Sa-Ah, § 22 III 4 KO Thüringen.

1308 Formulierungen umfassen z. B. alle ‚Angelegenheiten der Gemeinde und ihrer Verwaltung', ‚alle Angelegenheiten, in den die Verbandskompetenz der Gemeinde gegeben ist' oder ‚in allen wichtigen Angelegenheiten der Gemeindeverwaltung'.

1309 VGH Baden-Württemberg, Urt. v. 12.3.2001 – 1 S 785/00, ESVGH 51, 158, 159; siehe dazu weiterführend z. B. für Baden-Württemberg *Pautsch,* in: PdK, GO BW, § 24 Rn. 2; für Niedersachsen *Wefelmeier,* in: PdK, KVerfG Niedersachsen, § 56 Rn. 21; für Nordrhein-Westfalen *Plücker/Faber*, in: PdK, GO NRW, § 55 Rn. 4.2.3; für Schleswig-Holstein *Dehn*, in: PdK, GO Schl-H, § 30 Rn. 3.

1310 OVG Niedersachsen, Urt. v. 03.6.2009 – 10 LC 217/07, DVBl 2009, 920; VG Stade, Urt. v. 16.2.2011 – 1 A 899/09, Rn. 25 f. (zit. nach juris); für Niedersachsen *Wefelmeier,* in: PdK, KVerfG Niedersachsen, § 56 Rn. 21 sowie für Sachsen *Sponer,* in: PdK, GO Sachsen, § 28 Rn. 6.

1311 BVerwG, Beschl. v. 20.12.1989 – 7 B 181/89, 155; VG Oldenburg, Urt. v. 21.8.2007 – 1 A 2385/06, KommJur 2008, 214, 216; *Müller,* VR 2015, 231, 234; *Schwintowski,* NJW 1995, 1316, 1319.

1312 VGH Baden-Württemberg, Urt. v. 12.3.2001 – 1 S 785/00, ESGVH 51, 158, 159 f.; *Müller,* VR 2015, 231, 234.

ergibt sich allerdings dann, wenn Rechte betroffen sind, die den Gemeinden als Träger der Sparkassen zustehen. Die Errichtung von Sparkassen-Stiftungen ist jedoch, wie bereits festgestellt, keine Angelegenheit der Träger.[1313] Die Bürgermeister erhalten somit nicht als Leiter der Gemeindeverwaltung Kenntnis von der Errichtung der Sparkassen-Stiftungen.

Dennoch könnte eine Gemeindeangelegenheit vorliegen, sofern die Bürgermeister über sie als gesetzlicher Vertreter der Gemeinden Kenntnis erlangt haben. Eine gesetzliche Vertretung der Gemeinden durch die Bürgermeister liegt vor, sofern die Tätigkeit zum Hauptamt der Bürgermeister gehört. Die Zuordnung der Aufgabe zum Hauptamt der Bürgermeister kann durch Rechtsnorm oder durch die Organisationsgewalt der Dienstherren erfolgen.[1314] Ob die Tätigkeit im Verwaltungsrat der Sparkassen zum Hauptamt der Bürgermeister gehören soll, wird durch die Gemeinden grundsätzlich nicht bestimmt. Es lassen sich jedoch Erkenntnisse aus der Art der Bestellung der Bürgermeister in die Verwaltungsräte der Sparkassen ziehen. Die Regelungen zur Bestellung der Bürgermeister in die Verwaltungsräte der Sparkassen sind in den Bundesländern unterschiedlich gestaltet. Die Bürgermeister haben in allen Bundesländern außer in Niedersachsen und Nordrhein-Westfalen aufgrund einer gesetzlichen Regelung in den Sparkassengesetzen den Vorsitz im Verwaltungsrat inne. Bei Zweckverbandssparkassen in diesen Bundesländern sowie in Nordrhein-Westfalen und Niedersachsen haben die Bürgermeister ein Recht auf Anwesenheit im Verwaltungsrat.[1315] Die gesetzliche Bestimmung über die Berufung der Bürgermeister in die Verwaltungsräte der Sparkassen knüpft insofern an die Eigenschaft als ‚Hauptverwaltungsbeamten des Trägers' an.[1316] Personen, die nicht das Amt des Bürgermeisters ausüben, können diese Position nicht übernehmen. Die Mitwirkung im Verwaltungsrat der Sparkassen zählt insofern zu den Aufgaben des Hauptamtes, wie die landesrechtlichen Regelungen zeigen.[1317] Insofern spricht viel dafür, dass die Bürgermeister als gesetzliche Vertreter der Gemeinden handeln.

Eine Anknüpfung allein an die gesetzliche Vertretung der Bürgermeister für die Bestimmung von Gemeindeangelegenheiten im Rahmen des

---

1313 Vgl. Teil 4 B.I.2.a.

1314 Vgl. Teil 3 C.II.1.b.cc.(2)(a).

1315 Siehe dazu bereits Teil 3 C.II.1.b.cc.(2)(a).

1316 Siehe dazu bereits Teil 3 C.II.1.b.cc.(2)(a).

1317 Dies ebenfalls annehmend *Wichmann*, in: Schneider, Handbuch Kommunalpolitik NRW, S. 71; *Köster*, DÖD 2005, 189, 191.

Auskunftsanspruchs aus den Gemeindeordnungen reicht jedoch nicht aus. Vielmehr ist für das Vorliegen einer Gemeindeangelegenheit aufgrund einer gesetzlichen Vertretung auf die von den Bürgermeistern in den Verwaltungsräten wahrgenommenen Aufgaben abzustellen. Nur sofern die wahrgenommenen Tätigkeiten der Bürgermeister für die Gemeinden zur Wahrnehmung ihrer Selbstverwaltungsaufgaben von Interesse sind, haben sie die Kenntnisse als gesetzliche Vertreter erlangt. Teilweise wird angenommen, allein der öffentliche Auftrag der Sparkassen solle ausreichen, damit die Tätigkeiten der Bürgermeister in den Verwaltungsräten im Interesse der Gemeinden als ihre gesetzlichen Vertreter erfolgen.[1318] Überzeugender ist es jedoch, die Wahrnehmung von Gemeindeangelegenheiten bei Aufgaben anzunehmen, an denen die Gemeinden als Träger der Sparkassen nach den Sparkassengesetzen der Länder ein berechtigtes Interesse haben. Für diese Differenzierung bei der Festlegung der gesetzlichen Vertretung spricht zum einen, dass bei der Art der Bestellung differenziert würde zwischen Bürgermeistern, die aufgrund der Wahl in den Verwaltungsrat gelangen, wie es in Nordrhein-Westfalen, Niedersachsen sowie in allen Bundesländern bei einer Zweckverbandsversammlung üblich ist, und den Bürgermeistern, die als Inhaber ihres Amtes direkt in den Verwaltungsrat der Sparkassen berufen werden. Zum zweiten ist für diese Definition einer Gemeindeangelegenheit anzuführen, dass ein Bedürfnis für eine Information der Bürgermeister gegenüber den Gemeinderäten nur besteht, sofern die Gemeinden ein berechtigtes Interesse an der Information haben. Sinn und Zweck der Auskunftsansprüche gegenüber den Bürgermeistern ist es, den Gemeinderäten bzw. den einzelnen Ratsmitgliedern ausreichende Informationen für die Wahrnehmung ihrer Tätigkeit zur Verfügung zu stellen. Sofern die Interessen der Gemeinden betroffen sind, haben sie ein Bedürfnis zur Entsendung eines gesetzlichen Vertreters in das Gremium.

Werden diese Grundsätze angewandt, so ist der Auskunftsanspruch davon abhängig zu machen, ob die Gemeinden als Träger der Sparkassen ein Interesse an der Information haben, die die Bürgermeister in den Verwaltungsräten erlangen. In diesen Fällen handeln die Bürgermeister als gesetzliche Vertreter der Gemeinden, und es liegt eine Gemeindeangelegenheit vor. Ein Interesse an der Auskunft besteht für die Gemeindemitglieder nur insoweit, als die in den Sparkassengesetzen der Länder geregelten Rechte der Träger betroffen sind. Die

---

1318 *Bracht*, NVwZ 2016, 108, 110, nimmt insoweit folgerichtig sowohl das Vorliegen einer gesetzlichen Vertretung als auch das Vorliegen einer Gemeindeangelegenheit an aufgrund des öffentlichen Auftrags.

Errichtung von Sparkassen-Stiftungen ist keine in den Sparkassengesetzen der Trägervertretung zugedachte Aufgabe. Insofern haben die Bürgermeister die Information über die Errichtung von Sparkassen-Stiftungen nicht als gesetzliche Vertreter der Gemeinden erhalten. Es liegt keine gesetzliche Vertretung der Bürgermeister in den Verwaltungsräten der Sparkassen vor. Mangels Wahrnehmung der Aufgaben der Bürgermeister in den Verwaltungsräten als gesetzliche Vertreter fehlt es an einer Gemeindeangelegenheit als Voraussetzung des Auskunftsanspruchs.

bb. Ergebnis

Den Gemeinderatsmitgliedern sowie den Gemeinderäten steht nach den gemeinderechtlichen Vorschriften kein Auskunftsanspruch zu. Es gibt keine Möglichkeit der Gemeinden, Auskünfte von den Sparkassen über die Errichtung von Sparkassen-Stiftungen zu erlangen. Es fehlt an dem Bedürfnis zur Offenlegung über die Errichtung gegenüber den Gemeinderäten sowie einzelnen Mitgliedern, da es sich nicht um Gemeindeangelegenheiten handelt.

c. Zusammenfassung

Die Öffentlichkeit hat die Möglichkeit, Informationen über den Prozess der Errichtung von Sparkassen-Stiftungen von den Sparkassen zu erlangen, sobald die Errichtung der Stiftung sparkassenintern beschlossen ist. Ab diesem Zeitpunkt können sie Informationen zur Ausgestaltung der Stiftung insbesondere zum Zweck sowie zum Vermögen erlangen. Dieser Anspruch besteht nach den Informationsfreiheitsgesetzen in Bremen, Nordrhein-Westfalen, Saarland, Schleswig-Holstein, Brandenburg, Mecklenburg-Vorpommern, Sachsen-Anhalt, Thüringen sowie eingeschränkt in Hessen. Besondere Auskunftsansprüche gegenüber den Gemeinden bestehen für die Sparkassen bei der Errichtung einer Stiftung dagegen nicht. Es bestehen keine sparkassenspezifischen Auskunftsansprüche, da die Errichtung der Stiftung keine Relevanz für die Ausübung der Befugnisse der Gemeinden als Träger hat. Weiterhin können auch keine Informationen von den Bürgermeistern aufgrund der gemeinderechtlichen Auskunftsansprüche erlangt werden.

II. Auskunftsansprüche gegenüber den Sparkassen-Stiftungen

Sobald die Stiftung errichtet ist, sind jegliche Auskunftsansprüche über die Tätigkeiten oder das Vermögen an die Sparkassen-Stiftungen und nicht mehr an die Sparkassen zu richten. Ein Interesse, über die Tätigkeit der Stiftung informiert zu werden, besteht nämlich über den Zeitpunkt der Errichtung der

Stiftung hinaus. Für die Allgemeinheit ist von Bedeutung, auf welchem Gebiet die Stiftung ihre Stiftungszwecke verwirklicht und welche Förderschwerpunkte dabei gesetzt werden. Von Interesse können weiterhin auch das jeweilige Stiftungsvermögen zum Ende eines Jahres[1319] oder die von der Stiftung erfolgten Zuwendungen sein. Informationsansprüche der Öffentlichkeit können sich aus den Informationsfreiheitsgesetzen der Länder ergeben.

1. Auskunftsverpflichtete Stellen nach den Informationsfreiheitsgesetzen

Für einen informationsgesetzlichen Auskunftsanspruch müsste es sich bei den Sparkassen-Stiftungen um auskunftsverpflichtete Stellen handeln. Sparkassen-Stiftungen sind juristische Personen des Privatrechts. Sie können als private Rechtssubjekte auskunftsverpflichtete Stellen sein, sofern sie öffentlich-rechtliche Aufgaben wahrnehmen.[1320]

a. Definition der Wahrnehmung von öffentlich-rechtlichen Aufgaben durch juristische Personen des Privatrechts

Die Wahrnehmung von öffentlich-rechtlichen Aufgaben ist entscheidend bei der Gleichstellung von Privatpersonen mit einer Behörde im Rahmen des informationsfreiheitsgesetzlichen Auskunftsanspruchs. Es stellt sich daher zunächst die Frage, wie der Begriff der Wahrnehmung von öffentlich-rechtlichen Aufgaben durch juristische Personen des Privatrechts zu definieren ist.

aa. Aufgaben, die gemeinwohlfördernd und im öffentlichen Recht verwurzelt sind

Was unter dem Begriff der öffentlich-rechtlichen Aufgaben zu verstehen ist, ist weitgehend ungeklärt.[1321] Bei dem Begriff der öffentlich-rechtlichen Aufgaben

---

1319 VG Gelsenkirchen, Urt. v. 08.10.2018 – 20 K 5638/15, ZStV 2019, 65 f.

1320 § 2 IV 1 Hs. IFG BW, § 1 I 3 IFG Bremen, § 2 I IFG Berlin, § 2 III TranspG Hamburg, § 81 I i. V. m. § 2 I 2 DSIFG Hessen, § 2 IV IFG NRW, § 3 II 2 TranspG Rh-Pf, § 1 IFG Saar i. V. m. § 1 I 3 IFG Bund, § 2 III Nr. 2 IZG Schl-H, § 2 I AIG Brandenburg, § 3 III IFG Meck-Vp, § 1 I 2 IZG Sa-Ah, § 2 II IFG Thüringen.

1321 Der Begriff wird neben den Informationsfreiheitsgesetzen der Länder ebenfalls in § 1 I IFG Bund verwendet. Üblicherweise verwenden Gesetze die Begriffe ‚Aufgaben der öffentlichen Verwaltung' sowie ‚öffentliche Aufgaben', vgl. *Haas,* Private als Auskunftsverpflichtete nach dem Umweltinformations- und Informationsfreiheitsgesetzen, S. 161.

finden sich zunächst zwei verschiedene Ansätze zur Definition. Zum Teil wird der Begriff der öffentlich-rechtlichen Aufgaben in den Informationsfreiheitsgesetzen der Länder mit dem der öffentlichen Aufgaben gleichgesetzt. Es komme darauf an, dass ein öffentliches Interesse an der Aufgabenerfüllung bestehe.[1322] Dies wird damit begründet, dass teilweise in den Landesgesetzen wie dem Umweltinformationsgesetz Nordrhein-Westfalen, die einen Auskunftsanspruch von Privatpersonen begründeten, der Begriff öffentlich-rechtlich mit öffentlich gleichgesetzt werde.[1323]

Dem steht der Einwand gegenüber, die beiden Begriffe seien voneinander abzugrenzen.[1324] Öffentlich seien Aufgaben, wenn die Öffentlichkeit an den Aufgaben maßgeblich interessiert, d. h. ihre Erfüllung gemeinwohlerheblich sei.[1325] Es handele sich dabei in der Regel um freiwillige Selbstverwaltungsaufgaben der Gemeinden.[1326] Die Gemeinden seien zu ihrer Wahrnehmung nicht verpflichtet, sondern entschieden frei über das Ob und das Wie der Aufgabenerfüllung wie z. B. bei der Errichtung und Unterhaltung öffentlicher Einrichtungen (Museum, Theater usw.).[1327] Öffentlich-rechtlich seien Aufgaben, wenn sie gemeinwohlerheblich seien und sie vom Staat oder von seinen Untergliederungen in Anspruch genommen würden. Der Staat nehme Aufgaben dabei für sich in Anspruch, wenn die Aufgaben einen Träger öffentlicher Gewalt als solchen berechtigten oder verpflichteten.[1328] Beispiele für solche öffentlich-rechtliche Aufgaben

---

1322 *Bischopink*, NWVBl 2003, 245, 247; *Partsch/Schüring*, DÖV 2003, 482, 485; wohl auch VG Gelsenkirchen, Urt. v. 08.10.2018 – 20 K 5638/15, ZStV 2019, 65, 66.

1323 So erfolgte eine Gleichsetzung z. B. in § 2 Nr. 2 UIG NRW a.F., dazu *Haas*, Private als Auskunftsverpflichtete nach dem Umweltinformations- und Informationsfreiheitsgesetzen, S. 161.

1324 *Franßen/Seidel*, IFG NRW, § 2 Rn. 306 ff.

1325 *Franßen/Seidel*, IFG NRW, § 2 Rn. 306; *Haas*, Private als Auskunftsverpflichtete nach dem Umweltinformations- und Informationsfreiheitsgesetzen, S. 161.

1326 *Haas*, Private als Auskunftsverpflichtete nach dem Umweltinformations- und Informationsfreiheitsgesetzen, S. 165.

1327 *Maurer/Waldhoff*, Allgemeines Verwaltungsrecht, § 23 Rn. 18; *Wolff/Bachof/Stober/Kluth*, Verwaltungsrecht I, § 6 Rn. 25; *Henneke*, in: Püttner, Handbuch der kommunalen Wissenschaft und Praxis, Band 2, § 53 a Rn. 101.

1328 BVerwG, Beschl. v. 21.11.2016 – 10 AV 1/16, NVwZ 2017, 329; BVerwG, Beschl. v. 12.04.2013 – 9 B 37/12, NJW 2013, 2298; Oberste Gerichtshöfe des Bundes, Gemeinsamer Beschl. v. 10.07.1989 – GmS-OBG 1/88, BGHZ 108, 284, 287; OVG Nordrhein-Westfalen, Urt. v. 17.11.2020 – 15 A 4409/18, Rn. 72 (zit. nach juris); *Franßen/Seidel*, IFG NRW, § 2 Rn. 306; *Rossi*, IFG Bund, § 1 Rn. 57; *Haas*, Private als Auskunftsverpflichtete nach dem Umweltinformations- und Informationsfreiheitsgesetzen, S. 162.

stellten pflichtige Selbstverwaltungsaufgaben der Gemeinden[1329] sowie Pflichtaufgaben zur Erfüllung nach Weisung[1330] dar. Dieser Sicht liegt die Überlegung zugrunde, dass die Anforderungen zur Ausübung von gemeinwohlerheblichen Aufgaben und Aufgaben, die gerade die Ausübung durch die öffentliche Hand voraussetzten, unterschiedlich seien. Sofern die öffentliche Hand lediglich gemeinwohlerhebliche Aufgaben wahrnähme, fehle die Notwendigkeit ihr bei der Ausübung der Tätigkeiten besondere Pflichten wie z. B. erweiterte Informationspflichten aufzuerlegen.[1331] Allerdings sind bei dieser Sicht die konkreten Anforderungen für die Inanspruchnahme der Aufgaben durch die öffentliche Hand nicht eindeutig. Teilweise wird gefordert, dass für die Inanspruchnahme von Aufgaben durch den Staat diese auf einer spezialgesetzlichen Verpflichtung beruhen müssten.[1332] Demgegenüber wird andererseits zunächst danach gefragt, ob die Aufgaben auf Rechtssätze zurückzuführen seien, welche einen Träger öffentlicher Gewalt gerade als solchen berechtigten oder verpflichteten. Werde das bejaht, bedürfe es einer spezialgesetzlichen Regelung zur Übernahme der Tätigkeit durch die öffentliche Hand nicht.[1333]

Die Verwendung der zwei unterschiedlichen Begriffe ‚öffentliche Aufgaben' und ‚öffentlich-rechtliche Aufgaben' spricht für eine Differenzierung im Sinne der letztgenannten Ansicht. Weiterhin ist es das Ziel der Informationsfreiheitsgesetze, das Handeln der Behörden zu kontrollieren. Dabei ist es jedoch für die Eigenschaft als Behörde nicht ausreichend, dass die Aufgaben im öffentlichen Interesse wahrgenommen werden. Diese weitgehende Betrachtung würde die Privatautonomie unzulässig einschränken.[1334] Insofern kommt es bei der

---

1329 *Haas,* Private als Auskunftsverpflichtete nach dem Umweltinformations- und Informationsfreiheitsgesetzen, S. 164 f.

1330 *Haas,* Private als Auskunftsverpflichtete nach dem Umweltinformations- und Informationsfreiheitsgesetzen, S. 165.

1331 *Haas,* Private als Auskunftsverpflichtete nach dem Umweltinformations- und Informationsfreiheitsgesetzen, S. 162.

1332 Für Nordrhein-Westfalen vgl. *Franßen/Seidel,* IFG NRW, § 2 Rn. 306 ff.; *Haas,* Private als Auskunftsverpflichtete nach dem Umweltinformations- und Informationsfreiheitsgesetzen, S. 162; für den Bund *Rossi,* IFG Bund, § 1 Rn. 74 f.; *Schoch,* IFG Bund, § 1 Rn. 218 ff.; dazu auch *Dünchheim,* KommJur 2016, 441, 443.

1333 Für Nordrhein-Westfalen siehe OVG Nordrhein-Westfalen, Urt. v. 17.11.2020 – 15 A 4409/18, Rn. 74 ff. (zit. nach juris); *Bischopink,* NWVBl 2003, 245, 247; für Rheinland-Pfalz OVG Rheinland-Pfalz, Urt. v. 10.06.2016 – 10 A 10878/15, DVBl 2016, 1274, 1276; dazu auch *Gödeke/Jördening,* ZIP 2017, 2281, 2285 f.

1334 Ähnlich *Haas,* Private als Auskunftsverpflichtete nach dem Umweltinformations- und Informationsfreiheitsgesetzen, S. 163.

Definition der öffentlich-rechtlichen Aufgaben darauf an, welche konkreten Anforderungen an die Bestimmung von Aufgaben, die von der öffentlichen Hand in Anspruch genommen werden, zu stellen sind.

Gegen eine von der engen Ansicht vorgebrachte spezialgesetzliche Zuweisung der Aufgaben an die öffentliche Hand spricht zunächst, dass diese Anforderung die Möglichkeit zur Kontrolle des staatlichen Handelns durch Privatpersonen im Rahmen der Informationsfreiheitsgesetze stark einschränkt. Eine umfassende Kontrolle der Handlungen der öffentlichen Hand ist jedoch Sinn und Zweck der Informationsfreiheitsgesetze. Eine solche umfassende Kontrolle des Handelns der öffentlichen Hand bietet eine Auslegung, die alle Aufgaben erfasst, die auf öffentlich-rechtliche Rechtssätze zurückzuführen sind.[1335] Demgegenüber spricht für eine spezialgesetzliche Ermächtigungsgrundlage zur Einordnung von Aufgaben als öffentlich-rechtlich, dass durch die gesetzliche Zuweisung der Aufgaben zum Staat eine besondere Nähe zur öffentlichen Hand entsteht.[1336] Gerade aufgrund dieser Nähe ergibt sich die Notwendigkeit zur erhöhten Kontrolle der Handlungen durch die Allgemeinheit. Weiterhin spricht für die engere Auslegung des Begriffs der öffentlich-rechtlichen Aufgaben, dass sie eine klare Abgrenzung zwischen vom Staat verfolgten gemeinwohlerheblichen und gemeinnützigen Aufgaben einerseits und den ganz und gar dem öffentlichen Recht zuzuordnenden Verwaltungsaufgaben andererseits ermöglicht. Im Bereich der gemeinwohlerheblichen Aufgaben, wie z. B. bei der Förderung von sozialen, kulturellen und ökologischen Belangen, kann die Wahrnehmung der Aufgaben sowohl von Personen des Privatrechts als auch von der öffentlichen Hand erfolgen.[1337] Verwaltungsaufgaben dagegen sind dem Bereich der öffentlichen Daseinsvorsorge zuzuordnen und von der öffentlichen Hand vorzunehmen.[1338] Die Unterscheidung der Aufgaben ist im Bereich des Stiftungsrechts bedeutsam, da sie nach der hier vertretenen Ansicht Auswirkung auf die Möglichkeit zur Errichtung einer Stiftung bürgerlichen Rechts hat, die bei der Übertragung von Verwaltungsaufgaben auf die Stiftung als unzulässig angesehen

1335 Dies unterstützend OVG Nordrhein-Westfalen, Urt. v. 17.11.2020 – 15 A 4409/18, Rn. 74 ff. (zit. nach juris); OVG Rheinland-Pfalz, Urt. v. 10.06.2016 – 10 A 10878/15, DVBl 2016, 1274, 1276.

1336 Dieser Ansicht zustimmend *Dünchheim*, KommJur 2016, 441, 443; *Franßen/Seidel*, IFG NRW, § 2 Rn. 306 ff.

1337 Diese Aufgaben werden auch als Aufgaben im Bereich des sogenannten dritten Sektors bezeichnet. Zu Aufgaben im Bereich des dritten Sektors vertiefend Teil 2 A.II.1.c.

1338 Zu der Unterscheidung gemeinwohlerheblicher Aufgaben im Bereich des dritten Sektors sowie Verwaltungsaufgaben siehe auch Teil 2 A.II.1.c.

wird.[1339] Diese Sicht wird dadurch erhärtet, dass das Stiftungsrecht für einen Fall der Übertragung von Verwaltungsaufgaben auf eine Stiftung gerade die besondere Rechtsform der Stiftung des öffentlichen Rechts vorsieht. Stiftungen des öffentlichen Rechts sind Stiftungen, die ausschließlich öffentliche Zwecke verfolgen und mit dem Staat in einem organischen Zusammenhang stehen, der die Stiftungen selbst zu öffentlichen Einrichtungen macht.[1340] Auch nach dem Sinn und Zweck der Informationsfreiheitsgesetze gebietet sich schließlich keine weite Auslegung des Begriffes. Die Notwendigkeit zur Kontrolle staatlichen Handelns ist abhängig von den wahrgenommenen Aufgaben. Bei Verwaltungsaufgaben, die den Bereich der öffentlichen Daseinsvorsorge betreffen, besteht das Bedürfnis einer umfassenden Kontrolle des Handels durch die Allgemeinheit. Bei der Verfolgung allein gemeinwohlerheblicher Zwecke ist diese umfassende Kontrolle nicht notwendig. Dies gilt insbesondere vor dem Hintergrund der Besonderheiten des Stiftungsrechts. Die Aufgabe der allgemeinen Kontrolle der Stiftungen übernehmen im Rahmen des Stiftungsrechts die Stiftungsbehörden. Nach den Stiftungsgesetzen der Länder haben die Stiftungsbehörden die Aufgabe, die Stiftungen zu überwachen und sicherzustellen, dass die Organe der Stiftungen den in Stiftungsgeschäft und Stiftungssatzung zum Ausdruck kommenden Willen der Stifterin oder des Stifters beachten und die Tätigkeiten der Stiftungen im Einklang mit Recht und Gesetz stehen.[1341] Die Auslegung des Begriffs der öffentlich-rechtlichen Aufgaben im engeren Sinn drängt sich demnach nicht auf.

1339 Dabei wird vorliegend die Ansicht vertreten, dass bei der Errichtung einer Stiftung bürgerlichen Rechts eine Übertragung von Verwaltungsaufgaben unmöglich ist und gemeinwohlerhebliche Aufgaben auf eine solche Stiftung übertragen werden können (Teil 2 A.II.1.c, Teil 2 A.II.1.d sowie Teil 2 A.II.2). Demgegenüber wird teilweise die Übertragung von Aufgaben mit Bezug zum öffentlichen Recht auf Stiftungen bürgerlichen Rechts grundsätzlich als unzulässig angesehen (Teil 2 A.II.1.a). Teilweise wird hingegen die Übertragung der Aufgaben auf Stiftungen des bürgerlichen Rechts umfassend als zulässig angesehen (Teil 2 A.II.1.b).

1340 Siehe dazu die Definition der Landesstiftungsgesetze z. B. in Art. 1 III StiftG Bayern, § 2 I StiftG Hessen, § 3 IV StiftG Sa-Ah, § 12 I StiftG Sachsen, § 3 III StiftG Thüringen. Vertiefend zur Stiftung des öffentlichen Rechts siehe *v. Campenhausen/Stumpf,* in: Richter, Stiftungsrecht, § 13 Rn. 9 ff.; *Kilian/Müller,* in: Werner/Saenger/Fischer, Die Stiftung, § 40 Rn. 8 ff.

1341 § 8 I StiftG BW, Art. 10 I, 12 I StiftG Bayern, § 11 StiftG Bremen, § 7 StiftG Berlin, § 5 I StiftG Hamburg, § 10 I StiftG Hessen, § 10 I StiftG Niedersachsen, § 6 II StiftG NRW, § 9 I StiftG Rh-Pf, § 10 I StiftG Saar, § 8 I StiftG Schl-H, § 6 I StiftG Brandenburg, § 4 I StiftG Meck-Vp, § 6 I StiftG Sachsen, § 10 I StiftG Sa-Ah, § 12 I StiftG Thüringen.

Im Ergebnis ist Voraussetzung für das Vorliegen von öffentlich-rechtlichen Aufgaben, dass die Aufgaben das Gemeinwohl fördern und es sich bei ihnen um dem öffentlichen Recht zuzuordnenden Verwaltungsaufgaben handelt.

bb. Übertragung von öffentlich-rechtlichen Aufgaben auf eine juristische Person des Privatrechts und Beherrschung dieser durch die öffentliche Hand

Ergänzend wird für das Vorliegen von öffentlich-rechtlichen Aufgaben neben der Gemeinwohlförderung und der Inanspruchnahme der Aufgaben durch die öffentliche Hand als zusätzliche Anforderung verlangt, dass die ausgeübten Aufgaben durch einen zu ihrer Erfüllung berufenen Hoheitsträger auf ein Privatrechtssubjekt übertragen worden sind und dieses durch den Hoheitsträger beherrscht wird.[1342] Sofern ein Privatrechtssubjekt organisationsrechtlich unter dem Einfluss der öffentlichen Hand steht, ist es gerechtfertigt, die Aufgaben der Privatperson mit denen des Hoheitsträgers gleichzustellen.[1343] Für die Frage, ob eine juristische Person des privaten Rechts, welche öffentlich-rechtliche Aufgaben erfüllt, von der öffentlichen Hand beherrscht wird, kommt es nicht darauf an, ob der hinter dieser Person stehende Verwaltungsträger konkrete Einwirkungsbefugnisse hinsichtlich der Geschäftsführung hat. Vielmehr ist darauf abzustellen, ob die öffentliche Hand die Gesamtverantwortung für das bestimmungsgemäße Handeln der juristischen Person und ihren Fortbestand trägt.[1344] Das Tragen der Gesamtverantwortung für das bestimmungsgemäße Handeln der juristischen Person richtet sich maßgeblich nach den satzungsmäßigen Vorgaben für die Besetzung des zur eigenverantwortlichen Aufgabenerfüllung zuständigen Organs.[1345]

1342 OVG Nordrhein-Westfalen, Urt. v. 17.11.2020 – 15 A 4409/18, Rn. 57 (zit. nach juris).

1343 OVG Nordrhein-Westfalen, Urt. v. 17.11.2020 – 15 A 4409/18, Rn. 98 f. (zit. nach juris).

1344 BVerfG, Urt. v. 22.02.2011 – 1 BvR 699/06, BVerfGE 128, 226, 245 ff.; BGH, Urt. v. 16.03.2017 - I ZR 13/16, NJW 2017, 3153, 3155; OVG Nordrhein-Westfalen, Urt. v. 17.11.2020 – 15 A 4409/18, Rn. 100 f. (zit. nach juris).

1345 OVG Nordrhein-Westfalen, Urt. v. 17.11.2020 – 15 A 4409/18, Rn. 102 (zit. nach juris).

b. Übernahme von öffentlich-rechtlichen Tätigkeiten durch die Sparkassen-Stiftungen

Voraussetzung für die Übernahme von öffentlich-rechtlichen Tätigkeiten durch die Sparkassen-Stiftungen ist, dass die von den Sparkassen-Stiftungen wahrgenommenen Tätigkeiten als öffentlich-rechtliche Aufgaben einzuordnen sind, diese Aufgaben von den Sparkassen auf die Sparkassen-Stiftungen übertragen worden sind und die Sparkassen die Sparkassen-Stiftungen beherrschen.

aa. Wahrnehmung öffentlich-rechtlicher Aufgaben

Für das Bestehen der Informationspflicht der Sparkassen-Stiftungen ist zunächst entscheidend, ob die Tätigkeiten der Stiftungen die Wahrnehmung öffentlich-rechtlicher Aufgaben darstellen. Wichtiges Abgrenzungskriterium dabei ist, ob neben der Förderung des Gemeinwohls die Aufgaben dem öffentlichen Recht als Verwaltungsaufgaben zuzuordnen sind. Dazu sind die von den Sparkassen an die Sparkassen-Stiftungen übertragenen Tätigkeiten zu betrachten. Die Tätigkeiten der Sparkassen stellen freiwillige Selbstverwaltungsaufgaben der Gemeinden dar.[1346] Es ist dabei zwischen der wirtschaftlichen Betätigung und der nicht wirtschaftlichen Betätigung zu unterscheiden.

Die Sparkassen tragen durch ihre bankgeschäftlichen Tätigkeiten zur geld- und kreditwirtschaftlichen Daseinsvorsorge der Bevölkerung bei. Diese Tätigkeiten und ihre konkreten Ausprägungen sind in den Sparkassengesetzen der Länder bestimmt.[1347] Die bankgeschäftlichen Tätigkeiten der Sparkassen stellen daher öffentlich-rechtliche Aufgaben dar. Die Sparkassen übertragen jedoch nicht die Aufgaben der Verwirklichung von bankgeschäftlichen Tätigkeiten auf die Sparkassen-Stiftungen. Insofern strahlen die von den Sparkassen wahrzunehmenden Aufgaben nicht auf die Aufgabenerledigung der Sparkassen-Stiftungen aus.[1348]

Die wirtschaftliche Betätigung der Sparkassen wird flankiert durch die Förderung der kommunalen Aufgaben insbesondere im wirtschaftlichen, regionalpolitischen, sozialen und kulturellen Bereich. Diese Aufgaben ergeben sich aus der Bindung der Gemeinden an das Gemeinwohl nach Art. 28 II GG.[1349] Es

---

1346 *Henneke*, in: Püttner, Handbuch der kommunalen Wissenschaft und Praxis, Band 2, § 53 a Rn. 101.

1347 Siehe ausführlich dazu Teil 1 B.II.3 sowie Teil 2 A.III.1.b.

1348 Ebenso OVG Nordrhein-Westfalen, Urt. v. 17.11.2020 – 15 A 4409/18, Rn. 81 ff. (zit. nach juris); VG Gelsenkirchen, Urt. v. 08.10.2018 – 20 K 5638/15, ZStV 2019, 65, 66.

1349 So auch OVG Nordrhein-Westfalen, Urt. v. 17.11.2020 – 15 A 4409/18, Rn. 93 f. (zit. nach juris); dazu vertiefend auch Teil 2 A.III.1.b.

fehlt jedoch an einer spezialgesetzlichen Regelung dieser Aufgaben in den Sparkassengesetzen der Länder.[1350] Bei der Einordnung der nicht wirtschaftlichen Tätigkeiten spricht die fehlende spezialgesetzliche Zuweisung dieser Aufgaben an die Sparkassen in den Sparkassengesetzen der Länder gegen das Vorliegen von öffentlich-rechtlichen Aufgaben. Zwar finden sich in den Landesverfassungen der Bundesländer Vorgaben zur Förderung der Wissenschaft[1351], der Kunst und Kultur[1352], der Jugendhilfe[1353], des Sports[1354], des Naturschutzes[1355] oder des Denkmalschutzes[1356]. Diese Regelungen verdeutlichen jedoch nur die Möglichkeit zur Förderung der Aufgaben durch die öffentliche Hand und sind für eine Verankerung der Aufgaben im öffentlichen Recht nicht ausreichend. Denn erforderlich ist, dass die wahrgenommenen Aufgaben dem Bereich der Daseinsvorsorge entstammen. Die von den Sparkassen-Stiftungen übernommenen Aufgaben der Förderung von Forschung, Wissenschaft und Wirtschaft, Kunst und Kultur, Sozialem, Sport und Umwelt dienen dem Gemeinwohl.[1357] Sie können sowohl von Privatpersonen als auch von der öffentlichen Hand wahrgenommen werden und sind nicht dem Bereich der öffentlichen Daseinsvorsorge

---

1350 Vgl. Teil 1 B.II.3. sowie Teil 2 A.III.1.b.

1351 Als Beispiele siehe Art. 140 I LVerf Bayern, Art. 11 LVerf Bremen, Art. 5 I LVerf Niedersachsen, Art. 13 I LVerf Schl-H, Art. 16 I LVerf Meck-Vp, Art. 11 LVerf Sachsen.

1352 Vgl. z. B. Art. 3c LVerf BW, Art. 140 LVerf Bayern, Art. 11 LVerf Bremen, Art. 6 LVerf Niedersachsen, Art. 18 I LVerf NRW, Art. 40 I LVerf Rh-Pf, Art. 13 I LVerf Schl-H, Art. 34 LVerf Brandenburg, Art. 16 I LVerf Meck-Vp, Art. 11 LVerf Sachsen, Art. 36 LVerf Sa-Ah, Art. 30 I LVerf Thüringen.

1353 Als Beispiele siehe Art. 126 III LVerf Bayern, Art. 25 LVerf Bremen, Art. 4a LVerf Niedersachsen, Art. 6 LVerf NRW, Art. 25 II LVerf Rh-Pf, Art. 10 LVerf Schl-H, Art. 27 LVerf Brandenburg, Art. 14 LVerf Meck-Vp, Art. 9 LVerf Sachsen.

1354 Vgl. z. B. Art. 3c LVerf BW, Art. 140 III LVerf Bayern, Art. 36a LVerf Bremen, Art. 31 LVerf Berlin, Art. 6 LVerf Niedersachsen, Art. 26g LVerf Hessen, Art. 40 IV LVerf Rh-Pf, Art. 13 III LVerf Schl-H, Art. 35 LVerf Brandenburg, Art. 16 I LVerf Meck-Vp, Art. 11 LVerf Sachsen, Art. 36 LVerf Sa-Ah, Art. 30 III LVerf Thüringen.

1355 So u. a. Art. 3a LVerf BW, Art. 11a, b LVerf Bremen, Art. 31 I LVerf Berlin, Art. 6b, c LVerf Niedersachsen, Art. 26b LVerf Hessen, Art. 69 I LVerf Rh-Pf, Art. 11 LVerf Schl-H, Art. 39 LVerf Brandenburg, Art. 12 LVerf Meck-Vp, Art. 10 LVerf Sachsen, Art. 35 LVerf Sa-Ah, Art. 31 LVerf Thüringen.

1356 Als Beispiel siehe Art. 3c LVerf BW, Art. 141 II LVerf Bayern, Art. 62 LVerf Hessen, Art. 18 II LVerf NRW, Art. 40 III LVerf Rh-Pf, Art. 30 II LVerf Thüringen.

1357 Siehe zur Gemeinwohlförderung durch die Sparkassen-Stiftungen Teil 2 A.III.1.b. sowie zu den einzelnen von den Sparkassen-Stiftungen übernommenen Aufgaben vertiefend Teil 2 B.II.1.a.bb.(2).

zuzuordnen. Bei den von den Sparkassen auf die Sparkassen-Stiftungen übertragenen nicht-wirtschaftlichen Tätigkeiten handelt es sich daher nicht um öffentlich-rechtliche Aufgaben. Die erste Voraussetzung für die Annahme einer auskunftsverpflichteten Stelle liegt damit nicht vor.

bb. Beherrschung der Sparkassen-Stiftungen durch die Sparkassen

Als weiteres Merkmal für die Einordnung von juristischen Personen des Privatrechts als auskunftsverpflichtete Stellen nach den Informationsfreiheitsgesetzen der Länder ist zu prüfen, ob die Förderung von kommunalen Aufgaben im wirtschaftlichen, regionalpolitischen, sozialen und kulturellen Bereich den Sparkassen-Stiftungen von den Sparkassen als Trägern öffentlicher Gewalt übertragen worden ist und die Sparkassen-Stiftungen von den Sparkassen beherrscht werden. Die Sparkassen legen als Stifter die von den Sparkassen-Stiftungen verfolgten Stiftungszwecke fest. Insofern übertragen die Sparkassen Aufgaben, deren Erfüllung bisher den Sparkassen oblag, auf die Sparkassen-Stiftungen.[1358] Fraglich ist jedoch, ob die Sparkassen-Stiftungen deshalb von den Sparkassen beherrscht werden. Gegen eine Beherrschung der Sparkassen-Stiftungen durch die Sparkassen spricht, dass die Stiftungen ab dem Zeitpunkt ihrer Errichtung unabhängig von den Sparkassen sind. Es ist ein Grundprinzip des Stiftungsrechts, dass Stiftungen nach der Errichtung ein eigenes Rechtssubjekt unabhängig vom Stifter bilden, sie gehören sich quasi selbst.[1359] Einfluss auf die Stiftung in Form einer Beherrschung kann ausschließlich über die satzungsrechtliche Besetzung der Organe durch Personen, die dem Stifter nahe stehen, oder durch die Auswahl der in den Stiftungsorganen tätigen Personen durch den Stifter erfolgen.[1360] Bei der Ausübung ihrer Aufgaben unterliegen die Organmitglieder den Regelungen der Stiftungssatzung, die den Stifterwillen widerspiegeln. Aufgrund dieser Bindung an den Stifterwillen sind die in den Organen tätigen Mitglieder des Vorstandes oder des Verwaltungsrates der Sparkassen daran gehindert, Weisungen der Sparkassen in den Sparkassen-Stiftungen umzusetzen. Die Möglichkeit

---

1358 So auch OVG Nordrhein-Westfalen, Urt. v. 17.11.2020 – 15 A 4409/18, Rn. 97 (zit. nach juris). Vertiefend zu den übertragenen Aufgaben in den Stiftungszwecken Teil 2 A.II.2 sowie Teil 2 A.III.1.

1359 Siehe dazu u. a. *Backert*, in: Bamberger/Roth/Hau/Poseck BGB, § 80 Rn. 3; *Weitemeyer*, in: MüKo BGB, § 80 Rn. 2; *Hüttemann/Rawert*, in: Staudinger, Vor §§ 80 ff. Rn. 5, 15.

1360 Vgl. Teil 2 B.II.2.e.aa zur personellen Besetzung der Organe sowie Teil 2 B.II.2.e.bb zum Recht des Stifters zur Bestellung von Organmitgliedern.

der Sparkassen, Weisungen an die in den Sparkassen-Stiftungen tätigen Organmitglieder zu erteilen ist jedoch notwendig für die Wahrnehmung eines beherrschenden Einflusses auf die Stiftungen. Aus diesem Grund ist es den Sparkassen nicht möglich, die Sparkassen-Stiftungen zu beherrschen durch Einfluss auf die personelle Besetzung der Organe. Die Sparkassen haben mangels Einflussnahme auf das Handeln der mit ihnen verbundenen Personen in den Organen der Sparkassen-Stiftungen nicht die Gesamtverantwortung für das bestimmungsgemäße Handeln der Stiftung.[1361]

c. Ergebnis

Im Ergebnis ist insoweit festzustellen, dass die Sparkassen-Stiftungen bei den von ihnen übernommenen Aufgaben zur Förderung gemeinnütziger Zwecke keine öffentlich-rechtlichen Aufgaben wahrnehmen und die Sparkassen-Stiftungen auch nicht von den Sparkassen beherrscht werden. Die Sparkassen-Stiftungen sind folglich keine auskunftsverpflichteten Stellen.

2. Ausschluss des Auskunftsanspruchs aufgrund spezialgesetzlicher Regelungen

Unabhängig von der Frage, ob die Sparkassen-Stiftungen auskunftsverpflichtete Stellen nach den Informationsfreiheitsgesetzen sind, könnte der Informationsanspruch bereits daran scheitern, dass spezialgesetzliche Regelungen den Zugang zu amtlichen Informationen abschließend regeln.

a. Regelungen der Landesstiftungsgesetze in Bezug auf stiftungsbezogene Informationen

Die Landesstiftungsgesetze regeln ebenso wie die Informationsfreiheitsgesetze der Länder die Offenlegung stiftungsbezogener Informationen gegenüber jedermann.[1362] Landesstiftungsgesetzlich können Informationen zu einer Stiftung

---

1361 Zum Fehlen eines beherrschenden Einflusses, sofern die Organmitglieder einer Stiftung bei der Ausübung ihrer Aufgaben dem Stifterwillen unterliegen, siehe auch *Jakob/Picht*, in: BeckOGK BGB, § 85 Rn. 17 f.; *Hüttemann/Rawert*, in: Staudinger, BGB, § 85 Rn. 34, § 86 Rn. 8. Zur Situation der Unmöglichkeit der Einflussnahme in den Organen durch die Sparkassen vertiefend Teil 2 B.II.2.e.; a.A. OVG Nordrhein-Westfalen, Urt. v. 17.11.2020 – 15 A 4409/18, Rn. 102 f. (zit. nach juris).

1362 § 4 I StiftG BW, Art. 4 I StiftG Bayern, § 15 I 1 StiftG Bremen, § 11 I 1 StiftG Berlin, § 3 I 1 Hamburg, § 17a StiftG Hessen, § 17a I StiftG Niedersachsen, § 12 StiftG NRW, § 5 StiftG Rh-Pf, § 18 StiftG Saar, § 15 II 1 StiftG Schl-H, § 14 StiftG Brandenburg, § 3 StiftG Meck-Vp, § 8 I 1 StiftG Sachsen, § 5 StiftG Sa-Ah, § 5 StiftG

durch Einsichtnahme in das Stiftungsverzeichnis gewonnen werden. Die Landesstiftungsgesetze sehen die Aufnahme der Stiftungen in ein Stiftungsverzeichnis vor, das allgemein über das Internet zugänglich ist.[1363] Die Einsichtnahme in das Stiftungsverzeichnis ist jedermann zu jeder Zeit zu gewähren. Es bedarf keiner weiteren Voraussetzung wie dem Vorliegen eines berechtigten Interesses.[1364] Der voraussetzungslose Anspruch auf Zugang zu den Informationen des Stiftungsverzeichnisses ist in den Stiftungsgesetzen teilweise explizit normiert.[1365] In anderen Ländern folgt der Anspruch auf Auskunft aus der Zugänglichkeit des Verzeichnisses über das Internet.[1366] In den Stiftungsverzeichnissen sind

---

Thüringen. Nach der Reform des Stiftungsrechts soll das Stiftungsverzeichnis nicht mehr in jedem Bundesland von den Stiftungsbehörden geführt, sondern durch ein Stiftungsregister auf Bundesebene ersetzt werden. Zur Einführung dieses Registers sieht der Gesetzesentwurf der Bundesregierung für ein Gesetz zur Vereinheitlichung des Stiftungsrechts den Erlass eines Stiftungsregistergesetzes (StiftRG) vor. Danach soll ein Stiftungsregister ab 2026 durch das Bundesamt für Justiz elektronisch geführt werden (§ 1 StiftRG). Auch im StiftRG ist ein Auskunftsanspruch für jedermann durch Einsichtnahme in das Stiftungsregister geregelt (§ 15 I StiftRG). Informationen können erlangt werden über die von den Stiftungen im Register einzutragenden Informationen (§ 2 StiftRG). Dabei wird der Auskunftsanspruch durch berechtigte Interessen der Stiftung und von Dritten beschränkt und ausgeschlossen (§ 15 I 2 StiftRG). Siehe dazu vertiefend den Gesetzesentwurf der Bundesregierung für ein Gesetz zur Vereinheitlichung des Stiftungsrechts in der Fassung vom 03.02.2021, S. 17 ff., 100 ff.

1363 § 3 IV 2 StiftG Hamburg, § 17a I, III StiftG Hessen, § 12 I StiftG NRW, § 5 V StiftG Rh-Pf, § 3 I StiftG Meck-Vp, § 5 I StiftG Sa-Ah regeln durch Gesetz die Pflicht der Veröffentlichung im Internet. § 15 II 4 StiftG Schl-H gibt vor, dass die Einsicht auf elektronischem Wege erfolgen muss. § 15 II 1 StiftG Bremen sowie § 11 I 3 StiftG Berlin regeln eine Veröffentlichung in geeigneter Form. Nach § 5 I StiftG Thüringen sowie Art. 4 I StiftG Bayern muss das Verzeichnis öffentlich einsehbar sein. In der Praxis bieten alle Bundesländer eine Veröffentlichung des Stiftungsverzeichnisses im Internet an, siehe dazu *Mecking*, in: MünchHdbGesR V, § 90 Rn. 5 ff.

1364 Siehe dazu z. B. für Nordrhein-Westfalen *Suerbaum*, in: Andrick/Suerbaum, StiftG NRW, § 12 Rn. 12.

1365 § 4 StiftG BW, § 15 II 2 StiftG Bremen, § 11 I 4 StiftG Berlin, § 3 IV 1 StiftG Hamburg, § 17a III StiftG Niedersachsen, § 17a III StiftG Hessen, § 5 V 1 StiftG Rh-Pf, § 18 II 1 StiftG Saar, § 15 IV 1 StiftG Schl-H, § 14 IV StiftG Brandenburg, § 8 III 2 StiftG Sachsen, § 5 I 3 StiftG Sa-Ah, § 5 IV 1 StiftG Thüringen.

1366 Dazu siehe für die Regelung in Nordrhein-Westfalen *Suerbaum*, in: Andrick/Suerbaum, StiftG NRW, § 12 Rn. 12. In diesem Sinne auch die Regelung in Art. 4 I StiftG Bayern und § 3 I StiftG Meck-Vp.

nur begrenzte Informationen über eine Stiftung verfügbar. Diese umfassen je nach landesgesetzlicher Ausgestaltung den Namen und den Sitz der Stiftung, die Stiftungszwecke, die Anschrift der Geschäftsstelle, die vertretungsberechtigten Organe und Personen sowie die Art ihrer Vertretungsberechtigung, das Datum der Anerkennung sowie die zuständige Stiftungsbehörde.[1367] Behördliche Unterlagen über die Anerkennung und Beaufsichtigung der Stiftung sind nicht der allgemeinen Öffentlichkeit zugänglich.[1368] Das Stiftungsverzeichnis gibt folglich Auskunft über allgemeine Informationen der Stiftung. Zur laufenden Tätigkeit der Stiftung und insbesondere zum Stiftungsvermögen zu bestimmten Zeitpunkten können keine Auskünfte erlangt werden.[1369] Zweck des Stiftungsverzeichnisses ist zum einen die Transparenz der Stiftung im Interesse der Öffentlichkeit herzustellen. Zum anderen ist der Zweck des Stiftungsverzeichnisses, die für das Stiftungswesen elementare Vertraulichkeit für die Gebenden genauso wie für die Empfangenden zu wahren. Die Stiftungen haben ein Recht zur informationellen Selbstbestimmung, das sich aus Art. 2 I i. V. m. Art. 1 I GG herleitet.[1370]

b. Verhältnis der Landesstiftungsgesetze zu den Informationsfreiheitsgesetzen

Nach den Informationsfreiheitsgesetzen der Länder treten diese zurück, soweit besondere Rechtsvorschriften den Zugang zu amtlichen Informationen, die Auskunftserteilung oder die Gewährung von Akteneinsicht regeln und diese Vorschriften den Vorschriften der Informationsfreiheitsgesetze vorgehen.[1371] Dabei

---

1367 Siehe für die einzelnen veröffentlichten Informationen vertiefend § 4 II StiftG BW, Art. 4 II 1 StiftG Bayern, § 15 I 2 StiftG Bremen, § 11 I 2 StiftG Berlin, § 3 II StiftG Hamburg, § 17a II StiftG Hessen, § 17a II StiftG Niedersachsen, § 12 II StiftG NRW, § 5 II StiftG Rh-Pf, § 18 I 2 StiftG Saar, § 15 II 2 StiftG Schl-H, § 14 II StiftG Brandenburg, § 3 I StiftG Meck-Vp, § 8 I 2 StiftG Sachsen, § 5 II StiftG Sa-Ah, § 5 II StiftG Thüringen.

1368 Dies wird teilweise ausdrücklich in den Stiftungsgesetzen geregelt, siehe z. B. § 12 V StiftG NRW, § 15 IV StiftG Schl-H, § 3 III StiftG Meck-Vp, § 5 VI StiftG Sa-Ah.

1369 VG Gelsenkirchen, Urt. v. 08.10.2018 – 20 K 5638/15, ZStV 2019, 65, 67 f.

1370 Dazu für Nordrhein-Westfalen OVG Nordrhein-Westfalen, Urt. v. 17.11.2020 – 15 A 4409/18, Rn. 116 ff. (zit. nach juris); VG Gelsenkirchen, Urt. v. 08.10.2018 – 20 K 5638/15, ZStV 2019, 65, 68; *Suerbaum*, in: Andrick/Suerbaum, StiftG NRW, § 12 Rn. 8; *Rawert*, in: Hüttemann/Richter/Weitemeyer, Landesstiftungsrecht, Rn. 11.28; *Andrick/Suerbaum*, NJW 2002, 2905, 2909.

1371 § 1 III IFG BW, § 1 III IFG Bremen, § 80 II DSIFG Hessen, § 4 II 1 IFG NRW, § 2 III IFG Rh-Pf, § 1 IFG Saar i. V. m. § 1 I, III IFG Bund, § 1 AIG Brandenburg, § 1 III IFG Meck-Vp, § 1 III 1 IFG Sa-Ah, § 4 II IFG Thüringen. Die Subsidiarität

sind nur solche Vorschriften vorrangig, die denselben Sachverhalt abschließend regeln. Das Verhältnis der Informationsfreiheitsgesetze zu anderen Gesetzen ergibt sich durch Auslegung anhand der Systematik und dem Sinn und Zweck der Informationsfreiheitsgesetze. Eine Vorrangigkeit einer Regelung, die die Anwendbarkeit der Informationsfreiheitsgesetze ausschließt, ist dabei anzunehmen, sofern die Regelung in sachlicher Hinsicht spezifische Anforderungen an die Informationen setzt und/oder in persönlicher Hinsicht spezifische Anforderungen an die Personen stellt.[1372] Weiterhin kann eine abschließende Rechtsvorschrift auch eine Regelung über die Einsicht in oder die Auskunft aus bei öffentlichen Stellen geführten Büchern, Registern, Verzeichnissen oder ähnlichem sein.[1373] Es ist umstritten, ob durch die spezialgesetzliche Regelung des öffentlichen Stiftungsverzeichnisses der Zugang zu amtlichen Informationen abschließend geregelt wird.

aa. Abschließende Regelung des Auskunftsanspruchs durch die Landesstiftungsgesetze

Teilweise wird eine abschließende Regelung des Auskunftsanspruchs durch die Landesstiftungsgesetze angenommen.[1374] Zur Begründung wird angeführt, dass der Informationsanspruch der Öffentlichkeit im Stiftungsverzeichnis denselben Sachverhalt regele wie der informationsfreiheitsgesetzliche Auskunftsanspruch. Beide gewährten einen Anspruch auf Offenlegung stiftungsbezogener

---

des IFG vor fachgesetzlichen Spezialregelungen ergibt sich in Berlin, Hamburg und Schleswig-Holstein aus dem Grundsatz ‚lex specialis derogate legi generali', siehe dazu *Stollwerck*, LKV 2016, 1, 2.

1372 Vgl. auf Basis der Regelungen in Nordrhein-Westfalen u. a. OVG Nordrhein-Westfalen, Beschl. v. 31.01. 2005 – 21 E 1487/04, NJW 2005, 2028, 2029; OVG Nordrhein-Westfalen, Urt. v. 15.06.2011 – 8 A 1150/10, ZIP 2011, 1426, 1427; OVG Nordrhein-Westfalen, Urt. v. 06.05.2015 – 8 A 1943/13, ZD 2015, 387, 389; OVG Nordrhein-Westfalen, Urt. v. 02.06.2015 – 15 A 1997/12, Rn. 56 ff. (zit. nach juris); OVG Nordrhein-Westfalen, Urt. v. 24.11. 2015 – 8 A 1032/14, NVwZ-RR 2016, 603, 604; OVG Nordrhein-Westfalen, Urt. v. 14.09.2017 – 15 A 29/17, Rn. 51 (zit. nach juris); OVG Nordrhein-Westfalen, Urt. v. 17.11.2020 – 15 A 4409/18, Rn. 110 f. (zit. nach juris); VG Gelsenkirchen, Urt. v. 08.10.2018 – 20 K 5638/15, ZStV 2019, 65, 67.

1373 Vgl. zur Regelung in Nordrhein-Westfalen OVG Nordrhein-Westfalen, Urt. v. 17.11.2020 – 15 A 4409/18, Rn. 112 f. (zit. nach juris); VG Gelsenkirchen, Urt. v. 08.10.2018 – 20 K 5638/15, ZStV 2019, 65, 68; *Franßen/Seidel*, IFG NRW, § 4 Rn. 488; vgl. zur Regelung auf Bundesebene *Schoch*, IFG Bund, § 1 Rn. 323 ff.; *Brink*, in: Brink/Polenz/Platt, IFG Bund, § 1 Rn. 136.

1374 VG Gelsenkirchen, Urt. v. 08.10.2018 – 20 K 5638/15, ZStV 2019, 65, 68.

Informationen gegenüber jedermann zu jeder Zeit.[1375] Die Regelung in den Stiftungsgesetzen der Länder sei dabei eine in sich abgeschlossene Regelung. Dies zeige sich durch die Systematik der Landesstiftungsgesetze, die in den Absätzen zum Stiftungsverzeichnis verschiedene Arten von Auskunftsbegehren regelten.[1376] Der Sinn und Zweck der stiftungsrechtlichen Regelung des Informationsanspruchs sei es dabei, dass durch die Stiftungsgesetze der Länder eine Interessenabwägung im Einzelfall zwischen dem Interesse der Öffentlichkeit an Transparenz und dem Recht der Stiftungen auf informationelle Selbstbestimmung getroffen werde.[1377] Der Gesetzgeber habe in den Stiftungsgesetzen der Länder explizit die einzutragenden Informationen aufgezählt und von einzelnen Angaben, wie z. B. den Angaben über das Vermögen der Stiftung, Abstand genommen.[1378] Der Zugang zu den Grunddaten der Stiftung sei in diesem Rahmen als ausreichend angesehen worden.[1379] Ein umfassender Anspruch auf Auskunft laufe diesem Schutzzweck der Spezialgesetze entgegen.[1380] Dabei könne sich auch eine Stiftung bürgerlichen Rechts, die von der öffentlichen Hand errichtet werde, auf diesen Schutzzweck berufen. Sofern sich die öffentliche Hand für die Errichtung von Stiftungen in Privatrechtsform entscheide, gälten für diese Stiftungen das Stiftungsrecht mit seinen Vor- und Nachteilen gleichermaßen wie auch für andere bürgerlich-rechtliche Stiftungen.[1381] Die Stiftungsgesetze der Länder enthielten nun mal eine Regelung für rechtsfähige Stiftungen bürgerlichen Rechts und nicht für öffentlich-rechtliche Stiftungen. Weiterhin komme dem Stiftungsverzeichnis auch deshalb ein abschließender Charakter zu, da es ein öffentliches Register sei und dieses aus seiner Natur heraus eine abschließende Regelung treffe.[1382] Ein weiteres Argument für die abschließende Regelung des Informationsanspruchs sei, dass die Landesstiftungsgesetze teilweise ausdrücklich eine Regelung enthielten, die behördliche Unterlagen über

1375 VG Gelsenkirchen, Urt. v. 08.10.2018 – 20 K 5638/15, ZStV 2019, 65, 67.

1376 Siehe dazu VG Gelsenkirchen, Urt. v. 08.10.2018 – 20 K 5638/15, ZStV 2019, 65, 67, das für § 12 StiftG NRW eine abschließende Regelung darlegt.

1377 VG Gelsenkirchen, Urt. v. 08.10.2018 – 20 K 5638/15, ZStV 2019, 65, 67 f.

1378 VG Gelsenkirchen, Urt. v. 08.10.2018 – 20 K 5638/15, ZStV 2019, 65, 67 f.; *Rawert*, in: Hüttemann/Richter/Weitemeyer, Landesstiftungsrecht, Rn. 11.25.

1379 LT-Drucks. NRW 13/5987, S. 16 f.; VG Gelsenkirchen, Urt. v. 08.10.2018 – 20 K 5638/15, ZStV 2019, 65, 68; *Suerbaum*, in: Andrick/Suerbaum, StiftG NRW, § 12 Rn. 8.

1380 VG Gelsenkirchen, Urt. v. 08.10.2018 – 20 K 5638/15, ZStV 2019, 65, 68.

1381 VG Gelsenkirchen, Urt. v. 08.10.2018 – 20 K 5638/15, ZStV 2019, 65, 67; *Schröder*, in: Hüttemann/Richter/Weitemeyer, Landesstiftungsrecht, Rn. 33.11 ff.

1382 VG Gelsenkirchen, Urt. v. 08.10.2018 – 20 K 5638/15, ZStV 2019, 65, 68.

die Anerkennung und Beaufsichtigung einzelner Stiftungen vom Auskunftsanspruch ausnähmen.[1383] Durch den Erlass dieser stiftungsrechtlichen Sonderregelung habe der Gesetzgeber den Willen zum Ausdruck gebracht, dass die Regelung eine vorrangige und insoweit abschließende Regelung darstelle.[1384] Diese Intention des Gesetzgebers sei über den Wortlaut hinaus auf alle Informationen zu übertragen, die von den Stiftungen erlangt würden. Jedermann könne nur auf die im Stiftungsverzeichnis veröffentlichten Informationen zugreifen und nicht die weitergehenden Unterlagen zur Anerkennung oder Beaufsichtigung einsehen. Der Gesetzgeber wolle die abschließende Regelung von Auskunftsansprüchen nicht dadurch unterlaufen, dass sich Personen an die Stiftung direkt wenden und von ihnen Auskunft erlangen könnten, sie jedoch von den Stiftungsbehörden diese Auskunft nicht bekommen könnten.[1385]

bb. Anwendbarkeit der Informationsfreiheitsgesetze der Länder neben den Landesstiftungsgesetzen

Demgegenüber wird die Regelung der Landesstiftungsgesetze zum Stiftungsverzeichnis teilweise nicht als abschließend angesehen.[1386] Dies wird darauf gestützt, dass sich Stiftungen in öffentlicher Hand nicht auf das Recht auf informationelle Selbstbestimmung aus Art. 2 I i. V. m. Art. 1 I GG berufen könnten.[1387] Zwar sei die Berufung auf die Grundrechte für juristische Personen im Sinne des Art. 19 III GG grundsätzlich möglich.[1388] Sofern diese juristischen Personen jedoch vollständig oder mehrheitlich vom Staat beherrscht würden, könnten sie sich nicht auf die materiellen Rechte des Grundgesetzes und damit nicht auf das Recht auf informationelle Selbstbestimmung berufen.[1389] Die unterschiedliche

---

1383 Eine solche Regelungen enthalten z. B. § 12 V StiftG NRW, § 15 IV StiftG Schl-H, § 3 III StiftG Meck-Vp, § 5 VI StiftG Sa-Ah.

1384 VG Gelsenkirchen, Urt. v. 08.10.2018 – 20 K 5638/15, ZStV 2019, 65, 68.

1385 VG Gelsenkirchen, Urt. v. 08.10.2018 – 20 K 5638/15, ZStV 2019, 65, 68.

1386 OVG Nordrhein-Westfalen, Urt. v. 17.11.2020 – 15 A 4409/18, Rn. 109 ff. (zit. nach juris).

1387 OVG Nordrhein-Westfalen, Urt. v. 17.11.2020 – 15 A 4409/18, Rn. 119 ff. (zit. nach juris).

1388 Siehe u. a. BVerfG, Beschl. v. 02.09.2002 – 1 BvR 1103/02, NJW 2002, 3533; BVerfG, Beschl. v. 13.06.2007 – 1 BvR 1550/03, BVerfGE 118, 168; *Remmert*, in: Maunz/Düring, Art. 19 Rn. 103.

1389 Vgl. z. B. BVerfG, Urt. v. 07.11.2017 – 2 BvE 2/11, NVwZ 2018, 51, 58; BVerfG, Urt. v. 06.12.2016 – 1 BvR 2821/11, BVerfGE 143, 246; *Remmert*, in: Maunz/Düring, Art. 19 Rn. 45.

Behandlung von Stiftungen bürgerlichen Rechts und von der öffentlichen Hand beherrschten Stiftungen bürgerlichen Rechts sei notwendig aufgrund der unterschiedlichen Verbundenheit zur öffentlichen Hand.[1390] Der Gesetzgeber habe mit der Regelung zum Auskunftsanspruch im Rahmen des Stiftungsverzeichnisses nicht zum Ausdruck bringen wollen, dass Stiftungen bürgerlichen Rechts, die von der öffentlichen Hand errichtet werden, in jeglicher Hinsicht mit sonstigen Stiftungen bürgerlichen Rechts gleichzusetzen seien.[1391] Dem spreche auch nicht entgegen, dass es an einer Sonderregelung für Stiftungen in öffentlicher Hand in den Stiftungsgesetzen der Länder fehle. Denn von einer solchen Regelung sei nur abgesehen worden, da die von der öffentlichen Hand errichteten Stiftungen bürgerlichen Rechts zahlenmäßig nicht ins Gewicht fielen.[1392] Darüber hinaus stehe auch eine landesrechtliche Sonderregelung zu Informationsbegehren im Hinblick auf die Unterlagen zur Anerkennung und Beaufsichtigung einzelner Stiftungen dem informationsfreiheitsgesetzlichen Auskunftsanspruch nicht entgegen.[1393] Diese insofern abschließende und vorrangige Regelung zu Auskünften über Unterlagen der Anerkennung und Beaufsichtigung einer Stiftung bezöge sich nur auf die bei den Stiftungsbehörden vorgehaltenen Unterlagen und verschlösse sich einer analogen Anwendung auf Informationen, die von den Stiftungen selbst erlangt werden sollten. Diese Regelung, die nur die Stiftungsbehörden im Blick gehabt hätte, sei eng zu verstehen.[1394]

cc. Stellungnahme

Beide Ansichten sind sich darüber einig, dass die Regelung in den Stiftungsgesetzen der Länder zum Stiftungsverzeichnis der Öffentlichkeit die Erlangung bestimmter Informationen in Bezug auf die Stiftungen ermöglicht. Dabei stellen die Stiftungsgesetze der Länder strengere Anforderungen an den Auskunftsanspruch als die Informationsfreiheitsgesetze der Länder. So können Informationen nach dem stiftungsrechtlichen Auskunftsanspruch zwar zu jeder Zeit und

---

1390 OVG Nordrhein-Westfalen, Urt. v. 17.11.2020 – 15 A 4409/18, Rn. 122 ff. (zit. nach juris).

1391 OVG Nordrhein-Westfalen, Urt. v. 17.11.2020 – 15 A 4409/18, Rn. 127 (zit. nach juris).

1392 OVG Nordrhein-Westfalen, Urt. v. 17.11.2020 – 15 A 4409/18, Rn. 125 f. (zit. nach juris); LT-Drucks. NRW 13/5987, S. 11, 12.

1393 OVG Nordrhein-Westfalen, Urt. v. 17.11.2020 – 15 A 4409/18, Rn. 119 (zit. nach juris).

1394 OVG Nordrhein-Westfalen, Urt. v. 17.11.2020 – 15 A 4409/18, Rn. 119 (zit. nach juris).

von jedermann erlangt werden, sie sind jedoch auf die von den Stiftungen veröffentlichten Informationen beschränkt. Die unterschiedliche Beurteilung der abschließenden Regelung des Informationsanspruchs durch die Stiftungsgesetze der Länder beruht im Wesentlichen auf der unterschiedlichen Beantwortung der Frage der Grundrechtsfähigkeit der von der öffentlichen Hand errichteten Stiftungen bürgerlichen Rechts. Dabei stimmen beide Ansichten insofern überein, als dass sie die in den Stiftungsgesetzen getroffene Abwägung zwischen den Interessen der Stiftungen auf informationelle Selbstbestimmung und Vertraulichkeit und den Interessen der Allgemeinheit zur Erlangung von Informationen als abschließend ansehen für private Rechtssubjekte, die sich auf Grundrechte berufen können. Die Stiftungsgesetze der Länder nehmen in diesem Fall durch die Festlegung der von den Stiftungen zu veröffentlichen Informationen eine vorrangige, spezifische Abwägung dieser beiden schützenswerten Interessen vor.

Für die Entscheidung der Frage der abschließenden Regelung des Auskunftsanspruchs durch die Stiftungsgesetze der Länder kommt es folglich auf die Frage der Grundrechtsfähigkeit von Sparkassen-Stiftungen an. Nach der hier vertretenen Ansicht ist bei von der öffentlichen Hand errichteten Stiftungen des bürgerlichen Rechts zu unterscheiden, ob die Stiftungen Verwaltungstätigkeiten der öffentlichen Hand fortsetzen oder ob sie gemeinwohlfördernde Tätigkeiten im Bereich des dritten Sektors übernehmen.[1395] Bei Tätigkeiten von Stiftungen im Bereich des dritten Sektors erschöpft sich der Einfluss der öffentlichen Hand allein auf die Errichtung der Stiftungen.[1396] Die Sparkassen als Stifter haben nur auf die Errichtung der Sparkassen-Stiftungen Einfluss. Nach der Errichtung sind die Stiftungen autonom. Es liegen ab dem Zeitpunkt der Errichtung normale Stiftungen bürgerlichen Rechts vor.[1397] Daher können sich solche Stiftungen auch auf die Grundrechte berufen.[1398] Es besteht das Bedürfnis der Stiftungen auf Schutz ihrer Rechte auf Selbstbestimmung und Vertraulichkeit. Diese Rechte werden in den Stiftungsgesetzen der Länder abschließend und vorrangig geregelt. Weiterhin spricht gegen die Anwendbarkeit der Informationsfreiheitsgesetze der Länder neben den Landesstiftungsgesetzen, dass die explizit geregelte fehlende Möglichkeit, von den Stiftungsbehörden Auskünfte über Informationen aus Unterlagen in Bezug auf die Anerkennung oder die Stiftungsaufsicht zu erhalten, unterlaufen würde. Von den Stiftungsbehörden sollen durch

1395 Siehe Teil 2 A.II.1.c sowie Teil 2 A.II.1.d.
1396 Siehe Teil 2 A.II.1.c sowie Teil 2 A.II.1.d.
1397 Siehe Teil 2 A.II.1.c sowie Teil 2 A.II.1.d.
1398 Siehe Teil 2 A.II.1.c sowie Teil 2 A.II.1.d.

Privatpersonen nur die im Stiftungsverzeichnis veröffentlichen Informationen zu erlangen sein. Dieser Schutzzweck wird jedoch unterlaufen, wenn die Informationen nicht von den Stiftungsbehörden, sondern von den Stiftungen direkt erlangt werden können.[1399] Schließlich spricht für die abschließende Regelung des Auskunftsanspruchs durch die Stiftungsgesetze der Länder auch, dass der Sinn und Zweck der Informationsfreiheitsgesetze zur umfassenden Kontrolle des Handels von Stiftungen, die von der öffentlichen Hand errichtet wurden, dadurch nicht untergraben wird. Die Sparkassen-Stiftungen werden nicht einer umfassenden Kontrolle entzogen, sofern es am Auskunftsanspruch der Allgemeinheit gegenüber den Stiftungen fehlt. Vielmehr unterstehen die Sparkassen-Stiftungen der Stiftungsaufsicht, die die Aufgabe der Kontrolle des Handelns der Stiftungen wahrnimmt.[1400]

c. Ergebnis

Zusammenfassend ist daher festzustellen, dass für die im Stiftungsverzeichnis veröffentlichten Daten der Stiftungen der spezialgesetzliche Auskunftsanspruch der Stiftungsgesetze und nicht die Regelung der Informationsfreiheitsgesetze der Länder gelten. Die stiftungsgesetzliche Regelung ist insofern abschließend und vorrangig. Ein Auskunftsanspruch, sofern er sich nicht allein auf die im Stiftungsverzeichnis veröffentlichten Daten bezieht, scheidet aus.

3. Ergebnis zu den Auskunftsansprüchen gegenüber den Sparkassen-Stiftungen

Es bestehen keine Auskunftsansprüche von Privatpersonen nach den Informationsfreiheitsgesetzen der Länder gegenüber den Sparkassen-Stiftungen

---

1399 Diesen Aspekt betonend auch VG Gelsenkirchen, Urt. v. 08.10.2018 – 20 K 5638/15, ZStV 2019, 65, 68.

1400 So auch VG Gelsenkirchen, Urt. v. 08.10.2018 – 20 K 5638/15, ZStV 2019, 65, 69. Nach den Stiftungsgesetzen der Länder haben die Stiftungsbehörden die Aufgabe, die Stiftungen zu überwachen und sicherzustellen, dass die Organe der Stiftungen den in Stiftungsgeschäft und Stiftungssatzung zum Ausdruck kommenden Willen der Stifterin oder des Stifters beachten und die Tätigkeit der Stiftungen im Einklang mit Recht und Gesetz steht, vgl. § 8 I StiftG BW, Art. 10 I, 12 I StiftG Bayern, § 11 StiftG Bremen, § 7 StiftG Berlin, § 5 I StiftG Hamburg, § 10 I StiftG Hessen, § 10 I StiftG Niedersachsen, § 6 II StiftG NRW, § 9 I StiftG Rh-Pf, § 10 I StiftG Saar, § 8 I StiftG Schl-H, § 6 I StiftG Brandenburg, § 4 I StiftG Meck-Vp, § 6 I StiftG Sachsen, § 10 I StiftG Sa-Ah, § 12 I StiftG Thüringen.

auf Erteilung von Informationen über die Stiftung. Abgesehen davon, dass die entsprechenden Regelungen der Stiftungsgesetze der Länder wegen ihrer Spezialität den Informationsfreiheitsgesetzen der Länder vorgehen, sind Sparkassen-Stiftungen nicht nach den Informationsfreiheitsgesetzen zur Auskunft verpflichtet.

III. Zusammenfassung

Bei den Auskunftsansprüchen der Öffentlichkeit sowie der Gemeinden ist zwischen Informationen über die Errichtung und solchen über die laufenden Tätigkeiten der Sparkassen-Stiftungen zu unterscheiden. Im Rahmen der Errichtung von Stiftungen können Auskunftsansprüche von Privatpersonen gegenüber den Sparkassen ab dem Beschluss zur Errichtung der Stiftungen gegenüber den Sparkassen geltend gemacht werden. Die Sparkassen haben darüber Auskunft zu erteilen, ob und mit welchem Inhalt die Errichtung von Sparkassen-Stiftungen beschlossen wurde. Den Gemeinderäten sowie einzelnen Gemeindemitgliedern stehen im Gegensatz dazu bei der Errichtung von Stiftungen keine besonderen sparkassenrechtlichen oder gemeinderechtlichen Auskunftsansprüche zu. Informationsfreiheitsgesetzliche Auskunftsansprüche der Öffentlichkeit gegenüber den Sparkassen-Stiftungen über die laufenden Tätigkeiten der Stiftungen bestehen nicht.

Teil 5: Zusammenfassung der Ergebnisse

Es sind folgende Ergebnisse festzuhalten:

1. Zunächst wurde ergründet, ob Sparkassen als Anstalten des öffentlichen Rechts Stiftungen des bürgerlichen Rechts gemäß §§ 80 ff. BGB errichten können. Sparkassen besitzen die Möglichkeit Stifter zu sein. Sie haben die Wahl, ob sie eine Stiftung bürgerlichen Rechts gemäß §§ 80 ff. BGB errichten oder eine Stiftung öffentlichen Rechts. Obgleich die Sparkassen auch eine Stiftung bürgerlichen Rechts errichten dürfen, gibt es im Rahmen der Errichtung einer solchen Stiftung durch die Sparkasse besondere formelle und materielle Anforderungen. Erstens müssen die Sparkassen-Stiftungen zwingend Aufgaben im gemeinnützigen Bereich verfolgen. Dies ist damit zu begründen, dass die Errichtung von Stiftungen des bürgerlichen Rechts durch die öffentliche Hand nur im Bereich des dritten Sektors zulässig ist. Der dritte Sektor bezeichnet den Bereich zwischen Staat und Markt, in dem Non-Profit-Organisationen wie Vereine und Stiftungen ohne Gewinninteressen unter anderem soziale, kulturelle und ökologische Ziele verfolgen. Zweitens haben Sparkassen bei der Errichtung der Stiftung die Grundsätze über das Handeln der Verwaltung in Privatrechtsform zu wahren. Das hat zur Folge, dass die Sparkassen-Stiftungen sich mit örtlichen oder regionalen Belangen befassen müssen. Zudem ist die Einbringung von Vermögen der Sparkassen in Sparkassen-Stiftungen zulässig, es ist allerdings der Grundsatz der sparsamen Wirtschaftsführung zu beachten. Drittens muss zur Erfüllung der formellen Anforderung die Errichtung der Stiftung durch den Vorschlag des Vorstandes der Sparkassen erfolgen, welcher vom Verwaltungsrat auf Rechtmäßigkeit und Zweckmäßigkeit geprüft wird.
2. Im Weiteren wurden die Spezifika der Sparkassen-Stiftungen bei deren Errichtung untersucht. Für die Entstehung einer Stiftung sind der Abschluss des Stiftungsgeschäfts i. S. d. § 81 I BGB und die Anerkennung gemäß § 80 II BGB durch die Stiftungsbehörde notwendig. Das Stiftungsgeschäft bildet die Grundlage für die Stiftungsorganisation und umfasst die Vermögenswidmung sowie die Festlegung der Satzung. Hierbei kommt der Satzung eine entscheidende Bedeutung zu: der Stifter kann direkten Einfluss auf die Ausgestaltung der Stiftung nehmen, denn die Vorgaben der Satzung stellen die Grundlage der späteren Tätigkeit der Stiftung dar. Die Mindestinhalte einer Satzung umfassen den Zweck, die Organisation, das Vermögen, den Sitz

und den Namen. Im Laufe der Zeit haben sich bei den Sparkassen-Stiftungen typische Gestaltungsmuster herausgebildet. Im Stiftungszweck sind der räumliche Wirkungskreis sowie die inhaltlichen Förderschwerpunkte fixiert. Als räumlicher Wirkungsbereich zeichnet sich bei Sparkassen-Stiftungen das Geschäftsgebiet der jeweiligen Sparkasse ab. Im Hinblick auf die Verfolgung von gemeinnützigen Zwecken haben sich die fünf Schwerpunkte Förderung von Forschung und Wissenschaft, Kunst und Kultur, Sozialem, Sport und Umwelt herausgebildet. Bei der Organisation sind Sparkassen-Stiftungen dadurch gekennzeichnet, dass sie in der Regel neben dem Vorstand ein Kuratorium als weiteres Organ aufweisen. Ein Alleinstellungsmerkmal stellen die Doppelmandate in Sparkassen-Stiftungen dar. Organmitglieder der Stiftungen sind in der Regel auch in den Sparkassen, z. B. im Vorstand und Verwaltungsrat, tätig. Diese Satzungsgestaltungsmöglichkeit ist im Hinblick auf den Interessengleichlauf zulässig. Im Einzelfall können durch das Kontrollgremium Interessenkonflikte vermieden werden, indem dieses die Arbeit der Vorstandsmitglieder kontrolliert. Ferner errichten die Sparkassen in der Regel Kapitalstiftungen. Eine Verbundenheit von Sparkassen und Sparkassen-Stiftungen zeigt sich vielfach bei der Wahl des Sitzes und des Namens. So wird der Rechtssitz der Sparkassen oftmals als Sitz der Sparkassen-Stiftungen gewählt und der Name weist durch die Verwendung des Wortes ‚Sparkasse' auf eine Verbundenheit mit dieser hin.

3. Neben den wesentlichen Eckpunkten in der Errichtungsphase weisen die Sparkassen-Stiftungen typische Charakteristika in der operativen Tätigkeit auf. Mit der behördlichen Anerkennung nach § 80 I, II BGB erlangt die Stiftung ihre Rechtsfähigkeit. Ab diesem Zeitpunkt stehen sich Stifter und Stiftung als zwei eigenständige Rechtspersonen gegenüber. Daraus ergibt sich, dass das Handeln der Stiftung in der operativen Phase nicht mehr den besonderen Anforderungen des Verwaltungshandelns in Privatrechtsform genügen muss. Die Tätigkeitsschwerpunkte der Stiftung in der operativen Phase umfassen zum einen die Verwirklichung der Stiftungszwecke und zum anderen die Verwaltung des Stiftungsvermögens. Die Verwirklichung der Stiftungszwecke erfolgt bei den in der Regel fördernd tätigen Sparkassen-Stiftungen im Rahmen des Förderprozesses. Der Förderprozess ist gekennzeichnet durch die Aufstellung von Förderrichtlinien, die Akquisition und Antragsstellung von Destinatären, die Prüfung und Entscheidung über die Anträge sowie die Transaktionsabwicklung. Die Verwaltung des Stiftungsvermögens umfasst die Bewirtschaftung des bestehenden Vermögens sowie die Verwendung der Erträge. Die Verwaltung obliegt dem Stiftungsvorstand.

Dabei gilt es die Grundsätze der Vermögenstrennung und der Kapitalerhaltung einzuhalten sowie die Erträge der Stiftung zeitnah und zweckkonform zur Erfüllung des Stiftungszwecks zu verwenden.

4. Die Fragen der Haftung bei Sparkassen-Stiftungen können untergliedert werden in Fragen zur Haftung der Stiftung, der Organmitglieder sowie des Stifters. Zunächst kann festgehalten werden, dass die Stiftung gegenüber Dritten für Schäden, die von den Stiftungsorganen sowie ihren Angestellten verursacht werden, haftet. Die Stiftungsorgane haften sowohl gegenüber Dritten als auch gegenüber der Stiftung. Dabei ist jedoch die Haftung der Organmitglieder der Sparkassen-Stiftungen aufgrund ihrer ehrenamtlichen Tätigkeit erleichtert. Bei einer Haftung gegenüber Dritten für fahrlässiges Verhalten besitzen die Organmitglieder einen Freistellungsanspruch gegenüber der Stiftung aus §§ 86, 31 a II BGB. Bei Abschluss einer D&O-Versicherung, kann der Umfang der Haftungsfreistellung erweitert werden, sodass auch bei grob fahrlässigem Handeln ein Freistellungsanspruch besteht. Besonderheiten der Haftung resultieren aus der Doppelmandatschaft der Organmitglieder. Die Haftung der Organmitglieder gegenüber der Stiftung ist im Innenverhältnis beschränkt auf grob fahrlässiges oder vorsätzliches Verhalten nach §§ 86, 31 a I BGB. Die Haftung der Sparkasse als Stifter gegenüber der Stiftung ist begrenzt auf die Einbringung des Stiftungsvermögens, wobei die Regelungen des Schenkungsrechts wie die Haftungsbeschränkung nach § 521 BGB Anwendung finden. Die Risiken eines späteren Rückgriffes der Sparkassen auf die Stiftungen sind aufgrund der besonderen Absicherung der Sparkassen gegen eine Insolenz beschränkt.

5. Die Interaktion der als Anstalten des öffentlichen Rechts fungierenden Sparkassen als Stifter mit den rechtsfähigen Stiftungen bürgerlichen Rechts wirft bei den Sparkassen-Stiftungen besondere Rechtsfragen auf zum Zusammenspiel von öffentlichem Recht und Privatrecht.

   Eine Rechtsfrage besteht in den Auswirkungen einer Änderung des Geschäftsgebiets der Sparkassen als Stifter durch Fusionen der Sparkassen sowie Gebietsänderungen der Gemeinden für die Sparkassen-Stiftungen. Aufgrund der Unabhängigkeit der Stiftung vom Stifter ab dem Zeitpunkt der Anerkennung ist eine automatische Anpassung des Tätigkeitsbereichs der Sparkassen-Stiftung bei einer Änderung des Geschäftsgebiets der Sparkassen nicht geboten. Gleichwohl können die Stiftungsorgane durch eine Änderung der Stiftungssatzung den räumlichen Wirkungsbereich der Sparkassen-Stiftung ausdehnen. Zwei alternative Möglichkeiten der

Satzungsänderung bestehen: Zum einen kann der Stifter in einer Satzungsermächtigung besondere Regelungen zur Änderung der Satzung für den Fall der Änderung des Geschäftsgebiets der Sparkassen treffen. Zum anderen kann eine erhebliche Zuwendung im Rahmen der Fusion der Sparkassen die finanziellen Verhältnisse der Stiftung grundlegend ändern, sodass eine Anpassung der Satzung zur effektiven Ausübung der Stiftungsarbeit erforderlich sein kann. Eine Zusammenlegung sowie eine Zulegung von Stiftungen sind nicht möglich.

Eine weitere Rechtsfrage ergibt sich im Hinblick auf Auskünfte über stiftungsbezogene Sachverhalte gegenüber Privatpersonen. Privatpersonen besitzen Auskunftsansprüche gegenüber Sparkassen nach den Informationsfreiheitsgesetzen der Länder. Insofern können Privatpersonen Informationen von den Sparkassen über die Errichtung von Sparkassen-Stiftungen erhalten. Die Sparkassen-Stiftungen sind jedoch keine auskunftsverpflichteten Stellen im Sinne der Informationsfreiheitsgesetze. Daher können Auskünfte über die laufenden Tätigkeiten der Sparkassen-Stiftungen nicht begehrt werden. Gleichwohl können Privatpersonen öffentlich verfügbare Informationen aus den Stiftungsverzeichnissen erlangen.

Literaturverzeichnis

Ade, Klaus/ Pautsch, Arne/ Weber, Christian (Hrsg.), Praxis der Kommunalverwaltung: Gemeindeordnung für Baden-Württemberg, Kommentar, 6. Fassung Wiesbaden 2019.

Adloff, Frank, Operative und fördernde Stiftungen, in: Strachwitz, Rupert Graf/ Mercker, Florian (Hrsg.), Stiftungen in Theorie, Recht und Praxis: Handbuch für ein modernes Stiftungswesen, Berlin 2005, S. 135 – 140.

Aigner, Pia M., Der Schutz der Stiftung vor Einflussnahme Dritter: Rechtsvergleichung im deutschsprachigen Rechtsraum, Frankfurt am Main 2000.

Andrick, Bernd, Die Stiftung – eine geeignete Rechtsform für ein staatliches Museum, in: ZStV 2020, S. 1 – 10.

Andrick, Bernd, Entwicklung und Rechtsquellen des modernisierten Stiftungsrechts, in: Werner, Olaf/ Saenger, Ingo/ Fischer, Christian (Hrsg.), Die Stiftung: Recht, Steuern, Wirtschaft, 2. Auflage Baden-Baden 2019, S. 64 – 76.

Andrick, Bernd, Das Öffentliche Recht – Garant eines leistungsfähigen Stiftungswesens, in: Saenger, Ingo/ Bayer, Walter/ Koch, Elisabeth /Körber, Torsten, Gründen und Stiften: Festschrift zum 70. Geburtstag des Jenaer Gründungsdekans und Stiftungsrechtlers Olaf Werner, Baden-Baden 2009, S. 31 – 44.

Andrick, Bernd, Stiftungsrecht und Staatsaufsicht unter besonderer Berücksichtigung der nordrhein-westfälischen Verhältnisse, Baden-Baden 1988.

Andrick, Bernd/ Suerbaum, Joachim, Stiftungsgesetz für das Land Nordrhein-Westfalen, Kommentar, München 2016.

Andrick, Bernd/ Suerbaum, Joachim, Das Gesetz zur Modernisierung des Stiftungsrechts, in: NJW 2002, S. 2905 – 2910.

Andrick, Bernd/ Suerbaum, Joachim, Stiftung und Aufsicht: Dogmatik – Stiftungspraxis – Reformbestrebungen, München 2001.

Arbeitsgemeinschaft Deutscher Stiftungen (Hrsg.), Stiftungen in der Rechtsprechung, Band III, Heidelberg 1985.

Arnold, Arnd, Die Organhaftung in Verein und Stiftung (unter besonderer Berücksichtigung des neuen § 31a BGB), in: Hüttemann, Rainer/ Rawert, Peter / Schmidt, Karsten/ Weitemeyer, Birgit, Non Profit Law Yearbook 2009, Köln 2010, S. 89 – 113.

Articus, Stephan/ Schneider, Bernd Jürgen, Gemeindeordnung Nordrhein-Westfalen, 5. Auflage Stuttgart 2016.

Ashauer, Günter, Von der Ersparungscasse zur Sparkassen-Finanzgruppe: Die deutsche Sparkassenorganisation in Geschichte und Gegenwart, Stuttgart 1991.

Aus der Fünten, Heinz, Der Verwaltungsrat der Sparkasse, Berlin 1969.

Backert, Wolfram, Anforderungen an die Vermögensausstattung rechtsfähiger Stiftungen bürgerlichen Rechts, in: ZStV 2003, S. 129 – 131.

Bamberger, Heinz Georg / Roth, Herbert / Hau, Wolfgang / Poseck, Roman (Hrsg.), Beck´scher Online-Kommentar zum BGB, Loseblattsammlung, München, Stand: 1. November 2020.

Baumbach, Adolf/ Hopt, Klaus J. (Hrsg.), Handelsgesetzbuch mit GmbH & Co., Handelsklausen, Bank- und Kapitalmarktrecht, Transportrecht (ohne Seerecht), 40. Auflage München 2021.

Battis, Ulrich, Entlastung des Staates durch Outsourcing?, in: Mecking, Christoph/ Schulte, Martin, Grenzen der Instrumentalisierung von Stiftungen, Tübingen 2003, S. 45 – 56.

Beuthien, Volker/Gummert, Hans/Schöpflin, Martin (Hrsg.), Münchener Handbuch des Gesellschaftsrechts, Band V: Verein, Stiftung bürgerlichen Rechts, 5. Auflage München 2021.

Birnstiel, Alexander/ Bungenberg, Marc/ Heinrich, Helge, Europäisches Beihilferecht, Baden-Baden 2013.

Bischopink, Olaf, Das Gesetz über die Freiheit des Zugangs zu Informationen für das Land Nordrhein-Westfalen vom 27.11.2001 (IFG NRW), in: NWVBl 2003, S. 245 – 251.

Blisse, Holger, Die Stiftung als Eigentümerin einer Sparkasse oder Bank – Erhalt institutioneller Vielfalt im Bankensystem?, in: ZStV 2016, S. 1 – 8.

Blümich, Walter (Begr.), EstG, KStG, GewStG – Einkommensteuergesetz, Körperschaftsteuergesetz, Gewerbesteuergesetz, Kommentar, Loseblattsammlung, München, Stand: Juli 2020.

Blum, Peter et al. (Hrsg.), Praxis der Kommunalverwaltung: Niedersächsisches Kommunalverfassungsgesetz (NKomVG), Kommentar, 18. Fassung Wiesbaden 2020.

Böhm, Nicolas/ Burmeister, Frank, Münchener Vertragshandbuch, Band I: Gesellschaftsrecht, 8. Auflage München 2018.

Borchert, Hartmut et al. (Hrsg.), Praxis der Kommunalverwaltung: Gemeindeordnung für Schleswig-Holstein, Kommentar, 23. Fassung Wiesbaden 2020.

Bracht, Hannes, Der Anspruch der Rats- und Kreistagsmitglieder auf Auskunft über die kommunale GmbH, AG und Sparkassen, in: NVwZ 2016, S. 108 – 113.

Breiteneicher, Joseph C. K. / Marble, Melinda G., Strategische Projektarbeit, in: Bertelsmann Stiftung (Hrsg.), Handbuch Stiftungen: Ziele – Projekte – Management – Rechtliche Gestaltung, 2. Auflage Wiesbaden 2003, S. 649 – 708.

Brink, Stefan/ Polenz, Sven/ Blatt, Henning, Informationsfreiheitsgesetz, Kommentar, München 2017.

Brox, Hans/ Walker, Wolf-Dietrich, Allgemeiner Teil des BGB, 44. Auflage München 2020.

Brzoska, Thomas, Die öffentlich-rechtlichen Sparkassen zwischen Staat und Kommunen, Berlin 1976.

Bundesverband Deutscher Stiftungen e.V. (Hrsg.), Zahlen, Daten, Fakten zum deutschen Stiftungswesen, Berlin 2017.

Bundesverband Deutscher Stiftungen e.V. (Hrsg.), StiftungsStudie: Führung, Steuerung und Kontrolle in der Stiftungspraxis, Bestandsaufnahme zur Anwendung der Grundsätze Guter Stiftungspraxis, Ergebnisse einer repräsentativen Befragung vom Frühjahr 2010, Berlin 2010.

Bundesverband Deutscher Stiftungen e.V. (Hrsg.), Sparkassenstiftungen, Engagement für die Regionen, Berlin 2001.

Bundesverband Deutscher Stiftungen e.V. (Hrsg.), Stiftungen in der Rechtsprechung, Band IV, Düsseldorf 1993.

Burgard, Ulrich, Foundation Governance, in: ZStV 2015, S. 1 – 9.

Burgard, Ulrich, Wem gehören die Sparkassen?, in: WM 2008, S. 1997 – 2006.

Burgard, Ulrich, Gestaltungsfreiheit im Stiftungsrecht, Köln 2006.

Burgard, Ulrich/ Heimann, Carsten, Entlastung, Verjährung und Verjährenlassen von Schadenersatzansprüchen gegen Organmitglieder von Stiftungen und Aktiengesellschaften: Nachlese zum Fall der Johannes a Lasco Stiftung, in: NZG 2016, S. 166 – 172.

Burgi, Martin, Kommunalrecht, 6. Auflage München 2019.

Burgi, Martin, Rechtsregime, in: Hoffmann-Riem, Wolfgang/ Schmidt-Aßmann, Eberhard/ Voßkuhle, Andreas, Grundlagen des Verwaltungsrechts, Band I: Methoden, Maßstäbe, Aufgaben, Organisation, 2. Auflage München 2012, S. 1257 – 1318.

Campenhausen, Axel Freiherr von, Geschichte des Stiftungswesens, in: Bertelsmann Stiftung (Hrsg.), Handbuch Stiftungen: Ziele – Projekte – Management – Rechtliche Gestaltung, 2. Auflage Wiesbaden 2003, S. 19 – 42.

Campenhausen, Axel Freiherr von/ Richter, Andreas, Stiftungsrechts-Handbuch, 4. Auflage München 2014.

Carstensen, Carsten, Vermögensverwaltung, in: Bertelsmann Stiftung (Hrsg.), Handbuch Stiftungen: Ziele – Projekte – Management – Rechtliche Gestaltung, 2. Auflage Wiesbaden 2003, S. 535 – 555.

Carstensen, Carsten, Die ungeschmälerte Erhaltung des Stiftungsvermögens, in: WPg 1996, S. 781 – 793.

Carstensen, Carsten, Vermögensverwaltung, Vermögenserhaltung und Rechnungslegung gemeinnütziger Stiftungen, Frankfurt am Main 1994.

Dauner-Lieb, Barbara/ Heidel, Thomas/ Ring, Gerhard (Hrsg.), NomosKommentar zum Bürgerlichen Gesetzbuch, Band I: Allgemeiner Teil, 3. Auflage Baden-Baden 2016.

Deutscher Sparkassen- und Giroverband e.V. (Hrsg.), Sparkassen und Stiftungen: Ein Nachschlagewerk, Bonn 1999.

Dewald, Stephan, Die privatrechtliche Stiftung als Instrument zur Wahrnehmung öffentlicher Zwecke, Frankfurt am Main 1989.

Dreier, Horst, Grundgesetz Kommentar, Band II: Art. 20 - 82, 3. Auflage Tübingen 2015.

Druschel, Christoph, Kommunale Gebietsreform und Satzungsrecht in Sachsen-Anhalt, in: LKV 2010, S. 253 – 259.

Dünchheim, Thomas, Das transparente Stadtwerk? – Auskunftspflichten nach Informationsfreiheitsgesetz, Pressegesetz und Kommunalverfassungsrecht, in: KommJur 2016, S. 441 – 448.

Dutta, Anatol, Von der *pia causa* zur privatnützigen Vermögensbindung: Funktionen der Stiftung in den heutigen Privatrechtskodifikationen, in: RabelsZ 77 (2013), S. 828 – 842.

Dylla, Philip, Die Weisungsfunktion des Stiftungszwecks, Baden-Baden 2015.

Ebersbach, Harry, Handbuch des deutschen Stiftungsrechts, Göttingen 1972.

Ehlers, Dirk, Empfiehlt es sich, das Recht der öffentlichen Unternehmen im Spannungsfeld von öffentlichem Auftrag und Wettbewerb national und gemeinschaftsrechtlich neu zu regeln?, in: Ständige Deputation des Deutschen Juristentages (Hrsg.), Verhandlungen des 64. Deutschen Juristentages, Band I, München 2002, Gutachten E.

Ehlers, Dirk, Rechtsprobleme der Kommunalwirtschaft, in: DVBl 1998, S. 497 – 508.

Erle, Bernd/ Sauter, Thomas, Körperschaftsteuergesetz, Die Besteuerung der Kapitalgesellschaft und ihrer Anteilseigner, 3. Auflage Heidelberg 2010.

Erler, Adalbert / Kaufmann, Ekkehard / Werkmüller, Dieter, Handwörterbuch zur deutschen Rechtsgeschichte, Band IV, Berlin 1990.

Ermann, Walter A. (Begr.), Handkommentar zum BGB, herausgegeben von Harm Peter Westermann, Band I, 16. Auflage Köln 2020.

Etzrodt, Erhardt, Die Vermögensausstattung der Stiftung: Anforderungen, Anerkennung, Haftung, Jena 2010.

Fehling, Michael, Grenzverwischung zwischen privatrechtlichen und öffentlich-rechtlichen Stiftungen mit Beteiligung der öffentlichen Hand, in: Hüttemann, Rainer/ Rawert, Peter/ Schmidt, Karsten/ Weitemeyer, Birgit, Non Profit Law Yearbook 2008, Köln 2009, S. 129 – 151.

Fiedler, Albrecht, Staatliches Engagement im Stiftungswesen zwischen Formenwahlfreiheit und Formenmissbrauch, Berlin 2004.

Fiedler, Albrecht, Die staatliche Errichtung von Stiftungen als verfassungswidrigen Formenwahl des Bundes, in: ZStV 2003, S. 191 – 197.

Fischer, Christian, Zivilrechtliche Haftung der Stiftung und ihrer Organe für Schäden, in: Werner, Olaf/ Saenger, Ingo/ Fischer, Christian (Hrsg.), Die Stiftung: Recht, Steuern, Wirtschaft, 2. Auflage Baden-Baden 2019, S. 659 – 687.

Fischer, Daniel J./ Ihle, Jörg, Satzungsgestaltungen bei gemeinnützigen Stiftungen, in: DStR 2008, S. 1692 – 1698.

Fleischer, Holger/ Goette, Wulf (Hrsg.), Münchener Kommentar zum GmbH-Gesetz, Band II: §§ 35 - 52 GmbHG, 3. Auflage München 2019.

Flues, Thomas, Die Zustiftung im Zivilrecht, im Steuerrecht und in der Rechnungslegung unter Berücksichtigung der Rechtslage in Österreich und der Schweiz, Hamburg 2015.

Flume, Werner, Allgemeiner Teil des Bürgerlichen Rechts, Erster Band, Zweiter Teil: Die juristische Person, Berlin 1983.

Franßen, Georg/ Seidel, Sabine, Das Informationsfreiheitsgesetz in Nordrhein-Westfalen, Kommentar, Berlin 2007.

Friederich, Stefan, Die Haftung der Stiftungsorgane, in: Strachwitz, Rupert Graf/ Mercker, Florian (Hrsg.), Stiftungen in Theorie, Recht und Praxis: Handbuch für ein modernes Stiftungswesen, Berlin 2005, S. 814 – 823.

Friedrich, Till, Die Anlage des Stiftungsvermögens, Baden-Baden 2012.

Fritsche, Stefan, Die Stiftungssatzung im Spannungsfeld zwischen Stifterfreiheit, Stiftungsautonomie und staatlicher Stiftungsaufsicht, in: ZStV 2009, S. 21 – 35.

Fritsche, Stefan, Die Zusammenlegung und Zulegung von Stiftungen, in: Werner, Olaf/ Saenger, Ingo (Hrsg.), Die Stiftung: Recht, Steuern, Wirtschaft, Berlin 2008, S. 463 – 500.

Fritsche, Stefan, Das Wissen der Stiftung, in: ZStV 2004, S. 209 – 215.

Fritsche, Stefan, Zivilrechtlich begründete Verbindlichkeiten der Stiftung, in: ZStV 2003, S. 113 – 121.

Fritz, Stefan, Vermögensausstattung der Stiftung, in: Werner, Olaf/ Saenger, Ingo/ Fischer, Christian (Hrsg.), Die Stiftung: Recht, Steuern, Wirtschaft, 2. Auflage Baden-Baden 2019, S. 266 – 277.

Fritz, Stefan, Das Stiftungsvermögen und seine Anlage, in: Werner, Olaf/ Saenger, Ingo/ Fischer, Christian (Hrsg.), Die Stiftung: Recht, Steuern, Wirtschaft, 2. Auflage Baden-Baden 2019, S. 483 – 529.

Geiger, Helmut, Die deutsche Sparkassenorganisation, Frankfurt am Main 1992.

Geisler, Marvin, Gewinnausschüttungen der kommunalen Sparkassen: Eine Untersuchung zur Bedeutung und Bindungswirkung der Trägerinteressen für den Jahresabschluss, Wiesbaden 2019.

Gerlach, Rolf, Geschäftstätigkeit und Geschäftspolitik der Sparkassen, in: Mann, Thomas/ Püttner, Günter (Hrsg.), Handbuch der kommunalen Wissenschaft und Praxis, Band II, 3. völlig neu bearbeitete Auflage Berlin 2011, S. 525 – 553.

Gern, Alfons/ Brüning, Christoph, Deutsches Kommunalrecht, 4. Auflage Baden-Baden 2019.

Gierke, Otto von, Das deutsche Genossenschaftsrecht: Die Staats- und Korporationslehre des Altertums und des Mittealters und ihre Aufnahme in Deutschland, Band III, Nachdruck der 1. Ausgabe 1868 – 1913, Berlin 1954.

Gödeke, Sönke/ Jördening, Sebastian, Auskunftspflichten kommunaler Unternehmen im Lichte der aktuellen Rechtsprechung zur Energiewirtschaft, in: ZIP 2017, S. 2284 – 2289.

Gölz, Heide, Die vom Staat gegründete Stiftung: Der Staat als Stifter und Anstifter, in: Strachwitz, Rupert Graf/ Mercker, Florian (Hrsg.), Stiftungen in Theorie, Recht und Praxis: Handbuch für ein modernes Stiftungswesen, Berlin 2005, S. 365 – 372.

Gölz, Heide, Der Staat als Stifter: Stiftungen als Organisationsform mittelbarer Bundesverwaltung und gesellschaftlicher Selbstverwaltung, Bonn 1999.

Götz, Hellmut/ Pach-Hanssenheimb, Ferdinand, Handbuch der Stiftung: Zivilrecht – Steuerrecht – Rechnungslegung, 4. Auflage Herne 2020.

Goette, Wulf/ Habersack, Mathias (Hrsg.), Münchener Kommentar zum Aktiengesetz, Band II: §§ 76 - 117, MitbestG, DrittelbG, 5. Auflage München 2019.

Gollan, Anna K., Vorstandshaftung in der Stiftung: Eine Untersuchung zur Anwendung der Business Judgement Rule, Köln 2009.

Gosch, Dietmar, Körperschaftsteuergesetz, 4. Auflage München 2020.

Graewe, Daniel, Schadenersatzpflichten des Stiftungsvorstands: Handlungsempfehlungen unter Berücksichtigung der neusten Rechtsprechung, in: ZStV 2014, S. 103 – 106.

Grimm, Jacob/ Grimm, Wilhelm, Deutsches Wörterbuch, Band X, 2. Abteilung, 2. Teil, Leipzig 1960.

Grisko, Michael, Antragswesen und operatives Stiftungsmanagement, in: ZStV 2017, S. 104 – 108.

Gsell, Beate /Krüger, Wolfgang /Lorenz, Stephan /Reymann, Christoph (Gesamthrsg.), Beck´scher Online Großkommentar zum Zivilrecht, München 2021.

Güde, Udo, Die einzelne Sparkasse im Verbund und Verband, in: ZfgK 1992, S. 370 – 374.

Güde, Udo, Geschäftspolitik der Sparkassen: Grundlagen und aktuelle Probleme, Stuttgart 1989.

Haas, Carola, Private als Auskunftsverpflichtete nach den Umweltinformations- und Informationsfreiheitsgesetzen unter besonderer Berücksichtigung der Rechtslage in Nordrhein-Westfalen, Hamburg 2013.

Härtl, Peter, Ist das Stiftungsrecht reformbedürftig?: Eine vergleichende Untersuchung der Landesstiftungsgesetze unter Berücksichtigung der Stiftungspraxis bei den Stiftungsgenehmigungs- und -aufsichtsbehörden, Baden-Baden 1990.

Hahn, Simon, Die organschaftliche Änderung der Stiftungssatzung nach der Reform der Landesstiftungsgesetze, Baden-Baden 2010.

Happ, Annette, Stifterwille und Zweckänderung: Möglichkeiten und Grenzen einer Änderung des Stiftungszwecks durch Organbeschluss, Köln 2007.

Haurand, Günter /Möhring, Susanne /Stollmann, Frank, Praxis der Kommunalverwaltung: Gesetz über die Freiheit des Zugangs zu Informationen für das Land Nordrhein-Westfalen, Kommentar, 2. Fassung Wiesbaden 2018.

Hauschka, Christoph E., Die Dienstrechtsstellung der Vorstandsmitglieder der öffentlich-rechtlichen Sparkassen, Berlin 1981.

Heinevetter, Klaus/ Engau, Herwigh/ Menking, Rainer, Sparkassengesetz Nordrhein-Westfalen, Loseblattsammlung, Stuttgart, Stand: April 2017.

Held, Friedrich Wilhelm/ Winkel, Johannes/ Wansleben, Rudolf (Hrsg.), Praxis der Kommunalverwaltung: Kommunalverfassungsrecht Nordrhein-Westfalen, Kommentar, 15. Fassung Wiesbaden 2020.

Henneke, Hans-Günter, Die kommunalen Sparkassen: Der rechtliche Rahmen, in: Mann, Thomas/ Püttner, Günter (Hrsg.), Handbuch der kommunalen Wissenschaft und Praxis, Band II, 3. völlig neu bearbeitete Auflage Berlin 2011, S. 441 – 524.

Hinz, Michael, Die Haftung der Stiftung für Verbindlichkeiten des Stifters, Baden-Baden 1996.

Hirte, Heribert/ Mülbert, Peter O./ Roth, Markus (Hrsg.), Großkommentar Aktiengesetz, Band IV/2: §§ 92 - 94, 5. Auflage Berlin 2015.

Hirte, Heribert/ Mülbert, Peter O./ Roth, Markus (Hrsg.), Großkommentar Aktiengesetz, Band V: §§ 95 - 116 AktG, 5. Auflage Berlin 2019.

Hölscher, Jasmin, Die Eigenkapitalvorgaben nach Basel III und CRR/CRD IV unter besonderer Berücksichtigung der relevanten Regelungen für öffentlich-rechtliche Sparkassen in Deutschland, Stuttgart 2016.

Höra, Knut (Hrsg.), Münchener Anwalts Handbuch Versicherungsrecht, 4. Auflage München 2017.

Hof, Hagen, Die Unverfügbarkeit der selbstständigen Stiftung bürgerlichen Rechts – Kern der Stiftungsautonomie, in: Kohl, Helmut (Hrsg.), Zwischen Markt und Staat: Gedächtnisschrift für Rainer Walz, Köln 2008, S. 233 – 250.

Hof, Hagen, Stiftungen im deutschen Recht, in: Hopt, Klaus J./ Reuter, Dieter (Hrsg.), Stiftungsrecht in Europa, Köln 2001, S. 301 – 341.

Hof, Hagen, Die Vermögensausstattung von Stiftungen privaten Rechts (Teil 1), in: DStR 1992, S. 1549 – 1552.

Hof, Hagen, Die Vermögensausstattung von Stiftungen privaten Rechts (Teil 2), in: DStR 1992, S. 1587 – 1591.

Hof, Hagen/ Beiner, Marcus, Förderung von Wissenschaft und Forschung, in: Strachwitz, Rupert Graf/ Mercker, Florian (Hrsg.), Stiftungen in Theorie, Recht und Praxis: Handbuch für ein modernes Stiftungswesen, Berlin 2005, S. 158 – 176.

Hof, Hagen/ Bianchini-Hartmann, Maren/ Richter, Andreas, Stiftungen: Errichtung, Gestaltung, Geschäftstätigkeit, Steuern, 2. Auflage München 2010.

Hoffmann-Grambow, Jakob, Verschmelzung von Stiftungen? – Zusammenlegung und Zulegung durch Organbeschluss, in: DZWIR 2015, S. 301 – 312.

Hoffmann, Jakob, Zusammenlegung und Zulegung rechtsfähiger Stiftungen des bürgerlichen Rechts, Frankfurt 2011.

Holt, Thomas von/ Koch, Christian, Stiftungssatzung, 2. Auflage München 2011.

Holtwiesche, Marian F., Der Stiftungsvorstand bei der Vermögensverwaltung: Haftung, Bedeutung der Gemeinnützigkeit, Gestaltungsmöglichkeiten, Baden-Baden 2017.

Homann, Raymond, Sparkassenstiftungen als Instrumente des „Good Corporate Citizenship" von Sparkassen: Eine Untersuchung vor dem Hintergrund der Geschichte der Gemeinwohlorientierung der Sparkassen, unveröffentlichte Dissertation, Universität Aachen 2015.

Hüffer, Uwe/ Koch, Jens, Aktiengesetz, 14. Auflage München 2020.

Hüttemann, Rainer, Gemeinnützigkeits- und Spendenrecht, 4. Auflage Köln 2018.

Hüttemann, Rainer, Empfiehlt es sich, die rechtlichen Rahmenbedingungen für die Gründung und Tätigkeit von Non-Profit-Organisationen übergreifend zu regeln?, in: Ständige Deputation des Deutschen Juristentages (Hrsg.), Verhandlungen des 72. Deutschen Juristentages, Band I, München 2018, Gutachten G.

Hüttemann, Rainer, Stiftungs- und gemeinnützigkeitsrechtliche Rahmenbedingungen der Vermögensanlage steuerbegünstigter Stiftungen – Teil I –, in: WM 2016, S. 625 – 629.

Hüttemann, Rainer, Stiftungs- und gemeinnützigkeitsrechtliche Rahmenbedingungen der Vermögensanlage steuerbegünstigter Stiftungen – Teil II –, in: WM 2016, S. 673 – 681.

Hüttemann, Rainer, Das Gesetz zur Stärkung des Ehrenamts, in: DB 2013, S. 774 – 779.

Hüttemann, Rainer, Der Stiftungszweck nach dem BGB, in: Martinek, Michael/ Rawert, Peter/ Weitemeyer, Birgit (Hrsg.), Festschrift für Dieter Reuter zum 70. Geburtstag am 16. Oktober 2010, S. 121 – 140.

Hüttemann, Rainer, Das Gesetz zur Modernisierung des Stiftungsrechts, in: ZHR 167 (2003), S. 35 – 65.

Hüttemann, Rainer, Der Grundsatz der Vermögenserhaltung im Stiftungsrecht, in: Jakobs, Horst H./ Picker, Eduard/ Wilhelm, Jan (Hrsg.), Festgabe für Werner Flume, Berlin 1998, S. 59 – 98.

Hüttemann, Rainer/ Herzog, Rainer, Organhaftung bei Non Profit Organisationen, in: Walz, Rainer/ Hüttemann, Rainer/ Rawert, Peter/ Schmidt, Karsten, Non Profit Law Yearbook 2006, Köln 2007, S. 33 – 55.

Hüttemann, Rainer/ Kapermann, Mathis, Schadenersatzpflicht eines ehemaligen Stiftungsvorstands wegen unzulässiger Anlage von Stiftungsvermögen, in: npoR 2014, S. 134 – 147.

Hüttemann, Rainer/ Richter, Andreas/ Weitemeyer, Birgit, Landesstiftungsrecht, Köln 2011.

Hüttemann, Rainer/ Schön, Wolfgang, Vermögenserhaltung und Vermögensverwaltung im Stiftungs- und Gemeinnützigkeitsrecht, Köln 2007.

Huhn, Benedikt, Vertraulichkeit und Transparenz der öffentlich-rechtlichen Sparkassen, Stuttgart 2016.

Husein, Timur, Die Informationsfreiheitsgesetze der Länder Berlin, Brandenburg, Sachsen, Sachsen-Anhalt und Thüringen, in: LKV 2010, S. 337 – 338.

Hushahn, Johannes, Des Pudels Kern der Verbrauchsstiftung und die Gretchenfrage ihres Vermögensgrundstocks, in: npoR 2011, S. 73 – 78.

Ihlas, Horst, D & O: Directors & Officers Liability, 2. Auflage Berlin 2009.

Isenburg, Jessica, Die Verbundzusammenarbeit in der Sparkassen-Finanzgruppe: Eine kartellrechtliche Analyse, Stuttgart 2012.

Jakob, Dominique, Schutz der Stiftung: Die Stiftung und ihre Rechtsverhältnisse im Widerstreit der Interessen, Tübingen 2006.

Jauernig, Othmar (Hrsg.), Bürgerliches Gesetzbuch: BGB, 18. Auflage München 2021.

Jeß, Kay, Das Verhältnis des lebenden Stifters zur Stiftung: Unter besonderer Berücksichtigung der Gestaltungsmöglichkeiten der Stiftungsverfassung und des der Stiftung vor Übergriffen des Stifters, Ammersbek 1991.

Jungkamp, Thomas, Das Recht der regionalen Sparkassen- und Giroverbände: Eine systematische Darstellung, Stuttgart 2011.

Kämmerer, Axel, Kommunale Stiftungen zwischen Stifterwille und Gemeinwohl, in: Kötz, Hein/ Rawert, Peter/ Schmidt, Karsten/ Walz, Rainer W., Non Profit Law Yearbook 2004, Köln 2005, S. 59 – 81.

Kaper, Aaltje, Bürgerstiftungen: Die Stiftung bürgerlichen Rechts und die unselbstständige Stiftung als Organisationsformen für Bürgerstiftungen, Baden-Baden 2006.

Kempen, Bernhard, Die Formenwahlfreiheit der Verwaltung: Die öffentliche Verwaltung zwischen öffentlichem und privatem Recht, München 1989.

Kiethe, Kurt, Die Haftung des Stiftungsvorstands, in: NZG 2007, S. 810 – 814.

Kilian, Michael, Inhalt und Grenzen staatlicher Organisationshoheit in bezug auf staatliche Stiftungen, in: ZStV 2003, S. 178 – 190.

Kilian, Michael/ Müller, Erwin, Stiftung des öffentlichen Rechts, in: Werner, Olaf/ Saenger, Ingo/ Fischer, Christian (Hrsg.), Die Stiftung: Recht, Steuern, Wirtschaft, 2. Auflage Baden-Baden 2019, S. 1013 – 1040.

Kilian, Ulrike, Voraussetzungen einer Zweckänderung – Ein praktisches Beispiel, in: ZStV 2005, S. 171 – 174.

Kilian, Ulrike, Die Stellung des Beirats in der Stiftung, Frankfurt am Main 2002.

Kirchhoff, Ferdinand, Entwicklungsperspektiven kommunaler Sparkassen in Deutschland, in: Kirchhoff, Ferdinand/ Henneke, Hans-Günter, Entwicklungsperspektiven kommunaler Sparkassen in Deutschland, Stuttgart 2000, S. 11 – 80.

Klein, Franz (Begr.), Abgabenordnung einschließlich Steuerstrafrecht, 15. Auflage München 2020.

Koenig, Ulrich, Abgabenordnung, Kommentar, 3. Auflage München 2014.

Köster, Bernd, Genehmigungs-, Anzeige, und Abführungspflichten für Nebentätigkeiten kommunaler Verwaltungsbeamter in Nordrhein-Westfalen, in: DÖD 2005, S. 189 – 195.

Kohl, Helmut, Ein „Foundation Governance Codex" – ein Gebot der Zeit? in: Kohl, Helmut (Hrsg.), Zwischen Markt und Staat: Gedächtnisschrift für Rainer Walz, Köln 2008, S. 339 – 351.

Kohnke, Andreas, Die Pflichten des Stiftungsvorstands aus Bundes- und Landesrecht, Baden-Baden 2009.

Kolm, Dominik, Das sparkassenrechtliche Regionalprinzip: Möglichkeiten und Grenzen des Wettbewerbs kommunaler Sparkassen, Baden-Baden 2011.

Krieger, Gerd/ Schneider, Uwe H., Handbuch Managerhaftung: Vorstand – Geschäftsführer – Aufsichtsrat, Pflichten und Haftungsfolgen, Typische Risikobereiche, 3. Auflage Köln 2017.

Kronke, Herbert, Stiftungstypus und Unternehmensträgerstiftungen: Eine rechtsvergleichende Untersuchung, Tübingen 1988.

Küntzel, Wolfram, Die Haftung des Kontrollorgans bzw. von Kontrollorganmitgliedern einer Stiftung, in: DB 2004, S. 2303 – 2308.

Lange, Klaus, Kommunalrecht, 2. Auflage Tübingen 2019.

Langschied, Jürgen, Der Sparkassenverbund: Entwicklungen und Gegenwartsprobleme, Wiesbaden 1993.

Larenz, Karl/ Canaris, Claus-Wilhelm, Methodenlehre der Rechtswissenschaft, 3. Auflage Berlin 1995.

Lehmann, Helmut, Wesen und Formen des Verbundbetriebes: Ein Beitrag zur betriebswirtschaftlichen Morphologie, Berlin 1965.

Lepper, Markus, Zur Vertretung kommunaler Sparkassen, in: RNotZ 2005, S. 425 – 429.

Lepper, Markus, Die Verwendung und insbesondere die Ausschüttung von Sparkassengewinnen, Baden-Baden 2003.

Leuschner, Lars, Das Haftungsprivileg der §§ 31 a, 31 b BGB, in: NZG 2014, S. 281 – 287.

Liermann, Hans, Geschichte des Stiftungsrechts, 2. Auflage, unveränderter Nachdruck der ersten Auflage 1963 ergänzt durch ein Geleitwort von Axel Freiherr von Campenhausen und eine Abhandlung von Michael Borgolte, Tübingen 2002.

Lingelbach, Gerhard, Stiftungen und Stiftungsrecht – ein historischer Überblick, in: Werner, Olaf/ Saenger, Ingo/ Fischer, Christian (Hrsg.), Die Stiftung: Recht, Steuern, Wirtschaft, 2. Auflage Baden-Baden 2019, S. 49 – 63.

Lütkemüller, Stefan, Unternehmensnahe Stiftungen und PR: Am Beispiel der Sparkassenstiftungen, Saarbrücken 2006.

Lüttmann, Peter, Aufgaben und Zusammensetzung der Verwaltungsräte der kommunalen Sparkassen, Köln 2002.

Lunk, Stefan/ Rawert, Peter, Bestellung, Abberufung, Anstellung und Kündigung von Stiftungsvorständen, in: Kötz, Hein/ Rawert, Peter / Schmidt, Karsten/ Walz, Rainer W., Non Profit Law Yearbook 2001, Köln 2002, S. 91 – 106.

Lutter, Marcus, Die Verbrauchsstiftung – Stiftung auf Zeit, in: Kötz, Hein/ Rawert, Peter / Schmidt, Karsten/ Walz, Rainer W., Non Profit Law Yearbook 2004, Köln 2005, S. 43 – 58.

Lutter, Marcus, Pflichten und Haftung von Sparkassenorganen, Köln 1991.

Mangoldt, Hermann von/ Klein, Friedrich/ Starck, Christian (Hrsg.), Kommentar zum Grundgesetz, Band II: Art. 20 – 82, 7. Auflage München 2018.

Maunz, Theodor/ Dürig, Günter (Begr.), GG Kommentar, Loseblattsammlung, München, Stand: August 2020.

Maurer, Hartmut/ Waldhoff, Christian, Allgemeines Verwaltungsrecht, 20. Auflage München 2020.

Mayer, Otto, Deutsches Verwaltungsrecht, Band II, Unveränderter Nachdruck der 3. Auflage 1924, Berlin 1969.

Mehren, Judith, Die Reform des Stiftungsrechts nimmt Gestalt an, in: DStR 2018, S. 1773 – 1778.

Mercker, Florian, Die selbstständige Stiftung bürgerlichen Rechts: Errichtung – Laufende Geschäfte – Aufsicht – Auflösung, in: Strachwitz, Rupert Graf/ Mercker, Florian (Hrsg.), Stiftungen in Theorie, Recht und Praxis: Handbuch für ein modernes Stiftungswesen, Berlin 2005, S. 210 – 219.

Mercker, Florian/ Peters, Fokke, Die Förderung der Kultur als Stiftungszweck, in: Strachwitz, Rupert Graf/ Mercker, Florian (Hrsg.), Stiftungen in Theorie, Recht und Praxis: Handbuch für ein modernes Stiftungswesen, Berlin 2005, S. 176 – 187.

Mestmäcker, Ernst-Joachim/ Reuter, Dieter, Deutschland, in: Neuhoff, Klaus/ Pavel, Uwe, Stiftungen in Europa – Eine vergleichende Übersicht, Baden-Baden 1971, S. 109 – 146.

Meyn, Christian/ Richter, Andreas/ Koss, Claus/ Gollan, Katharina, Die Stiftung: Umfassende Erläuterungen, Beispiele und Musterformulare für die Rechtspraxis, 3. Auflage Freiburg 2013.

Mitglieder des Bundesgerichtshofs (Hrsg.), *Das bürgerliche Gesetzbuch, Reichsgerichtsrätekommentar, Band I: §§ 1 - 240, 12. Auflage Berlin 1982.*

Müller, Jürgen, Zum Fragerecht des einzelnen Gemeinderatsmitglieds nach der nordrhein-westfälischen Gemeindeordnung, in: VR 2015, S. 231 – 237.

Müller-Glöge, Rudi/ Preis, Ulrich/ Schmidt, Ingrid (Hrsg.), Erfurter Kommentar zum Arbeitsrecht, 21. Auflage München 2021.

Mugdan, Benno, Die gesamten Materialien zum Bürgerlichen Gesetzbuch für das Deutsche Reich, Band I: Einführungsgesetz und Allgemeiner Teil, Berlin 1899.

Mugdan, Benno, Die gesamten Materialien zum Bürgerlichen Gesetzbuch für das Deutsche Reich, Band II: Recht der Schuldverhältnisse, Berlin 1899.

Muscheler, Karlheinz, Der Widerruf des Stiftungsgeschäfts, in: ZStV 2017, S. 172 – 182.

Muscheler, Karlheinz, Die Verbrauchsstiftung, in: Saenger, Ingo/ Bayer, Walter/ Koch, Elisabeth/ Körber, Thorsten (Hrsg.), Festschrift für Olaf Werner zum 70. Geburtstag, Baden-Baden 2009, S. 129 – 145.

Muscheler, Karlheinz, Das Wesen der Zustiftung, in: WM 2008, S. 1669 – 1671.

Muscheler, Karlheinz, Anforderungen an die (Mit-)Errichtung privatrechtlicher Stiftungen durch die öffentliche Hand, in: Hüttemann, Rainer/ Rawert, Peter / Schmidt, Karsten/ Weitemeyer, Birgit, Non Profit Law Yearbook 2007, Köln 2008, S. 149 – 188.

Muscheler, Karlheinz, Stiftungsrecht, Gesammelte Beiträge, Baden-Baden 2005.

Muscheler, Karlheinz, Stiftung und Schenkung: Zum Kausalverhältnis in den Beziehungen zwischen Stifter, Stiftung, Destinatären, Anfallberechtigten, in: AcP 2003, S. 469 – 510.

Muscheler, Karlheinz, Zur Verbindlichkeit des Verbindlichen im Stiftungsakt, in: JR 2003, S. 441 – 446.

Muscheler, Karlheinz, Stiftung und Gemeinwohlgefährdung, in: NJW 2003, S. 3161 – 3166.

Muscheler, Karlheinz, Stiftungsautonomie und Stiftereinfluss in Stiftungen der öffentlichen Hand, in: ZStV 2003, S. 67 – 78.

Muscheler, Karlheinz, Stiftungsautonomie und Stiftereinfluss in Stiftungen der öffentlichen Hand, in: ZStV 2003, S. 99 – 112.

Neidenbach, Katrin S., Zustiftung aus rechtsgeschäftlicher Sicht, Hamburg 2016.

Niggemeyer, Jörg, Zulässigkeit und Grenzen von Sparkassenfusionen, Stuttgart 2005.

Nissel, Reinhardt/ Fischer, Christian, Stiftungszweck, in: Werner, Olaf/ Saenger, Ingo/ Fischer, Christian (Hrsg.), Die Stiftung: Recht, Steuern, Wirtschaft, 2. Auflage Baden-Baden 2019, S. 233 – 251.

Nowak, Karsten/ Banspach, Dirk/ Poplutz, Christian, Stiftungen der öffentlichen Hand aus rechtlicher und wirtschaftlicher Sicht, in: Der Konzern 2012, S. 400 – 414.

Obermann, Holger, Die kommunale Bindung der Sparkassen: Verfassungsrechtliche Möglichkeiten und Grenzen ihrer Ausgestaltung, Stuttgart 2000.

Oebbecke, Janbernd, Aufgaben und Organisation der kommunalen Sparkassen, in: Henneke, Hans-Günter (Hrsg.), Sparkassen, Landes- und Förderbanken nach der Finanzmarktkrise, Stuttgart 2010, S. 80 – 94.

Ossenbühl, Fritz, Stiftungen als institutionelle Sicherung der Wissenschaftsfreiheit, in: Classen, Claus D./ Dittmann, Armin/ Fechner, Frank/ Gassner, Ulrich M./ Kilian, Michael (Hrsg.), „In einem vereinten Europa dem Frieder der Welt zu dienen …", Liber amicorum Thomas Oppermann, Berlin 2001, S. 841 – 855.

Otto, Lieselotte, Handbuch der Stiftungspraxis: Stiftungsrecht, Steuerrecht und Rechnungslegung bei Stiftungen, 2. Auflage Köln 2015.

Palandt, Otto (Hrsg.), Bürgerliches Gesetzbuch, 80. Auflage München 2021.

Partsch, Christoph/ Schüring, Wiebke, Das Informationsfreiheitsgesetz von Nordrhein-Westfalen – ein weiterer Schritt aus dem Entwicklungsrückstand Deutschlands, in: DÖV 2003, S. 482 – 488.

Pehla, Inken, Der Haftungsverbund der Sparkassen-Finanzgruppe, Stuttgart 2006.

Perdelwitz Johannes/ Fabricius, Paulus/ Kleiner, Ernst-Eberhard, Das preußische Sparkassenrecht, 2. Auflage Berlin 1937.

Peters, Fokke, Praxis der Entwicklung von Fördergrundsätzen, in: Strachwitz, Rupert Graf/ Mercker, Florian (Hrsg.), Stiftungen in Theorie, Recht und Praxis: Handbuch für ein modernes Stiftungswesen, Berlin 2005, S. 735 – 747.

Peters, Fokke, Kriterien für die Gründung von Stiftungen der öffentlichen Hand, in: ZStV 2005, S. 231 – 236.

Peters, Fokke/ Herms, Carolin, Die Fusion bürgerlich-rechtlicher Stiftungen, in: ZStV 2004, S. 323 – 329.

PHINEO gemeinnützige AG (Hrsg.), Kursbuch Stiftungen: Förderprojekte wirkungsvoll gestalten, Berlin 2017.

Priester, Hans-Joachim/ Mayer, Dieter/ Wicke, Hartmut (Hrsg.), Münchener Handbuch des Gesellschaftsrechts, Band III: Gesellschaft mit beschränkter Haftung, 5. Auflage München 2018.

Pues, Lothar/ Scheerbarth, Walter, Gemeinnützige Stiftungen im Zivil- und Steuerrecht, 3. Auflage München 2008.

Radomski, Blazej, Fusionen deutscher Sparkassen, Hamburg 2008.

Raskin, Peter, Das Regionalprinzip und (neue) elektronische Vertriebswege im Retailbanking, Berlin 2001.

Rawert, Peter, Die Stiftung auf Zeit – insbesondere die Verbrauchsstiftung – in der zivilrechtlichen Gestaltungspraxis, in: npoR 2014, S. 1 – 8.

Rawert, Peter, Die juristische Person des Privatrechts als Stiftungsvorstand, in: Saenger, Ingo/ Bayer, Walter/ Koch, Elisabeth/ Körber, Thorsten (Hrsg.), Festschrift für Olaf Werner zum 70. Geburtstag, Baden-Baden 2009, S. 119 – 128.

Rawert, Peter, Kapitalerhöhung zu guten Zwecken – Die Zustiftung in der Gestaltungspraxis, in: DNotZ 2008, S. 5 – 18.

Rawert, Peter, *Die Stiftung als GmbH? Oder: Der willenlose Stifter, in: Peter/ Rawert, Peter/ Schmidt, Karsten (Hrsg.), Festschrift für Hans-Joachim Priester zum 70. Geburtstag, Köln 2007, S. 647 – 659.*

Rawert, Peter, Stiftung und Unternehmen, in: Kötz, Hein/ Rawert, Peter / Schmidt, Karsten/ Walz, Rainer W., Non Profit Law Yearbook 2003, Köln 2004, S. 1 – 16.

Rawert, Peter, Der Stiftungsbegriff und seine Merkmale – Stiftungszweck, Stiftungsvermögen, Stiftungsorganisation, in: Hopt, Klaus J./ Reuter, Dieter (Hrsg.), Stiftungsrecht in Europa, Köln 2001, S. 109 – 137.

Reinelt, Iris, Der Beitrag der Sparkassen zum kommunalen Wohl, Mannheim 1990.

Reuter, Dieter, Stiftungsform, Stiftungsstruktur und Stiftungszweck: Zu neueren Thesen über die Gestaltungsfreiheit im Stiftungsrecht, in: AcP 2007, S. 1 – 27.

Reuter, Dieter, Stiftungsrechtliche Vorgaben für die Verwaltung des Stiftungsvermögens, in: NZG 2005, S. 649 – 654.

Reuter, Dieter, Die Haftung des Stiftungsvorstandes gegenüber der Stiftung, Dritten und dem Fiskus, in: Kötz, Hein/ Rawert, Peter / Schmidt, Karsten/ Walz, Rainer W., Non Profit Law Yearbook 2002, Köln 2003, S. 157 – 178.

Reuter, Dieter, Staat und Stiftung, in: Hopt, Klaus J./ Reuter, Dieter (Hrsg.), Stiftungsrecht in Europa, Köln 2001, S. 139 – 158.

Richardi, Reinhard/ Wlotzke, Otfried/ Wißmann, Helmut/ Oetker, Hartmut (Hrsg.), Münchener Handbuch des Arbeitsrechts, Band I: Individualarbeitsrecht, 4. Auflage München 2018.

Richter, Andreas, Stiftungsrecht, Handbuch, München 2019.

Richter, Andreas, Rechtsfähige Stiftung und Charitable Corporation: Überlegungen zur Reform des deutschen Stiftungsrechts, Berlin 2001.

Rischar, Klaus, Arbeitsrecht in Banken und Sparkassen, Wiesbaden 1994.

Rodloff, Frank/ Drabe, Kai, Die Verwaltung von Stiftungsvermögen durch Vorstand und Vermögensverwalter, in: ZIP 2003, S. 2284 – 2287.

Rödder, Thomas/ Herlinghaus, Andreas/ Neumann, Ralf, Körperschaftsteuergesetz, Kommentar, Köln 2015.

Rösing, Wolfgang, Die Entlastung im Stiftungsrecht, Hamburg 2013.

Rossi, Matthias, Informationsfreiheitsgesetz, Handkommentar, Baden-Baden 2006.

Rotermund, Carsten/ Krafft, Georg, Kommunales Haftungsrecht, 5. Auflage Berlin 2013.

Rümker, Dietrich, Probleme der Vereinigung öffentlich-rechtlicher Kreditinstitute, in: Baur, Jürgen F./ Hopt, Klaus J./ Mailänder, K. Peter (Hrsg.), Festschrift für Ernst Steindorff zum 70. Geburtstag am 13. März 1990, Berlin Reprint 2012, S. 449 - 471.

Rump, Otto/ Dohmen, Detlef, Praxis der Kommunalverwaltung: Das Sparkassenrecht in Nordrhein-Westfalen, Kommentar, 2. Fassung Wiesbaden 2018.

Sachs, Michael (Hrsg.), Grundgesetz, Kommentar, 8. Auflage München 2018.

Säcker, Franz Jürgen (Hrsg.), Münchener Kommentar zum Bürgerlichen Gesetzbuch, Band I: Allgemeiner Teil, 8. Auflage München 2018.

Säcker, Franz Jürgen (Hrsg.), Münchener Kommentar zum Bürgerlichen Gesetzbuch, Band III: Schuldrecht - Allgemeiner Teil II, 8. Auflage München 2019.

Säcker, Franz Jürgen (Hrsg.), Münchener Kommentar zum Bürgerlichen Gesetzbuch, Band V: Schuldrecht - Besonderer Teil II, 8. Auflage München 2020.

Säcker, Franz Jürgen (Hrsg.), Münchener Kommentar zum Bürgerlichen Gesetzbuch, Band VII: Schuldrecht - Besonderer Teil IV, 8. Auflage München 2020.

Saenger, Ingo, Die Rolle des Stifters in der Binnenverfassungsstruktur von Stiftungen, in: ZStV 2012, S. 94 - 102.

Saenger, Ingo, Zusammenlegung von Stiftungen, in: ZStV 2007, S. 81 - 87.

Saenger, Ingo, Das moderne Stiftungsrecht und seine Auswirkungen auf unternehmensverbundene Stiftungen und Familienstiftungen, in: Bork, Reinhard/ Hoeren, Thomas/ Pohlman, Petra (Hrsg.), Recht und Risiko: Festschrift für Helmut Kollhosser zum 70. Geburtstag, Band II, Karlsruhe 2004, S. 591 - 694.

Saenger, Ingo / Veltmann, Till, Corporate Governance in Stiftungen, in: ZStV 2005, S. 67 - 74.

Savigny, Friedrich Carl von, System des heutigen römischen Rechts, Band II, Berlin 1840.

Schaldt, Hartmut, Zur Geschichte der Sparkassen in Westfalen und Lippe, in: Wissenschaftsförderung der Sparkassen-Finanzgruppe e.V. (Hrsg.),

Regionalgeschichte der Sparkassen-Finanzgruppe, Band II, Stuttgart 2010, S. 19 - 39.

Schäller, Sebastian, Namensbildung und Namensschutz der anerkannten Stiftung, Baden-Baden 2013.

Schaub, Günter (Begr.), Arbeitsrechts-Handbuch, 18. Auflage München 2019.

Schauer, Dirk, Zulegung und Zusammenlegung von rechtsfähigen Stiftungen nach geltendem Recht, in: ZEV 2017, S. 613 - 617.

Schauer, Dirk, Die Zusammenführung rechtsfähiger Stiftungen: Geltendes Recht und Reformentwurf zur Zulegung und Zusammenlegung, Hamburg 2017.

Schauhoff, Stephan (Hrsg.), Handbuch der Gemeinnützigkeit: Verein, Stiftung, GmbH, 3. Auflage München 2010.

Schepers, Volker, Internet-Banking und das sparkassenrechtliche Regionalprinzip, Stuttgart 2003.

Schiffer, Jan K. (Hrsg.), Die Stiftung in der Beraterpraxis, 4. Auflage Bonn 2016.

Schiffer, Jan K./ Pruns, Matthias, Zum Lehrsatz vom Verbot der Selbstzweckstiftung, in: ZStV 2010, S. 1 - 6.

Schimanski, Herbert/ Bunte, Hermann-Josef/ Lwowski, Hans-Jürgen (Hrsg.), Bankrechts-Handbuch, Band I, 5. Auflage München 2017.

Schlierbach, Helmut/ Püttner, Günter, Das Sparkassenrecht in der Bundesrepublik Deutschland, 5. Auflage Stuttgart 2003.

Schlüter, Andreas/ Stolte, Stefan, Stiftungsrecht, 3. Auflage München 2016.

Schmidt, Karsten, Gesellschaftsrecht, 4. Auflage Köln 2002.

Schmidt, Thorsten I., Keine Gebiets- ohne Funktionalreform, in: LKV 2017, S. 487 - 492.

Schmidt-Bleibtreu, Bruno/ Hofmann, Hans/ Henneke, Hans-Günter (Hrsg.), Kommentar zum Grundgesetz, 14. Auflage Köln 2018.

Schmidt-Jortzig, Edzard, Gemeinde- und Kreisaufgaben - Funktionsordnung des Kommunalbereichs nach „Rastede“, in: DÖV 1993, S. 973 - 984.

Schmidt-Schmiedebach, Bodo, Stiftung und Governance Kodex: Ein Comply-or-Explain-Mechanismus zur Lösung des Kontrollproblems der Stiftung, Wiesbaden 2016.

Schnelle, Eva M./ Hopkins, Richard, Ausgewählte Probleme des Nebentätigkeitsrechts, in: NVwZ 2010, S. 1333 - 1338.

Schneider, Bernd-Jürgen (Hrsg.), Handbuch Kommunalpolitik Nordrhein-Westfalen, 3. Auflage Stuttgart 2015.

Schoch, Friedrich, Besonderes Verwaltungsrecht, München 2018.

Schoch, Friedrich, Informationsfreiheitsgesetz, Kommentar, 2. Auflage München 2016.

Schöbel, Sarah K., Corporate Governance im Stiftungsrecht, Frankfurt am Main 2012.

Scholl, Bernd, Vorstandshaftung und Vorstandsermessen: Rechtliche und ökonomische Grundlagen, ihre Anwendung in der Finanzkrise sowie der Selbstbehalt bei der D&O-Versicherung, Baden-Baden 2015.

Scholz, Rupert/ Langer, Stefan, Stiftung und Verfassung: Strukturprobleme des Stiftungsrechts am Beispiel der „Stiftung Warentest", Berlin 1990.

Schröder, Rainer, Die staatliche errichtete Stiftung des öffentlichen Rechts – ein aussterbendes Rechtsphänomen?, in: Mecking/Schulte, Grenzen der Instrumentalisierung von Stiftungen, Tübingen 2003, S.117 - 138.

Schulte, Axel, Rechtsbeziehungen zwischen Stifter und Stiftung, Wiesbaden 2017.

Schulte, Martin, Der Staat als Stifter: Die Errichtung von Stiftungen durch die öffentliche Hand, in: Kötz, Hein/ Rawert, Peter / Schmidt, Karsten/ Walz, Rainer W., Non Profit Law Yearbook 2001, Köln 2002, S. 127 - 143.

Schulte, Martin, Staat und Stiftung: Verfassungsrechtliche Grundlagen und Grenzen des Stiftungsrechts und der Stiftungsaufsicht, Heidelberg 1989.

Schulte, Martin/ Herbruch, Bert, Die Errichtung privatrechtlicher Stiftungen durch kommunale Gesellschaften, in: ZStV 2014, S. 1 – 7.

Schulze, Reiner, Historischer Hintergrund des Stiftungsrechts, in: Bundesverband deutscher Stiftungen (Hrsg.), Deutsches Stiftungswesen 1977 – 1988: Wissenschaft und Praxis, Band III, Tübingen 1989, S. 29 – 59.

Schwake, Johannes, Zum Mindestkapital bei rechtsfähigen Stiftungen bürgerlichen Rechts, in: NZG 2008, S. 248 – 252.

Schwalme, Sebastian, Grundsätze ordnungsgemäßer Vermögensverwaltung bei Stiftungen: Vermögensausstattung, Bestandserhaltung, Kapitalanlage, Berlin 2010.

Schwintek, Caroline, Die Entwicklung der westfälisch-lippischen Sparkassen zwischen den Jahren 1998 und 2008, in: Wissenschaftsförderung der Sparkassen-Finanzgruppe e.V. (Hrsg.), Regionalgeschichte der Sparkassen-Finanzgruppe, Band II, Stuttgart 2010, S. 40 – 56.

Schwintek, Sebastian, Vorstandskontrolle in rechtsfähigen Stiftungen bürgerlichen Rechts, Baden-Baden 2001.

Schwintoski, Hans-Peter, Grundsätze ordnungsgemäßer Anlage von Stiftungsvermögen, in: Häuser, Franz/ Hammen, Horst/ Hennrichs, Joachim/ Steinbeck, Anja/ Siebel, Ulf R./ Welter, Reinhard (Hrsg.), Festschrift für

Walter Hadding zum 70. Geburtstag am 8. Mai 2004, Berlin Reprint 2012, S. 271 – 285.

Schwintowski, Hans-Peter, Gesellschaftsrechtliche Bindungen für entsandte Aufsichtsratsmitglieder in öffentlich-rechtlichen Unternehmen, in: NJW 1995, S. 1316 – 1321.

Seidemann, Kay, Das gemeinnützige Geschäftsmodell der Stiftung, in: ZStV 2016, S. 121 – 129.

Sieger, Jürgen/ Bank, Stephan, Erhalt von Einflussmöglichkeiten des Stifters auf die Geschäftstätigkeit einer zivilrechtlichen Stiftung, in: NZG 2010, S. 641 – 646.

Soergel, Hans-Theodor (Hrsg.), Kommentar zum Bürgerliches Gesetzbuch, Band I: Allgemeiner Teil 1 §§ 1 - 103, 13. Auflage Stuttgart 2000.

Sontheimer, Jürgen, Das neue Stiftungsrecht, 2. Auflage Freiburg 2003.

Spannowsky, Willy, Transparenzanforderungen für Gemeinden – Rechtsfragen im Zusammenhang mit Informationsfreiheitsgesetzen, in: ZfBR 2017, S. 112 – 121.

Spindler, Gerald/ Stiltz, Eberhard (Hrsg.), Kommentar zum Aktiengesetz, Band I: §§ 1 - 149, 4. Auflage München 2019.

Sponer, Wolf-Uwe et al. (Hrsg.), Praxis der Kommunalverwaltung: Gemeindeordnung für den Freistaat Sachsen (SächsGemO), Kommentar, 7. Fassung Wiesbaden 2019.

Staats, Stefan, Fusionen bei Sparkassen und Landesbanken: Eine Untersuchung zu den Möglichkeiten der Vereinigung öffentlich-rechtlicher Kreditinstitute, Berlin 2009.

Staudinger, Julius von (Hrsg.), Kommentar zum Bürgerlichen Gesetzbuch, Buch 1: Allgemeiner Teil, §§ 80 - 89, Neubearbeitung Berlin 2017.

Staudinger, Julius von (Hrsg.), Kommentar zum Bürgerlichen Gesetzbuch, Buch 2: Recht der Schuldverhältnisse, §§ 311, 311 a-c, Neubearbeitung Berlin 2018.

Stern, Klaus/ Nierhaus, Michael, Das Regionalprinzip im öffentlich-rechtlichen Sparkassenwesen: Seine Geltung und Reichweise im Sparkassenorganisations- und Sparkassengeschäftsrecht, Heidelberg 1991.

Stickrodt, Georg, Stiftungsrecht: Geltende Vorschriften und rechtspolitische Vorschläge, Baden-Baden 1972.

Stober, Rolf, Kreisgebietsreform und Zwangsfusion von Sparkassenzweckverbänden, in: Burmeister, Joachim (Hrsg.), Verfassungsstaatlichkeit, Festschrift für Klaus Stern zum 65. Geburtstag, München 1997, S. 799 – 817.

Stollwerck, Christoph, Gesetz zur Förderung der Informationsfreiheit im Land Berlin – Eine praxisorientierte Handreichung, in: LKV 2016, S. 1 – 9.

Stumpf, Christoph/ Suerbaum, Joachim/ Schulte, Martin/ Pauli, Rudolf (Hrsg.), Stiftungsrecht: Kommentar zum BGB-Stiftungsrecht, zu den Landesstiftungsgesetzen und zum Stiftungssteuerrecht, 3. Auflage München 2019.

Thiedemann, Jens, Pflichten der kommunalen Wahlbeamten zur Ablieferung von Nebentätigkeitsvergütungen an den Dienstherren, in: Birk, Hans-Jörg/ Kunig, Philip/ Sailer, Wolfgang, Zwischen Abgabenrecht und Verfassungsrecht, Hans-Joachim Driehaus zum 65. Geburtstag, Herne 2005, S. 409 – 419.

Thiemann, Christian, Rechtsprobleme der Marke Sparkasse, Stuttgart 2008.

Thomsen, Renate, Probleme staatsnaher Stiftungen unter besonderer Berücksichtigung ihrer Autonomie, Hamburg 1992.

Tipke, Klaus/ Kruse, Heinrich W. (Hrsg.), Abgabenordnung – Finanzgerichtsordnung, Kommentar, Loseblattsammlung, Köln, Stand: Oktober 2020.

Trende, Adolf, Geschichte der deutschen Sparkassen bis zum Anfang des 20. Jahrhunderts, Stuttgart 1957.

Tschöpe, Ulrich (Hrsg.), Arbeitsrecht Handbuch, 11. Auflage Köln 2019.

Twiehaus, Uwe, Die öffentlich-rechtlichen Kreditinstitute, Göttingen 1965.

Van Bühren, Hubert W. (Hrsg.), Handbuch Versicherungsrecht, 7. Auflage Bonn 2017.

Veith, Jürgen/ Gräfe, Jürgen/ Gebert, Ivonne (Hrsg.), Der Versicherungsprozess: Ansprüche und Verfahren, 4. Auflage Baden-Baden 2020.

Völter, Michael, Aufgaben und Pflichten von Verwaltungsräten, 9. Auflage Stuttgart 2019.

Wachter, Thomas, Stiftungen: Zivil- und Steuerrecht in der Praxis, Köln 2001.

Wallenhorst, Rolf/ Halaczinsky, Raymond, Die Besteuerung gemeinnütziger und öffentlich-rechtlicher Körperschaften: Verein, Stiftung, gGmbH, Regie- und Eigenbetriebe, 7. Auflage München 2017.

Wanka, Sven, Juristische Personen und ihre Organe als Vorstand der Stiftung: Modelle zur Anbindung einer Stiftung an ein Unternehmen, Wiesbaden 2018.

Weger, Hans-Dieter/ Weger, Magda, Errichtung von Stiftungen des privaten Rechts, in: Bertelsmann Stiftung (Hrsg.), Handbuch Stiftungen: Ziele – Projekte –Management – Rechtliche Gestaltung, 2. Auflage Wiesbaden 2003, S. 797 – 834.

Weitemeyer, Birgit, Reformbedarf für den Dritten Sektor?, in: NJW 2018, S. 2775 – 2780.

Weides, Peter/ Bosse, Burkhard R., Rechtsprechung zum Sparkassenrecht, Erste Folge, Berlin 1981.

Werner, Almuth, Satzungsänderungen durch Stiftungsorgane gemäß den Voraussetzungen der Landesstiftungsgesetze, in: ZStV 2012, S. 189 - 193.

Werner, Olaf, Allgemeine Grundlagen: Gesellschaftspolitische Bedeutung der Stiftung, Erscheinungsformen und Rechtsquellen, in: Werner, Olaf/ Saenger, Ingo/ Fischer, Christian (Hrsg.), Die Stiftung: Recht, Steuern, Wirtschaft, 2. Auflage Baden-Baden 2019, S. 28 - 49.

Werner, Olaf, Stiftungsgründung, in: Werner, Olaf/ Saenger, Ingo/ Fischer, Christian (Hrsg.), Die Stiftung: Recht, Steuern, Wirtschaft, 2. Auflage Baden-Baden 2019, S. 305 - 356.

Werner, Olaf, Organisationsstruktur der Stiftung, in: Werner, Olaf/ Saenger, Ingo/ Fischer, Christian (Hrsg.), Die Stiftung: Recht, Steuern, Wirtschaft, 2. Auflage Baden-Baden 2019, S. 278 - 304.

Werner, Olaf, Stiftung und Stifterwille, in: Campenhausen, Axel Freiherr von/ Kronke, Herbert/ Werner, Olaf, Stiftungen in Deutschland und Europa, Düsseldorf 1998, S. 243 - 259.

Werner, Rüdiger, Kommunale Stiftungstätigkeit und ihre Schranken, in: NVwZ 2013, S. 1520 - 1525.

Werner, Rüdiger, Die Haftung des Stiftungsvorstands, in: ZEV 2009, S. 366 - 371.

Wernicke, Thomas, Vorstandskontrolle in der Stiftung, in: ZEV 2003, S. 301 - 306.

Wichmann, Manfred/ Langer, Karl-Ulrich, Öffentliches Dienstrecht: Das Beamten- und Arbeitsrecht für den öffentlichen Dienst, 8. Auflage Stuttgart 2017.

Winkler, Angelo, Aktuelle Probleme der Stiftungsaufsicht: Die Änderung des Stiftungszwecks und die Zusammenlegung von Sparkassenstiftungen, in: Andrick, Bernd et al. (Hrsg.), Die Stiftung - Jahreshefte zum Stiftungswesen, 5. Jahrgang Frankfurt am Main 2011, S. 67 - 89.

Winters, Karl-Peter, Kommunale Gebietsreform und Sparkassenrecht, in: NJW 1980, S. 2685 - 2687.

Wittmann, Antje, Der Sparkassenverbund, Stuttgart 2004.

Wolff, Hans J./ Bachof, Otto/ Stober, Rolf/ Kluth, Winfried, Verwaltungsrecht I, 13. Auflage München 2017.

Würtenberger, Thomas, Demokratie als Herrschaft auf Zeit, in: BayVBl 2017, S. 613 - 619.

Zimmermann, Klaus/ Raddatz, Stefan, Die Entwicklung des Stiftungsrechts 2018, in: NJW 2019, S. 485 - 491.

Zehentmeier, Ursula, Die Errichtung einer gemeinnützigen Stiftung, in: NWB 2009, S. 3583 - 3593.

www.ingramcontent.com/pod-product-compliance
Ingram Content Group UK Ltd.
Pitfield, Milton Keynes, MK11 3LW, UK
UKHW021836290926
8980IPUK00004B/498

9 783631 851340